"十三五"国家重点出版物出版规划项目

现代机械工程系列精品教材

普通高等教育"十一五"国家级规划教材

发动机原理

第 4 版

林学东　杨　淼　编著

于秀敏　主审

机械工业出版社

本书结合汽车动力源多元化的发展趋势，在全面、系统地介绍不同动力源（内燃机、电动机）及电池的类型、基本工作原理的基础上，着重阐述四冲程内燃机热功转换的基本原理、特点、性能分析方法，不同燃料发动机的混合气形成及燃烧机理，有害排放物及其生成机理，并从整车性能匹配与评价角度，讲述汽车动力传动系统的匹配方法和改善发动机性能的技术措施。全书共八章，主要内容包括：车用动力源（能源）的类型及其发展史、四冲程内燃机能量转换的理论循环与实际循环、换气过程及提高充气效率的具体措施、燃料与燃烧、汽油机混合气的形成和燃烧、柴油机混合气的形成和燃烧、发动机特性曲线的分析、发动机与汽车动力传动系统的匹配等。书中内容以电控发动机控制策略为主，以提高整车性能为目标，强调发动机工作过程的控制方法和节能减排途径。

本书可作为高等院校能源与动力工程专业、车辆工程专业及相关专业的本科生、研究生教材，也可作为从事汽车动力传动系统方面研究开发工作的工程技术人员的参考书。

图书在版编目（CIP）数据

发动机原理/林学东，杨森编著. —4 版. —北京：机械工业出版社，2024.5（2025.8 重印）

"十三五"国家重点出版物出版规划项目　现代机械工程系列精品教材
普通高等教育"十一五"国家级规划教材

ISBN 978-7-111-75618-7

Ⅰ.①发…　Ⅱ.①林…②杨…　Ⅲ.①汽车-发动机-高等学校-教材
Ⅳ.①U464

中国国家版本馆 CIP 数据核字（2024）第 075772 号

机械工业出版社（北京市百万庄大街 22 号　邮政编码 100037）
策划编辑：尹法欣　　　　　责任编辑：尹法欣　章承林
责任校对：韩佳欣　牟丽英　封面设计：王　旭
责任印制：李　昂
河北京平诚乾印刷有限公司印刷
2025 年 8 月第 4 版第 2 次印刷
184mm×260mm · 20.25 印张 · 498 千字
标准书号：ISBN 978-7-111-75618-7
定价：64.80 元

电话服务　　　　　　　　　网络服务
客服电话：010-88361066　　机　工　官　网：www.cmpbook.com
　　　　　010-88379833　　机　工　官　博：weibo.com/cmp1952
　　　　　010-68326294　　金　书　网：www.golden-book.com
封底无防伪标均为盗版　机工教育服务网：www.cmpedu.com

前言

本书是"十三五"国家重点出版物出版规划项目 现代机械工程系列精品教材、普通高等教育"十一五"国家级规划教材。

随着全球低碳化的发展推进，车用发动机从传统内燃机向电动机、混合动力等多动力源发展，汽车能源也从传统的石油能源，向代用燃料（包括 CNG/LPG、H_2、醇类燃料等多种清洁燃料）、可充电电池及燃料电池等多元化发展，使得汽车动力传动系统多样化。但不管汽车采用何种能源或动力源，汽车的性能都取决于发动机性能及其与汽车动力传动系统的匹配状况。所以，合理地选择发动机性能使之与汽车动力传动系统良好匹配，是提升汽车性能以适应日趋严格的节能减排及低碳化要求的前提。

进入 21 世纪以来，传统的车用内燃机随着对汽车排放和节能要求的日趋严格，伴随电子技术和控制技术的发展，其控制技术也有了飞跃性的变化，已发展成为机电一体化产品，使得现代车用内燃机理论发展成为传统四冲程内燃机理论与电子控制技术、控制理论及新型燃烧模式等多学科相结合的知识体系，且其技术比较成熟、完善。

所以，本书在修订过程中，注重在基于电子控制技术的现代内燃机原理的基础上，增加电动机、可充电电池及燃料电池的相关知识，以适应车用动力源（能源）多元化发展的要求。考虑到电动机、可充电电池及燃料电池的相关知识相对内燃机原理的独立性，在第一章中结合汽车内燃机的发展历史，增加了电动汽车的盛衰、电动汽车用电机的类型及特点、电池的类型及特点等；而第二章至第七章仍以基于电控技术的现代内燃机为主，着重阐述内燃机的基本原理及其电控技术的基本理论，注重四冲程内燃机能量转换的基本循环理论，从内燃机性能控制角度出发，系统地阐述了四冲程内燃机工作过程的分析方法、基本工作原理，以及以节能减排或低碳化为目的的控制措施和性能分析方法，保留了内燃机原理的特色；第八章基于发动机与汽车动力传动系统匹配的基本原理，增加了电动汽车及混合动力汽车动力传动系统匹配的相关内容，并系统地阐述了提升整车性能的技术措施。

本书此次修订的主要内容有：

1）第一章结合汽车发展历史，增加了电动汽车的盛衰、电动汽车用电机的类型及特点，以及电池的类型及特点等内容。

2）第二章增加了曲柄连杆机构的动力传递原理，完善了四冲程内燃机从燃烧获得的工质推动活塞做功的同时对外传递输出转矩的基本原理。

3）第四章结合燃料与燃烧方式的发展趋势，增加了轻质 CNG 燃料混合气的形成特点、HCCI/PCCI 及 RCCI 等新型燃烧方式的特点。

4）第八章在燃油汽车动力传动系统匹配原理的基础上，增加了电动汽车动力传动系统和混合动力传动系统及其匹配的相关内容。

5）修改了本书第3版中文字叙述方面的错误，完善了叙述不当的地方。

本书第二章和第四章部分内容的修改、图形整理由杨淼完成，同时得到了吉林大学汽车工程学院能源与动力工程系李德刚副教授的大力支持和帮助，在此深表谢意。吉林大学汽车工程学院于秀敏教授对本书进行了通篇审阅，并提出了宝贵意见，对此表示衷心的感谢。

由于本书内容涉及面广，加之作者水平有限，书中错误和疏漏之处在所难免，恳切希望广大读者批评指正。E-mail：774135633@ qq. com。

作者

目录

第一章

绪　　论

　　发动机是指将某种形式的能量转换为机械能的动力机械装置的总称，根据所用能源不同，动力机械装置的类型也不一样。现代车用动力源主要来源于内燃机和电动机，其中内燃机是以燃料作为能源将其化学能通过燃烧转换为热能再转换为机械能的动力机械装置，如果燃料的化学能未经燃烧而是通过电化学反应转换为电能时，则称之为燃料电池，可作为电动汽车的能源；而电动机是将电能转换为机械能的动力机械装置，电能来源于电池。

　　可以说，19世纪末、20世纪初的最大发明是汽车，而汽车概念的形成及汽车文明的发展可以追溯到蒸汽革命。蒸汽机是人类首次发明的发动机，它是通过燃料的燃烧加热水使之变成高压蒸汽，由此推动活塞做功的机器。蒸汽机的发明，不仅引发了蒸汽革命，给人类提供了动力源，而且有力地推动了人类社会文明和现代科学的快速、全面发展。作为汽车心脏的发动机，从蒸汽机年代开始，其发展历程就遵从"适者生存"的法则，在小型化、轻量化、高功率化、高效率化的要求下，从蒸汽汽车发展到内燃机汽车，这种来自社会及用户的要求有力地推动了汽车技术的发展。随着社会的发展，在进一步提高热效率，改善动力性和经济性，降低有害排放物，满足不断严格的排放法规的要求下，内燃机得到不断的完善，已发展成集现代技术于一体的高科技机电一体化的现代化动力机械装置，同时内燃机的理论也得到了进一步深入的发展。

　　任何一项科学技术的发展都有其发展背景和历程。汽车技术也一样，能源利用及动力机械的发明与发展，有力地促进了汽车技术的发展，而汽车工业的发展又与人类社会文明和科学技术的发展历史紧密相关。科学技术的发展不仅为推动人类社会文明进步发挥了重要的作用，而且成为把汽车融入社会的重要手段。

　　为了更好地理解现代车用发动机的特点及其技术的发展背景，重温其发展历史，具有重要的意义。

第一节　内燃机的发展

一、内燃机概念的形成

　　早在1673年，荷兰物理学家赫更斯在凡尔赛宫用水的过程中，对于借助机械力来代替笨重的体力劳动的问题，创造性地构想出了"内燃机草图"。凡尔赛宫是 1667—1688 年由法国路易十四开始建设、到路易十五完成的王宫，其中包括宫殿、花园与放射形大道三部分。宫殿南北纵长 425m，宫前大花园面积 6.7km²，纵轴长 3km。从大殿前直到正门开凿有一条长为 1.61km 的运河，用于款待来自各国的贵客"边畅饮开胃酒，边谈论国事"。当时庭院里树木的浇水、喷水池的用水以及运河之水等，都是从塞纳河提取的，赫更斯负责凡尔赛宫庭院的管理。为了解决凡尔赛宫一天 3000m³ 的用水量要求，赫更斯费尽脑汁想设计出一种能替代繁重人力劳动的"动力机械"，到 1673 年终于构想出第一幅内燃机草图（图 1-1）。自该草图问世后，经过 12 年到 1685 年，共设计制造出 14 台直径为 12m 的水车来完成凡尔赛宫的用水任务。

这一重大发明其实也离不开 17 世纪中叶所进行的三大实验，即英国包尔塔的蒸汽压力实验，托里拆利（流体力学奠基人）和巴斯噶的大气压力实验，以及格里凯的真空作用实验。这三大实验使人们开始认识到蒸汽、大气和真空的相互作用，而这些重大实验成果和发明为早期蒸汽动力技术的发明奠定了牢固的科学基础。

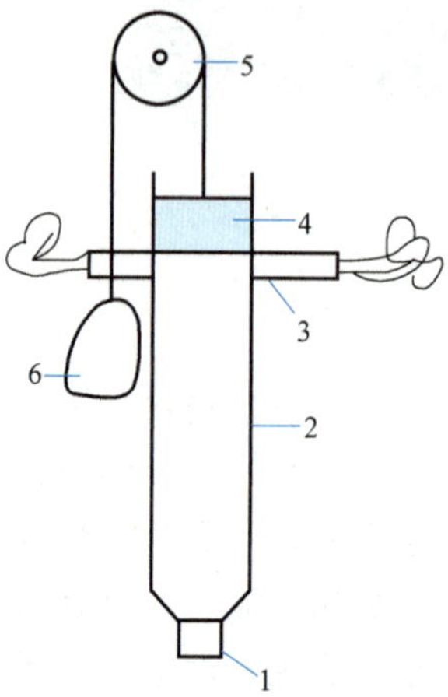

图 1-1　赫更斯的内燃机草图
1—装药室　2—气缸　3—排气管
4—活塞　5—滑轮　6—重物

二、从内燃机草图到蒸汽机

从赫更斯的内燃机草图的构想到蒸汽机的发明经历了三次技术革新。第一次技术革新是由法国著名的物理学家、工程师巴本（Denis Papin，1647—1712）引领的，他最先应用了蒸汽动力技术。当时他与赫更斯同住在一个城市——巴黎。在医学院读书期间，他对赫更斯的构想很感兴趣并进行了深入的研究，并从 1674 年开始致力于蒸汽泵的实验设计，试图把火药发动机改进设计成蒸汽机。巴本从当时欧洲炼铁厂广泛使用的活塞式风箱中受到启发，想将风箱变为汽缸，而风箱中的活塞则变为汽缸中工作的活塞。基于这种想法，他开始试制模型进行实验研究，即先向汽缸底部注入少量的水，然后把汽缸放到火上加热。实验结果表明，当汽缸内的水沸腾后，所产生的蒸汽推动活塞慢慢上升，当把火从汽缸下抽掉，汽缸内的蒸汽慢慢冷凝，汽缸内产生真空，在大气压力的作用下，活塞又慢慢下降。通过这一项实验，巴本总结出两大重要结论：

1）利用蒸汽压力、大气压力、真空的相互作用，完全可以推动汽缸内的活塞及其活塞杆件做往复直线运动。

2）这种运动所产生的机械动力可以带动其他机械做简单运动。

由此，巴本发明了带有活塞的蒸汽泵。之后，考虑到蒸汽压力大可能会造成汽缸爆炸，故于 1680 年又发明了安全阀。这样，第一台可以把热能转变为机械能的实验型蒸汽泵，于 1680 年在英国首次试验成功。

第二次技术革新是在巴本之后，英国的机械工程师赛维利（T. Savery，1650—1715）在近代蒸汽动力技术发展中做出了重大贡献。赛维利设计的蒸汽泵主要由汽缸与锅炉组成，其原理源于包尔塔的蒸汽压力实验。与巴本的蒸汽泵不同，在汽缸中未采用活塞，只是在其中接有吸水管、排水管和进汽管。当蒸汽从锅炉经过进汽管进入汽缸后，被冷却时所产生的真空度把矿井中的水经吸水管吸进汽缸内，之后再将蒸汽注入汽缸，这部分进入汽缸的高压蒸汽就把吸入汽缸的水从排水管排出去。后来，赛维利在他的蒸汽泵中也采用了安全阀。赛维利于 1695 年制造出了几台这种无活塞的汽压式蒸汽泵。

第三次技术革新是托马斯·纽可门（Thomas Newcomen，1663—1729）发明的蒸汽机（图 1-2）。纽可门对赛维利所设计的蒸汽泵进行了研究，并认为该蒸汽泵存在两大致命的缺点。其一是热效率太低，对此纽可门在设计上做了重要革新，即不让冷却水直接进入汽缸，而是通过一个小水龙头把冷却水喷入汽缸内。其二是赛维利所设计的蒸汽泵基本上只是一种水泵，而不是动力机械；针对这一缺点，他在该蒸汽泵的基础上引入了巴本的活塞装置，这样在蒸汽压力、大气压力和真空度的相互作用下，活塞在汽缸内可做往复式机械运动；而这种机械运动一旦传递出去便可以对外做功，蒸汽泵也就变成蒸汽机了。

由于进行了上述三次研究和技术革新，一台近代蒸汽机的完整蓝图基本上就被设计出来了，1712 年，纽可门蒸汽机问世。

图 1-2　纽可门蒸汽机

1—抽水泵　2—摇臂　3—水龙头　4—活塞
5—汽缸　6—喷水装置　7—阀门
8—威士忌酿造锅（锅炉）

从巴本的蒸汽泵到纽可门的蒸汽机，早期蒸汽动力技术的发展已向人类社会预告即将兴起的第一次工业革命的信息——蒸汽时代即将到来。而纽可门蒸汽机的诞生，使英国的煤矿工业从地下水的困惑中解脱出来，煤矿产量迅速增加，迎来了英国的（工业）产业革命，有力地推动了当时英国的经济发展。

三、蒸汽革命——蒸汽汽车时代

纽可门蒸汽机的问世，激发了当时许多科学家的创造性思维。当时伦敦格拉斯哥大学的鲁滨逊教授提出把四轮马车改成蒸汽汽车的设想，并委托当时负责修理格拉斯哥大学实验教学仪器的技师瓦特制作蒸汽机模型并进行试验研究，但未能成功。之后鲁滨逊教授未能继续研究下去，但这件事引起了受当时英国工业革命影响的瓦特对蒸汽机的浓厚兴趣。1764 年，瓦特受命负责格拉斯哥大学教学用纽可门蒸汽机的修理工作。在修理过程中，通过故障分析，瓦特发现纽可门蒸汽机存在燃料消耗量大、效率低，同时只能做往复直线运动这两大缺点。因此，这种蒸汽机除了用于矿井抽水之外，就没有其他用途了，而它浪费的蒸汽可达八成以上。为了解决这一问题，瓦特首次提出了采用与汽缸分离的冷凝器将工质（蒸汽）冷却的设想。他认为，既然蒸汽具有弹性，那么只要把汽缸和另一个容器相连接，让蒸汽接入其中，就不需要直接冷却汽缸而浪费许多热量了。根据这一设想，瓦特设计了一个与汽缸分离的冷凝器，并在汽缸外面加上绝热套，使汽缸保持高温工作状态。同时在冷凝器与汽缸之间用一个调节阀相连接，使两者既能连通又能分开。这样，既能把做功后的蒸汽引入汽缸外的冷凝器进行冷凝，又能使汽缸内产生真空，避免了汽缸在一冷一热过程中的热量损失。基于这一发明，在 1766—1769 年期间，瓦特受到化工技师罗巴克在经费上的赞助，制造出第一台蒸汽机样机。同年，瓦特因发明冷凝器而获得他在改革纽可门蒸汽机过程中的第一项专利。

　　带有冷凝器的蒸汽机虽然试制成功，但与纽可门蒸汽机相比，除了热效率有显著提高以外，其他没有变化，即还无法作为真正的动力机械对外连续做功。当时瓦特参加了著名的科学社团"圆月学社"，该学社会员大多数都是本地的一些科学家、工程师、学者及科学爱好者。在圆月学社里与化学家普列斯特列等人的交往中，瓦特对当时人们所关注的气体化学与热化学有了更多的了解，扩大了知识面，进一步增长了科学见识，活跃了科学思想。自1769 年试制出带有分离冷凝器的蒸汽机后，热效率已不是主要问题了，活塞只能做往复直线运动才是它致命的缺点。1781 年，瓦特在参加圆月学社活动过程中，受到天王星和由此引出的行星绕日圆周运动，以及钟表中齿轮的圆周运动的启发，设想如果把活塞往复直线运动改变成旋转运动的话，就可以把动力连续传递给任何工作机械。于是，同年瓦特研制出了一套被称为"太阳和行星"的齿轮联动装置，由此成功地把活塞的直线运动转变成齿轮的旋转运动。为了使轮轴圆周运动更加均匀，瓦特在轮轴上安装了一个大飞轮。

　　对动力传动机构的这一重大革新，使瓦特蒸汽机真正成为动力机械。1781 年年底，瓦特以发明齿轮式机械联动装置获得了第二项专利。

　　在蒸汽机上加入行星齿轮联动装置和飞轮以后，完成了将活塞的往复直线运动转变为轴的旋转运动过程，但消耗了不少能量，蒸汽机效率不高，输出动力不大。为了进一步提高蒸汽机的效率，瓦特在发明齿轮联动装置以后，对汽缸本身进行了研究。经研究发现，虽然把纽可门蒸汽机的内部冷凝变成了外部冷凝，使蒸汽机的热效率有了显著的提高，但在蒸汽机中蒸汽推动活塞做功的行程与纽可门蒸汽机相同。蒸汽对活塞只是单向做功，即从一端进入、另一端排出。瓦特设想，如果蒸汽能够从两端同时进入和排出的话，蒸汽既能推动活塞向上运动又能推动活塞向下运动，这样效率可提高一倍。根据这一设想，瓦特于1782 年试制出一种带有双向进、排汽装置的新汽缸，把原来的单向汽缸装置改装成双向汽缸（图 1-3），并首次把引入汽缸的蒸汽由低压变为高压，由此瓦特获得了第三项专利。这是瓦特在改革纽可门蒸汽机过程中的第三次技术飞跃。通过这三次技术革新，纽可门蒸汽机完全演变成了瓦特蒸汽机，如图 1-3 所示。

　　1784 年，瓦特以带有飞轮、齿轮联动装置和双向进、排汽装置的高压蒸汽机综合装置取得了他在革新纽可门蒸汽机过程中的第四项专利。1788 年，瓦特发明了离心调速器和节气阀；1790年，他又发明了汽缸示功器。至此，瓦特完成了他发明蒸汽机的全部过程。

　　在前人科学研究成果的基础上，瓦特在蒸汽机上的这些重大技术改进使得蒸汽机作为动力机械，在工厂和交通运输等方面得到了广泛应用。由此，蒸汽动力的巨大潜力被逐渐发掘出来，并有力地推动了社会和现代科学的发展，迎来了著名的蒸汽革命。

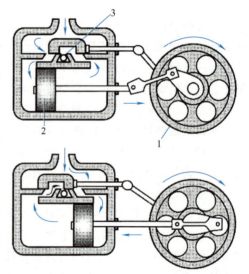

图 1-3　瓦特蒸汽机
1—飞轮　2—活塞　3—双向进、排汽装置

四、四冲程理论与内燃机的发明

瓦特蒸汽机虽然提高了当时的劳动生产率，促进了手工业向大工业的迅速过渡，直接推动了18世纪伟大的工业革命，但仍然存在着体积庞大、效率低等缺点，这些缺点受到当时广大科学家们的关注。要克服蒸汽机这些致命的缺点，必须要解决锅炉与汽缸分离的问题。因此，如何将锅炉与汽缸合二为一，成为当时研究的热点。许多科学家在这方面做了不懈的探索，例如：利用燃烧烟气冷却后产生的真空来抽水，利用火药在汽缸内爆炸所产生的压力来驱动活塞，用氢气和空气混合后燃烧时所产生的压力来推动活塞做功等。1794年英国的罗伯特·斯特利特（Robert Street）率先进行了通过燃料的燃烧获得动力的研究。之后，1799年法国的列奔（Lebon）、1820年英国的谢希尔（W. Cecil）等人也进行了这方面的研究，但直到1823年左右才制造出具有实用性的发动机，当时的这种发动机是通过冷却因燃烧而产生的高温气体时所产生的低压来获得动力的。直接利用燃烧压力来获得动力的发动机是由英国的W. L. 莱特（Wright）率先开始研究的，此时的发动机与现在的内燃机在结构上已经很相近。1838年英国的纬利蒽·巴讷特（William Barnett）提出了在点火之前压缩混合气有利于提高效率的观点，由此开始研究压缩式发动机，但未能实用化，同时研究了用火焰点燃的点火装置。1842年美国的A. 德雷克（Drake）、1855年英国的A. W. 牛顿（Newton）制造出热管点火式发动机。到此为止，发动机仍然处于试验研究阶段，虽然在研究工作上得到了很大的成功，但还没有达到实用化的水平。1860年法国的雷诺（Lenoir）首先发明了将煤气和空气吸入气缸后进行混合，并在气缸内燃烧的无压缩过程的实用性煤气机。这种煤气机有气缸、活塞、连杆、飞轮等，是内燃机的初级产品。当时，由于无压缩过程，所以热效率很低，只达到4.5%左右，但在英国和法国很盛行。此时，社会上开始承认早在1838年纬利蒽·巴讷特提出的如果在点火之前压缩混合气则有利于提高热效率的观点，并于1861年在法国的密理蒽（Million）、德国的高斯塔夫·斯库密德等人发表的相关学术论文中强调了压缩过程的效果。1862年法国的彼奥德罗萨斯（M. A. Beau deRochas）立志要"站在瓦特的肩膀上"，彻底改正蒸汽机的缺点。当时所研究制作的内燃机的效率还不如蒸汽机，彼奥德罗萨斯对其原因进行了深入的研究与分析，并找到了问题所在：这种无压缩内燃机在设计方案上存在着根本性的缺陷，就是缺少提高效率的有效途径。彼奥德罗萨斯开始构想提高内燃机热效率的方案。经研究分析，他认为高效率的内燃机必须具备两个条件：第一，点火前要高压；第二，燃料燃烧后必须迅速膨胀，达到最大膨胀比。如何满足这两个条件？对此彼奥德罗萨斯提出了提高内燃机热效率的具体设想，把活塞的运动分成四个冲程：活塞下移，进燃气；活塞上移，压缩燃气，形成高压；点火使气体迅速燃烧膨胀，推动活塞下移做功；活塞上移，排出废气，即由进气、压缩、膨胀做功、排气四个冲程构成一个工作循环。这一理论成为现在四冲程内燃机最基本的理论。当时，引入压缩冲程是一个创举，为内燃机以后的发展奠定了坚实的理论基础。他仿佛看到了通向"瓦特的肩膀"的阶梯，离"瓦特的肩膀"只有一步之遥了。但令人惋惜的是，作为理论家的彼奥德罗萨斯，没有实际制作，最终未能迈出最关键的一步。

而当时德国商人奥托（Otto）从蒸汽机的广泛应用中看到了内燃机的发展前途，从而一直关注内燃机的研制情况。他没有学过机械知识，边学边干。他从工厂烟囱冒出的烟一边和空气混合、一边向天空排出的现象受到启发，他想如果把烟换成燃料，在烟囱出口处（混合气浓区）点火，那么燃烧会逐渐传播到稀薄区，提高燃烧效率。他为了在发动机气缸里实现烟囱冒烟现象，就利用透明的气缸和手动活塞以及侧置式进排气系统制作试验模型，并把香烟的烟从进气阀放入气缸，反复观察进入气缸后的运动规律，终于研究出空气与煤气的添加方法。同时，奥托受到雷诺煤气机的启发，认为如果用液体燃料的话，其用途将大大地提高，为此设计了雾化器。后来在报纸上看到彼奥德罗萨斯提出的内燃机四冲程理论报道后，他看到了内燃机的希望。奥托对彼奥德罗萨斯的设计方案反复研究，领会其思想，认定"这是一个天才的设想"，于是，他全心投入内燃机的研制工作之中。1862 年 2 月，奥托制造出一台四冲程样机，但在实用化过程中遇到了点火装置方面的困难，就把它搁置一旁。但是他又发明了"常压引擎"，一种新的二冲程煤气发动机，并于 1863 年获得专利权。为了使自己的内燃机走向市场，奥托与他人合作，建立"奥托公司"。在 1867 年的巴黎世界博览会上，他发明的压缩式内燃机获得了金奖，从此销路畅通，公司利润暴涨。1872 年奥托公司聘请才华非凡、管理经验丰富的工程师戈特利布·戴姆勒（G. Daimler）等帮助生产发动机。1876 年，奥托根据彼奥德罗萨斯提出的四冲程理论创建由四个冲程构成一个工作循环的奥托循环，首次实现了四冲程发动机，并成立德国气体发动机制造公司。当时，最初的发动机的压缩比为 2.5 左右，热效率仅为 10%~12%。同年，奥托又改进点火系统，5 月研制出第一台四冲程内燃机，第二年获得专利权。这种煤气内燃机基本上克服了蒸汽机的缺点，它"出于蒸汽机而胜于蒸汽机"，奥托终于跨出了彼奥德罗萨斯无法跨出的最后一步。此后，英国科学家对奥托的四冲程内燃机进行了改进，在一台内燃机上多加一个气缸，构成多（双）缸机，从而使发动机输出的转矩更加均匀。

五、内燃机汽车的问世

虽然奥托发明了奥托循环，实现了四冲程理论，在内燃机发展史上做出了重要的贡献，为内燃机汽车的发展奠定了坚实的基础，但是作为商人的他在成功之后未能把成果进一步推向汽车领域，以取得更辉煌的成就。

而曾在奥托气体发动机制造公司担任技术工作、为奥托内燃机研制做出重要贡献的德国人戴姆勒，认为奥托内燃机虽然重且体积大、转速又低，但只要稍加改进就可以安装在汽车上。但是奥托只热衷于蒸汽机的生产，不同意改进。为此戴姆勒与奥托出现严重分歧，于是戴姆勒于 1881 年与同公司就职的威廉·迈巴赫（W. Maybach）一起辞掉奥托公司的一切职务，办起了当时的第一家汽车工厂，专门研究一种轻便又快速的内燃机。当时实现内燃机的最关键问题就是如何在气缸内形成可燃混合气，并使之燃烧实现热功转换。为此他们在继承和总结雷诺等前人研究成果的基础上，根据当时已使用的雾化器的原理，于 1883 年发明了化油器，并研制出世界上第一台轻便又快速的内燃机——汽油机。在该发动机上采用了热管式点火方法，并于 1885 年将此发动机安装在二轮车上，同年试制三轮车。在此之前，发动机的最高转速只有 200r/min 的水平，而戴姆勒制造的发动机一下子把最高转速提高到 1000r/min 的高速。1886 年戴姆勒将 1.1 马力（1 马力 = 735.499W）的发动机安装在四轮车上。到 1887 年，汽油机已作为车用和船用发动机而开始使用。

与此同时，另一位德国人卡尔·奔驰（K. Benz）也热衷于制造一种无轨道的、不需马拉的车。经历屡次失败后，他终于在 1879 年试验成功一台二冲程发动机。1885 年，他利用电池和线圈发明了电点火方法，并将此方法应用于二冲程汽油机上，制造出具有实用性的三轮汽车，成立了第一家奔驰汽车制造公司并开始生产汽车。到1900年，奔驰汽车制造公司成为全世界最大的汽车制造厂。但1900年以后，由于戴姆勒汽车的成功，奔驰汽车公司的经济利益直接受到影响。

德国在第一次世界大战中战败，给德国经济带来了沉重的打击，戴姆勒汽车公司也陷入了经营上的困境。于是，在1926年戴姆勒汽车公司与奔驰汽车公司合并，成为现在的戴姆勒-奔驰汽车公司。

根据以上内燃机发展的历史可以认识到，汽油机是在将四冲程机构从蒸汽机（外燃机）移植到内燃机的工程实践中被发明的，因此汽油机开发初期首要的问题就是如何在气缸内快速地形成混合气和点火的问题，而不是热效率。作为替代蒸汽的燃料，要求其蒸发雾化性好，而汽油这一燃料刚好满足这一要求，所以决定了汽油机的混合气形成和燃烧模式，以及这种燃烧方式固有的排放特性。初期的汽油机热效率也只是当时比较成熟的蒸汽机的水平。而内燃机体积小、转速高、移动性好，以及与当时其他车型相比较续驶里程长，所以在汽车上得到广泛应用，后来随着消声器的发明与应用、起动机的发明，汽油机的技术不断完善，并由此改变了汽车的面貌。

作为内燃机另一个典型的代表——柴油机的发明过程却与汽油机不同。柴油机是由德国工程师鲁道夫·狄塞尔（Rudolf Diesel）针对当时发动机热效率低、着火困难等问题，从热力学角度进行全面分析，并从根本上提高循环热效率试图实现卡诺循环的梦想中发明的。早在1878年狄塞尔在慕尼黑工业学校念书时，其恩师林德教授在一次热力学课堂中解说卡诺循环时讲道：蒸汽机仅仅是将从燃料中获得热量的6%~10%转化为有效功，如果气体燃料能实现等温燃烧过程的话，就有可能将气体燃料所提供的全部热能转变为机械功。这一名言给狄塞尔留下了很深刻的印象，他在课堂笔记中写道："去研究从实用角度能否具体实现等温过程？"从此就把实现卡诺循环作为自己人生的目标。当时改善蒸汽机热效率的主要途径就是通过过热蒸汽。大学毕业后，作为冷冻机技术员的狄塞尔对氨蒸气比较熟悉，所以他着眼于利用正常运转条件下凝点远比水蒸气高，而且对气缸冷却作用不敏感的过热氨蒸气替代水蒸气，并在巴黎的林德制冰会社建立实验室，专门进行有关氨过热蒸气和氨溶液的基础研究，并设计研制配备进、排气装置的小型氨气发动机。狄塞尔通过研究确认：为了合理利用过热蒸气所具有的热量必须具备高压，而在高压下过热蒸气几乎成为气态。在这一研究过程中逐渐产生了一种新的思想，即将氨气替换成高温高压的空气，在其中逐渐导入已微粒化的燃料，使之燃烧加热空气，并使之尽可能地膨胀做功。狄塞尔为实现这一想法进行了无数次的实验研究。从蒸汽机的过热蒸汽状态到独特的燃烧过程，狄塞尔从热力学角度细致全面地进行了理论分析和验证，并把所研究的结果写成《合理的热力发动机理论和构造》一书公开发表，于1893年获得了关于内燃机工作方式及其实现的第一个专利。

这里值得提出的是，从理论到实际发动机的开发研究过程中，狄塞尔通过实际发动机中存在的机械损失，认识到卡诺循环的热效率仅仅是理论上的，它只取决于温度，对实际发动机而言并非最高温度而是最高压力起决定性作用。因此，在实践中为了获取更高的升功率和机械效率，他果断地放弃了自己在理论研究过程中所提出的实现等温过程的想法，于1895年获得了关于"具有在压力变化过程中燃料导入时期可变的内燃机"的有关柴油机发明过程的第二个专利。其基本思想是：

1）通过气缸内活塞的压缩过程将纯空气压缩加热至远超过燃料的自燃点。

2）将微粒化的燃料导入气缸内高温高压的空气中燃烧，由此推动活塞做功。

3）对液体燃料，从导入压缩空气开始，燃料受高温、高压空气的加热作用而在气缸内逐渐汽化。

由此，狄塞尔创造性地创立了压缩自燃式内燃机——柴油机的工作模式。其本质特点就是燃料自行着火，提高压缩压力的目的就是使在上止点喷射的燃料自行燃烧，因而压缩程度成为自行着火的必要条件，同时压缩比的提高增加了膨胀比。而这项专利的特点正是在于利用这样的循环方式求得最高热效率的工作过程。

1893—1897 年，狄塞尔经过多次样机的试制、失败、再改进，并通过试验验证等过程，终于于 1897 年研制成功具有实用价值的柴油机，该样机的指示热效率当时就达到了 38.6%。1898 年在慕尼黑展览会上，狄塞尔研制的柴油机引起了汽车制造商们的浓厚兴趣。

柴油机以用廉价的低级燃料而获得高热效率的特点，广泛应用于四冲程和二冲程发动机上。后经过改进，其热效率高达 46%，成为热效率最高的热力发动机。但是柴油机作为汽车的动力源而应用于汽车上，是从其发明开始将近 40 年以后的 1936 年，由戴姆勒-奔驰汽车公司首先认可，并安装在梅赛德斯-奔驰牌 260D 型轿车上，使之成为第一台柴油汽车。

汽油机和柴油机的发明，以及其体积小、重量轻、效率高及续驶里程远的特点，确定了其作为汽车发动机的牢固地位，同时有力地推动了汽车事业的迅速发展。1908 年美国的汽车大王亨利·福特（Henry Ford）推出了世界著名的 T 型福特汽车，并改进了汽车流水线生产方式，揭开了汽车量产的序幕，使汽车走向大众化的道路。

从此，汽车工业的蓬勃发展彻底改变了世界经济结构和社会结构，汽车文化有力地推动了人类社会文明的快速发展。

第二节　内燃机在汽车上的应用

早在 1769 年法国人古诺（N. J. Cugnot）利用当时生产的蒸汽机制作了世界上最初的蒸汽机三轮汽车，该车全长 7.23m，车速仅为 3.5km/h。当时排出的黑烟和噪声等公害严重到何等程度不言而喻，连车速都慢到成为"行驶公害"的程度，但是"无马的马车"的概念却由此而形成。之后，人们通过高压蒸汽等技术措施改善了蒸汽机的效率，使蒸汽机的体积尽可能地紧凑化。但是由于笨重的蒸汽汽车对道路的破坏，以及煤的消耗量增加等原因，蒸汽汽车并未得到当时社会的认可。

1875 年法国人雷恩·谢鲁玻尔发明了炽热曲管式锅炉，由此大大减小了锅炉的尺寸，同时消除了锅炉爆炸的危险。他的这一发明不仅使蒸汽汽车得到根本上的改善，而且也改善了原蒸汽汽车起动困难的问题，并于 1902 年创造了世界最快的以蒸汽机为动力的赛车。由此，蒸汽机作为汽车的第一代动力源而得到广泛应用。从 19 世纪末到 20 世纪初，蒸汽汽车达到了鼎盛时期，之后逐渐被新兴的内燃机所替代，直到 1927 年才彻底停止了蒸汽汽车的生产。

一、汽车的基本结构

内燃机的问世彻底改变了庞大的蒸汽机牵引小车的局面，从笨重而破坏公路、移动迟缓而影响交通的汽车，变成小型轻量而快速灵活的汽车。但是，直到 1908 年 T 型福特汽车问世为止，车体的基本结构依然是"无马的马车"，发动机只不过是替代马的位置来牵引汽车而已。

汽车结构的发展也经历了其外形和底盘发展的过程。早在 1899 年，法国的雷诺首先将车身结构改成如同花轿的箱体结构，第一次制造出封闭式车身。之后，随着航空技术的应用，车身采用钢板制作，并且车身结构向质量分布尽可能均匀化的紧凑型发展。随着内燃机动力性、经济性的不断提高，车速也不断提高，因此车身结构伴随流体力学的发展也向流线型发展。

与此同时，美国的古德依尔通过对一种热带植物渗汁的研究发现了橡胶，同时发现橡胶与硫和氧化铅混合加热即硫化，可以生产出很有实用价值的橡胶产品，并于 1842 年发明了实心轮胎；1845 年汤姆森发明充气式轮胎并进行了试验研究，但由于缺乏市场经验而停止生产。1888 年苏格兰人邓禄普首先发明了自行车用充气式轮胎，并获得了自行车和三轮车的新式轮胎专利。1894 年法国的米其林（Michelin）兄弟俩发明了可拆卸式装有内胎的充气式轮胎，并在巴黎开设自行车轮胎厂，于 1895 年将充气式轮胎应用于汽车车轮上。1923 年又试制成低压轮胎，与高压轮胎相比较，低压轮胎与地面接触面积大，弹性好，能有效地减轻冲击振动和提高汽车的行驶稳定性。1948 年米其林橡胶公司发明了子午线轮胎，其特点是可以减小车轮的滚动阻力，节约燃料，同时耐磨性好，提高了汽车操纵稳定性，改善了乘坐舒适性，所以得到广泛应用。

汽车的动力传动装置首先是在 T 型福特车上采用的。在该车型上首次采用了前进两档加倒档的脚踏式变速器后，受到广大用户的欢迎。由此，传动装置作为发动机动力的补充，使汽车驾驶及行驶条件更加安全灵活和丰富多样化。

直到 20 世纪前期为止是人类发明汽车并完善其基本结构的过程，而 20 世纪后期直到现在，汽车的发展历史是提高性能与人类社会环境要求以及多学科技术协调发展的过程。

可以说，由于有了能源动力革命和轮胎的文化，才有了汽车的文化，才有了现代人类社会文明。

二、三种动力的竞争

自蒸汽机发明直到 1887 年，经过 100 多年的发展历史，蒸汽汽车的技术已成熟，人们已经充分认识到人类社会活动中汽车的重要性。但是，蒸汽机热效率低、体积庞大而笨重、冒烟严重等致命弱点很难从根本上得到解决。所以，许多科学家着力研究新型动力装置。从 19 世纪后期到 20 世纪初作为车用动力源有蒸汽机、汽油机和电动机三种，而这三种动力汽车当时竞争非常激烈。其中，蒸汽机首先应用到汽车上，其技术比较成熟。而电动机虽然轻、结构紧凑、性能稳定，但需要蓄电池作为电源。

通过 1895 年 6 月在法国举行的著名的巴黎—波尔多—巴黎的第二次汽车拉力赛，人们才开始认识到机动车的重要意义，同时通过参赛的各种车型（如蒸汽汽车、汽油车、电动汽车及马车）的比较，也开始意识到车身质量越小，优势越大。在这次拉力赛中充气式轮胎也得到了充分的肯定，同时也发现了各种车型所存在的问题。当时，对汽车所关心的问题主要并不是能源与排放，而是燃料的能量密度和一定量燃料所能达到的续驶里程。

通过巴黎的第二次汽车拉力赛，对当时的三种动力车和马车的行驶特性进行对比分析，结果发现：蒸汽汽车每行驶 10mile（1mile = 1609.344m）需要加一次水；电动汽车每行驶 30mile 需要充一次电；而汽油车每行驶 150mile 才加一次油。马车既无车速又无续驶里程的概念，一般任何一种马车，每天至多只能行走 15~20mile。由于当时欧洲及美国城市都比较小，任何一种私人车只要其续驶距离能达到 15mile 以上就可以接受了，但是饲养马是一件很费劲的事情。

到 19 世纪末，西欧一些发达国家早已进入旅游时代，所以动力汽车取代马车已成为必然趋势。蒸汽汽车所存在的固有问题及每 10mile 都要加水等问题，不太适合于旅游业。而电动汽车一次充电续驶里程有限，而且每次充电费用又昂贵，所以满足不了当时旅游业的要求。1886 年汽油车发明初期，在热效率、起动性、排放噪声及车速等方面与蒸汽汽车相比并不占优势，反而由于当时无消声器而噪声大，成为其主要问题。但是在续驶里程方面，根据第二次汽车拉力赛的分析结果，汽油车相对于其他车种具有绝对优势。后来，马克西姆发明了消声器，1899 年科尔曼（Clyde J. Coleman）设计出电动起动装置，查尔斯·富兰克林·凯特林（Charles Franklin Kettering）于 1912 年使之进一步完善，使得汽油机的优势逐渐明朗化。进入 20 世纪以后，石油又被世界公认为机动车辆的主要燃料，由此确立了汽油车的主导地位。随着城市规模扩大、交通发展和旅游业的兴盛，各地纷纷建立了汽油加油站，使得内燃机汽车得到迅速的发展。

三、内燃机汽车发展的几个阶段

20 世纪初期，随着汽车结构完善的基本完成，社会上已普遍形成了汽车的概念。特别是从第二次世界大战之后汽车工业复兴至今，汽车的发展过程经历了提高性能、主动安全、被动安全、环境保护、节能减排等几个阶段。

第二次世界大战后人们对汽车的要求越来越高：对汽车性能方面的要求主要体现在车速要快，操作要方便，价格要更便宜；高速化的要求主要是针对当时盛行的赛车；而驾驶性和价格的要求是来自汽车的大众化。但是汽车的普及给社会带来了新的问题，即交通拥挤、交通事故、环境污染及石油能源紧张等。

随着社会经济的高度发展，汽车工业也得到了迅速发展。伴随汽车保有量的急剧增加，交通事故数量也大幅度增加，成为社会化的问题。甚至，在国外一些国家称汽车为"行驶的凶器"。为汽车洗清这一绰号的就是汽车安全措施。伴随汽车大众化的发展，各汽车公司开始开发研究汽车的安全技术，而汽车的安全技术主要包括主动安全技术和被动安全技术。所谓主动安全技术就是为了预防事故的发生而采取的一系列措施，如制动系统的开发与完善、判断行驶路面状态和驾驶人疲劳状态的感知、判断及支援系统，减轻操作力和疲劳强度、帮助驾驶人控制操作运行的辅助行驶支援系统，考虑驾驶过程中人的反应时间的人和汽车的协调控制技术等。而被动安全技术是当事故不可避免地发生时，用来保护乘客和驾驶人的安全技术措施，如车辆撞击时吸收能量以缓和冲击力的车辆结构上的技术措施，包括保险杠、安全带及气囊等。直到如今，安全技术在主动、被动两方面仍在继续被深入地开发研究，且通过采用电子技术和自动控制技术使之更加完善。

从法律形式控制汽车有害尾气排放物的起因是 1943 年 9 月在美国洛杉矶发生的光化学烟雾事件。当时，整个洛杉矶市被一层烟雾遮住，给市民带来催泪、呼吸系统疾病等灾难。美国联邦调查局和加利福尼亚州政府对该烟雾事件进行的调查结果表明，造成这种严重烟雾事件的主要元凶就是汽车尾气排放物中的 HC 和 NO_x。于是，美国于 1960 年首次制定了防治汽车尾气污染物的法案，并从 1965 年开始实施。所以从 20 世纪 60 年代后半开始到 70 年代末的十几年间，汽车排气净化技术得到了迅速的发展。其中典型的技术就是转子发动机和稀薄燃烧技术。转子发动机于 1967 年达到量产化，其特点是燃烧温度低，所以 NO_x 排放量少，而稀薄燃烧技术是于 1972 年由日本本田技研工业首先发明的。在稀混合气下燃烧时，CO 和 HC 生成量少，而且由于空气的冷却作用燃烧温度也低，故 NO_x 的排放量也低。之后出现了排气再循环（EGR）技术、电控汽油喷射技术、三效催化转换装置等。

除了汽车安全和尾气排放污染问题之外，对汽车发展影响较大的还有石油能源危机。1945 年和 1972 年的两次石油危机，使得汽车制造行业大力开发研制有关节能技术。在整车上，美国 GM（通用）汽车公司采用减小外形尺寸来减小整车质量；福特汽车公司则通过提高铝等轻合金及塑料等氧化树脂材料的使用率，达到减小整车质量的目的。在整车布置上，采用发动机前置前轮驱动方式，或发动机后置后轮驱动方式等，发动机输出功率通过变速器直接驱动差速器及半轴，由此提高传动效率，同时减小传动系统的质量；为了减小发动机室空间，提高发动机单位质量输出功率（比功率），采用 V 型四缸机、V 型六缸机；奔驰、奥迪开发的直列五缸机，日本大发开发的直列三缸机等都是针对节能问题而开发的技术措施。这些技术有效地降低了发动机的比质量（单位输出功率的整车质量），改善了整车燃油经济性。同时对发动机燃烧过程的改善、电子控制技术的应用、汽车空气阻力特性的改善等方面也进行了深入的研究。这里，在节能和排放控制方面，以及安全等整车性能控制方面，汽车发动机的电子控制技术及其发展起着关键性的作用。电子控制技术已作为汽车必备的部分，在现代汽车领域占据不可缺少的重要位置。

随着节能与排放法规要求和低碳化要求的不断提高，柴油机以其独特的热效率高、油耗低及耐久、可靠功率覆盖面宽等特点，不仅广泛应用于货车上，而且在轿车上也逐步得到广泛应用。而柴油机工作粗暴、振动噪声大、起动性差等缺点，通过电控高压喷射技术及燃烧系统的改进，已得到大幅度的改善。在西欧，柴油机在轿车上的应用比较普及。但目前柴油机的微粒（PM）和 NO_x 排放尚未很好地解决。为此，人们正广泛深入研究电控高压喷射、EGR 中冷、增压中冷、后处理技术及 HCCI/CAI 燃烧方式等新技术。

第三节　电动汽车的盛衰

如果说 18 世纪蒸汽机的发明引发了第一次产业革命使人类跨入动力时代的话，19 世纪至 20 世纪上半叶电机的发明与发展则引发了第二次产业革命，使人类进入电气化时代，同时产生了电动汽车的概念，而电动汽车的发展对现代汽车基本结构的形成起到重要的作用。

一、电动汽车的发明

作为电动汽车动力源的电机是在电磁学基础上发展起来的。早在 1650 年，德国物理学家格里凯（Otto Von Guericke）在研究静电的基础上制造出第一台摩擦起电机。1720 年，英国牧师格雷（S. Gray）通过对电的传导现象的研究，发现导体与绝缘体的区别，随后又发现了导体的静电感应现象。1733 年，杜菲（du Fay）通过实验来区分正、负两种电荷，并总结出同性排斥、异性相吸的静电相互作用的基本特征。1745 年，荷兰莱顿大学穆欣布罗克（P. Musschenbroek）和德国克莱斯特（E. G. Kleist）发明了一种能存储电荷的装置——莱顿瓶（电池的初级产品），为电学的实验研究提供了条件。1777 年，法国物理学家库仑（C. A. Coulomb）通过对毛发和金属丝的扭转弹性的研究发明了扭秤，于 1785—1786 年间首次用这种扭秤测量了电荷之间的作用力，并从牛顿万有引力定律中得到启发，发现了电荷之间相互作用力与距离的二次方成反比的库仑定律。

基于这些前期关于静电的基础研究，丹麦物理学家、化学家奥斯特（H. C. Oersted）于 1820 年在给学生讲课时，意外地从电流流通导线时小磁针产生偏转的教学实验中，首次发现了电流的磁效应。1821 年，英国物理学家、化学家迈克尔·法拉第（Michael Faraday）发现通电的导线能绕永久磁铁旋转以及磁体绕载流导体运动，首次实现将电磁运动向机械运动的转换，并建立了电机的实验模型，即第一台电机。这些发明启发了法国物理学家安培（Amire Marie Ampere），他认为既然磁与磁之间、电流与磁之间都有相互作用力，那么电流与电流之间也应存在作用力。于是，1822 年安培在实验研究的基础上，发布了判定导线切割磁感线时感应电流方向的右手螺旋定则，即安培定律，由此明确指出电流产生磁力的基本定律，并定义安倍为形成电流定向移动的电荷所受洛伦兹力的合力。安倍的实验研究结果表明，磁场对运动电荷产生作用力，并称之为洛伦兹力，但当电荷的运动方向与磁场方向平行时所受洛伦兹力为零。与此同时，德国物理学家欧姆（G. S. Ohm）对导线中流通的电流进行了研究，他从法国数学家、物理学家傅里叶（Joseph Fourier）发现的导热杆中两点间的热流正比于两点间温度差的传热规律中受到启发，认为电流现象也与此相似，即导线中两点之间的电流正比于它们之间的某种驱动力（即电动势）。为此，他将奥斯特发现的关于电流的磁效应和库仑发明的扭秤结合起来，巧妙地设计出一种电流的测量装置，并于 1826 年通过电流流通导线时磁针的偏转角与导线中的电流成正比的实验研究，推导出著名的"导体中的电流与导体两端的电压成正比，与导体的电阻成反比"的欧姆定律。

安培及奥斯特等人的研究，只解释了电和磁之间存在的必然联系。既然电流有磁效应，那么磁也应该有电流效应，对此不少科学家展开了许多相关研究。1831 年，法拉第从奥斯特发现的电流的磁效应中受到启发，认为如果固定磁铁则磁场中的线圈可能会运动。根据这种设想，他成功地发明了一种只要电流流过线路，则线路就会绕磁铁不停地旋转的简单装置，并通过大量的实验证明了电不仅可以转化为磁，磁也同样可以转化为电，而且运动中的电可感应出磁，同样运动中的磁也可感应出电，由此发布了著名的电磁感应现象，即放置在磁通量变化的磁场中的导体上会产生感应电动势，如果将此导体闭合成一个回路，则该感应电动势会产生感应电流。电磁感应现象的发现，可以说是在电磁学领域中的一项伟大成就，它不仅揭示了电与磁之间的内在联系，而且为电与磁之间的相互转化奠定了理论基础，为人类大规模利用电力，获取巨大而廉价的电能开辟了新的途径，同时也标志着一场新的工业革命和技术革命的到来。后来人们利用电磁感应现象制造出感应发电机，从此人类社会从蒸汽机时代进入了电气化时代。电磁感应在电工、电子技术、电气化、自动化等方面的广泛应用，有力地推动了人类社会生产力和科学技术的向前发展。

在电磁学发展史上做出重要贡献的还有俄国物理学家海因里希·楞次（Heinrich Friedrich Emil Lenz）和英国物理学家麦克斯韦（Maxwell）。1834 年，楞次在综合法拉第电磁感应原理和安培力原理的基础上，通过大量实验总结出一条判断感应电流方向的规律，即楞次定律：感应电流的磁场总要阻碍引起感应电流的磁通量的变化，其实质就是产生感应电流的过程必须遵守能量守恒定律，由此首次证明了发电机和电动机是可逆的，统称为电机。在楞次定律问世之前的"电场"和"磁场"的研究都局限于"静态场"，而楞次定律所涉及的是变化的磁场与感应电流的磁场之间的相互关系，是一种"动态场"，是"从静到动"的一次大飞跃。

而麦克斯韦是著名的数学家，他从数学角度全面分析了法拉第提出的"力线"概念，不但解释了法拉第的实验研究结果，而且还发展了法拉第提出的"场"的思想，并提出了涡旋电场和位移电流的概念，初步提出了完整的电磁学理论，并于1873年完成了电磁理论的经典著作《电磁学通论》，建立了著名的麦克斯韦方程组，以简洁的数学语言概括了全部的电磁现象。麦克斯韦方程组把电荷、电流、磁场及电场的变化关系用数学公式统一起来。从该方程组可知，变化的磁场能够产生电场，变化的电场同样也能产生磁场，它们将以波动的形式在空间传播。因此麦克斯韦预言了电磁波的存在，并且推导出电磁波传播速度等于光速，同时也说明了光波就是一种特殊的电磁波。麦克斯韦方程组标志着完整的电磁学理论体系的建立，他用精确的数学语言把实验结果升华为理论，显示了数学的巨大威力，完善了法拉第的实验研究成果，为电机的发明与发展奠定了理论基础。

另外，基于电磁学理论发明的电机，为电动汽车的开发提供了新型的动力源。早在1834年，美国人托马斯·达文波特（T. Davenport）利用不可充电电池首次发明了电动汽车的实验模型，虽然该电动汽车模型只行驶了一小段距离，但证明了电磁感应现象的原理在电动汽车上应用的可能性。1859年，法国人普兰特（G. Plante）发明了铅酸蓄电池，为电机应用于汽车上首次提供了电源。在可充电电池问世之前，主要利用不可充电电池研发电机的应用技术，在这种背景下，直流电机和交流电机相继问世。到19世纪后期，两轮车和三轮车技术已成熟，为电动汽车的开发奠定了基础。

第一次把直流电机和多次性铅酸可充电电池应用于私人汽车的是法国人古斯塔夫·特鲁夫（Gustave Trouve）。1881年，他在巴黎举行的国际电器展览会上展出了能够实际操作的一条电动船和一辆电动三轮车。其中，电动三轮车由一台质量为11lb（约5kg）的电机驱动，采用六节二次电池，车辆总质量为350lb（约160kg），车速达到7mile/h（约12km/h）。之后，英国的两位教授威廉·爱德华·阿顿（William Edward Ayrton）和约翰·培里（John Perry）从1881年巴黎国际电器展览会上受到启发，第二年采用能够提供20V电压的10节电池，驱动0.5hp（约373W）的直流电机，合作研制出一辆电动三轮车。该车电机质量为20kg，电池质量为68kg，车速可达15km/h，但是受到英国1865年发布的3人"红旗法"交通法规的限制，电动汽车的开发受到阻碍。1890年，美国人里克（Andrew L. Riker）在从英国进口的三轮车上安装了自制的电机，组装了美国第一台电动汽车，该车采用能提供8V电压的蓄电池组，车速可达13.7km/h。

虽然19世纪中后期电动汽车的原理早已得到认可，但在1895年之前，由于人们对电动汽车及交通工具机械化等方面的认识不足，电动汽车还得不到社会的认可和政府的支持，电动汽车的研发受到阻碍。在1894年举行的第一次世界汽车拉力赛，激发了许多发明家开发汽车的欲望；而在1895年举行的第二次世界汽车拉力赛，使得人们对汽车的态度从漠不关心转变为满腔热情，开始重新认识和评价不同动力源的汽车。

1900年，英国人哈特用在各车轮上都安装电机的方式首次制造出车速可达80km/h的4轮驱动电动汽车。此时，社会上已公认电动汽车具有结构简单、紧凑，车速高，噪声低，舒适性好等优点，所以虽然一次充电续驶里程短，但当时欧美各国城市规模都比较小，只要续驶距离达到15mile（约24.14km）以上的汽车都可以接受，因而电动出租车成了发展趋势。1910年以后蒸汽汽车开始衰落，伦敦、巴黎等大城市的出租车多半都采用了电动汽车，而在美国1920年迎来了电动汽车的鼎盛时期，直到1939年随着内燃机汽车技术的成熟，电动汽车因其续驶里程短、每次充电成本高等致命缺陷而逐渐退出历史舞台。

二、电动汽车衰落的原因

19世纪中叶是以欧美为中心的电动汽车技术走向成熟的阶段。1901年，美国人里克驾驶他的电动汽车实现车速达到57.1mile/h（98km/h），创下车速新纪录，震惊了整个交通运输业。到20世纪的前10年，电动汽车的基本结构已成型，而马车的特征已不复存在，取而代之的是真正的电动汽车设计，如电机前置、电池后置，使重量分配合理等。20世纪30年代，电动汽车的机械特性（如车轮、齿轮、轮胎、车身）以及紧固特性等不断得到完善，电机效率提高到80%~90%，电压调控技术也逐渐成熟。可以说，1896—1935年，随着欧美等地区新兴城市的发展需求，电动汽车迎来了第一次黄金时代。在这期间，电动汽车代表了当时车辆制造技术的精华，现代汽车的雏形也是在电动汽车上形成的，但是电动汽车的主要竞争对手是新兴的内燃机汽车，而蒸汽汽车早已开始衰退。

1895年的第二次世界汽车拉力赛后，人们对蒸汽汽车、汽油车和电动汽车等不同动力源的汽车进行了重新评价和认识：蒸汽汽车虽然技术成熟，但笨重，而且需要定期加水，即一次加水续驶里程有限；电动汽车虽然轻、平顺性好，但其致命的缺陷是续驶里程短，蓄电池充电时间长，成本高；而新兴的汽油车虽然初期振动噪声大，热效率低，但加一次油续驶里程长，且加油时间短。这就是说，对19世纪末旅游业盛兴的欧美，随着城市规模的发展，内燃机汽车因具有续驶里程长的绝对优势而备受青睐。可以说，旅游业、交通业和城市规模的发展给电动汽车带来了厄运，却给内燃机汽车带来了生机。此时，社会发展到一定程度，汽车的续驶里程成了评价汽车性能的重要指标。

虽然当时电动汽车的效率可达90%，而内燃机的热效率只有15%，但电动汽车衰退而内燃机汽车发展的主要原因，首先就是内燃机汽车使用燃料——汽油作为能源，当时汽油的成本比较低；其次是汽油的能量密度（比能量）高，比较当时的汽油和电池的能量密度时，1lb（0.4536kg）汽油储约6kW·h能量，这是1888年生产的铅酸电池所储存电能的500倍以上，即使当时电动汽车的效率约是汽油车热效率的6倍，但车载汽油所能提供的有效能量仍是铅酸电池的50~100倍，当储存相同能量时，汽油与电池的质量比约为1:358，而且汽油车能更好地满足当时盛兴的旅游业发展的需求。正是由于汽油车具有这种优势，才逐渐占据了机动车辆的主导地位，电动汽车因能量密度低、续驶里程短而最终销声匿迹。

三、电动汽车的复兴

进入21世纪以后，汽车工业又站在了革命的门槛上。随着人们生活水平的不断提高，汽车保有量不断增加，石油能源紧缺和汽车尾气排放对大气环境的污染已成为社会化问题，为此，世界各国相继制定了更严格的排放法规，同时汽车低碳化已成为发展趋势。电动汽车除具有能源利用效率高、起动快、运行安静平稳、噪声小、工作可靠等特点以外，在行驶过程中可实现零排放。正因为电动汽车具有这种优势，在沉寂数十年后重新获得新生，而且正备受关注。但是，面对以汽油和柴油为主要能源的内燃机汽车技术的高度发展及日趋完善，电动汽车能否重新复兴其关键在于电机和电源（电池）特性。

对电源的基本要求是，电能储存密度即比能量要高，这是保证电动汽车续驶里程的前提，此外还要求安全可靠、能快速充电、成本低、二次污染少。电动汽车驱动用电机与常规工业用电机有所不同，工业用电机通常优化额定工作点，而电动汽车用电机常频繁起动/停车、加速/减速，且低速或爬坡时要求高转矩，高速行驶时要求低转矩，并且调速范围要宽。因此，车用电机要求如下：

1）要有足够的过载能力，以满足短时加速或爬坡的要求。

2）最高转速要求达到在公路上巡航时基本速度的 4~5 倍。

3）高功率密度（一般要求达到 1kW/kg 以上）和高效率（在较宽的转速范围内都有较高的效率），从而降低车重、延长续驶里程。

4）工作可控性好、稳态精度高、动态性能好。

5）结构紧凑，耐高温，耐低温，抗振动。

目前，电机及其控制技术已很成熟，所以电动汽车重新复兴的条件主要取决于电源（电池）。电池的技术也在不断完善，有效提高了续驶里程，但仍存在的关键问题是电池的安全性、可靠性、成本及二次污染（包括废电池处理）问题。

第四节　电动汽车用电机的类型及特点

由于电机工作状态的可逆性，同一台电机既可作为发电机又可作为电动机。电动汽车用电机当对外输出动力驱动车轮时作为电动机工作，当汽车制动回收能量时作为发电机工作。纵观电动汽车的发展历程和现状，车用电机的类型主要有直流电机、交流电机、无刷直流电机和开关磁阻电机等几种。

一、直流电机

20 世纪 80 年代之前，作为电动汽车的动力源基本上都采用直流电机，其特点是将直流电能转换为机械能，主要由定子、转子和换向器组成。其中，定子由永磁体或带有直流励磁绕组的叠片铁心构成，其作用是产生磁场；转子由用磁钢片叠成的电枢铁心、转轴及电枢绕组等组成，其作用是与定子磁场相互作用产生电磁转矩和感应电动势，是直流电机进行能量转换的枢纽；换向器是机械整流部件，由几个换向片叠成圆筒形，各换向片之间互相绝缘，其作用是与电刷配合将外加直流电源转换为电枢绕组中的交变电流，以保证定子电枢始终受到一个方向不变的转矩。直流电机的基本工作原理如图 1-4 所示。

由于直流电机的气隙磁通 Φ 和电枢电流 I_a 可分别控制，故电机的转速 n_M 和转矩 T_M 也能分别控制，即

$$n_M = \frac{E}{K_e \Phi} \tag{1-1}$$

$$E = U_a - R_a I_a \tag{1-2}$$

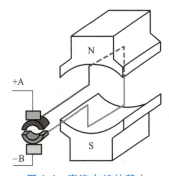

图 1-4　直流电机的基本
工作原理

$$T_M = K_e \Phi I_a \tag{1-3}$$

式中，E 为反电动势；U_a 为电枢两端电压；R_a 为电枢电阻；K_e 为反电动势常数。

相对磁场不可控的永磁直流电机，励磁绕组式直流电机可通过励磁绕组的电流控制磁场，特别是串励直流电机的励磁电流与电枢绕组电流相等，其转矩的增加伴随着电枢电流和磁通的增加，结果转速下降，使转矩与转速成反比关系，且在低速时能提供高转矩，所以广泛应用于传统电动汽车。

虽然串励式直流电机结构简单、转矩控制特性好，且所能提供的单位电流转矩在所有电机中最高，使得由它驱动的电动汽车具有良好的起动性和加速性，但是在结构上设置了换向器和电刷，导致电机在工作时换向器和电刷之间形成滑动机械摩擦现象，这不仅严重影响电机的性能、精度和可靠性，而且易产生火花，缩短电机的使用寿命，噪声也大，故在现代电动汽车上的应用受到了限制。

二、交流电机

交流电机与直流电机相比，结构上取消了换向器，故结构简单，制造方便，容易做成高转速、高电压、大电流、大容量的电机。交流电机按功能分为交流发电机、交流电动机和同步调相机等几种，按励磁方式不同分为同步电机和异步电机两种。同步电机的特点是转子绕组由直流励磁所产生的恒定磁场在定子旋转磁场的作用下同步旋转，即转子的转速 n_s 与旋转磁场的转速相同，称为同步转速。n_s 与所接交流电的频率 f、电机的磁极对数 p 之间的关系为

$$n_s = \frac{60f}{p} \tag{1-4}$$

这就是说，同步电机转子的励磁不能随意改变，导致不易调速，所以同步电机常用在交流发电机上。异步电机又称感应电机，常用的是三相异步电机，其特点是通过定子上相差 120° 的三相绕组产生旋转磁场，当这种旋转磁场相对转子运动时，在转子的短路绕组线圈中产生感应电流而产生电磁转矩，由此驱动转子旋转。根据转子的机构不同，异步电机又分为笼型异步电机和绕线异步电机两种。当异步电机转子转速接近定子的旋转磁场转速（同步转速）时，感应电流减小，所产生的电磁转矩也相应减小，故感应电机以电动机状态工作时，转子的转速 n 小于同步转速 n_s，称 $s = (n_s - n)/n_s$ 为转差率。由于感应电机具有结构简单、紧凑、成本低、工作可靠、转矩波动小、噪声低、便于维护等特点，常作为电动机被广泛应用，也是一种较早应用于电动汽车上的电机。感应电机转速控制的基本方程为

$$n = n_s(1-s) = \frac{60f}{p}(1-s) \tag{1-5}$$

为了改善驱动电动汽车用感应电机的动态特性，优先采用矢量控制和直接转矩控制方法。感应电机的矢量控制基本原则是通过测量和控制定子电流矢量，根据磁场定向原理对感应电机定子电流的励磁分量和转矩电流分量进行分别控制，从而达到控制感应电机转矩的目的。感应电机的转矩方程为

$$T_M = \frac{3M^2}{2L_r} p i_{sa} i_{sb} \tag{1-6}$$

式中，M 为绕组间的互感；L_r 为转子绕组的自感；i_{sa} 为 i_s 在转子磁通链矢量方向（定义为

a 轴）的励磁分量，其作用是建立气隙磁通；i_{sb} 为 i_s 在垂直于 a 轴方向（定义为 b 轴）的转矩分量；i_s 为定子电流。

由此可见，只要保持励磁分量不变，通过调节转矩分量就可以有效地控制电机的输出转矩。但这种方法需要基于同步旋转的坐标系（ab 坐标系），将 d 轴（感应电机转子磁场方向，定向）方向的磁链和 q 轴（垂直于转子磁场方向，磁链为零）方向电流进行解耦，使电机转动磁场与力矩特性分开。

直接转矩控制方法克服了矢量控制方法中通过复杂坐标变换进行解耦的问题，它将转子磁通定向变换为定子磁通定向，通过控制定子磁链 Φ（$\Phi = n\varphi$，n 为线圈匝数；φ 为穿过线圈的平均磁通量）幅值及该矢量相对于转子磁链的夹角，达到控制转矩的目的。该方法只需要使转矩输出和定子磁链分别反馈，并各自通过 PI（比例积分）调节跟踪给定值，实现 PWM（脉宽宽度调制），对逆变器的开关状态进行最佳控制，以获得转矩的高动态性能。

传统的直接转矩控制方法一般对转矩和磁链采用单滞环控制，即将开关函数计算模块的输出连接到滞环比较器，产生控制脉冲，控制开关的通断状态，由此将输出电压控制在以设定电压为中心的滞环宽度范围内，这样输出电流基本在给定电流附近来回振动，波形非常好。但是，如果设置的滞环宽度过小，虽可更好地对目标电流跟踪控制，但开关工作频率和损耗大幅度增加，不利于低速区工作；如果设定的滞环宽度过大，开关工作频率和损耗虽有一定下降，但控制误差增加；如果将滞环宽度设置为某一常数，跟踪电流就会围绕实际电流在设定范围内波动，造成输出转矩波动。

所以，虽然直接转矩控制方法省去了复杂的矢量变换，只需关心电磁转矩的大小，故转矩控制手段直接、结构简单、控制性能优良、动态响应快且鲁棒性好，非常适合应用于电动汽车用驱动电机的控制，但是磁链和转矩的脉动，限制了这种方法在低速区的应用。

在驱动电机旋向变换控制方面，直流电机依靠换向器和电刷来改变电枢或磁场的电流方向，由此实现电机的旋向变换，这使得控制电路复杂、可靠性降低。而交流异步电机转向的改变只需要变换磁场三相电流的相序即可，使得其控制电路得到简化。此外，采用交流电机及其变频调速控制技术，使电动汽车的制动能量回收控制更加方便，控制电路更加简单。但是，交流电机存在的主要问题是功率因数滞后，轻载功率因数低，调速特性和转矩特性不理想，因此不能很好地满足频繁起动、加减速的电动汽车对动力源的要求。为此，结合直流电机和交流电机的特点相继开发出无刷直流电机和开关磁阻电机。

三、无刷直流电机

无刷直流电机是一种自控变频的永磁同步电机，主要由永磁体（外）转子、多极绕组（内）定子、位置传感器和电子开关电路四部分组成。图1-5所示为六凸极无刷电机的基本结构原理图。在结构上，无刷电机与永磁同步电机相似，只是定子和转子的相对位置相反。无刷电机的定子设置在转子内部并形成空间相差60°的三相对称电枢绕组，通过各相绕组电流的控制形成旋转磁场；而设置在定子外部的转子是由永久磁铁制成的一对磁极，用转子位置传感器随时精确地检测其位置，并在确定的位置通过电子开关电路按一定顺序控制定子的各相绕组电流，实现无接触换向，使定子绕组形成旋转磁场，转子在旋转磁场的作用下同步旋转。

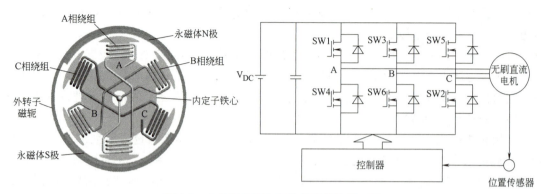

图 1-5　六凸极无刷电机的基本结构原理图
a）结构　b）电子开关电路

无刷电机的驱动方式可分为方波驱动系统（BLD-CM）和正弦波驱动系统（PMSM），控制方式与异步电机基本相同，其主要优点是相对异步电机具有较高的能量密度和效率，且体积小、响应快，因此在电动汽车上得到广泛应用。近年来，国内外越来越多的电动汽车采用性能先进的轮毂电机，这种轮毂电机多采用永磁无刷电机，由此直接驱动车轮，不需要传统汽车的变速器、传动轴、驱动桥等复杂的机械传动部件，使汽车传动系统结构大大简化，但是要求电机低速转矩要大。

无刷直流电机的特点是，它采用了半导体开关器件（如霍尔元件）来实现电子换向，即用电子开关代替传统的机械式换向器和电刷，所以寿命长、免维护、耐久可靠，同时因无刷直流电机损耗小（无机械换向的摩擦损耗、变速器的损耗及调速电路损耗等），效率高，机械噪声低。

无刷直流电机与有刷直流电机

四、开关磁阻电机

开关磁阻电机调速系统（Switched Reluctance Driver，SRD）是 20 世纪 80 年代初，继直流电机、交流异步电机变频驱动系统后，伴随电力电子、微型计算机及控制技术的发展而迅速发展起来的，是以磁阻电机自动化控制技术为基础的一种机电一体化的新型无级驱动系统。它的问世打破了传统的电机设计理论和正弦波电源供电方式，使交流电机驱动系统的设计进入一个新的时代，新的电机拓扑结构与控制方式层出不穷，高密度、高效率、轻量化、低成本、宽调速牵引电机驱动系统已成为研究热点。

SRD 由开关磁阻电机（Switched Reluctance Motor，SRM）和智能电机控制器（驱动器）两部分组成，图 1-6 所示为三相 6/4 极开关磁阻电机的结构原理图，定子铁心有六个齿极，由导磁性良好的硅钢片冲制而成，并在定子齿极上绕有线圈，用于产生磁场；转子铁心有四个齿极，由导磁性良好的硅钢片冲制而成，且转子齿极上无线圈。由于这种电机的定子和转子都有齿极，所以又称为双凸极电机。这种 SRM 采用磁阻最小的工作原理，即磁通总是沿磁阻最小的路径闭合，利用磁引力驱动转子旋转。把定子和转子初始状态作为起始位置接通 A 相绕组电源时，如图 1-6 所示，转子逆时针旋转，当其主轴线（转子凸极和定子凸极对应）与磁场轴线重合时，磁路最短，磁阻最小，转子将停止转动；在转子停止转动之前按照 ACB 顺序给定子绕组通电，转子则会逆时针方向持续旋转；反之，若按照 ABC 顺序给定子绕组通电时，转子就按顺时针方向转动。因此，SRM 的转动方向与其定子的电流方向无关，只取决于定子绕组的通电顺序。

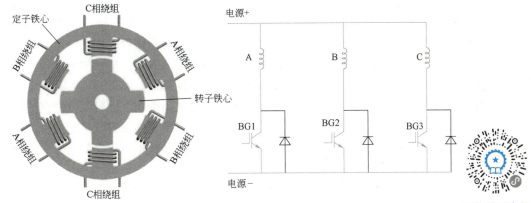

图 1-6　三相 6/4 极开关磁阻电机的结构原理图

开关磁阻电机有以下特点：

1）电机结构简单、生产成本低、调速范围宽、高速运行稳定。开关磁阻电机的定子和转子都呈双凸极结构，在转子上无绕组、换向器和集电环等；而定子是简单的集中绕组，无中间跨线，所以开关磁阻电机制造成本低，工作可靠，便于维修。

2）电机各相工作相互独立，系统工作可靠。因开关磁阻电机的定子各相绕组磁路相互独立，故各相电磁转矩无需在各个绕组和磁路的共同作用下产生。在控制器结构方面，每相绕组由各自电路相对独立供电，因此即使开关磁阻电机的某一相绕组发生故障，只需停止故障相即可，虽电机总输出功率下降，但仍可正常运行。

3）电路简单、可靠。开关磁阻电机转矩与电流极性无关，转矩方向只与定子上各相通电顺序有关，可有效减少开关器件的数量，且都与定子绕组串联，故可靠性高。

4）可控参数多，调速性能好。开关磁阻电机可控参数多，主要有相开通角、相关断角、相电流幅值以及相绕组电压等，控制方式多样，可在很宽的转速范围内保持较高的效率。

正因为开关磁阻电机具有以上的特点，同时传承了交流电机变频调速和直流调速系统的优点，能很好地适应汽车在使用过程中频繁起动、停止和爬坡等工况，而且能很好地适应运行环境条件的变化，故广泛应用于航空航天、机械及电动汽车等领域。但是，开关磁阻电机存在的主要问题是转矩波动和噪声大，且需要位置传感器等，此外相对永磁电机其功率密度和效率偏低。

第五节　电池的类型及特点

电池是电动汽车的主要能源，是一种将某种物质的化学能转换为电能的供电设备（电源），也是制约电动汽车发展的关键部件。

电池根据电化学反应类型不同分为一次电池、二次电池和燃料电池。不同类型电池的共同特点是在结构上都是由电极和电解质来构成的，不同点是电极及电解质的具体物性和结构不同。一次电池又称干电池，其正极采用 MnO_2，负极采用 Zn，电解质采用氯化铵-氯化锌（NH_4Cl-$ZnCl_2$）水溶液加淀粉等制成糊状。二次电池又称蓄电池，由正极、负极及电解液构成，其特点是具有可充电性，可重复使用。干电池和蓄电池都是储存电能的装置，通过消耗固体活性物来放电，一旦消耗完毕，就不能放电，需要更换或充电。电池的最大输出功率取决于所储存的活性物质量。干电池放完所储存的电能后就废掉，而蓄电池则可在充电后重复使用。故电动汽车的续驶里程就取决于蓄电池一次充电的使用寿命。燃料电池储存的是燃料，作为电池的正极和负极，由空气极和燃料极构成，只要不断地向燃料极供给燃料，燃料电池就不断供电，故从根本上解决了蓄电池电动汽车一次充电续驶里程受限的问题，结合了内燃机汽车和电动汽车的特点。

电动汽车用动力电池的主要性能指标有比能量、能量密度、比功率、循环寿命和成本等。电动汽车能否得到普及，除了驱动电机技术以外，还需要一段艰难的历程去开发二次电池，以突破二次电池的能量密度（续驶里程）及安全性等问题。值得注意的是，使用后的废电池的二次环境污染问题不可忽视。到目前为止，电动汽车用动力电池的发展已经历了三代：第一代是铅酸电池，由于这种电池比能量较高、价格低和能高倍率放电，曾是唯一大批量生产的车用电池；第二代是碱性电池，主要有镍镉、镍氢、钠硫、锂离子和锂聚合物等多种电池，其比能量和比功率都比铅酸电池高，因此有效提高了电动汽车的动力性和续驶里程，但其价格比铅酸电池高；第三代是燃料电池，它是直接将燃料的化学能转变为电能，能量转换效率高，比能量和比功率也高，是比较理想的车用电池，但还处于研发阶段，一些关键技术尚需突破。

一、蓄电池

常用的蓄电池及其性能参数对比见表 1-1。

表 1-1　常用的蓄电池及其性能参数对比

性能	蓄电池类型							
	铅酸	镍镉	镍基（氢）	镍锌	锌空	钠硫	锂聚合物	锂离子
比能量/（W·h/kg）	30~45	40~60	60~70	60~65	230	86	155	90~130
能量密度/（W/L）	60~90	80~110	130~170	120~130	269	149	220	140~200
比功率/（W/kg）	200~300	150~350	150~300	150~300	105	150	315	250~450
循环寿命/次	400~600	600~1200	600~1200	300	—	1000	600	800~1200
成本/［美元/（kW·h）］	60~80	300	200~350	100~300	—	230~350	—	>200
优点	可靠，成本低	可快充,寿命长	快充,寿命长	比功率高	比能量高	比功率、比能量高	比能量高	快充,寿命长
缺点	过充/过放电能力差,寿命短	成本高,镉金属污染	成本高,氢处理需安全	比能量低,寿命短	比功率小	成本高,安全性差,寿命短	成本高	成本高,安全性较差

1. 铅酸电池

铅酸电池是于 1859 年法国人普兰特首次发明的可充电电池，它采用硫酸（H_2SO_4）水溶液为电解液，二氧化铅（PbO_2）和铅（Pb）分别作为正极和负极。当铅酸电池充电后，正极（PbO_2）在硫酸水溶液中水分子的作用下，少量 PbO_2 生成可离解的不稳定物质——氢氧化铅［$Pb(OH)_4$］，同时氢氧根离子（OH^-）存在于溶液中，四价铅离子（Pb^{4+}）留在正极板上，故在正极板上缺少电子；负极（Pb）与电解液中的硫酸（H_2SO_4）进行电化学反应生成二价铅离子（Pb^{2+}），铅离子转移到电解液中，使负极板上留下多余的两个电子（$2e^-$）。当未接外电路（电池开路）时，由于电化学反应正极板上缺少电子，而负极板上则多了电子，正、负极之间产生一定的电位差，即电池的电动势。

当铅酸电池充电时，外接电源使正、负极在放电后生成的物质恢复成原来的活性物质，并把外界的电能转变为电池的化学能而储存起来。此时，在正极板上，在外界电流的作用下，硫酸铅被离解为二价铅离子（Pb^{2+}）和硫酸根离子（SO_4^{2-}）。由于外接电源不断从正极吸取电子，使正极板附近游离的二价铅离子（Pb^{2+}）不断放出两个电子来补充，变成四价铅离子（Pb^{4+}），并与水反应生成二氧化铅（PbO_2）；在负极板上，由于负极不断从外接电源获得电子，使负极板附近游离的二价铅离子（Pb^{2+}）被中和为铅（Pb），并附着在负极板上；在电解液中，正极不断产生游离的氢离子（H^+）和硫酸根离子（SO_4^{2-}），负极不断产生硫酸根离子（SO_4^{2-}），在电场的作用下，氢离子移向负极，硫酸根离子移向正极，同时电解液中硫酸不断增加，电解液浓度上升，电动势得到恢复。

当铅酸电池接通外电路（负载）使其放电时，在电位差的作用下，负极板上的电子经外电路流向正极形成电流 I；同时，在负极上每个铅原子放出两个电子后生成的二价铅离子（Pb^{2+}）与电解液中的硫酸根离子（SO_4^{2-}）反应，在负极板上生成难溶的硫酸铅（$PbSO_4$）；而在正极上形成的四价铅离子（Pb^{4+}）得到来自负极的两个电子（$2e^-$）后生成二价铅离子（Pb^{2+}），并与电解液中的硫酸根离子（SO_4^{2-}）反应，在正极板上生成难溶的硫酸铅（$PbSO_4$）。在正极上由水分解出的氧离子（O^{2-}）与电解液中的氢离子（H^+）反应，生成稳定的水（H_2O）；存在于电解液中的硫酸根离子和氢离子在电力场的作用下分别移向电池的正极和负极，在电池内部形成离子流，蓄电池向外持续放电。放电时硫酸（H_2SO_4）浓度不断下降，正、负极上的硫酸铅（$PbSO_4$）增加，电池内阻增大，电池的电动势降低。

铅酸电池经历了 160 多年的发展历程，在蓄电池理论研究以及在交通、通信、电力、军事、航海、航空航天等各领域都起到了重要作用。进入 20 世纪初后，铅酸电池历经了许多重大改进，进一步提高了能量密度、循环寿命、高倍率放电等性能。然而，开口式铅酸电池有两个致命缺点：其一是充电末期水会分解，氧气被析出，故需经常加酸、加水，维护工作繁重；其二是气体溢出时携带酸雾，腐蚀周围设备，并污染环境，故限制了其应用。为了解决这两大问题，各国竞相开发密封式铅酸电池，期望通过电池的密封，获得干净绿色的电源。针对这些问题，Gates-Rutter 公司于 1975 年发明了一种 D 型密封铅酸电池并获得专利，成为阀控式密封铅酸蓄电池（Valve Regulated Lead Acid Battery，VRLAB）的原型。VRLAB 在结构上不但是全密封的，而且还有一个可以控制电池内部气体压力的阀，由此解决了铅酸电池经常加水、加酸以及充放电时溢出酸雾而污染环境的问题。1987 年，随着电信业的迅速发展，VRLAB 在电信部门得到迅速推广应用。但 1991 年，英国电信部门对正在使用的

VRLAB 进行检查时发现，VRLAB 存在热失控、燃烧和早期容量失效等现象，故须对电池进行热管理。

铅酸电池每单元电压为 2.0V，根据用户需求可通过电池单元的组合构成 12V、24V、36V、48V 等不同容量的电池。这种电池的优点是成本低，技术成熟，效率高（75% ~ 80%），工作可靠；缺点是比能量低，难于实现快速充电，循环寿命低。

2. 镍镉电池

镍镉电池也是早期开发的一种蓄电池，镍和镉都是发现比较早的金属元素，镍具有良好的机械强度和延展性，对酸和碱的耐蚀性强，而且化学性质较活泼；镉对碱性物质的耐蚀性强，但毒性较大。所以镍镉电池采用氢氧化钾（KOH）碱性溶液作为电解液，用氢氧化镍 $[Ni(OH)_3]$ 制成正极，用镉（Cd）制成负极。这种电池单元采用金属容器封闭式结构，所以电解液无泄漏，无需补充，且坚固耐用，内阻小，可供大电流放电，有效缩短充电时间，而且每单元电压为 1.2V，工作温度范围为 $-20 \sim 60℃$，可作为电动汽车电源使用。但存在的问题是镉金属有毒，不利于地质生态环境保护，且成本高，所以其应用受到了限制。

3. 镍氢电池

镍氢电池是针对镍镉电池存在的问题而开发的不含贵金属的"绿色电池"之一。镍氢电池以氢氧化镍 $[Ni(OH)_3]$ 作为正极，以储氢合金作为负极，电解液采用氢氧化钾（KOH）中含有氢氧化锂（LiOH）的混合溶液。作为储氢合金材料目前采用稀土合金（镧镍）AB_5 类和钛锆稀土合金 AB_2 类两种。在丰田的 Prius、本田的 Insight 等混合动力电动汽车上均采用镍氢电池。

（1）镍氢电池的优点

1）比功率高。镍氢电池内部使用了大量的金属材料，故导电性能良好，可大功率放电，目前比功率已达到 1500W/kg 以上，但比能量一般在 $50 \sim 70W \cdot h/kg$ 以内。

2）低温性能好。镍氢电池采用无机电解液体系，低温性能相对锂系列电池好。

3）可实现快速充电，约 15min 可充满 40% ~ 80%。

4）循环寿命高，无污染，耐过充、过放电，具有较高的回收价值。

（2）镍氢电池的主要缺点

1）存在电池的热效应。镍氢电池的充电反应是一个放热反应，在充电过程中放热量可达 $949J/(A \cdot h)$；且镍氢电池充电效率低，即使在空态下充电效率也达不到 100%，充电量超过 80% 后，放热速度迅速上升。充电电流越大，充电效率越低，所放出的热量会更多。

2）标称电压低。镍氢电池的标称电压为 1.2V，组合成数百伏的车用动力电源系统，需要更多的电池串联，对电池的一致性、可靠性要求高。

3）自放电。充满电后在常温状态下搁置一段时间（如 28 天左右），镍氢电池自放电可达 10% ~ 30%。

4）成本高。在镍氢电池中采用镍、钴等大量贵金属，使电池原材料成本高。

4. 高温钠离子电池

针对镍氢电池自放电大、比能量低的问题而开发了高温钠离子电池，其中包括钠氯化镍电池和钠硫电池两种。钠氯化镍电池于 1978 年首次发明，其正极为固态 $NiCl_2$，负极为液态 Na，电解质采用固态 $β-Al_2O_3$ 陶瓷。当电池充、放电时，钠离子通过陶瓷电解质在正极和负极之间漂移。其特点是比能量高，超过 $100W \cdot h/kg$，无自放电效应，且耐过充、过放电，可快速充电，安全可靠。但是其工作温度高（250～350℃），且内阻与工作温度、电流和充电状态有关，因此需要冷热管理，使系统复杂。

钠硫电池曾被美国先进电池联合体列为中期发展的电动车用蓄电池。其特点是比能量高，但峰值功率较低（能量密度低），且工作温度为300℃，熔融的钠和硫有潜在的毒性，而且具有腐蚀性，限制了其推广应用。

5. 锂离子电池

锂离子电池是目前研究比较多且广泛推广应用的一种蓄电池。它能量密度大，平均输出电压高，没有记忆效应，工作温度范围为 $-20～60℃$，循环性能优越，可快速充电、放电，充电效率高，输出功率大，循环寿命长，不含有毒、有害物质，被称为绿色电池。

锂离子电池和其他化学电池一样也是由正极、负极和电解质三个部分组成，正极采用 $LiMO_2$（M = Co、Ni）、$LiMn_2O_4$ 和 $LiFePO_4$ 等锂离子复合材料制成，使正极没有金属锂，只有锂离子；而负极采用石油焦炭和石墨来制成。放电时锂离子脱嵌，其反应式为 $Li_xC_6 \rightarrow xLi + xe^- + 6C$；充电时锂离子被嵌入，其反应式为 $xLi + xe^- + 6C \rightarrow Li_xC_6$，这种碳素材料无毒，且资源丰富，锂离子嵌入碳中，克服了锂的高活性，解决了传统锂电池存在的安全问题。锂离子电池正、负极用一种经特殊成型的微孔型高分子薄膜（隔膜）隔开，隔膜可以让锂离子自由通过，但限制电子通过；电解液采用 $LiPF_6$、二乙烯碳酸酯（EC）和二甲基碳酸酯（DMC）的混合溶液。

锂离子电池最早由 A. Armand 于1980年提出，其结构原理图如图1-7所示。当锂离子电池充电时，在施加在电极两端的电动势的作用下生成锂离子，并经过电解液移动到负极。作为负极的碳呈层状结构，具有许多微孔，使从正极移动到负极的锂离子被嵌入碳层微孔中，使负极处于富锂状态，嵌入的锂离子越多，充电容量就越高。同理，当锂离子电池放电时，嵌在负极碳层中的锂离子被析出（脱嵌），返回到正极。这种锂离子的移动产生电流，回流到正极的锂离子越多，放电容量就越高。可见，锂离子电池主要通过锂离子在正极和负极之间来回嵌入和脱嵌来实现化学能和电能的相互转化，所以作为锂离子电池的正极材料要求具备良好的嵌入或脱嵌锂离子的性能。

迄今为止研究最多的正极材料是 $LiCoO_2$、$LiNiO_2$、$LiMn_2O_4$ 及其衍生物。其中，$LiCoO_2$ 是大规模商品化的正极材料，技术比较成熟，综合性能优良，但价格昂贵，容量较低，存在安全隐患；$LiNiO_2$ 成本较低，容量较高，但制备困难，材料性能一致性和重现性差，也存在安全隐患；$LiMn_2O_4$ 成本低，安全性好，但循环性能尤其是高温循环性能差，在电解液中有一定的溶解性，且储存性能差。

对以中大容量、中高功率为目标的锂离子电池来说，正极材料的成本、高温性能和安全性十分重要，而上述的 $LiCoO_2$、$LiNiO_2$、$LiMn_2O_4$ 等正极材料尚不能满足这

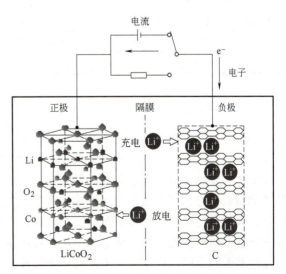

图1-7　锂离子电池的结构原理图

些要求。所以，研究开发能用于中大容量、中高功率的锂离子电池的新型正极材料成为研究热点。其中，具有代表性的正极材料是正交橄榄石结构的磷酸铁锂（$LiFePO_4$），其结构属于正交晶系，热稳定性非常好，集中了 $LiCoO_2$、$LiNiO_2$、$LiMn_2O_4$ 及其衍生物正极材料的各种优点，不含贵重元素，成本低，资源丰富。作为 $LiFePO_4$ 的正极反应，充电时锂离子脱嵌，经电解质传递到负极，其反应式为 $LiFePO_4 \rightarrow Li_{1-x}FePO_4 + xLi + xe^-$；放电时锂离子嵌入，其反应式为 $Li_{1-x}FePO_4 + xLi + xe^- \rightarrow LiFePO_4$。

磷酸铁锂电池具有工作电压高（单体电压 3.2V）、能量密度大、循环寿命长、安全性能好、自放电率小、无记忆效应等优点。但存在的主要问题是磷酸铁锂堆积密度低，其理论密度仅为 $3.6g/cm^3$，除此之外，因磷酸铁锂的结构特点导致其电导率较低。因此如何提高锂离子电池正极材料的实际容量成为锂离子电池的研究重点和难点。

一般锂离子电池充电电流设定在 $0.2C \sim 1C$ 之间，电流越大，充电越快，同时电池发热也越大；充电电流过大，易造成容量不够满，因为电池内部的电化学反应需要时间。

纵观电池的发展历史，可以看出其发展过程有以下三个特点：一是一次电池向蓄电池转化，并且安全可靠，符合可持续发展的战略；二是绿色环保的电池迅猛发展，包括锂离子电池、镍氢电池等；三是电池进一步向小型化、轻量化方向发展。在商品化的可充电电池中，锂离子电池的比能量最高。特别是聚合物锂离子电池，通过聚合物凝胶化液态有机溶剂或直接用全固态电解质，实现电池薄形化，而且在安全性上具有独特的优势，具备当前电池工业发展的三大特点，故逐步取代液体电解质锂离子电池，成为锂离子电池的主流。

美国先进蓄电池集团（USABC）提出的蓄电池发展的目标性能指标见表 1-2。与表 1-1 对照可以看出，不管采用何种类型的蓄电池，至今还没有一种蓄电池能完全满足该目标性能指标的。

表 1-2　美国先进蓄电池集团（USABC）提出的蓄电池发展的目标性能指标

性能指标	目标性能指标	性能指标	目标性能指标
比能量（$C/3$ 放电率）/（W·h/kg）	200	循环寿命（80% 放电深度）/次	1000
能量密度（$C/3$ 放电率）/（W·h/L）	300	成本价格/［美元/（kW·h）］	<100
比功率（80% 放电深度/30s）/（W/kg）	400	工作温度/℃	$-40 \sim 85$
功率密度/（W/L）	600	充电时间/h	$3 \sim 6$
使用寿命/年	10	效率（$C/3$ 放电，6h 充电）（%）	80

二、燃料电池

燃料电池与其他类型电池的共同点，都是通过电极的电化学反应将化学能转换为电能；不同点是，一次电池或二次电池是消耗固体活性物质来发电，一旦消耗完活性物质，就不能再放电，需要更换或充电，电池的最大输出电能取决于其所储存的活性物质量。燃料电池是从外部接收气态的氢和氧作为活性物质来发电的，其输出功率只受向电极所能提供氢能力的限制，其供电持续能力取决于所储存的燃料，所以从根本上解决了蓄电池电动汽车一次充电续驶里程受限的问题。在燃料电池中活性物质在正、负极上参加成流反应，即在负极上的氧化反应和正极上的还原反应，由此在一个电极上活性物质失去电子的同时，另一个电极上的活性物质获得电子而形成电流。这就要求燃料电池具有吸附氢、氧气态活性物质的能力，为此需要设计专用电极，并要求电极材料对电极反应具有催化性，且电极对电解质具有耐蚀性和良好的导电性，同时气态活性物质与液态电解质具有良好的相互渗透性。

（一）燃料电池的基本工作原理及特点

1. 燃料电池的基本工作原理

燃料电池以氢燃料电池理论为基础。它以氢气作为负极（又称燃料极），氧气作为正极（又称为空气极），采用氢氧化钾（KOH）碱性溶液作为电解液。电解质将正极和负极分开，并根据电池的需要不断向负极提供燃料（H_2），向正极提供 O_2，则在负极和电解液的分界面上，进行电化学反应，反应式为

$$H_2 + 2OH^- \rightarrow 2H_2O + 2e^- \tag{1-7}$$

即在正极上形成的 OH^- 离子经电池内部移动到负极氧化 H_2，生成水和电子 e^-。所生成的电子经外部回路流向正极，在正极还原 O_2，其电化学反应式为

$$1/2O_2 + H_2O + 2e^- \rightarrow 2OH^- \tag{1-8}$$

也就是说，在氢燃料电池中用 O_2 经电化学反应氧化 H_2 生成 H_2O 的同时，电子从负极经外部回路流向正极。全部电化学反应式为

$$2H_2(g) + O_2(g) \rightarrow 2H_2O(l) \tag{1-9}$$

结果相当于反应焓 ΔH_h 的能量释放出来，其一部分转化为电能，其余作为热量而散热。

在上述反应中，每个氧分子有 4 个电子通过外部电路流动，所以每摩尔氧所输出的电能为

$$W_e = 4N_A eE \tag{1-10}$$

式中，N_A 为阿伏伽德罗常数；e 为电子电荷；E 为端电压。

由于燃料电池可从外部不断地向电极供给 H_2 和 O_2 等气态活性物质，故从根本上弥补了蓄电池一次充电其使用寿命受所储存活性物质的限制问题。为了吸附保持这些活性气体，并要求良好的电极反应特性和良好的气态活性物质与电解质之间的接触性，电极（固相）、电解质（液相）、活性物（气相）三相带的结构设计成为燃料电池的核心问题。氢燃料电池采用碱性电解质，其三相带结构如图 1-8 所示，电极的气体侧为 $30\mu m$、电解质侧为 $10\mu m$

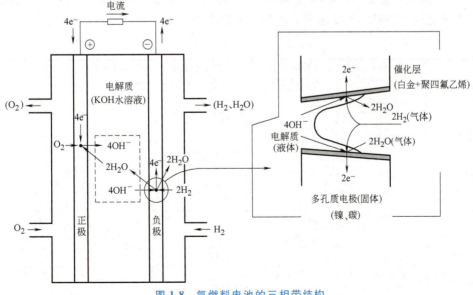

图 1-8 氢燃料电池的三相带结构

孔径的具有防水处理的多孔型结构来构成电极、电解质、活性物的三相带。活性物质通过电解质薄膜以气体状态扩散后吸附在白金（铂，Pt）电极表面上，然后在被吸附的活性物质和催化剂 Pt 之间产生电子交换（成流）反应而生成离子，离子溶于电解液中移动。此时，如果电极处于干燥状态或电解质层比较厚，活性物质及离子的移动速度变慢，就不能产生大电流。为此，对电极常用气态活性物质侧微孔直径偏大、电解质侧微孔直径偏小的多孔镍薄板或用氟系树脂进行部分防水处理的多孔纸状碳素板。当采用固体电解质时，须采用与电子反应相关的离子移动速度高的固体电极。

　　燃料电池的另一个关键问题是电解质。对电解质的要求是：在电解质中只允许离子移动，且移动速度越快越好，不允许电子的流通，电子只能通过外部回路流动，而且电解质层越薄，其阻抗越小。由于水溶液对 H^+ 和 OH^- 离子的移动速度快，所以常采用浓酸性或碱性水溶液作为电解质。这里，当水溶液温度为 18℃ 时，37%H_2SO_4 溶液的电导率为 0.7S/cm，30%KOH 溶液的电导率为 0.54S/cm，45%H_3PO_4 溶液的电导率为 0.2S/cm，30%$ZnCl_2$ 溶液的电导率为 0.1S/cm。

2. 燃料电池的特点

　　1）与传统火力发电系统不同，燃料电池是将燃料的化学能转化为电能的新型发电系统，发电效率可达 40%~65%，利用排热的综合能源利用效率可达 80%。

　　2）与传统汽车相比，燃料电池电动汽车可实现零排放或接近零排放。对于发电系统，由于发电效率高，故通过普及燃料电池可降低 CO_2 等温室气体的排放，有利于防止地球的温室化。

　　3）可采用天然气、甲醇、LPG 以及煤制气体等多种燃料。燃料电池电动汽车的续驶里程取决于它所携带的燃料量。

　　4）运行平稳、无噪声。对发电系统无需汽轮机、发电机等大型旋转机械，故无由此引起的振动噪声，有利于保护城市环境。

（二）燃料电池的类型

　　燃料电池根据所用电解质不同可分为碱性燃料电池（AFC）、磷酸盐型燃料电池（PAFC）、熔融碳酸盐型燃料电池（MCFC）、固体氧化物型燃料电池（SOFC）以及质子交换膜型燃料电池（PEMFC）等多种。燃料电池的类型与特性见表 1-3。

表 1-3　燃料电池的类型与特性

特性	碱性燃料电池（AFC）	磷酸盐型燃料电池(PAFC)	熔融碳酸盐型燃料电池(MCFC)	固体氧化物型燃料电池(SOFC)	质子交换膜型燃料电池(PEMFC)
电解质	KOH 溶液	磷酸	熔融碳酸盐	固体氧化物	质子交换膜
工作温度/℃	60~120	170~220 大量生成 CO	600~700 不需用贵金属做电极催化	≈1000 电导率为 MCFC 的 1/10	≈80
燃料	氢气	LNG、LPG、甲醇	LNG、LPG、煤气、甲醇	LNG、LPG、煤气、甲醇	LNG、LPG、汽油、甲醇
电解质的腐蚀性	强	强	强	弱	无
比功率/（W/kg）	35~105	120~180	30~40	15~20	340~1500
系统效率（%）	—	40~50	50~60	45~55	40~50
起动时间	几分钟	2~4h	>10h	>10h	几分钟
应用领域	航空航天、军事、汽车	大型客车、中小型电站	大型电站	大型电站	航空航天、军事、汽车

纯氢燃料电池常采用 35%～45% 浓度的 KOH 碱性水溶液，故又称之为碱性燃料电池。对碱性电解质，金属的耐蚀性强，无污染，结构简单，但只能用于纯氢燃料电池。而纯氢燃料电池带来的主要问题是 H_2 和 O_2 储带困难，且 H_2 密度低，续驶里程短，成本高。为此，储带其他碳氢燃料，此时须用水蒸气改质的吸热反应 $C_nH_{2n+2}+nH_2O \Leftrightarrow nCO+(2n+1)H_2$ 来获得 H_2，由此电极获得的氢和氧中含有一定的 CO_2。如果仍采用碱性电解质，则 KOH 与 CO_2 反应，使电解质变成碳酸钾（K_2CO_3）水溶液，导致离子的导电性显著降低，故碳氢燃料电池采用酸性电解质，而电极上的电化学反应则与纯氢燃料电池一样。

燃料电池的性能根据所储带的燃料和电解质不同而不同。按所储带的燃料不同，燃料电池可分为非改质型燃料电池和改质型燃料电池两种。非改质型燃料电池的车载燃料为氢，即纯氢燃料电池；而改质型燃料电池的车载燃料可以是天然气、汽油、甲醇等多种燃料，经车载改质装置制氢后将氢供给燃料电池。但由于需要水蒸气改质，结构复杂，且不再适宜采用碱性电解质，而采用酸性电解质。为了提高燃料电池的输出功率（大电流），须提高其工作温度。根据燃料电池的工作温度将其分类为常温（室温～100℃）型、中温（100～300℃）型和高温（300℃以上）型。工作温度高时，对电极反应的催化要求低，可节省贵金属材料，由此降低成本，但工作温度过高，会带来安全隐患。

1. 磷酸盐型燃料电池

为提高电池的性能，须提高电导率，为此采用 95%～100% 高浓度磷酸水溶液电解质，这就要求电池的组成材料具有耐蚀性，故常采用聚四氟乙烯纤维进行部分防水处理的多孔型碳和铂金电极。对于这种酸性水溶液电解质的燃料电池，即使是向电极供给的活性物质中含有 CO_2，电池的基本功能也不受影响；而且电解质的浓度高，工作温度可达 200℃ 左右，所以生成的水以水蒸气状态从正极排除。如果磷酸盐型电池向负极供给的 H_2 中含有 CO 量过多，易造成电极的 CO 中毒，故要限制 CO 含量并要求低于 1.5%。为此，须将水蒸气改质反应中生成的 CO，经 $CO+H_2O \Leftrightarrow H_2+CO_2$（放热）反应转换成 CO_2，反应中生成的热可直接用于水蒸气改质的吸热反应中。

磷酸盐型燃料电池的优点是，能量密度高，续驶里程长，燃料储带方便；其缺点是结构相对复杂，而且工作中存在 CO_2 及其他污染物的排放问题。

2. 熔融碳酸盐型燃料电池

当燃料电池的工作温度高达 600℃ 以上时，就不需要用贵金属 Pt 作为电极反应的催化剂，可以采用活性较低的多孔性 Ni 作为电极，由此可节省贵金属，降低成本，而且不存在碳氢燃料在水蒸气改质反应中生成的 CO 对电极中毒的问题。同时，在高温反应中所产生的热可用于发电，因此有利于提高能量转换的综合效率，所以常应用于发电系统。高温型燃料电池根据电解质的特点又可分为熔融碳酸盐型燃料电池和固体氧化物型燃料电池两种。

无机盐在高温下变成液体，成为高离子导电性的电解质，可通过混合多种盐来降低熔点。故高温型燃料电池常采用各种碱金属碳酸盐的混合熔融盐作为电解质，这种电解质不受活性物质或空气中含有 CO_2 的影响。典型的熔融盐电解质有 Li_2CO_3-Na_2CO_3 系列和 Li_2CO_3-K_2CO_3 系列，将这种电池称为熔融碳酸盐型燃料电池（MCFC）。其中，Li_2CO_3（摩尔分数为 62%）-K_2CO_3（摩尔分数为 38%）电解质在工作温度为 650℃ 时，电导率为 1.1S/cm；Li_2CO_3（摩尔分数为 50%）-Na_2CO_3（摩尔分数为 50%）电解质在工作温度为 550℃ 时，电导率为 1.7S/cm。可见，这种电解质相对酸性溶液电解质具有更高的电导率。

熔融碳酸盐型燃料电池电极的电化学反应式为

负极

$$H_2(g) + CO_3^{2-} \rightarrow CO_2 + H_2O + 2e^- \qquad (1\text{-}11a)$$

正极

$$1/2O_2 + CO_2 + 2e^- \rightarrow CO_3^{2-} \qquad (1\text{-}11b)$$

即在电解质中 CO_3^{2-} 离子从正极向负极流动，在负极 H_2 被氧化，生成 CO_2 和 H_2O 的同时电子经外部回路流向正极；在正极上在回流电子的作用下，O_2 和 CO_2 反应生成 CO_3^{2-} 离子。

3. 固体氧化物型燃料电池

在高温下为了稳定地将无机化合物导入到燃料电池，须开发具有 H^+ 或 O^{2-} 离子导电性良好的固体材料，这种电池称为固体氧化物型燃料电池（SOFC）。典型的固体电解质材料如 ZrO_2，其特点是，在高温下通过 ZrO_2 两侧的氧浓度差使其内部 O^{2-} 离子移动，同时电子通过外部回路流动而对外做功。当工作温度达到 1150℃附近时，ZrO_2 伴随相转移而体积发生变化，所以不能直接应用于燃料电池中，须添加氧化钇（Y_2O_3）及氧化镱（Yb_2O_3）等使晶格稳定，由此随温度的变化无相转移，只在晶格中产生氧化物离子的空穴，以保证良好的离子导电性。如在 800℃温度下，$(ZrO_2)_{0.91}(Y_2O_3)_{0.09}$ 的电导率为 $2\times10^{-2}S/cm$，$(ZrO_2)_{0.91}(Yb_2O_3)_{0.09}$ 的电导率为 $3\times10^{-2}S/cm$；而在 1000℃温度下，$(ZrO_2)_{0.91}(Y_2O_3)_{0.09}$ 的电导率为 $9\times10^{-2}S/cm$，$(ZrO_2)_{0.91}(Yb_2O_3)_{0.09}$ 的电导率为 $1.6\times10^{-1}S/cm$。这就是说，这种固体电解质即使是在 1000℃高温下，其电导率也只有 MCFC 的 1/10，故要求固体氧化物型燃料电池的工作温度要达到 1000℃以上。所以需要开发出耐高温且离子导电性良好的固体电解质。固体电解质在电极上的电化学反应式为

负极

$$H_2 + O^{2-} \rightarrow H_2O + 2e^- \qquad (1\text{-}12a)$$

正极

$$1/2O_2 + 2e^- \rightarrow O^{2-} \qquad (1\text{-}12b)$$

即在负极上 H_2 被氧化生成水的同时电子经外部回路向正极流动；在正极上在回流电子的作用下还原氧，生成的 O^{2-} 离子经电池内部由正极向负极流动。

对于固体电解质，要求电极及其内部连接材料的热膨胀系数与电解质相近，否则由于电池工作过程中热的影响，可能会造成电池的损坏。

需要说明的是，对燃料电池通过碳氢燃料的水蒸气改质反应获得的包含 H_2、CO 和 CO_2 的混合气体直接向电池供给，而且也可以回收利用负极反应中生成的 CO_2。但工作温度为几百摄氏度以下的中低温型燃料电池中，CO 往往会导致贵金属电极中毒，故必须除掉 CO。特别是在工作温度为 100℃以下的固体高分子电解质型燃料电池中，即便是极其微量的 CO 也会造成电极中毒，所以必须添加少量的氧，将 CO 全部氧化成 CO_2 后再供给到燃料电池中。

4. 质子交换膜型燃料电池

目前，作为汽车用燃料电池主要开发研究的是质子交换膜型燃料电池（PEMFC），其结构原理如图 1-9 所示，将氟树脂系等离子交换膜作为质子传导的固体电解质，并通过膜（固体电解质）将正、负极的气体扩散层直接相连，构成几十到几百微米厚的膜-电极组件（Membrane Electrode Assembly，MEA）；在由铂金（Pt）触媒构成的正、负两电极上紧贴碳

质裹衬，然后分别连接兼有极室分隔作用并构成向电极供给活性物质通路的双向极板；在双向极板和触媒电极之间还设有气体扩散层以便物质传递均衡，并设置具有排气密封和将所供给的活性气体向各极室分配机能的垫片；为了消散燃料电池在工作中所产生的热，在每数个燃料电池单元间设置具有水冷机能的隔板。此外，由于质子交换膜在含水状态下具有良好的质子传导性，故为防止质子交换膜干燥，须加湿反应（活性）气体。

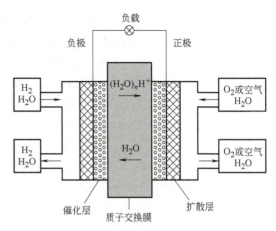

图 1-9　质子交换膜型燃料电池的结构原理

当向燃料极（负极）供给 H_2，向空气极（正极）供给 O_2 或空气时，在 MEA 上发生的电化学反应式为

负极

$$H_2 \rightarrow 2H^+ + 2e^- \tag{1-13a}$$

正极

$$1/2O_2 + 2H^+ + 2e^- \rightarrow H_2O \tag{1-13b}$$

总反应

$$H_2 + 1/2O_2 \rightarrow H_2O \tag{1-14}$$

即在负极上 H_2 被氧化生成 H^+ 离子（质子）和电子 e^-，质子伴随水分在膜中移动到正极，与外部回路供给的电子相结合还原 O_2 生成 H_2O。

由于质子交换膜型燃料电池的电解质为固体高分子综合体，两电极间的电解质很薄，内阻小，加上电极采用具有催化反应作用的铂金（Pt）等贵金属，所以其特点是：离子电导率高，功率密度大，易于小型轻量化；而且工作温度较低（80℃左右），故常温下易起动且起动时间非常短；可在很宽的电流密度范围内工作，很适合应用于负荷变化大（如汽车）的动力源；此外电解质为固体，无电解液蒸发损失等现象；可使用含有 CO_2 的燃料，结构简单，易维护。但存在的主要问题是：因工作温度较低，须采用 Pt 等贵金属催化电极，故工作中 Pt 易 CO 中毒，所以要求严格限制活性物质中 CO 的含量（$<10^{-6}$）；在工作中产生的热不易被利用，而且与高温工作状态的改质器连接困难；对质子交换膜须进行水分管理控制；此外电池的构成材料价格贵，成本高。

目前常用的质子交换膜型燃料电池电解质的类型主要有全氟磺酸型质子交换膜、Nafion&reg 膜（美国杜邦公司）、非氟集合物质子交换膜和新型复合质子交换膜等。存在的问题是制作困难，成本高，对工作温度及含水量要求高，当温度大于 70℃ 时含水量骤降，导电性恶化，同时电极板 Pt 易 CO 中毒。作为改进措施，可采用纳米复合质子交换膜，以提高比表面积，提高保水能力，并对膜的内部结构进行改进，提高微孔数，以改善 Pt 电极的 CO 中毒问题。

（三）燃料电池的效率及其内部损失

1. 燃料电池的最大效率

质子交换膜型燃料电池和其他酸性电解质燃料电池一样，都是通过向正、负极分别供给

O_2 和 H_2，经电极的电化学反应在电池内部形成离子流动的同时，与之相应的电子经外部回路流动从而产生电能对外输出。这种正、负极上的电化学反应的总体结果是 H_2 和 O_2 反应生成 H_2O 的同时产生热，所以反应过程是熵增（$\Delta S>0$）化学反应。向燃料电池化学反应系统输入的总化学能常用 H_2、O_2 反应物和 H_2O 生成物的吉布斯自由能来表示。当燃料电池工作时，其内部化学反应系统的吉布斯自由能变化量 ΔG 等于生成物的吉布斯自由能总量减去反应物吉布斯自由能的总量，即

$$\Delta G = \Delta H - T\Delta S = G_p - G_r \tag{1-15}$$

式中，T 为反应温度；G_p、G_r 分别为生成物和反应物的吉布斯自由能的总量；ΔH 为反应焓，根据生成物 H_2O 的状态不同反应焓 ΔH 分为高热值 ΔH_{HHV} 和低热值 ΔH_{LHV}。

对 1mol 为基准的燃料电池的总电化学反应式为

$$H_2 + 1/2O_2 \rightarrow H_2O \tag{1-16}$$

则吉布斯自由能变化量为

$$\Delta g = g_{H_2O} - g_{H_2} - 1/2g_{O_2} \tag{1-17}$$

吉布斯自由能的变化量，还与反应温度和生成物 H_2O 的状态有关。氢氧燃料电池的 Δg^0、E^0 及基于高热值的最大效率见表 1-4，其中吉布斯自由能变化量为负值说明这种电化学反应对外输出电能。

表 1-4　氢氧燃料电池的 Δg^0、E^0 及基于高热值的最大效率

H_2O 的状态	温度/℃	$\Delta g^0/(kJ/mol)$	平衡电压 E^0/V	最大效率（%）
液体	25	−237.2	1.23	83
液体	80	−228.2	1.18	80
气体	100	−225.2	1.17	79
气体	200	−220.4	1.14	77
气体	400	−210.3	1.09	74
气体	600	−199.6	1.04	70
气体	800	−188.6	0.98	66
气体	1000	−177.4	0.92	62

当燃料电池稳定工作不考虑其内部损失时，其内部能量转换的电化学反应处于平衡状态，Δg 可全部转换为电能，将此时的燃料电池输出电压称为平衡电压或理论电压 E。由于电能用电荷量和电压的乘积来表示，对应反应式（1-16）产生 2mol 的电子，所以

$$\Delta g = -2FE \tag{1-18}$$

式中，F 为法拉第常数，表示 1mol 电子的电荷量，$F = 96485C/mol$；负号"−"表示电子移动方向为负。所以

$$E = -\Delta g/2F \tag{1-19}$$

对氢气燃料电池由反应式（1-16），有

$$\Delta g = \Delta g^0 - RT\ln\frac{\alpha_{H_2}\alpha_{O_2}^{\frac{1}{2}}}{\alpha_{H_2O}} \tag{1-20}$$

式中，Δg^0 为标准吉布斯自由能，见表 1-4；α_{H_2}、α_{O_2} 和 α_{H_2O} 为分别为 H_2、O_2 和 H_2O 的分

压。所以

$$E = E^0 + \frac{RT}{nF} \ln \frac{\alpha_{H_2} \alpha_{O_2}^{\frac{1}{2}}}{\alpha_{H_2O}} \tag{1-21}$$

式中，$E^0 = -\Delta g^0 / 2F$ 为标准压力下的平衡电压。

不同温度下的 E^0 见表1-4。由于电化学反应为放热反应，所释放的热量通过散热等方式损失掉，从而直接影响电池的效率。如果这部分能量也可被利用，即反应系统为绝热的理想系统，则 $\Delta g = \Delta h$，此时的平衡电压为 E_s，可表示为

$$E_s = -\Delta H / 2F = \begin{cases} 1.48V（高热值） \\ 1.25V（低热值） \end{cases} \tag{1-22}$$

燃料电池的实际工作过程为非绝热（$\Delta g < \Delta h$），而且在电子或离子流动过程中存在各种损失，故 Δg 又不可能全部转换为电能。

所以，如果将燃料电池的效率用所获得的电能和输入的吉布斯自由能变化量之比来定义，在无损失的理想状态下 ΔG 全部转换为电能，最大效率可达100%，而且 ΔG 不能代表系统输入的最大能量，所以这种效率的定义方式存在不合理性。考虑到燃料电池中能量转换的是 O_2 和 H_2 分别在正、负极上通过电极反应而产生电能，如果 H_2 直接和 O_2 反应就变成了 H_2 的燃烧反应，此时燃料的化学能全部转换为热能，可以认为是向电池输入的最大能量，故燃料电池以 H_2 完全燃烧时所释放的热能（反应焓）为基准定义其效率更具有实际意义。所以燃料电池的效率定义为所产生的电能与 H_2 燃料的反应焓之比。值得注意的是，在电池的电化学反应中由于生成物 H_2O 的状态不同反应焓又分为高热值和低热值，所以对应的效率也不一样。对无损失的非绝热电化学反应系统，吉布斯自由能全部转换为电能，此时电池的最大效率为

$$\eta_{max} = \Delta G / \Delta H \tag{1-23}$$

由此得出，在标准热力学状态下 H_2O 为液体时燃料电池的最大效率为83%（表1-4）。

2. 燃料电池的内部损失

考虑到燃料电池在实际工作中存在的各种损失，其实际输出的工作电压 E_{CV} 普遍低于平衡电压 E。产生电压损失的主要原因是电池的内部损失，包括电极活性化引起的过电压损失（简称活化极化）、内部电流（燃料）损失、欧姆极化和浓差极化等。

（1）活化极化 在电极上产生的电流密度 i 与电极活化极化而引起的过电压 η_{act} 之间的关系为

$$\eta_{act} = \frac{RT}{\alpha nF} \ln \frac{i}{i_0} = A \ln \frac{i}{i_0} \tag{1-24}$$

$$A = \frac{RT}{2\alpha F}$$

式中，α 为与反应速度相关的系数；i_0 为电极反应处于平衡状态时系统产生的电流密度，与电极的活性有关；n 为参与反应的电子数；F 为法拉第常数。由此可见，对一定的电流密度 i，当反应速度缓慢时，α 和 i_0 减小，电极的过电压 η_{act} 增加。因此，降低 η_{act} 的主要手段为开发可降低 $A = RT / (2\alpha F)$ 的电极催化剂；对于 A 一定的电化学反应，则尽可能提高 i_0。对低温工作的燃料电池，一般电化学反应速度缓慢，所以常用昂贵的铂金（Pt）作为电极

催化剂；而在高温下工作的燃料电池，因反应速度快，可采用价格低廉的镍（Ni）作为电极催化剂。

（2）内部电流（燃料）损失　内部电流损失指当燃料极和空气极之间存在化学能不同时，根据正、负电极之间的能量之差，燃料通过电解质向空气极移动形成内部电流所造成的损失和燃料直接与氧气反应所造成的损失。即使是外部回路无电流通过时仍存在内部电流密度 i_n，结果直接影响电池的实际输出电压。因此，当通过外部回路的电流密度为 i 时，实际电极活化极化损失为

$$\eta_{act} = A\ln\frac{i+i_n}{i_0} \tag{1-25}$$

当通过外部回路的电流达到一定值后，内部电流损失的影响变小，可忽略不计。

（3）欧姆极化　这种损失主要包括离子在电解质内部移动时的阻抗、电子流经电极时的阻抗、电极与向电极供给活性物质（气体）的分离器相连接的接触阻抗，以及将电极上产生的电流集中后传输到外部电路的集电板之间的接触阻抗。这些阻抗的总和为 r，则欧姆极化损失为

$$\eta_{ohm} = ir \tag{1-26}$$

式中，r 为欧姆阻抗（$\Omega \cdot cm^2$）。降低欧姆极化的主要途径就是尽可能减小电解质的厚度，降低各部分阻抗，提高离子的传导性。

（4）浓差极化　燃料电池中随着电化学反应，快速消耗反应物，造成电极周围活性物质浓度发生变化。引起这种浓度差的主要因素有：向电极补充的气相活性物质的扩散速度、反应物和生成物与电解质之间的物质交换，或者在电化学反应区域内反应物和生成物相对电解质的扩散或排除速度等。

根据菲克扩散定律，反应物向电极表面的传递速度可表示为

$$i = \frac{nFD(C_B - C_S)}{\delta} \tag{1-27}$$

式中，D 为反应物的扩散系数；C_B、C_S 分别表示电解质内部和电极表面的反应物浓度；δ 为电解质的厚度。燃料电池的最大电流密度（i_L）相当于当向电极供给反应物的速度最大（$C_S = 0$）时的反应物的传递速度，即

$$i_L = \frac{nFDC_B}{\delta} \tag{1-28}$$

整理式（1-27）和式（1-28），得

$$\frac{C_S}{C_B} = 1 - \frac{i}{i_L} \tag{1-29}$$

当反应物处于平衡状态或外部回路无电流通过时，由式（1-21）得

$$E = E^0 + \frac{RT}{nF}\ln C_B \tag{1-30}$$

当外部回路流通电流时电极表面上的反应物浓度小于体积浓度，此时

$$E = E^0 + \frac{RT}{nF}\ln C_S \tag{1-31}$$

这里，将随电流的流通在电极表面上反应物浓度的变化而引起的输出电压之差称之为浓

差极化，即

$$\eta_{\text{conc}} = \Delta E = \frac{RT}{nF}\ln\frac{C_S}{C_B} = \frac{RT}{nF}\ln\left(1-\frac{i}{i_L}\right) = B\ln\left(1-\frac{i}{i_L}\right) \tag{1-32}$$

$$B = \frac{RT}{nF}$$

3. 燃料电池的实际工作电压及效率

由于燃料电池在实际工作过程中存在上述损失，所以实际工作电压 E_{CV} 为

$$E_{CV} = E - \eta_a - \eta_c - \eta_{ohm} - \eta_{conc} \tag{1-33}$$

式中，E 为电池的理论（平衡）电压（V）；η_a、η_c 分别为正、负极反应所必要的过电压（V）（活化极化）；η_{ohm} 为电池材料及其电解质内部电阻的欧姆极化（V）；η_{conc} 为反应气体向电极供给延迟而引起的浓差极化（V）。

所以，实际工作过程中燃料电池的效率定义为

$$\eta = \frac{\{E_{CV}\}_V}{1.48} \times 100\% \tag{1-34}$$

在定义燃料电池的实际工作效率时，除了燃料电池的内部损失以外，还须考虑所供给的燃料并非全部用于电化学反应。当燃料电池的燃料的使用效率 μ 定义为电化学反应所消耗的燃料质量与向电池供给的燃料总质量之比时，燃料电池的实际工作效率定义为

$$\eta = \frac{\mu\{E_{CV}\}_V}{1.48} \times 100\% \tag{1-35}$$

（四）燃料电池的核心技术

根据以上所述，开发研究燃料电池的宗旨是如何提高其效率。而提高燃料电池效率的核心技术，就在于如何提高离子的传导率、减小燃料电池的内部损失和提高燃料的使用效率三个方面。为提高离子流强度，在活性物质（H_2 和 O_2）、铂金电极（催化剂）、电解质相结合的三相界面上快速、稳定、安全、可靠地进行电化学反应，为加快电化学反应速度，尽可能减小反应物的活化能 E，故要求有合理的电解质、电极结构材料和工作温度，并尽可能增大反应面积，减小内部损失。

目前，开发燃料电池的关键技术主要包括：

1）开发具有良好催化反应的电极材料，设计可提高传导能力的电极结构。

2）开发具有良好质子导电性的固体电解质。

3）热管理、电解质水分管理控制系统。

对车用燃料电池而言，从安全角度出发，电池的工作温度不宜高（<80℃），故电极材料须采用铂金等贵金属，同时为提高电导率，反应面积尽可能要大。为此电极结构多采用宽的多孔性结构，并且电解质和气体分别在其两侧渗透。由于铂金等贵金属电极易 CO 中毒，因此在向电极供给活性气体之前，须通过提前处理来清除 CO。对质子交换膜，要求具有良好的质子导电性，要求活性气体在膜中的渗透性和水分子在膜中的渗透性尽可能要小，并要求电化学稳定、干湿转换性能要好，且具有一定的机械强度，成本要低。开发电解质的关键问题是其物性和浓度，而电解质厚度决定两电极之间的距离，电解质越厚，两电极间距越大，H^+ 在电解质中移动距离越长，电解质的内部阻抗就越大。

第二章

内燃机的循环及性能评价指标

第一节 概 述

内燃机是在气缸内将燃料的化学能通过燃烧转化为热能，再通过曲柄连杆机构将热能转化为机械能的动力机械装置。这种能量的转换过程是通过工质的热力循环来完成的。根据完成一次能量转换所需要的行程数不同，内燃机可分为四冲程机和二冲程机两种。

图 2-1 所示为内燃机热功转换及能量传递过程的示意图。燃料和空气从进入气缸混合、燃烧到对外输出功，需要经过以下三个环节。

第一个环节是空气或混合气进入气缸的过程。对"量调节"式汽油机，在这一过程中燃料按一定的方式先与空气混合形成可燃混合气以后进入气缸，而在"质调节"式柴油机中进入气缸的是纯空气，然后在压缩上止点附近向高温、高压的压缩空气喷射一定量的燃油，边

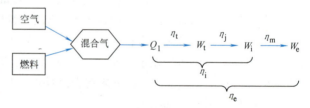

图 2-1 内燃机热功转换及能量传递过程的示意图

形成混合气边燃烧。所以进气过程是将燃料的化学能转化为热能的前提，也是内燃机对外输出动力的物质基础，即进气能力决定其动力性。因此内燃机需要合理设计燃料供给系和空气供给系，以保证良好的混合气形成条件，并尽可能多进气。而混合气形成的质量如何，将直接影响燃烧效率。现代内燃机的混合气形成方式可分为缸内直喷的内部混合气形成方式和进气道喷射的外部混合气形成方式两种。缸内直喷发动机根据燃料的不同主要分为汽油机和柴油机，此外还有 CNG、LPG、DME 及生物柴油（Bio）等替代燃料发动机也向缸内直喷化发展。对缸内直喷（GDI）式汽油机，由于燃料喷射时刻不同，其燃烧方式分为均质预混合燃烧方式和非均质预混合分层燃烧方式；而缸内直喷柴油机的燃烧过程，根据其燃料及混合气的形成特点，分为预混合燃烧过程和扩散燃烧过程。外部混合气形成方式主要在汽油机等易挥发的轻质燃料发动机上采用。现在汽车市场上普及的进气道多点喷射方式是目前电控汽油喷射方式的主流，其燃烧方式主要是均匀混合气的火焰传播方式。

第二个环节是燃烧放热过程。在这一环节主要通过燃烧过程的组织，有效地控制燃烧放热速率。对一定的混合气或混合气的形成过程，如何控制其放热规律，直接影响发动机的动力性、经济性和排放特性。根据内燃机实际循环中燃烧放热过程的不同，将其动力循环可抽象为等容加热循环、混合加热循环和等压加热循环三种理论循环。在不同的条件下采用什么样的循环，即采用什么样的加热方式（放热规律），对循环热效率影响很大，这一点也是目前内燃机研究的热点之一。对于"量调节"式汽油机，由于其燃料的特点，采用预混合气火焰传播燃烧方式，火焰传播速率很快，燃烧放热速率较难控制，常用等容加热循环描述。由于这种燃烧方式受爆燃的影响，因此其压缩比不能太高，所以这种燃烧放热方式的循环热效率不高。而"质调节"式柴油机，是在高温、高压的空气（高压缩比）中通过控制喷油量有效控制燃烧放热规律的，所以其循环热效率较高。

第三个环节是能量的传递过程。循环加热量，即进入气缸的燃料完全燃烧所放出的总热量 Q_1，根据热力学第一定律，从理论上所能转换的机械功为 $W_t = \eta_t Q_1$，其中，η_t 为理论循环热效率，一般 $\eta_t < 1$。在实际循环中，由于混合气不均匀、不完全燃烧损失和燃烧时间损失的存在，实际推动活塞所做的循环功（指示功）W_i 小于理论功 W_t，这一部分能量转换过程的损失用损失系数 η_j（<1）表示，即 $W_i = \eta_j W_t$。在第二个环节中，燃烧过程组织得好坏直接影响损失系数的大小。而活塞所做的指示功经连杆驱动曲轴旋转而对外输出有效功时，需要克服活塞与气缸、曲轴轴颈和轴承等运动副的摩擦损失，以及驱动其他附件的阻力损失和泵气损失。这一部分的传递损失用机械效率 η_m 来表示，则实际对外输出的有效功为 $W_e = \eta_m W_i$；其中，$W_i - W_e = W_m$ 为机械损失。因此，对一定的指示功，为提高对外输出的有效功，应尽可能减小发动机内部的传递损失，以提高机械效率。

由以上分析，改善内燃机性能的所有技术，都体现在如何完善上述三个环节的问题上。所以，根据图 2-1 所示的热功转换及能量传递过程，内燃机热功转换的效果可从循环热效率、实际燃烧放热过程中的能量损失程度及机械传递过程中的损失三个方面进行评价。

第二节　内燃机的理论循环

一、卡诺循环与内燃机的动力循环

如前所述，蒸汽机的发明激发了许多科学家对动力机械的浓厚兴趣。卡诺针对瓦特发明的蒸汽机热效率低的问题，一直热衷于研究如何提高动力机械的热效率问题，并于 1824 年在《关于火力动力及其内燃机的考察》的报告中首次提出了卡诺循环，由此指明了热力动力机械装置提高热效率的途径。卡诺循环如图 2-2 所示，由绝热压缩过程（a-c）、等温加热过程（c-z）、绝热膨胀做功过程（z-b）和等温放热过程（b-a）四个过程组成，其热效率（即卡诺效率 η_{tc}）由式（2-1）表示，主要与高温热源温度和低温热源温度有关。即提高动力循环热效率的主要途径，就是如何扩大高、低温热源的温差。同时，卡诺定理指出，任何实际循环的热效率都不会超过卡诺循环效率。可以说，卡诺循环及其效率给实际内燃动力装置的燃烧放热过程的组织指明了方向。现代内燃机燃烧新技术，如汽油机的 PCCI（预混合压燃）以及 HCCI（均质压燃）等其循环加热方式的研究，其最终目的就是使得内燃机动力循环在原动力循环的基础上，更接近于理想循环。

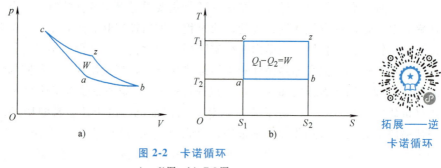

图 2-2　卡诺循环

a）$p\text{-}V$ 图　b）$T\text{-}S$ 图

拓展——逆
卡诺循环

$$\eta_{tc} = \frac{W}{Q_1} = 1 - \frac{Q_2}{Q_1} = 1 - \frac{T_2}{T_1} \tag{2-1}$$

　　1883 年，戴姆勒等人在奥托四冲程煤气机的基础上，通过汽油燃料研制出首台小型单缸汽油机，实现了更轻便、快速的内燃机。但是受到当时技术水平及汽油燃料特性等条件的限制，这种混合气形成及燃烧方式不能有效控制燃烧放热速率，其最高转速不到 1000r/min，这就从根本上限制了汽油机循环热效率的提高。而 1897 年，鲁道夫·狄塞尔从卡诺循环热效率的观点出发，为提高循环热效率，增加压缩比以提高高、低温热源的温差，并结合在缸内高温、高压的空气中喷入燃料的方式，在试图控制燃烧放热规律的研究过程中，发明了至今热效率最高的内燃动力机械装置，即柴油机这种压燃式发动机。

二、三种理论循环

　　由上所述，四冲程内燃机的实际循环热效率主要取决于混合气的形成方式、燃烧放热规律，以及压缩比的最佳匹配。正是由于不同燃料的混合气形成和燃烧方式不同，其工作循环方式也有所不同。汽油机是预混合气以火焰传播方式迅速燃烧的，所以，为分析方便将其燃烧放热过程抽象为等容加热过程。而高速柴油机根据其混合气的形成特点，将其燃烧过程分为预混合燃烧和扩散燃烧。前者燃烧速率快，可简化为等容加热过程；而后者是在气缸容积膨胀过程中燃烧，所以压力升高率较低，可简化为等压加热过程。低速（$n<1000$r/min）柴油机的燃烧过程，一般可抽象为等压加热过程。根据不同的加热方式，将内燃机的实际工作循环抽象为等容加热循环、等压加热循环和混合加热循环三种理论循环，如图 2-3 所示。而这三种理论循环是在内燃机实际循环的基础上，根据以下假设条件抽象出来的，即

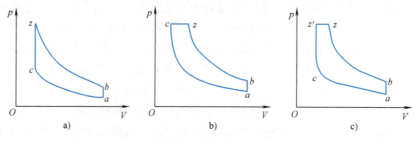

图 2-3　三种理论循环

a）等容加热循环　b）等压加热循环　c）混合加热循环

1）忽略进排气损失，将实际开口循环简化为闭口循环。

2）压缩过程和膨胀过程简化为理想的绝热等熵过程。

3）将燃烧过程简化为等容加热、等压加热或混合加热过程，排气过程简化为等容放热过程。

4）工质可视为理想气体，在整个循环过程中其物理化学性质保持不变，比热容为常数。

三、理论循环的评价

内燃机是将热能转换为机械能的动力机械，由于所采用的循环方式不同，其能量转换效果不同。常用循环热效率来评价动力机械设备在能量转换过程中所遵循的理论循环的经济性，用平均循环压力评价循环的做功能力。

1. 循环热效率 η_t

循环热效率是指热力循环所获得的理论功 W_t 与为获得该理论功所加入的总热量 Q_1 之比，即

$$\eta_t = \frac{W_t}{Q_1} = 1 - \frac{Q_2}{Q_1} \tag{2-2}$$

对混合加热循环（图 2-3c），令压力升高率为 $\lambda = p_z / p_c$，预胀比为 $\rho = V_z / V_{z'}$，压缩比为 $\varepsilon = V_a / V_c$，则根据热力学知识，有

$$Q_2 = c_V(T_b - T_a)$$
$$Q_1 = Q_{1V} + Q_{1p} = c_V(T_{z'} - T_c) + c_p(T_z - T_{z'})$$

对理想气体　　　　　　$$\kappa = \frac{c_p}{c_V}, \quad pV^\kappa = 常数（绝热过程）$$

代入式（2-2），并整理得混合加热循环热效率，即

$$\eta_{tm} = 1 - \frac{1}{\varepsilon^{\kappa-1}} \frac{\lambda \rho^\kappa - 1}{(\lambda - 1) + \lambda \kappa(\rho - 1)} \tag{2-3}$$

等容加热循环和等压加热循环可以看成是混合加热循环的特殊现象。在混合加热循环中，令预胀比为 $\rho = 1$，代入式（2-3），得到等容加热循环热效率 η_{tV} 的表达式，即

$$\eta_{tV} = 1 - \frac{1}{\varepsilon^{\kappa-1}} \tag{2-4}$$

若在（2-3）式中，令 $\lambda = 1$，则得到等压加热循环热效率 η_{tp}，即

$$\eta_{tp} = 1 - \frac{1}{\varepsilon^{\kappa-1}} \frac{\rho^\kappa - 1}{\kappa(\rho - 1)} \tag{2-5}$$

由此可见，不同的加热循环，影响热效率的因素有所不同，但共同的特点是三种理论循环的热效率均与压缩比和等熵指数有关。图 2-4 所示为等容加热循环中压缩比及多变指数对循环热效率的影响。

提高压缩比，可以扩大热力循环的高低温热源的平均温差，增加膨胀比，从而提高循环热效率 η_t。但当 $\varepsilon > 14$ 以后，随压缩比 ε 的增加，热效率 η_t 的增加率逐渐减小，而机械负荷和热负荷却成比例地增加。

对空气而言，等熵指数 $\kappa = 1.4$，但实际循环是工质为非纯空气的多变过程。一般，多变指数 $n < \kappa$，所以提高多变指数 n，或使工质更接近纯空气，如稀薄燃烧技术等，可以提高循环热效率。

压力升高率 λ 和预胀比 ρ 对热效率的影响，因三种理论循环的加热方式不同而异。对等容加热循环（图2-5a），$\rho = 1$，当压缩比 ε 不变，增大压力升高率 λ，则循环加热量 Q_1 增加，最高压力和温度提高，同时等容放热量 Q_2 也相应地提高，导致 Q_2/Q_1 比值不变，所以 η_{tV} 不随 λ 变化。但对于混合加热循环（图2-5b），在循环加热量 Q_1 和压缩比 ε 一定的条件下，提高压力升高率 λ，可以增加等容加热部分，使循环最高温度和压力增加，预胀比 ρ 减小，从而膨胀比得到提高，所以循环热效率 η_{tm} 提高。也就是说，对混合加热循环，预胀比 ρ 的增加，表明等压加热部分增加，而这一部分热量是活塞在下行的膨胀行程中加入的，其做功能力降低，所以导致循环热效率 η_{tm} 降低。对等压加热循环，$\lambda = 1$，预胀比 ρ 直接与负荷（加热量）有关，即增加负荷，预胀比 ρ 增大，循环热效率 η_{tp} 随之降低。

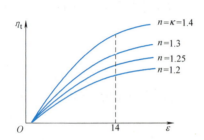 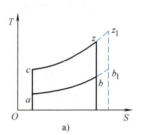 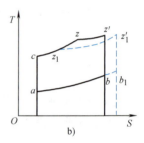

图2-4　压缩比及多变指数对循环热效率的影响　　　图2-5　λ、ρ 对循环热效率的影响

a）等容加热循环　b）混合加热循环

2. 平均循环压力 p_t

平均循环压力是指单位气缸工作容积所做的循环功，是评价热力循环的做功能力的指标，即

$$p_t = \frac{W_t}{V_s} = \frac{\eta_t Q_1}{V_s} \tag{2-6}$$

根据三种理论循环热效率的表达式，不同理论循环的平均循环压力分别表示为

混合加热循环　　　$$p_{tm} = \frac{\varepsilon^\kappa}{\varepsilon^{\kappa-1}} \frac{p_a}{\kappa - 1} [(\lambda - 1) + \kappa\lambda(\rho - 1)] \eta_t$$

等容加热循环　　　$$p_{tV} = \frac{\varepsilon^\kappa}{\varepsilon^{\kappa-1}} \frac{p_a}{\kappa - 1} (\lambda - 1) \eta_t$$

等压加热循环　　　$$p_{tp} = \frac{\varepsilon^\kappa}{\varepsilon^{\kappa-1}} \frac{p_a}{\kappa - 1} \kappa(\rho - 1) \eta_t$$

由此可见，凡是提高循环热效率和循环起始点进气压力 p_a（如增压技术）的措施，都有利于提高平均循环压力 p_t。

四、理论循环的比较

1. 加热量 Q_1 和压缩比 ε 相同时

图2-6a 所示为当初始条件、压缩比 ε 及总加热量 Q_1 相同时比较三种理论循环热效率的

情况。从进气终了点 a 开始绝热压缩到 c 点后，由于三种理论循环的加热方式不同，所以造成如图 2-6a 所示的不同加热曲线，这直接影响膨胀比（z 点到 b 点的长度）的大小。当等容加热时，工质的温度变化速度比等压加热时要快，所以在 T-S 图上等容加热曲线比较陡，等压加热曲线相对平缓。由于三种循环的加热量 Q_1 相同，所以三种加热循环曲线下面的面积相等，而放热过程均为等容放热。所以由图可知，三种循环的放热量大小依次为

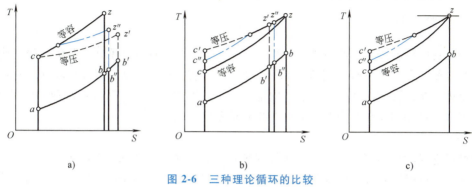

图 2-6　三种理论循环的比较

a）Q_1 和 ε 一定时　b）Q_1 和 p_z 一定时　c）p_z 和 T_z 一定时

$$Q_{2p} > Q_{2m} > Q_{2V}$$

由式（2-2），得

$$\eta_{tV} > \eta_{tm} > \eta_{tp}$$

即压缩比和总加热量相同的条件下，欲提高混合循环的热效率，应增加等容加热部分所占的比例（即增大压力升高率 λ），由此增加膨胀比。

2. 缸内最高压力 p_z 受限制时

在初始条件和总加热量 Q_1 相同的条件下，为保证缸内最高压力相同，三种循环的压缩比不相同，有 $\varepsilon_p > \varepsilon_m > \varepsilon_V$。由于等容加热方式的压力升高率和温度变化速率都比其他加热循环快，所以在一定的加热条件下，为限制其最高压力，如图 2-6b 所示，只能减小压缩比，这样就会造成膨胀比减小，使得放热量增加，所以

$$Q_{2V} > Q_{2m} > Q_{2p}$$

因此，由式（2-2），得

$$\eta_{tp} > \eta_{tm} > \eta_{tV}$$

如果不限制加热量，而缸内最高温度和最高压力同时受到限制时，三种理论循环热效率的比较情况如图 2-6c 所示。在 T-S 图上，由于最高温度和最高压力相同，所以三种循环加热终点都集中在 z 点上。在该点，三种循环工质所处的热力学状态相同，膨胀比（做功能力）相等，而且放热量也相同，即

$$Q_{2V} = Q_{2m} = Q_{2p}$$

但是，满足最高温度和最高压力相同的三种循环的加热量却不相同，即

$$Q_{1p} > Q_{1m} > Q_{1V}$$

因此，由式（2-2），得

$$\eta_{tp} > \eta_{tm} > \eta_{tV}$$

这就是说，随着发动机强化程度的不断提高，发动机的机械负荷和热负荷也相继增加。

当气缸内最高压力或最高温度受到限制时，提高工质的压缩程度，限制等容加热部分，而适当增加等压加热部分的比例，有利于提高循环热效率。

第三节 内燃机的实际循环及其评价指标

一、实际循环

四冲程内燃机的实际循环由进气行程（过程）、压缩行程（过程）、做功行程（燃烧过程和膨胀过程）及排气行程（过程）四个行程（五个过程）组成。实际循环和理论循环的差别主要体现在，实际循环的每一过程中都存在不同形式的损失。所以了解和掌握实际循环的各种损失，对提高或改善内燃机的性能具有重要的意义。

1. 进气行程

内燃机进气过程的主要作用是，向气缸充入新鲜气体，为缸内热功转换做物质准备。对理想循环进气过程可看成是纯空气无损失的可逆过程（或封闭循环），所以循环起始点的压力等于大气压力，即 $p_a = p_0$。但在实际进气过程中，空气从大气状态经进气系统进入气缸时，存在进气流动损失，同时受到进气道、气缸壁、进排气门等高温零件及缸内高温的残余废气的加热作用，使得进气终了点的压力小于大气压力，而进气终了点温度则大于大气温度。所以，实际进气过程中，进气流动损失为

$$\Delta p_a = p_0 - p_a = \xi \rho \frac{v^2}{2} \tag{2-7}$$

式中，ξ 为进气系统的流动阻力系数；ρ 为进气密度；v 为进气气流的平均流速。

实际进气过程中，进气温升为

$$\Delta T_a = T_a - T_0 \tag{2-8}$$

汽油机	$p_a = (0.8 \sim 0.9) p_0$,	$T_a = 340 \sim 380K$
柴油机	$p_a = (0.85 \sim 0.95) p_0$,	$T_a = 300 \sim 340K$
增压柴油机	$p_a = (0.9 \sim 1.0) p_0$,	$T_a = 320 \sim 380K$
增压压力	$p_k = (1.3 \sim 2.0) p_0$	

2. 压缩行程

压缩过程的主要作用是，提高进入气缸的新鲜气体的压力和温度，为燃烧做准备；同时提高膨胀比，以提高循环热效率。对理想循环，压缩过程是纯空气的绝热压缩过程（$\kappa = 1.4$）；而实际压缩过程中缸内工质为非纯空气，而且工质与气缸壁面之间进行热交换，并

存在漏气现象，因此实际压缩过程为多变过程。这种多变过程偏离纯空气绝热过程的程度，常用多变指数 n_1' 来表示。在压缩过程中，工质因被压缩并受气缸壁传热使其温度增加；当工质温度升高到大于壁面温度时反而向气缸壁传热，所以多变指数 n_1' 随压缩过程（$a \rightarrow c$）逐渐减小（图2-7a）。瞬态的 n_1' 值与当时工

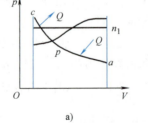
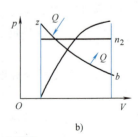

图 2-7 多变指数

a）压缩过程　b）膨胀过程

质的温度、流场、气缸壁温度及漏气现象等有关，所以精确确定 n_1' 的值很困难。常用平均多变指数 n_1 来表示，即只要用 n_1 计算的多变过程的初始状态和终了状态与实际压缩过程的初、终状态相符即可。所以，实际压缩终了状态参数（p_c，T_c）可表示为

$$p_c = p_a \varepsilon^{n_1}, \quad T_c = T_a \varepsilon^{n_1-1}$$

汽油机 $n_1 = 1.32 \sim 1.38, \quad \varepsilon = 7 \sim 14$

$$p_c = 0.8 \sim 2.0 \text{MPa}$$

$$T_c = 600 \sim 750 \text{K}$$

柴油机 $n_1 = 1.38 \sim 1.4, \quad \varepsilon = 14 \sim 20$

$$p_c = 3 \sim 5 \text{MPa}$$

$$T_c = 750 \sim 1000 \text{K}$$

3. 做功行程

实际循环的做功行程包括燃烧过程和膨胀过程。燃烧过程主要是通过燃烧将燃料的化学能转化为热能。在理想循环中认为加热量 Q_1 是按等容或等压加热的，但在实际循环中是通过混合气的燃烧过程释放出来的。由于实际燃烧过程是在活塞高速往复运动过程中非瞬时完成的，且此时缸内还存在上一个循环中留下的残余废气量及混合气不均匀等问题，因而造成燃烧过程的时间损失和不完全燃烧损失。所以实际加热量小于进入气缸的混合气完全燃烧所能放出的热量 Q_1。由于在燃烧过程中释放出大量的热量，所以缸内的压力和温度迅速升高。

对汽油机均质混合气以火焰传播方式燃烧，燃烧最高爆发压力 p_z 和温度 T_z 分别为

$$p_z = 3 \sim 6.5 \text{MPa}, \quad T_z = 2200 \sim 2800 \text{K}$$

而缸内直喷式柴油机，虽然其压缩比高，但平均混合气浓度相对汽油机稀薄，空燃比大，多余的空气对火焰具有冷却作用，使得最高燃烧温度降低，所以柴油机的燃烧最高爆发压力 p_z 和温度 T_z 分别为

$$p_z = 4.5 \sim 9 \text{MPa}, \quad T_z = 1800 \sim 2200 \text{K}$$

对增压直喷柴油机，最高爆发压力可达到 $p_z = 9 \sim 20 \text{MPa}$。

通过燃烧过程瞬间提高了工质的热力学状态（p_z，T_z），即提高了工质的膨胀做功能力。

相对纯空气绝热膨胀的理想循环，实际燃烧膨胀过程中，工质发生了变化，变成未燃气体、燃烧气体及已燃气体等多成分共存的复杂的混合物，同时存在补燃、泄漏、与气缸壁热交换等复杂的传热现象。因此实际做功行程为多变过程，这种多变过程偏离理想绝热过程的程度，用平均多变指数 n_2 来表示（图 2-7b）。由于在膨胀（体积增加）过程中工质因燃烧而被加热并向气缸壁传热，所以 n_2' 随膨胀过程（$z \rightarrow b$）逐渐增大。n_2' 的瞬态值影响因素复杂，很难精确确定，故常用平均多变指数 n_2 来代替，即只要用平均多变指数 n_2 计算的膨胀过程初、终点状态与实际膨胀过程相同即可。

一般，汽油机取 $n_2 = 1.23 \sim 1.28$，柴油机取 $n_2 = 1.15 \sim 1.28$。所以，膨胀终了参数为

汽油机 $p_b = \dfrac{p_z}{\varepsilon^{n_2}} = 0.3 \sim 0.6 \text{MPa}, \quad T_b = \dfrac{T_z}{\varepsilon^{n_2-1}} = 1200 \sim 1500 \text{K}$

柴油机 $p_b = \dfrac{p_z}{\delta^{n_2}} = 0.2 \sim 0.5 \text{MPa}, \quad T_b = \dfrac{T_z}{\delta^{n_2-1}} = 1000 \sim 1200 \text{K}$

4. 排气行程

实际循环中排气过程的作用是，尽可能排净缸内的废气，为下一个循环多进气提供条件。实际排气过程中废气要流经排气门和较长的排气管及消声器等，因此存在排气流动损失（$\Delta p_r = p_r - p_0$），同时在排气过程中废气与排气管系有传热现象，因此排气过程是有阻力的不可逆过程。所以排气终了的参数为

汽油机 $p_r = (1.05 \sim 1.2)p_0$, $T_r = 900 \sim 1100K$

柴油机 $p_r = (1.05 \sim 1.2)p_0$, $T_r = 700 \sim 900K$

由于排气温度直接与燃烧温度有关，燃烧迟后或后燃增加时，排气温度就会提高，所以排气温度是评判发动机燃烧过程好坏的重要参数。

排气终了后，由于在结构上存在余隙容积，气缸内的废气不能排净而保留一部分。这一部分被保留在气缸内的废气称之为残余废气。残余废气量 m_r 与新鲜充气量 m_1 之比称为残余废气系数 ϕ_r，即

$$\phi_r = \frac{m_r}{m_1} \tag{2-9}$$

用残余废气系数的大小表示气缸内换气过程进行的完善程度。为适应不断严格的排放法规，作为 NO_x 排放控制措施，现代车用发动机均有意进行排气再循环（EGR），以保证在进入气缸的混合气中保留一定的废气量。这里，需要指出的是再循环废气量只改变进入气缸的新鲜充量 m_1 的成分而已。

二、评价指标

内燃机性能指标有两大类，即以活塞做功为基础评价气缸内热功转换的完善程度的指示指标，以及以曲轴飞轮端对外输出的有效功为基础，从实用角度评价对外做功能力的有效指标。

内燃机实际循环的热功转换效果常用指示指标来评价，即主要从工质对活塞做功的能力和所消耗能源多少的经济性角度来评价内燃机实际循环热功转换的效果。

1. 实际循环做功能力的评价指标

评价实际循环做功能力的主要性能指标有平均指示压力和指示功率。

平均指示压力 p_{mi}（MPa），定义为单位气缸工作容积所做的指示功，即

$$p_{mi} = \frac{W_{i1}}{V_s} = \frac{W_i}{iV_s} \tag{2-10}$$

式中，W_{i1} 为单缸实际循环的指示功（kJ），常通过示功图求得，即 $W_i = A_i ab$，其中 A_i 为示功图面积，a、b 分别表示示功图纵坐标和横坐标的比例尺；对多缸机有 $W_i = iW_{i1}$，i 为气缸数；V_s 为气缸工作容积或单缸排量（L）。

虽然平均指示压力的单位是压力单位（MPa），但其物理意义是单位气缸所做的功，表示气缸工作容积的利用程度，由此衡量发动机实际循环的做功能力。设气缸直径为 D（mm），活塞行程为 S（mm），则单缸指示功 W_{i1}（kJ）表示为

$$W_{i1} = p_{mi}V_s = p_{mi}\frac{\pi D^2}{4}S \times 10^{-3}$$

指示功率 P_i（kW）是指发动机单位时间所做的指示功，即

$$P_i = \frac{W_i i}{\Delta t} = W_i \frac{n}{60} \frac{2}{\tau} i = \frac{p_{mi} V_s i n}{30\tau} \qquad (2-11)$$

式中，i 为气缸数；n 为发动机转速（r/min）；τ 为冲程数。

对四冲程发动机

$$P_i = \frac{p_{mi} V_s i n}{120} \qquad (2-12)$$

对二冲程发动机

$$P_i = \frac{p_{mi} V_s i n}{60}$$

2. 实际循环的经济性指标

评价内燃机实际循环热功转换的经济性指标有指示热效率和指示燃油消耗率。

指示热效率是指发动机实际循环指示功 W_i 和所消耗的燃料完全燃烧时释放的热量 Q_1 之比，即

$$\eta_i = \frac{W_i}{Q_1} \qquad (2-13)$$

当实际测得发动机的指示功率 P_i（kW）和每小时燃油消耗量 B（kg/h）时，由定义可求得指示热效率，即

$$\eta_i = \frac{3.6 \times 10^3 P_i}{B H_u} \qquad (2-14)$$

式中，H_u 为燃料的低热值（kJ/kg）。

指示燃油消耗率是指单位时间单位指示功率所消耗的燃油量，用每千瓦时指示功所消耗的燃油量克数 [g/(kW·h)] 来表示，即

$$b_i = \frac{B}{P_i} \times 10^3 \qquad (2-15)$$

将式（2-15）代入式（2-14），得表示实际循环经济性指标的 η_i 和 b_i 之间的内在关系，即

$$\eta_i = \frac{3.6}{b_i H_u} \times 10^6 \qquad (2-16)$$

一般，四冲程汽油机

$$\eta_i = 0.3 \sim 0.4, \quad b_i = 205 \sim 320 \text{g/(kW·h)}$$

四冲程柴油机

$$\eta_i = 0.4 \sim 0.5, \quad b_i = 170 \sim 205 \text{g/(kW·h)}$$

第四节　内燃机的有效性能指标

指示指标只能评价内燃机气缸内热功转换工作循环的好坏，却不能评价指示功经内部传递途径对外输出功的过程中，所要克服的内部摩擦损失功率及驱动附件所消耗的功率损失大小等。而内燃机作为动力机械装置，其价值主要体现在对外输出的具体效果。所以，常用内燃机有效性能指标来衡量内燃机热功转换对外界的影响。其中，以曲轴对外输出的功率为基础，评价发动机的动力性和经济性；以通过排气管排出的废气成分及其排量为基础，评价这种热功转换过程对环境的污染程度。所以，车用发动机的实际性能主要从动力性、经济性和

排放性三个方面的性能指标来进行评价。

一、动力性指标

动力性指标是评价内燃机对外做功的能力，主要有有效功率、转矩、平均有效压力和升功率等。

1. 有效功率 P_e 和转矩 T_{tq}

有效功率是指指示功率克服运动件的摩擦损失功率及驱动冷却风扇、机油泵等附件所消耗的功率损失后，经曲轴对外输出的有用功率。称指示功率在传递过程中所有内部消耗功率的总和为机械损失功率 P_m，则在气缸内功率传递过程中，有效功率 P_e 为

$$P_e = P_i - P_m \tag{2-17}$$

其中，机械损失功率 P_m 主要包括发动机内部的摩擦损失、驱动附件动力损失和泵气损失（进排气过程中的损失）三大部分。

有效功率和指示功率的比值称为机械效率，即

$$\eta_m = \frac{P_e}{P_i} = \frac{W_e}{W_i} = 1 - \frac{p_{mm}}{p_{mi}} \tag{2-18}$$

式中，p_{mm} 为平均机械损失压力；p_{mi} 为平均指示压力。

机械效率表示内燃机热功转换后，在内部动力传递过程中动力损失的大小。

发动机实际工作时，通过试验手段直接测量曲轴输出的转矩 $T_{tq}(N \cdot m)$ 和发动机转速 $n(r/min)$，则有效功率 $P_e(kW)$ 可按下式求得

$$P_e = \frac{T_{tq}n}{9550} \tag{2-19}$$

有效功率 P_e 表示发动机单位时间从飞轮端对外输出功（W_e）的大小，而转矩 T_{tq} 表示发动机从飞轮端对外输出的驱动力矩的大小。

2. 平均有效压力 p_{me}

平均有效压力是指单位气缸工作容积对外输出的有效功，是衡量发动机动力性的重要参数之一。与平均指示压力的表达式类似，根据式（2-19），p_{me}（MPa）为

$$p_{me} = \frac{W_e}{iV_s} = \frac{30\tau P_e}{iV_s n} = 3.14 \frac{T_{tq}\tau}{iV_s} \times 10^{-3} \propto T_{tq} \tag{2-20}$$

或

$$P_e = \frac{p_{me}V_s in}{30\tau} \tag{2-21}$$

对于结构一定的发动机，其平均有效压力直接反映发动机输出转矩的大小。可以这样假设，在活塞顶上作用一个大小不变的平均有效压力，则平均有效压力推动活塞移动一个行程所做的功就等于平均每循环每缸所做的有效功，即 $p_{me}V_s = p_{me}FS = W_e/i$，其中 F 为活塞顶面积，S 为活塞行程，i 为气缸数。

一般，汽油机 $p_{me} = 0.7 \sim 1.3 MPa$

柴油机 $p_{me} = 0.6 \sim 1.0 MPa$

增压柴油机　　　　　　　　$p_{me} = 0.9 \sim 2.9 \mathrm{MPa}$

3. 升功率 P_L

升功率是指单位气缸工作容积所输出的额定功率，即

$$P_L = \frac{P_{eN}}{i V_s} \tag{2-22}$$

由式（2-21）可得

$$P_L = \frac{p_{meN} n_N}{30\tau} \tag{2-23}$$

式中，p_{meN} 为额（标）定工况下的平均有效压力（MPa）；n_N 为额（标）定转速（r/min）。

由定义可知，升功率是从发动机有效功率角度评价气缸工作容积利用效率的一种动力性指标。P_L 值越大，表明气缸工作容积利用效率越好，发动机强化程度越高，输出一定额定功率的发动机结构尺寸就越小。P_L 与平均有效压力和发动机转速的乘积 $p_{meN} n_N$ 成正比。所以，将 $p_{meN} n_N$ 称为发动机强化程度的评价指标。一直以来发动机不断提高 p_{meN} 和 n_N 的水平，以获得更强化、更轻巧和更紧凑的发动机。但 n_N 的提高受到活塞平均速度 c_m 的限制。当活塞行程为 S 时，活塞的平均速度为

$$c_m = \frac{Sn}{30} \tag{2-24}$$

由此可知，n 的提高，可增加发动机单位时间内做功的次数，提高有效功率 P_e。但同时活塞的平均速度 c_m 也增加，使活塞的热负荷及惯性力增加，磨损加剧，寿命减小。所以，为了限制 c_m，可适当减小活塞的行程 S，以减小行程与缸径比 S/D，当 $S/D < 1$ 时称为短行程。但是，如果 S/D 过小，就会影响燃烧室结构，使其高度降低，直接影响混合气的形成和燃烧过程。

一般，汽油机　　　　　$n = 3600 \sim 8000 \mathrm{r/min}$，　$c_m = 10 \sim 24 \mathrm{m/s}$
　　　　柴油机　　　　　$n = 2000 \sim 5000 \mathrm{r/min}$，　$c_m = 9 \sim 20 \mathrm{m/s}$
　　　　增压柴油机　　　$n = 1500 \sim 4000 \mathrm{r/min}$，　$c_m = 8 \sim 12 \mathrm{m/s}$

随着发动机强化程度的提高，活塞的平均速度有提高的趋势，但需要相应的其他技术支撑。表 2-1 表示四缸 2L 汽油机在 $c_m = 20 \mathrm{m/s}$ 时，S/D 与极限转速的关系。

表 2-1　四缸 2L 汽油机在 $c_m = 20 \mathrm{m/s}$ 时，S/D 与极限转速的关系

S/D	D/mm	S/mm	极限转速/(r/min)	S/D	D/mm	S/mm	极限转速/(r/min)
1.24	80	99.5	6030	1.04	85	88.1	6810
1.20	81	97.0	6186	1.00	86	86.1	6969
1.15	82	94.7	6336	0.97	87	84.1	7134
1.11	83	92.4	6494	0.93	88	82.2	7299
1.08	84	90.3	6648				

图 2-8 所示为汽油机在不同转速下活塞的平均速度、最高速度与行程之间的关系。

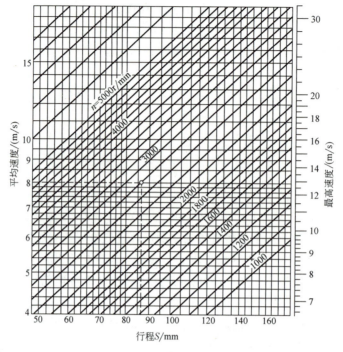

图 2-8　汽油机在不同转速下活塞的平均速度、最高速度与行程之间的关系

二、经济性指标

经济性指标是从发动机对外做功的角度，衡量发动机输出一定的有用功所消耗的能源的代价。常用有效热效率和有效燃油消耗率来评价车用发动机的经济性。

有效热效率是指实际循环对外输出的有效功与为获得此有效功所消耗的热量之比，即

$$\eta_e = \frac{W_e}{Q_1} \qquad (2\text{-}25)$$

将式（2-13）和式（2-18）代入式（2-25），得 $\eta_e = \eta_i \eta_m$。

由此可见，通过有效热效率 η_e，可评价发动机在气缸内热功转换及动力传递过程中的一切损失。

设每小时燃油消耗量为 B（kg/h），此时有效功率为 P_e 时，有效热效率可表示为

$$\eta_e = \frac{3.6 \times 10^3 P_e}{B H_u} \qquad (2\text{-}26)$$

有效燃油消耗率（简称耗油率），是指在单位时间内为了获得单位有效功率所消耗的燃油量，常用每千瓦时有效功所消耗的燃料克数 b_e〔g/（kW·h）〕来表示，即

$$b_e = \frac{B}{P_e} \times 10^3 \qquad (2\text{-}27)$$

由式（2-26），整理可得

$$b_e = \frac{3.6}{\eta_e H_u} \times 10^6$$

上式说明，有效燃油消耗率与有效热效率成反比。所以改善燃油经济性的有效途径，就

是尽可能减小实际循环及动力传递过程中的损失。

汽油机　　　　　　　　$\eta_e = 0.25 \sim 0.3$，　$b_e = 270 \sim 325 \mathrm{g}/(\mathrm{kW} \cdot \mathrm{h})$

柴油机　　　　　　　　$\eta_e = 0.3 \sim 0.45$，　$b_e = 195 \sim 285 \mathrm{g}/(\mathrm{kW} \cdot \mathrm{h})$

随着节能技术的不断发展，发动机的有效燃油消耗率有进一步降低的趋势。图2-9所示为汽油机提高有效热效率（燃油经济性）的主要途径。

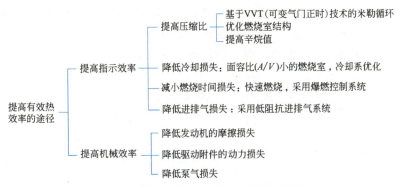

图2-9　汽油机提高有效热效率的主要途径

三、排放指标

发动机的有害排放物是指由发动机表面对外辐射的噪声和由发动机排气管向大气环境排出的有害物质（简称尾气排放）。而汽车尾气排放指标是在发动机热功转换过程中，由于碳氢燃料燃烧而造成的有害排放物经排气管直接向环境排出的允许排放量的限制标准。对于汽油机，尾气有害排放物主要有CO、HC和NO_x，而柴油机则除了CO、HC和NO_x以外还有碳烟（或微粒）。有害排放物的生成机理及控制方法将在后续章节中分别介绍。

随着汽车保有量的增加，汽车尾气有害排放物对地球环境的污染日趋严重，世界各国已纷纷制定法规，以法律形式严格控制汽车尾气排放。图2-10所示为美国、欧洲、中国、日

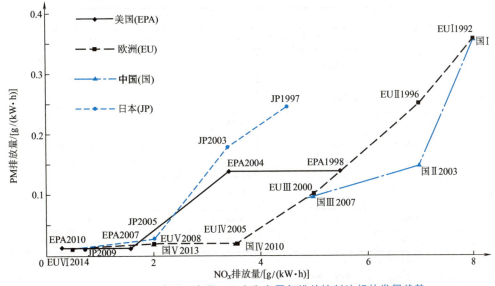

图2-10　美国、欧洲、中国、日本汽车尾气排放控制法规的发展趋势

本汽车尾气排放控制法规的发展趋势。

尾气有害排放物的评价指标，是根据排放测试规范规定的要求进行测试并进行换算而得到的。如轻型汽车用发动机，因其实际运行工况变化频繁，影响因素复杂，所以一般都把整车安装在专用的转鼓试验台上，按规定的运行工况测量排放，这样测试的结果比较符合实际排放水平。而且为不同车型统一比较，将排放物的测量结果以 g/km 单位计。而重型汽车用发动机功率很大，工况变化比较平稳，且大型车辆不易进行整车试验，所以规定在内燃机台架上按规定的工况（如 13 工况），进行排放测量试验，测量结果以 g/(kW·h) 单位计。

有时为研究某项措施对排放的影响，根据测量方法也采用体积分数法表示，即用 10^{-6} 单位计。

表 2-2 表示欧洲各不同阶段实施的轻型车排放限值标准。法规中规定无论发动机排量和汽车大小如何，只要是轻型车的范畴内，就都用统一的排放限值。

表 2-2　欧洲各不同阶段实施的轻型车排放限值标准　　（单位：g/km）

排放标准	实施年份	汽油车					直喷柴油车			
		CO	HC+NO$_x$	THC	NMHC	NO$_x$	CO	HC+NO$_x$	NO$_x$	PM
欧洲 I	1992	2.72	0.97				2.72	0.97		0.14
欧洲 II	1996	2.20	0.05				1.0	0.7		0.08
欧洲 III	2000	2.30		0.20		0.15	0.64	0.56	0.50	0.05
欧洲 IV	2005	1.00		0.10		0.08	0.5	0.3	0.25	0.025
欧洲 V	2009	1.00		0.10	0.068	0.06	0.5	0.23	0.18	0.05
欧洲 VI	2014	1.00		0.10	0.068	0.06	0.5	0.17	0.08	0.05

注：实施欧洲 III 以后，冷起动后马上测排放，而实施欧洲 II 时起动后有 40s 的滞后，所以欧洲 III 的 CO 限值虽高于欧洲 II，但实际上更严格了。

表 2-3 表示欧洲各不同阶段实施的重型车用柴油机的排放限值标准。

表 2-3　欧洲各不同阶段实施的重型车用柴油机的排放限值标准

[单位：g/(kW·h)]

排放标准	实施年份	测试循环	排放限值						
			CO	HC	NMHC	CH$_4$	NO$_x$	PM	k[1]
欧洲 I	1992	ECER49	4.5	1.1			8.0	0.36 0.61[2]	
欧洲 II	1996	ECER49	4.0	1.1			7.0	0.51 0.25[3]	
欧洲 III	2000	ESC ELR ETC	2.1 5.45	0.66	0.78	1.6	5.0	0.10 0.13[3] 0.16	0.8
欧洲 IV	2005		1.5	0.46			3.5	0.21[3] 0.02	0.5
欧洲 V	2008		1.5	0.46			2.0	0.02	0.5
欧洲 VI	2013			0.13			0.5	0.01	

① 动态消光烟度，单位为 m^{-1}。

② 适用于功率小于或等于 85kW 的柴油机。

③ 适用于单缸工作容积小于 0.7L、标定转速大于 3000r/min 的柴油机。

第五节　机 械 损 失

一、机械效率

如前所述，机械效率的定义为

$$\eta_m = \frac{P_e}{P_i} = 1 - \frac{p_{mm}}{p_{mi}}$$

式中，p_{mm} 为假想的平均机械损失压力，有

$$p_{mm} = \frac{30\tau P_m}{i V_s n} \tag{2-28}$$

所以

$$p_{mm} = p_{mi} - p_{me}$$

定义机械效率的目的，在于正确评价缸内指示功对外传递过程中的内部损失程度，以便寻求改善发动机性能的有效途径。为此，需要详细分析发动机机械损失的组成部分及其对机械损失的贡献程度。

二、内燃机的机械损失

内燃机的机械损失主要来自其内部相对运动件的摩擦损失、驱动附件的损失及换气过程中的泵气损失三大部分。这三大部分的损失占整个机械损失的比例见表 2-4。

表 2-4　机械损失分配表

机械损失分类		占 P_m 的比例（%）
摩擦损失：62%~75%	活塞及活塞环	45~65
	连杆、曲轴轴承	15~20
	配气机构	2~3
驱动附件损失：10%~20%	水泵	2~3
	风扇	6~8
	机油泵	1~2
	电气设备	1~2
泵气损失：10%~20%		10~20

1. 摩擦损失

摩擦损失主要包括活塞与活塞环相对气缸的摩擦损失、曲轴轴颈和轴承的摩擦损失及配气机构的摩擦损失等。其中，活塞与活塞环相对气缸的滑动面积大、相对速度高、润滑条件差，所以其摩擦损失在整个摩擦损失中占主要部分。曲轴的主轴承、连杆轴承及凸轮轴承等均采用压力润滑，所以摩擦损失相对较小，但随轴承直径的增大及转速的提高，这一部分摩擦损失也将增加。摩擦损失占整个机械损失的 62%~75%。

2. 驱动附件损失

为了保证发动机正常工作，除曲柄连杆机构及配气机构以外，还需要冷却系统、润滑系统、燃料供给系统等。这些辅助系统是内燃机连续可靠工作所必不可少的系统，辅助系统的正常工作是发动机可靠运行的重要保证。所以发动机工作时，需要消耗一定的功率去驱动辅

助系统中的各工作附件，如冷却风扇、水泵、机油泵、喷油泵、空气压缩机及发电机等。随发动机转速的升高和润滑油黏度的增加，发动机驱动附件所消耗的损失也将增加。这一部分的损失占整个机械损失的 10%～20%。

3. 泵气损失

泵气损失是发动机换气过程中产生的能量损失。为了便于分析，将这一部分损失也归入到机械损失之中。由于在进气过程中存在进气流动损失，随着活塞的下移，气缸内产生真空，由此吸入新鲜气体的同时产生进气损失（详细参见图 3-3 中 X）。同理，在排气过程中活塞推出一定压力的废气时，因排气阻力的存在而产生排气损失（详细参见图 3-3 中 Y）。换气损失等于进气损失和排气损失之和，而泵气损失则等于换气损失减去图 3-3 中所示的 d。泵气损失占整个机械损失的 10%～20%。

三、机械损失的测定

要精确测量机械损失还是比较困难的。到目前为止，常用的机械损失的测定方法主要有以下几种。

1. 倒拖法

用倒拖法测量机械损失时，需要电力测功器的发动机试验台。将发动机以给定工况稳定运行，当冷却液温度和机油温度都达到正常值以后，切断对发动机的供油，同时用电力测功器以同样转速反拖发动机，并尽可能维持冷却液温度和机油温度保持不变，则认为此时电力测功器测得的倒拖功率即等于该工况下的机械损失功率。

这种测量方法的主要误差来自于缸内压力和温度与实际工况不相符。倒拖时缸内没有燃烧过程，所以缸内压力偏低。特别是膨胀过程中作用在活塞上的压力大幅度下降，使活塞、连杆、曲轴的摩擦损失减小。而且由于倒拖时膨胀和压缩过程中缸内充量向气缸壁的传热损失，造成在 $p\text{-}V$ 示功图上膨胀线和压缩线不重合而出现负功面积。所以倒拖时所消耗的功率超过发动机在相同工况下运行时的实际机械损失功率。在低压缩比发动机中倒拖法的误差大约为 5%，而在高压缩比的发动机中误差可达 15%～20%。

2. 示功图法

这种方法是通过燃烧分析仪等专门设备，在试验台上直接测量示功图及该工况下发动机输出的有效功率 P_e 和转速 n 等，并通过示功图计算指示功率 P_i，从而可计算出机械损失功率和机械效率。从理论上来说，用这种方法测量机械损失更符合机械损失的定义，但其误差大小主要取决于示功图的测量精度。

3. 灭缸法

这种方法只能用于多缸机。当内燃机调整到设定工况后稳定工作，并先测出有效功率 P_e。然后，停止某一缸（如 1 缸）的供油或点火，并迅速调整转速恢复到原来的设定转速后，再测灭缸后的有效功率 P_{e1}。由于熄火某一缸后其他各缸的工作情况和总机械损失没有变化，所以被熄灭的气缸的指示功率 P_{i1} 为

$$P_{i1} = P_e - P_{e1} \tag{2-29}$$

依次熄灭各缸，测出每一缸的指示功率 P_{ij}（$j = 1 \sim i$，i 为气缸数），即 $P_{ij} = P_e - P_{ej}$。由此可求得发动机的整机指示功率 P_i，即

$$P_i = \sum_{j=1}^{i} P_{ij} = iP_e - \sum_{j=1}^{i} P_{ej} \tag{2-30}$$

所以

$$P_m = P_i - P_e = (i-1)P_e - \sum_{j=1}^{i} P_{ej} \tag{2-31}$$

用这种方法测量柴油机的机械损失误差可控制在 5% 左右，但对于汽油机，由于灭缸后为恢复转速调整节气门开度使进气条件变化明显，所以误差较大。

4. 油耗法

这种方法是根据负荷特性曲线上单位时间消耗的燃油量（简称燃油消耗量）B 随负荷变化的特性来推算机械损失的，所以其误差主要来自于燃油消耗量随负荷变化关系的线性度。一般柴油机的负荷特性曲线上，燃油消耗量随平均有效压力（或有效功率）的变化规律很好地满足线性关系。所以，根据式（2-14），得

$$BH_u\eta_i = 3.6\times10^3 P_i = 3.6\times10^3 (P_e + P_m) \tag{2-32}$$

假设发动机的循环指示热效率 η_i 随负荷不变，则当发动机怠速（无负荷 $P_e = 0$）时，有

$$B_0 H_u \eta_i = 3.6\times10^3 P_m \tag{2-33}$$

将式（2-32）和式（2-33）相除，得

$$\frac{B}{B_0} = \frac{P_e + P_m}{P_m} = \frac{p_{me} + p_{mm}}{p_{mm}} \tag{2-34}$$

由此可求得机械损失功率 P_m（或平均机械损失压力 p_{mm}）。所以，机械效率为

$$\eta_m = \frac{p_{me}}{p_{me} + p_{mm}} = 1 - \frac{p_{mm}}{p_{me} + p_{mm}} = 1 - \frac{B_0}{B} \tag{2-35}$$

式中，B_0 为发动机怠速时的燃油消耗量（kg/h）。

第六节　曲柄连杆机构的动力传递原理

燃烧过程是将燃料的化学能转换为热能，由此提高工质的温度和压力，提高工质的做功能力；而曲柄连杆机构是实现工质膨胀做功、完成热功转换并将活塞的往复直线运动转换为曲轴的旋转运动，并由此对外输出转矩的内燃机能量转换及传递的关键机构。它由活塞、连杆及曲轴飞轮等构成，活塞承受工质燃烧而产生的压力而做功，同时通过连杆把活塞所做的功转换为曲轴的旋转转矩。

内燃机燃烧过程中活塞所做的功 W 等于活塞所承受的力 F 和活塞位移 x 的乘积，即 $W = Fx$。因此，活塞的受力分析及其运动规律以及曲柄连杆机构的动力传递机理对正确把握内燃机的工作原理具有重要的意义。

一、活塞的运动规律

四冲程内燃机中曲柄连杆机构运动规律的特点之一是活塞的运动轨迹始终保持不变，而活塞的运动速度变化规律确定其惯性力，直接影响活塞的受力情况。为了便于分析，采用图 2-11a 所示的气缸中心线通过曲轴中心线的中心曲柄连杆机构，并设曲柄半径为 r，连杆

长度为 l，则连杆比为 $\lambda = r/l$。当曲轴以角速度 ω 旋转时，活塞在上、下止点之间做往复直线运动，曲柄绕曲轴中心（O）做旋转运动，连杆做平面复合运动。令当曲轴转角 $\varphi = 0°$ 时，活塞处于上止点（A'）；当 $\varphi = 180°$ 时，活塞处于下止点（A''）；则活塞的位移为

$$x = (r+l) - (l\cos\beta + r\cos\varphi) \tag{2-36}$$

由正弦定理

$$\overline{CB} = l/\sin\varphi = r/\sin\beta$$

则

$$\sin\beta = \frac{r}{l}\sin\varphi = \lambda\sin\varphi \tag{2-37}$$

根据三角函数关系

$$\cos\beta = (1-\sin^2\beta)^{1/2} = (1-\lambda^2\sin^2\varphi)^{1/2}$$

而

$$(1-\lambda^2\sin^2\varphi)^{1/2} = 1 - \frac{1}{2}\lambda^2\sin^2\varphi - \frac{1}{8}\lambda^4\sin^4\varphi - \frac{1}{16}\lambda^6\sin^6\varphi - \cdots \approx 1 - \frac{1}{2}\lambda^2\sin^2\varphi$$

所以

$$\begin{aligned}
x &= (r+l) - (l\cos\beta + r\cos\varphi) \\
&= (r+l) - [r\cos\varphi + l(1-\lambda^2\sin^2\varphi)^{1/2}] \\
&= r\left[(1-\cos\varphi) + \frac{1}{2}\lambda\sin^2\varphi\right]
\end{aligned}$$

一般 $\lambda = 1/5 \sim 1/3 < 1$，可忽略高阶分量，则化简上式得活塞的位移为

$$x = r\left[(1-\cos\varphi) + \frac{1}{4}\lambda(1-\cos2\varphi)\right] = x_{\mathrm{I}} + x_{\mathrm{II}} \tag{2-38}$$

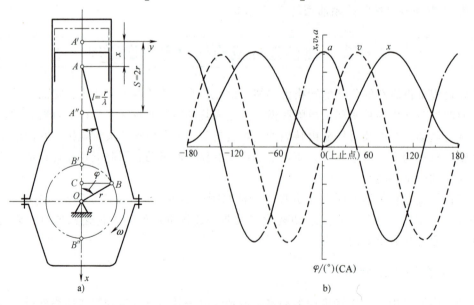

图 2-11 中心曲柄连杆机构及活塞的运动规律

a）中心曲柄连杆机构 b）活塞的运动规律

对活塞的位移进行两次求导，得到活塞的运动规律，即活塞的速度 v 和加速度 a 分别为

$$v = r\omega\left(\sin\varphi + \frac{\lambda}{2}\sin 2\varphi\right) = v_{\mathrm{I}} + v_{\mathrm{II}} \tag{2-39}$$

$$a = r\omega^2(\cos\varphi + \lambda\cos 2\varphi) = a_{\mathrm{I}} + a_{\mathrm{II}} \tag{2-40}$$

图 2-11b 所示为活塞的运动规律，由此可以看出，以曲柄连杆机构为核心的四冲程内燃机，一旦确定曲柄半径和连杆长度，则不同转速下活塞的运动轨迹（位移）x 始终保持不变，且在上止点附近位移变化缓慢，说明对一定的负荷（示功图-缸压），工质的做功能力受限；而活塞的加速度表明活塞运动过程中存在往复惯性力，其大小取决于发动机转速和曲轴转角位置，当活塞处于上、下止点时，往复惯性力绝对值最大，即 $a_{\max} = |r\omega^2|$。

这就是说，四冲程内燃机的热功转换能力不仅取决于燃烧引起的缸内工质压力的变化规律，还取决于活塞的运动规律。因此，曲柄连杆机构的受力分析，对正确理解内燃机能量转换及传递机理具有重要意义。

二、曲柄连杆机构的受力分析

当内燃机以转速 n（r/min）（曲轴角速度为 ω）运行时，活塞承受燃烧引起的缸内气压力 F_{g} 和随活塞往复直线运动质量的往复惯性力 F_{j} 的合力 F，即 $F = F_{\mathrm{g}} + F_{\mathrm{j}}$。其中，气压力为

$$F_{\mathrm{g}} = \frac{\pi D^2}{4}(p_{\mathrm{g}} - p_0) \tag{2-41}$$

式中，D 为气缸直径（mm）；p_{g} 为气缸内工质的绝对压力（MPa），通过制取示功图获得；p_0 为活塞的背压（MPa）。

往复惯性力为

$$F_{\mathrm{j}} = -m_{\mathrm{j}}a \tag{2-42}$$

式中，m_{j} 为往复运动件的惯性质量（kg），$m_{\mathrm{j}} = m_{\mathrm{p}} + m_1$，$m_{\mathrm{p}}$ 为活塞组质量，m_1 为集中在连杆小头的连杆往复运动的当量质量，$m_1 = m_{\mathrm{L}}(l - l_{\mathrm{o}})/l$，$m_{\mathrm{L}}$ 为连杆组质量，l 为连杆长度，l_{o} 为连杆组质心到连杆小头孔中心的距离；a 为活塞的加速度。

将式（2-40）代入式（2-42）得

$$F_{\mathrm{j}} = -m_{\mathrm{j}}a = -m_{\mathrm{j}}r\omega^2(\cos\varphi + \lambda\cos 2\varphi) \tag{2-43}$$

由此表明，活塞的往复惯性力分别与往复惯性质量和活塞的加速度成正比，且方向与加速度相反。图 2-12 所示为单位活塞面积上的作用力特性曲线。

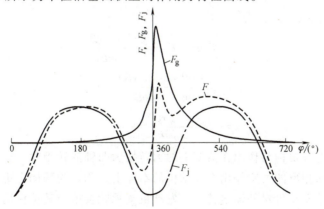

图 2-12　单位活塞面积上的作用力特性曲线

所以，活塞所做的功为

$W = Fx$

$$= \left[\frac{\pi D^2}{4} (p_g - p_0) - m_j r \omega^2 (\cos\varphi + \lambda \cos2\varphi) \right] r \left[(1 - \cos\varphi) + \frac{1}{4}\lambda (1 - \cos2\varphi) \right] \qquad (2\text{-}44)$$

由此可见，活塞的做功能力不仅取决于燃烧引起的工质的压力，还取决于曲柄连杆机构参数和往复惯性力。当曲柄连杆机构一定时，随发动机转速的增加，往复惯性力增加，故对相同的气缸压力，在上止点附近工质对活塞的做功能力降低，导致随发动机转速的增加，发动机输出转矩降低。

当活塞的位移为 x（曲轴转角为 φ）时，作用于活塞的合力 F 以活塞销为支撑点可分解为连杆力 F_1 和侧向力 F_c，如图 2-13 所示。其中

$$F_c = F\tan\beta, \quad F_1 = \frac{F}{\cos\beta}$$

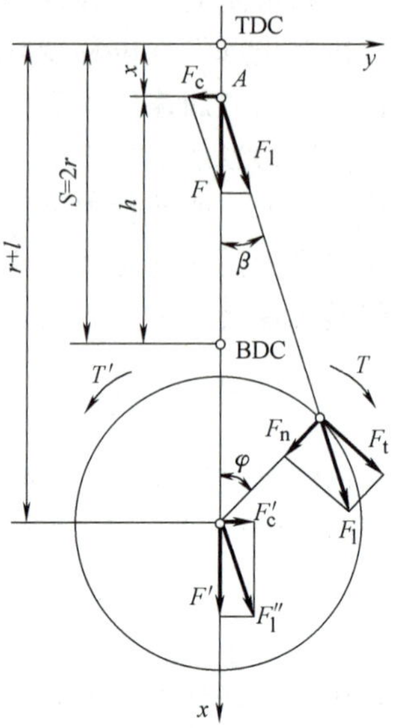

连杆力 F_1 传递到曲柄销后又分解为垂直于曲柄半径的切向力 F_t 和沿曲柄作用的径向力 F_n，即

$$F_t = F_1\sin(\varphi+\beta) = \frac{F}{\cos\beta}\sin(\varphi+\beta)$$

$$F_n = F_1\cos(\varphi+\beta) = \frac{F}{\cos\beta}\cos(\varphi+\beta)$$

则该时刻单缸曲轴输出的瞬时转矩为

$$T = F_t r = F_1\sin(\varphi+\beta) r = Fr\frac{\sin(\varphi+\beta)}{\cos\beta} \qquad (2\text{-}45)$$

图 2-13　作用于活塞上的力的传递

TDC—上止点　BDC—下止点

将曲柄销上的连杆力 F_1 向主轴颈中心平移得到 F_1''，F_1'' 在横轴和纵轴上的投影分别为 F_c' 和 F'，很容易看出

$$F_c' = F_c, \quad F' = F$$

即 F_c' 与 F_c 大小相等、方向相反，且作用点不在同一直线上而产生力偶矩 T'，即

$$T' = -F_c h = F\tan\beta\frac{l\sin(\varphi+\beta)}{\sin\varphi} \qquad (2\text{-}46)$$

将式（2-37）代入上式，得

$$T' = -F_c h = -F\tan\beta\frac{r\sin(\varphi+\beta)}{\sin\beta}$$

$$= -F\frac{\sin\beta}{\cos\beta}\frac{r\sin(\varphi+\beta)}{\sin\beta}$$

$$= -Fr\frac{\sin(\varphi+\beta)}{\cos\beta} = -T \qquad (2\text{-}47)$$

可见，由曲柄连杆机构将作用在活塞上的力转换为曲轴的转矩时，存在一个与曲轴输出转矩大小相等、方向相反的力矩作用在发动机的本体上，称之为翻倒力矩，由发动机的支承来承受。因此，只要发动机对外输出转矩，发动机支承就会承受其反作用力矩，而发动机输出转矩的波动直接作用在支承上，所以四冲程活塞式发动机无法消除扭转振动。

三、多缸机曲轴输出转矩特性

以发火顺序为 1→5→3→6→2→4 的四冲程 6 缸发动机为例，假设各缸工作过程完全一样，仅仅是工作顺序即相位不同，如图 2-14 所示，令第 1 缸的输出转矩为 $M_1(\varphi)$，则各主轴颈承受的转矩分别为

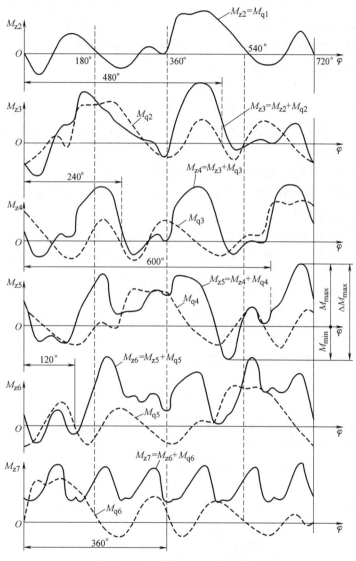

图 2-14　曲轴主轴颈的积累转矩

第 1 主轴颈（自由端）	$M_{z1} = 0$
第 2 主轴颈	$M_{z2} = M_1(\varphi)$
第 3 主轴颈	$M_{z3} = M_{z2} + M_1(\varphi + 240°)$
第 4 主轴颈	$M_{z4} = M_{z3} + M_1(\varphi + 480°)$
第 5 主轴颈	$M_{z5} = M_{z4} + M_1(\varphi + 120°)$
第 6 主轴颈	$M_{z6} = M_{z5} + M_1(\varphi + 600°)$

第 7 主轴颈
$$M_{z7} = M_{z6} + M_1(\varphi + 360°) = \sum M$$
$$= M_1(\varphi) + M_1(\varphi + 240°) + M_1(\varphi + 480°) +$$
$$M_1(\varphi + 120°) + M_1(\varphi + 600°) + M_1(\varphi + 360°) \tag{2-48}$$

式中，M_{zi} 为各主轴颈的积累转矩，等于该主轴颈之前各缸输出转矩之和，最后一个主轴颈（靠近飞轮端）的积累转矩（M_{z7}）就是多缸机的合成转矩 $\sum M$，如图 2-14 所示。

由此可见，即使在稳定的工况下，由于内燃机在工作过程中气缸压力和往复惯性力的周期性变化，合成转矩随曲轴转角 φ 也发生周期性变化，导致发动机的扭转振动，所以曲轴输出转矩的周期性变化特性是内燃机产生振动噪声的主要来源之一。常用转矩不均匀系数 μ 来评价发动机输出转矩的不均匀程度，即

$$\mu = \frac{\sum M_{max} - \sum M_{min}}{(\sum M)_m} \tag{2-49}$$

式中，$\sum M_{max}$ 为一个循环内输出转矩曲线的最大值；$\sum M_{min}$ 为一个循环内输出转矩曲线的最小值；$(\sum M)_m$ 为平均转矩。

对同一台发动机，μ 随工况而变化，而往复惯性力只影响式（2-49）的分子，与分母无关，故随转速的增加，作用在活塞上的合力 F 减小，μ 降低；且随气缸数的增加，或飞轮惯性质量的增加，μ 降低明显。

对发火间隔角为 $A(=720°/z$，z 为气缸数）的多缸机，将一个工作循环按发火间隔角 A 分为 $B(=720°/A)$ 个段，6 缸机 $A = 120°$，$B = 6$，对某一段，求得平均转矩为

$$(\sum M)_m = \frac{1}{A}\int_{\varphi_1}^{\varphi_2} \sum M \mathrm{d}\varphi = \frac{F_2 - F_1}{A} \tag{2-50}$$

式中，F_2、F_1 分别为 $A(\varphi_1 \sim \varphi_2)$ 期间合成转矩的曲线图上的正、负面积；φ_1 为 A 期间对应气缸发火时刻的曲轴转角；$\varphi_2 = \varphi_1 + A$。

平均转矩 $(\sum M)_m$ 相当于内燃机的指示转矩 T_i，即

$$T_i = (\sum M)_m = \frac{i p_i V_s n}{30\tau} \tag{2-51}$$

式中，i 为气缸数；p_i 为平均指示压力；V_s 为气缸工作容积；n 为发动机转速；τ 为冲程数（对四冲程机 $\tau = 4$，二冲程机 $\tau = 2$）。

内燃机实际输出的有效转矩（平均值）为

$$T_{tq} = T_i \eta_m \tag{2-52}$$

式中，η_m 为机械效率。

第七节　热　平　衡

发动机的热平衡，是指发动机实际工作过程中所加入气缸内的燃料完全燃烧时所放出的热量的具体分配情况。分析研究发动机热平衡的目的，主要在于正确了解发动机工作过程中的热量损失，以便为进一步提高热效率指明正确途径。

根据内燃机实际工作循环与理想循环的比较结果，由能量守恒原则把发动机单位时间所消耗燃油的总热量，按式（2-53）分配为以下几个方面，即

$$q_T = q_E + q_S + q_R + q_B + q_L \tag{2-53}$$

式中，q_T 为发动机所消耗燃油的总热量；q_E 为转化为有效功部分的热量；q_S 为传给冷却介质的热量；q_R 为由排出废气带走的热量；q_B 为燃料不完全燃烧的热损失；q_L 为其他热损失。

1. 发动机所消耗燃油的总热量 q_T

发动机每工作循环供给气缸燃烧的燃料量，用燃油消耗量 B（kg/h）表示。燃料的热值为 H_u（kJ/kg），则 q_T（kJ/h）为

$$q_T = BH_u \tag{2-54}$$

q_T 表示为了获得一定量的有效功率（P_e）而消耗的总的能量。

2. 转化为有效功部分的热量 q_E

当发动机消耗燃料而对外实际输出的有效功率为 P_e（kW）时，由于 $1\text{kW} \cdot \text{h} = 3.6 \times 10^3 \text{kJ}$，所以转化为有效功率 P_e 部分的热量 q_E（kJ/h）为

$$q_E = 3.6 \times 10^3 P_e \tag{2-55}$$

3. 传给冷却介质的热量 q_S

在实际工作循环中，工质与外界之间的传热现象比较复杂。有工质与气缸壁之间的传热损失，排气时废气与排气道及排气管之间的传热损失，活塞与气缸壁之间的摩擦生热而传给冷却介质的热量及润滑油传给冷却介质的热量等。所以一般按式（2-56）估算 q_S（kJ/h），即

$$q_S = q_{mS} c_S (t_2 - t_1) \tag{2-56}$$

式中，q_{mS} 为通过发动机的冷却介质质量流量（kg/h）；c_S 为冷却介质的比热容 [kJ/(kg·℃)]；t_1、t_2 分别为冷却介质的入口和出口温度（℃）。

4. 废气带走的热量 q_R

废气带走的热量，可用发动机出口状态下工质的热量与进口状态下工质所具有的热量之差来表示，即 q_R（kJ/h）为

$$q_R = (B + G_K)(c_{pr} t_2 - c_{pk} t_1) \tag{2-57}$$

式中，B、G_K 分别为每小时消耗的燃料量和空气量（kg/h）；c_{pr}、c_{pk} 分别为废气和空气的比定压热容 [kJ/(kg·℃)]；t_2 为靠近排气门处的排气温度（℃）；t_1 为进气管入口处的工质温度（℃）。

5. 燃料不完全燃烧的热损失 q_B

由于内燃机活塞顶侧隙等缝隙的存在，以及汽油机气缸壁表面对火焰的激冷作用，采用浓混合气，或即使采用理论混合气，由于燃烧室内实际混合气的非均匀性；对柴油机混合气形成时间和燃烧时间非常短，缸内混合气非常不均匀等；这些因素的存在都不可避免地造成不完全燃烧现象。因此，在发动机尾气排放物中存在不完全燃烧或未燃产物 CO 和 HC。这正表明部分燃料没有完全燃烧而随废气排出，造成部分热量的损失。这一部分损失，可用式（2-58）近似计算，即 q_B（kJ/h）为

$$q_B = q_T (1 - \eta_r) \tag{2-58}$$

式中，η_r 为燃烧效率，$\eta_r = \dfrac{q_C}{q_T}$，$q_C$ 为实际燃烧过程中释放的热量。

6. 其他热损失 q_L

其他热损失是指除了上述损失以外的不可准确估量的热损失 q_L，用式（2-59）表示，即

$$q_L = q_T - (q_E + q_S + q_R + q_B) \tag{2-59}$$

据统计，式（2-53）中被分配到的各项热量占所消耗燃料的总热量的百分数见表2-5。

表 2-5　热平衡中各项数值范围 （％）

形式	$q_e = \dfrac{q_E}{q_T}$	$q_s = \dfrac{q_S}{q_T}$	$q_r = \dfrac{q_R}{q_T}$	$q_b = \dfrac{q_B}{q_T}$	$q_l = \dfrac{q_L}{q_T}$
汽油机	25～30	12～27	30～50	0～45	3～10
柴油机	30～40	15～35	25～45	0～5	2～5
增压柴油机	40～50	10～25	25～40	0～5	2～5

由此可知，内燃机实际工作过程中仅有燃料总热量的25%～50%的热量转换为有效功，而其余50%～75%的热量以各种形式损失掉了。其中损失最大的部分就是废气所带走的热量，占总热量的25%～50%，其次是传给冷却介质的传热损失，占总热量的10%～35%。这就是说，回收这一部分的热量，可有效地提高指示功率和热效率。

废气涡轮增压是回收利用废气所带走热量的很有效的方法，因而在车用发动机上得到了广泛应用。

为了回收利用向冷却介质传热损失的热量，在20世纪80年代，一度盛行用陶瓷设计绝热发动机，但是绝热后对高速车用发动机，由于燃烧温度及排气温度的提高，不仅 NO_x 排放量增加，排气热损失也增加，所以热效率的提高不明显，而且热负荷的增加影响发动机的可靠性。总的来说，因利小弊大，最终彻底放弃。

第三章

内燃机的换气过程

内燃机的换气过程是指从排气门开启到进气门关闭的整个过程，包括排出本循环已燃的废气过程和为下一循环吸入新鲜充量的进气过程，是保证四冲程内燃机热功转换的工作循环得以周而复始不断进行下去的基础。对传统的内燃机要求尽可能将前一个循环的燃烧废气排出，以便向气缸吸入更多的新鲜空气或混合气。但随着节能与排放法规的日趋严格，对换气过程的要求不仅要尽可能地提高进入气缸的新鲜气体量，还要保证混合气的质量。因此，换气过程的主要作用是尽可能提高进入气缸的混合气量的同时，保证一定温度和压力的混合气成分。

为了控制燃烧温度以便降低 NO_x 排放，现代车用内燃机都采用排气再循环（Exhaust Gas Return，EGR）系统，通过该系统精确控制 EGR 率，从而调节进入气缸的混合气成分。同时，采用增压中冷技术控制进气密度和温度，从而提高单位气缸工作容积的利用效率，使得内燃机的动力性、经济性和排放特性得到进一步的改善。

所以对于内燃机，如何减小换气过程中的流动损失，尽可能提高气缸的充气效率，并控制混合气的成分，组织适合于燃烧过程的缸内气体流场，是改善内燃机性能的重要环节。

第一节　四冲程内燃机的换气过程

内燃机换气过程的基本任务，就是尽可能排净缸内废气，充入更多的新鲜气体。对实际内燃机，由于配气机构运动规律的限制及气门惯性的存在，进排气门不可能瞬时完全打开，其开启流通截面面积从关闭状态逐渐增加到最大。因此开启初期，气门升程小，开启流通截面面积小，节流损失大，进排气不流畅。同时，进排气系统中存在不可避免的流动损失，以及内燃机结构上压缩容积的存在，燃烧后的废气不可能排净，所以充入气缸的新鲜气体不可能充满气缸工作容积。为了更有效地利用气缸工作容积，应尽可能减小换气过程中的流动损失，保证更多的新鲜气体充入气缸，这是保证内燃机动力性和经济性的前提。为此，了解四冲程内燃机的换气过程及其损失是很重要的。

一、排气过程

排气过程是指从活塞膨胀终了在下止点前某一时刻排气门开启到随活塞上行强制推出废

气至上止点之后某一时刻关闭为止的整个过程。随着排气门的开启和活塞的运动，缸内压力发生变化。图 3-1 所示为换气过程中气缸压力的变化规律。为了掌握不同排气阶段中的排气损失，根据缸内废气经排气门排出时气缸压力的不同，将排气过程分为自由排气阶段和强制排气阶段。

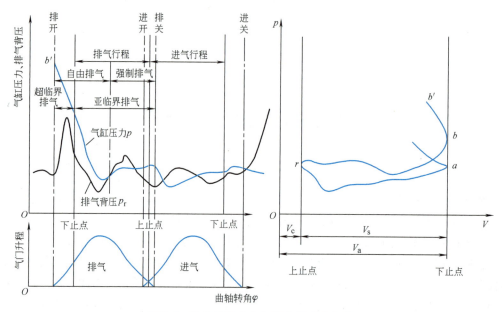

图 3-1　换气过程中气缸压力的变化规律

1. 自由排气阶段

自由排气阶段是指从排气门开启到排气下止点为止的这一段时间内，靠缸内气体压力与排气管内的排气背压之差，自行排出废气的过程。此时气缸内压力较高，已燃气体一边推动活塞做功，一边自行从气缸排出。为了尽可能多地排气，同时减小排气行程中气门处的节流损失，以保证排气行程时气门已有足够的开度和流通截面面积，一般设置排气提前角。即在膨胀做功过程中，在下止点前某一曲轴转角（CA）位置提前开启排气门。车用内燃机排气提前角的范围为 $30°\sim80°$（CA）。在自由排气阶段，随着排气门的开启和废气排出，缸内压力迅速降低，造成缸压和排气背压之差随排气量增加而逐渐减小，使得自由排气速度随之降低。根据此时排气流动的特点，又将自由排气阶段分为超临界排气和亚临界排气两个阶段。当排气门刚开启的排气初期，由于缸内压力较高，气缸压力与排气背压之比往往大于临界值 $[(\kappa+1)/2]^{\kappa/(\kappa-1)}$。此时，缸内气体以当地声速 $c=\sqrt{\kappa R_g T}$ 经排气门排出，排出的废气量只取决于缸内气体的状态和排气门有效流通截面面积的大小，与内燃机转速、排气背压等无关，这种排气现象称为超临界排气。随着超临界排气量的增加及活塞的下移，气缸压力迅速降低，使得气缸压力与排气背压之比逐渐降低到小于临界值 $[(\kappa+1)/2]^{\kappa/(\kappa-1)}$ 的状态。此时排气进入亚临界流动状态，称此排气过程为亚临界排气。在亚临界排气阶段排出的废气量，取决于排气门的有效流通截面面积和气缸压力与排气背压之差。这里，虽然超临界排气时间比较短，但由于废气排出的流速很高，所以在这一段排出的废气量可达到总排出量的60%以上。如果加大排气提前角，则排气初期缸内压力和温度更高，超临界排气声速更高，排气量更多。但由于缸内更多的具有做功能力的气体排出气缸外，直接影响内燃机的动力性和经济性。如果为了保证缸内已燃气体充分膨胀做功，而推迟（减小）排气提前角，则自由排气阶段排出的废气量减少，大部分废气留给强制排气阶段，使得活塞推动废气排出时的损失增加，同样不利于内燃机的动力性和经济性。所以，存在着最佳排气提前角，而且随工况的变化最佳排气提前角不同。由于超临界排气速度与内燃机转速无关，所以随着内燃机转速的提高，超临界排气阶段所占的曲轴转角增加，因此随内燃机转速的升高应适当提前排气提前角。

2. 强制排气阶段

强制排气阶段是指在活塞上移的排气行程中，通过活塞推出废气的过程。严格来讲，强制排气的始点为气缸内压力降低到接近排气背压，使得两者压力之差减小到不能自行排出的时刻。但由于缸内压力变化比较复杂，很难精确地确定该点。为了便于分析，这里从下止点活塞上移开始算起。在强制排气阶段主要克服来自排气系统的阻力。随着内燃机转速的升高，排气流速增加，其流动阻力增加，所消耗的功就越多。

为了利用高速流经排气门的气流惯性尽可能多地排出废气，排气门在排气上止点之后某一时刻关闭。排气门关闭时刻相对上止点所对应的曲轴转角，称为排气迟闭角，车用内燃机的排气迟闭角一般为上止点后 $10° \sim 70°$（CA），具体视内燃机类型而定。

二、进气过程

进气过程是指从进气门开启到关闭期间气缸吸入新鲜充量的整个过程。在进气过程中，随着活塞下行气缸容积增加，气缸内产生真空度，由此从气缸外部吸入新鲜充量。此时，为了保证进气门有足够大的流通截面面积，尽可能使更多的新鲜充量顺利地进入气缸，进气门在上止点前提前某一时刻开启。进气门开启时刻相对上止点所对应的曲轴转角称为进气提前角，一般为 $0° \sim 40°$（CA）。在进气过程中，缸内前一个循环排气终了后仍留在气缸内的残余废气随活塞的下移先膨胀，缸内压力减小，当减小到小于进气压力时，新鲜充量才充入气缸。在进气行程后段，由于活塞下移速度减慢，进入气缸的气流的动能部分转化为势能，使得缸内压力有所回升。在进气下止点时气门处仍有高速气流流入气缸，为了充分利用气流的惯性而多进气，进气门在活塞下止点后关闭。进气门关闭时刻相对下止点所对应的曲轴转角称为进气迟闭角，一般进气迟闭角为 $20° \sim 70°$（CA）。随内燃机转速的增加，气门处气流的惯性增大，所以要求进气迟闭角也相应地加大，即对应不同的转速分别存在不同的最佳进气迟闭角。如果进气迟闭角过小，则具有进气能力的气流随气门的提前关闭而被拒之门外，不仅气流惯性没有得到充分利用，反而使得高速气流对气门产生冲击作用；如果进气迟闭角过大，则会出现已进入气缸的气体倒流现象。因此，根据内燃机工况，设计和控制最佳进气迟闭角，对改善内燃机性能至关重要。

三、配气定时及气门叠开现象

由于进排气过程相对上、下止点位置都分别存在着气门开启提前角和关闭迟闭角，因此构成了如图 3-2 所示的四冲程内燃机配气定时图（又称配气相位图）。根据四冲程内燃机的工作原理，在进气上止点，由于进气门提前开启、排气门迟后关闭而造成进排气门同时开启的现象，这种现象称为气门叠开现象。进气提前角和排气迟闭角之和称为气门叠开角。在气门叠开期间，进气管、气缸、排气管三者连通。一般通过配气定时的合理设计，保证气门叠开期间通过新鲜气体将气缸内的废气扫出去，这一过程又称为扫气过程。

对"量调节"式的非增压点燃式内燃机，是通过节气门开度来控制负荷的，因此进气管压力总是低于大气压力，小负荷时进气管负压更大。所以，如果此时进气提前角过大，高温废气有可能倒流到进气管，由于"量调节"式内燃机进气过程中进入气缸的是混合气，很容易引起进气管回火。因此，这类内燃机的气门叠开角不宜过大。而"质调节"式的压燃式柴油机，由于进气过程中进入气缸的是纯空气，而且无节气门的节流损失，进气管压力始终接近大气压力，因此可以采用较大的气门叠开角。增压柴油机进气压力大于大气压力，新鲜空气在正压差的作用下进入气缸，此时采用较大的气门叠开角，使一部分空气通过气缸直接排到排气管。通过适当的扫气过程，不仅可进一步排出气缸内的废气，有利于提高充气效果，而且通过冷空气对燃烧室的扫气作用，

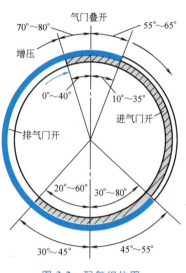

图 3-2　配气相位图

可降低燃烧室及排气门等高温零件的温度，这对强化程度较高的内燃机提高可靠性有显著的效果。但是过大的气门叠开角易造成气门和活塞运动的干涉。一般增压柴油机气门叠开角控制在 80°~160°（CA）范围内，而非增压内燃机控制在 20°~80°（CA）范围内。

四、换气损失

如图 3-3 所示，换气损失包括进气损失和排气损失。其中，排气损失主要包括自由排气损失 W 和强制排气损失 Y。自由排气损失是指排气门提前开启而引起的部分具有做功能力的气体排出使膨胀功减小的部分，如图 3-3 中的 W，又称为膨胀损失。而强制排气损失是指活塞从下止点向上止点运动过程中推出废气所消耗的功 Y。排气提前角对排气损失（即 $W+Y$）影响很大，如图 3-4 所示，当内燃机转速一定时，若排气提前角过小，则虽然自由排气损失 W 减小，但活塞推出废气时的强制排气损失 Y 增加；反之，排气提前角过大，则自由排气损失增大而强制排气损失减小。因此，对应不同的转速，都存在着最佳的排气提前角，使得自由排气损失和强制排气损失之和（$W+Y$）最小。

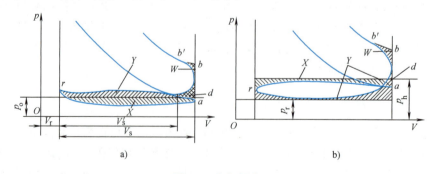

图 3-3　换气损失

a）非增压　b）增压

W—自由排气损失　Y—强制排气损失　X—进气损失　$Y+X-d$—泵气损失

进气损失是指因进气阻力的存在使进气过程中气缸压力低于大气压力而造成的部分，如图3-3中的 X 部分。与排气损失相比，进气损失相对较小，但它直接影响内燃机的充气效率，对内燃机性能具有重要的影响。

　　从工作循环角度来分析，压缩膨胀做功主要完成热功转换过程，而进气排气过程主要承担更换缸内工质的任务，为内燃机连续热功转换做物质准备。因此从整个工作循环角度，可将整个损失分为压缩膨胀做功损失和为气缸换气而损失的泵气损失两种。前者包括实际燃烧过程相对理论循环的各种损失和自由排气损失，而后者的泵气损失主要指在强制排气过程和进气过程中所造成的损失。这里需要指出的是，活塞在强制排气过程中的损失，并不等于前述的强制排气损失 Y，而是其中的一

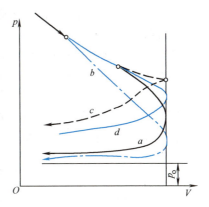

图 3-4　排气提前角对排气损失的影响
a—最合适　*b*—过早　*c*—过晚
d—排气门面积过小

大部分，即活塞真正推出废气所消耗的功。在下止点附近膨胀终了的缸内气体压力仍然大于排气背压，因此直到下止点后某一曲轴转角为止，缸内废气仍然靠自身的压力与排气背压之差自动排气，这一部分可减小强制排气损失。

　　减小泵气损失是改善内燃机动力性和经济性，特别是提高升功率的有效措施。为此，应尽可能减小强制排气损失和进气损失，如合理匹配配气定时，尽可能加大气门的流通截面面积，减小进排气管流动阻力，适当降低活塞的平均速度等都有利于减小泵气损失。对"量调节"式电控内燃机通过采用排量可变（停缸）技术，提高小负荷时的节气门开度，由此减小泵气损失，可有效改善内燃机小负荷时的燃油经济性。

第二节　充气效率及影响因素

　　换气过程的好坏可以从两个方面进行评价，即气缸内前一个循环的废气被这一循环的新鲜充量替换的程度和本次循环进入气缸新鲜充量的程度。前者从换气的本质上评价换气过程的完善程度，常用残余废气系数 ϕ_r 表示，即气缸内残留的前一循环废气量 m_r 和进入气缸的新鲜充量 m_1 之比，即

$$\phi_r = \frac{m_r}{m_1} \qquad (3\text{-}1)$$

而后者主要反映进气过程的完善程度，即从进气量的角度定量评价换气过程的好坏。

一、充气效率

　　内燃机的充气效率 ϕ_c 定义为，每循环实际进入气缸的新鲜充量 m_1 与进气状态下充满气缸工作容积的理论充量 m_{sh} 之比，即

$$\phi_c = \frac{m_1}{m_{sh}} = \frac{V_1}{V_s} \qquad (3\text{-}2)$$

式中，m_1、V_1 分别为实际进入气缸的新鲜充量的质量和体积；m_{sh}、V_s 分别为在进气状态下充满气缸工作容积的新鲜充量的质量和气缸工作容积。

这里，对非增压内燃机而言，进气状态是指大气状态，而对增压内燃机来说是指压气机的出口状态。

如前所述，换气过程的主要目的是向气缸多充入新鲜气体，为下一步热功转换提供必要的物质基础。而充气效率正是描述每循环新鲜充量吸入气缸的能力的，所以其大小直接影响内燃机的动力性。

根据式（3-2），在内燃机台架试验中，通过流量计测量内燃机实际进入气缸的气体体积流量 q_{VI}（m^3/h），而气缸的当量理论充气量 q_V 由式（3-3）求出，即

$$q_V = \frac{V_s}{1000}\frac{in}{2}\times 60 = 0.03inV_s \tag{3-3}$$

式中，V_s 为气缸工作容积（L）；i 为气缸数；n 为内燃机转速（r/min）。

由 q_{VI} 和 q_V，根据式（3-2）就可求出该条件下的充气效率。

二、影响充气效率的因素

理论上在进气状态（p_s，T_s）下，每循环充满气缸工作容积 V_s 的新鲜充量为

$$m_{sh} = \frac{p_s V_s}{R_g T_s} = \rho_s V_s \tag{3-4}$$

假设在进气门关闭时气缸内气体的状态为 p_a、V_a、T_a，则气缸内气体的总质量 m_a 为

$$m_a = \frac{p_a V_a}{R_g T_a} = \rho_a V_a \tag{3-5}$$

气缸内气体的总质量等于充入气缸的新鲜充量 m_1 和前一循环残留的废气量 m_r 之和，即 $m_a = m_1 + m_r$。由残余废气系数的定义式（3-1），可将内燃机充气效率的表达式改写为

$$\phi_c = \frac{m_1}{m_{sh}} = \frac{\rho_a V_a}{\rho_s V_s}\frac{1}{1+\phi_r} \tag{3-6}$$

这里，设气缸总容积（活塞在下止点时活塞顶部的总容积）为 V_0，并令 $\xi = V_a/V_0$（进气门关闭时的气缸容积与气缸总容积之比），根据压缩比的定义 $\varepsilon = V_0/V_c = 1/(1-V_s/V_0)$（其中，燃烧室容积 $V_c = V_0 - V_s$），则式（3-6）可整理为

$$\phi_c = \xi \frac{\varepsilon}{\varepsilon-1}\frac{\rho_a}{\rho_s}\frac{1}{1+\phi_r} \tag{3-7}$$

式（3-7）表示充气效率主要与内燃机的结构参数（压缩比及配气相位）、进气终了状态的密度、残余废气系数及进气状态的密度等有关。

1. 进气终了状态的密度 ρ_a

进气终了状态下气缸内的气体密度 ρ_a，是由进入气缸的新鲜充量和气缸内残留的废气量决定的。一般残余废气系数很小，而且残余废气量基本保持不变，所以将进气终了状态的密度对充气效率的影响用新鲜充量密度来讨论。由式（3-7）可知，充气效率与 ρ_a 成正比，而进气密度与进气压力和温度之比成正比。所以，一般提高进气终了压力和降低进气终了温度的措施都有利于提高充气效率。进气终了压力等于大气压力与进气流动损失压力之差，即 $p_a = p_s - \Delta p_a$，其中进气流动损失压力可表示为

$$\Delta p_a = \zeta \frac{\rho v^2}{2} \tag{3-8}$$

式中，ζ 为进气管阻力系数；ρ 为进气状态下的气体密度（kg/m^3）；v 为气流速度（m/s），是指进气管内气体的平均流速。

因此，减小进气流动阻力的主要措施，就是尽可能减小进气管各段管道阻力系数 ζ 和气流速度 v。进气管长度越长、转弯半径越小及管道内表面越粗糙，管道阻力系数就越大，进气流动损失就会增加。而进气流动损失与气流速度的二次方成正比，因此内燃机高速运行时，进气阻力明显增加。所以，改善高速充气效率的主要措施，包括可变进气管长度的控制措施和可变配气机构的控制措施，即在高速时通过进气管长度可变技术缩短进气管长度来减小进气管阻力系数，同时通过可变配气机构的控制技术增加气门的有效流通面积和进气迟闭角，充分利用高速气流的惯性充气。这些技术措施对改善高速充气效率都有明显效果。

采用增压中冷技术可直接提高进气密度，是改善车用内燃机性能的有效措施，得到了广泛应用。

2. 残余废气系数 ϕ_r 和压缩比 ε

残余废气量对充气效率的影响主要体现在两个方面：一是残余废气占有一定的气缸容积；二是残余废气温度高，对进入气缸的新鲜气体具有加热作用，使进气密度降低。

在排气终了进气初期，由于气缸内残余废气的压力大于进气压力而阻碍进气过程。随着活塞的下行，气缸容积的增加，残余废气膨胀，当其压力降低到进气压力时，气缸才开始进入新鲜气体，因此残余废气量直接影响气缸工作容积的利用效率。残余废气系数越大，残余废气对进气的阻碍及加热影响越严重，充气效率就越低。同时，残余废气对燃烧也有阻碍作用，过多的残余废气量会影响燃烧过程，使热效率降低，所以从换气角度而言应尽可能减小残余废气系数。一般残余废气系数主要与气缸压缩容积（燃烧室容积和余隙容积之和）有关，当内燃机的压缩比确定以后压缩容积也就确定了。因此，提高压缩比可以降低残余废气系数，有利于提高充气效率。对增压内燃机，可通过合理设计气门叠开角，利用气门叠开期间的扫气作用，来减少气缸内的残余废气量。

汽油机的压缩比较低，且进气有节流损失，气门叠开角又小，所以残余废气系数偏高，通常在 $0.05 \sim 0.16$ 范围内。柴油机由于压缩比高，无进气节流损失，气门叠开角大，所以残余废气系数较小，一般在 $0.03 \sim 0.06$ 范围内。而增压柴油机残余废气系数更小，在 $0 \sim 0.03$ 范围内。

3. 配气定时

当进气迟闭角一定时，V_a 也随之确定，所以 $\xi = V_a/V_0$ 为常数。由于内燃机进气过程是动态的而且间歇进行，因此进气管道内气流处于波动状态。进气迟闭角对充气效率的影响主要体现在进气门关闭时刻气流惯性的利用情况和波动效应，即与 $\xi \rho_a$ 有关。对于一定的转速，气流速度一定，所以对应该气流惯性和动态效应的最佳进气迟闭角也是一定的。若进气迟闭角小于该最佳迟闭角，则气流惯性和动态效应就没有得到利用，$\xi \rho_a$ 值就变小，进气量减少；反之，进气迟闭角过大，则已进入气缸的新鲜充量出现倒流现象，同时 ξ 减小，所以 $\xi \rho_a$ 值也减小。随着内燃机转速的提高，气流的惯性和波动效应增强。为了利用惯性和波动效应多进气，需要合理选择配气相位。

4. 进气状态

进气状态的气体密度 ρ_s 主要取决于进气压力和温度，对自然吸气式内燃机就是指大气压力和温度。当大气温度 T_s 高而压力 p_s 低时，虽然充气效率有所提高，但由于进气状态的

气体密度 ρ_s 减小，内燃机输出转矩反而下降，特别是在高原地区，由于空气稀薄，进入气缸的新鲜充量的密度小，内燃机的动力性下降，因此需要采用增压等相应的技术措施来保证高原地区内燃机的动力性。

第三节　提高充气效率的措施

根据充气效率的定义及其影响因素的分析，提高充气效率的主要措施如图 3-5 所示，主要有抑制进气温度、提高进气压力、减小进排气系统阻力、合理选择配气定时、有效利用进气管的动态效应和排气管的波动效应等。其中，抑制进气温度的主要措施，包括在整车进气系统布置时吸气口设在发动机室（舱）的外部，防止进气管加热，或增压中冷等。而提高进气压力的主要措施是发动机增压技术。本节主要介绍减小进气系统阻力、合理选择配气定时、有效利用进气管的动态效应和有效利用排气管的波动效应的具体措施。

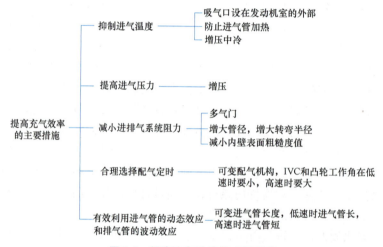

图 3-5　提高充气效率的主要措施

一、减小进气系统阻力

内燃机的进气系统包括空气滤清器、进气总管、进气歧管、进气道及进气门。减小各段的流动阻力，是提高充气效率的重要途径。为了便于分析，根据进气流动阻力的性质将进气系统阻力分为沿程阻力和局部阻力两部分。其中沿程阻力主要指管道的摩擦阻力，与管道的长度、管道内壁表面粗糙度值及气流速度有关；而局部阻力主要指因流通截面面积、形状及流动方向变化而导致局部产生涡流所引起的损失。对内燃机进气流动过程而言，与沿程阻力损失相比，局部阻力损失更为重要，特别是减小气门座圈处的局部阻力损失，对提高充气效率尤为重要。

（一）进气门

在进气系统中气门的流通截面面积最小且截面面积变化最大，所以提高气门的流通能力是提高充气效率的主要措施之一。

1. 气门的流通能力

气门的流通能力常用气门的时面值或角面值来表示，即在气门开启期间随气门升程的变化，气门的开启截面面积对时间（或曲轴转角）的积分。当内燃机转速为 n 时，根据曲轴转角与时间的关系 $\varphi = 6nt$，气门的时面值和角面值之间的关系为

$$\int A_f dt = \frac{1}{6n} \int A_f d\varphi \tag{3-9}$$

式中，A_f 为 dt 时间内气门的开启截面面积。

当气门开启时刻 t_1 对应的曲轴转角为 φ_o，气门关闭时刻 t_2 对应的曲轴转角为 φ_c 时，整个气门开启期间所能进入气缸的气体流量为

$$m = \rho v_m \int_{t_1}^{t_2} A_f dt = \frac{\rho v_m}{6n} \int_{\varphi_o}^{\varphi_c} A_f d\varphi \tag{3-10}$$

在实际内燃机中角面值不随转速变化，只与气门升程规律（凸轮形线）有关，所以高速时时面值减小。图 3-6 所示为气门升程及其开启截面面积随曲轴转角的变化关系。由此可见，提高气门的角面值是提高不同转速下进气量的主要措施。但是角面值的提高受到配气机构运动学的限制。

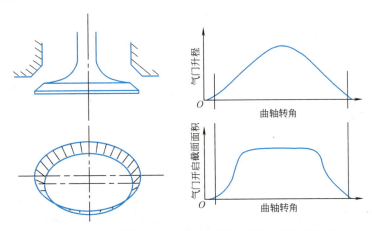

图 3-6　气门升程及其开启截面面积随曲轴转角的变化关系

所以，从配气机构设计角度而言，应在保证满足气门动力学规律（限制气门加速度以免出现气门飞脱现象）的前提下，尽可能提高气门的开启和关闭速度，以提高气门角面值。

由于四气门结构可有效地提高进气时面值，所以有利于提高充气效率，同时减小气门处的节流损失，有利于降低泵气损失，因而得到广泛应用。

2. 进气马赫数 Ma

气门处的流动损失与其开启截面面积的大小有关，而且对一定的气门开启截面面积，流动损失还与该处的流动状态有关。将这种气门处流动状态对充气效率的影响，用进气马赫数 Ma 来评价，即气门处气流的总平均速度与当地当时的声速之比，称为进气马赫数 Ma，用公式表示为

$$Ma = \frac{v_m}{c} \propto \left(\frac{D}{d_v}\right)^2 \frac{c_m}{c\mu_m(\varphi_c - \varphi_o)} \tag{3-11}$$

式中，v_m 为气门处气流的总平均速度；c 为当地当时的声速，$c = \sqrt{\kappa R_g T}$；D 为气缸直径；d_v 为进气门喉口直径；μ_m 为进气门开启期间的平均流量系数，$\mu_m = \int_{\varphi_o}^{\varphi_c} \mu d\varphi / (\varphi_c - \varphi_o)$；$\varphi_c$、

φ_{o} 分别为进气门关闭及开启时刻对应的曲轴转角；c_{m} 为活塞的平均速度。

由此可见，Ma 与气缸直径、进气门喉口直径及活塞的平均速度等有关。大量试验结果表明，当 $Ma>0.5$ 时，充气效率急剧下降。所以，在设计进气系统时，需要通过活塞的平均速度、气缸直径及气门直径优化匹配来控制 Ma。

3. 多气门结构

在相同条件下，增加进气门的流通截面面积可有效地降低进气阻力、减小马赫数，所以是提高充气效率的重要手段。

在气门升程（凸轮形线）一定的条件下，提高进气流通截面面积（角面值）的方法，主要有改变气门的布置方式、气门直径和气门数。对一定的气缸直径，气门直径有限，所以图3-7所示的进气门倾斜布置方式可以增加气门直径，或增加气门数（多气门），从而有效地提高气门的流通截面面积，不仅可减小进气阻力，同时也有利于减小排气阻力。

采用多气门机构（四气门或五气门）的优点，除了上述可增加流通截面面积、减小流动阻力损失以外，对汽油机可以使火花塞在中央布置，由此缩短火焰传播距离，提高抗爆性，从而可以提高压缩比，不仅提高经济性而且充气效率也有所提高。对于柴油机喷油器可以垂直布置，这对混合气形成和燃烧室内空气的有效利用极为有利。

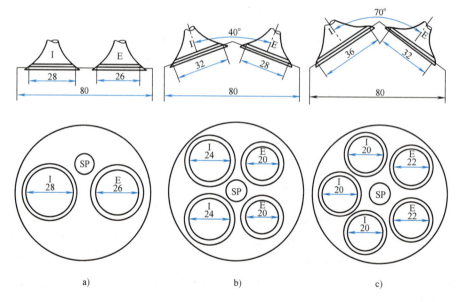

图3-7 气门数及其布置

a）两气门 b）四气门 c）五气门

I—进气门 E—排气门 SP—火花塞

4. 改善配气机构

现代车用内燃机采用多气门配气机构已成为发展趋势，二进二排的四气门机构比较普及。气门的驱动方式也逐步采用凸轮顶置式（OHC），取消了凸轮下置式（OHV）气门驱动方式的推杆，由凸轮直接驱动摇臂，由此减小了配气机构的往复惯性质量，提高了气门的响应特性，以保证内燃机高速配气定时。图3-8所示为气门的驱动方式。

当同名气门排成两列时，采用单凸轮轴顶置式（SOHC）配气机构，通过 T 形传动杆同时驱动气门。但这种配气机构由于同名气门在气道中的位置不同，两者的工作条件和效果也不同。同时，凸轮经摇臂控制进排气门（左右），所以气门对凸轮转速的响应性差，不利于改善高速时充气效率的动态响应特性，而且燃烧室形状也受到气门布置的限制。

若同名气门在同一列布置时，常采用双凸轮轴顶置式（DOHC）来驱动气门，由此改善单凸轮轴顶置式的上述缺点，而且进排气门对置布置，有利于进排气流动，但零件数增加，成本高，不利于轻量化。随着内燃机转速的高速化发展，为改善气门高速动态响应特性，DOHC 式配气机构（图 3-8）取消了摇臂轴，在气门尾部设置压板（挺柱），由此通过凸轮直接驱动气门，不仅能提高凸轮到气门的刚度，还能进一步优化配气机构的运动特性，而且改善了高速响应特性。但是凸轮升程的提高受凸轮和挺柱接触表面上单位面积压力（比压）的大小和配气机构往复惯性力的限制。

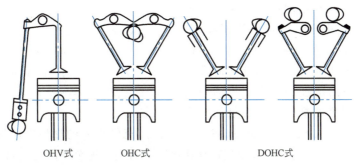

OHV式　　　OHC式　　　　　　DOHC式

图 3-8　气门的驱动方式

（二）进气道形状及进气管长度

一般高速内燃机为了在缸内形成进气涡流、滚流等定向的空气运动，以利于燃料与空气的混合和燃烧过程的快速进行，常利用进气道形状组织气流。这会直接引起流动损失增加，充气效率下降，特别是在高速下这种现象更为严重。所以，合理设计进气道，使其形状渐缩、内壁面光滑、过渡平稳、避免气流急转弯现象等，对减小进气系统阻力具有很重要的影响。传统的高速柴油机，喷射压力相对较低，为了通过燃烧室内高速气流帮助喷注雾化蒸发，故常采用螺旋式进气道，由此在气缸内以牺牲高速充气效率为代价形成较强烈的进气涡流。随着现代柴油机电控高压喷射技术的发展，大大提高了喷射雾化质量，而进气涡流在压缩过程中又衰减较多，所以用牺牲充气效率组织强的进气涡流来改善喷注的雾化条件已得不偿失了。因此，改善进气道形状，适当减小进气涡流比，减小其流动损失，以提高充气效率，对提高柴油机的性能更有益。

从减小进气流动损失角度而言，进气管长度越短越好。但是其长度受整个进气系统布置的限制，同时由于内燃机的进气过程是动态的，所以在不同转速下为了充分利用进气管道内气流的波动效应来提高充气效率，要求合理设计进气管长度。特别是高速时尽可能缩短长度以减小高速流动损失，而低速时适当延长进气管长度，这有利于利用进气压力动态波动效应来提高充气效率。典型的进气管长度可变控制技术的应用情况参见第八章。

（三）空气滤清器

现代高速车用内燃机空气滤清器的作用是清除空气中的杂质，保证清洁的空气进入气缸，同时降低进气噪声。为此，在结构上设置滤芯和空腔，这会对进气流动造成阻力。所以应在保证滤清效果、降低进气噪声的前提下尽可能减小空气滤清器对空气流动的阻力。

二、合理选择配气定时

合理选择配气定时，是指根据内燃机工况确定进、排气门的最佳提前角和迟闭角。图 3-9 所示为不同进气迟闭角对内燃机充气效率及输出功率的影响。当进气迟闭角小 $[\varphi_{c1} = 40°（CA）]$ 时，充气效率的峰值出现在低速区某一转速 n_1，即在该转速下进气门刚要关闭时刻能充分利用气流惯性多进气。当低于该转速（$n < n_1$）时，因气流惯性降低，已进入气缸的气流出现倒流现象，转速越低倒流现象越严重，所以充气效率降低。而当转速 $n > n_1$ 时，虽然气流的惯性增加，但气门却早已关闭不能利用这一部分的惯性充气，而且随着转速的增加进气系统流动损失增加，所以充气效率明显下降。如果加大进

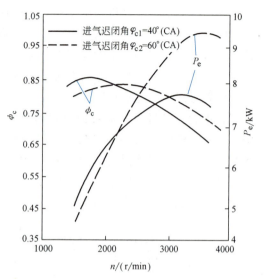

图 3-9　不同进气迟闭角对内燃机
充气效率及输出功率的影响

气迟闭角 $[\varphi_{c2} = 60°（CA）]$，则如图 3-9 所示，虽然充气效率的峰值因高速流动损失的增加而相对降低，但更重要的是峰值出现在高速区，而且高转速范围的充气效率得到明显的提高，可以有效改善内燃机高速区的动力性，额定功率也明显得到提高。所以，对车用内燃机对应不同转速控制最佳进气迟闭角是很重要的。传统的机械式内燃机当凸轮形线确定以后配气相位也随之确定，不能随转速而变化。随着汽车电控技术的发展，为了在整个转速范围内都能改善充气效率，以适应越来越严格的节能与排放法规的要求，在现代车用内燃机上逐渐采用电控可变配气相位技术。

（一）可变配气相位机构

1. MIVEC（Mitsubishi Innovative Valve timing and lift Electronic Control）系统

MIVEC 系统是采用高低速两段式电控可变配气相位的控制机构，图 3-10 所示为该系统的结构及其工作原理。MIVEC 系统主要由高低速凸轮、与此相对应的摇臂、摇臂轴及油压控制系统等组成。驱动气门的 T 形传动杆与摇臂轴刚性连接。高低速摇臂分别安装在 T 形传动杆的左右侧，并始终与各自的高低速凸轮相接触，且随凸轮轴的旋转而摆动。在摇臂和摇臂轴之间设有控制柱塞、控制油道及回位弹簧。摇臂和摇臂轴的传动就靠此柱塞来完成。当柱塞连接时摇臂和摇臂轴变为一体而同步转动，否则，摇臂可在摇臂轴上空转。MIVEC 系统根据 ECU（电控单元）的控制指令，对应内燃机的实际工况，通过油压控制柱塞的连接状态，以选择高低速凸轮中的某一个凸轮工作，由此驱动气门，达到控制配气相位和气门升程的目的。

当内燃机低速运转时，控制油压不起作用，此时低速摇臂内的控制柱塞在其弹簧的作用下，连接低速摇臂和 T 形传动杆（摇臂轴），此时高速摇臂在其弹簧力的作用下，与摇臂轴脱离连接使之在摇臂轴上自由转动；而当内燃机高速运转时，控制油压通过专用油道分别进入低速摇臂柱塞的压油室和高速摇臂柱塞的压油室，低速摇臂内的柱塞在控制油压的作用下，克服弹簧力缩进摇臂轴内部，使低速摇臂与摇臂轴脱离连接，高速摇臂内的柱塞却在控

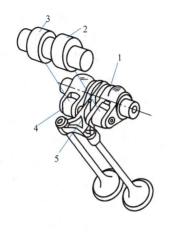

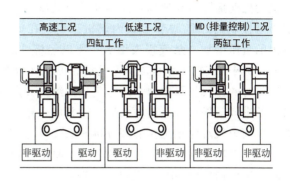

a)　　　　　　　　　　　　　b)

图 3-10　MIVEC 系统的结构及其工作原理

a）结构　b）工作原理

1—高速摇臂　2—高速凸轮　3—低速凸轮　4—低速摇臂　5—T 形传动杆

制油压的作用下，使柱塞上移连接高速摇臂和摇臂轴。图 3-11 所示为高低速凸轮的配气相位及气门升程特性。高低速运行模态的切换由 ECU 根据所设定的内燃机转速，控制油压阀来完成。但是，如果在切换高低速运行状态时输出转矩突变，往往会产生冲击性的振动，直接影响驾驶的舒适性。因此，为了防止这种转矩突变现象的发生，在同一节气门开度下选择分别采用高速或低速凸轮时内燃机输出转矩相同的点，并在该点上进行高低速运行模态的切换。图 3-12 所示为采用 MIVEC 系统时的内燃机输出转矩的特性。

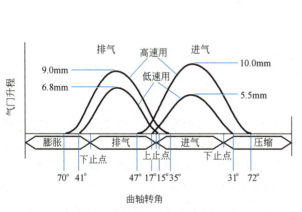

图 3-11　高低速凸轮的配气相位及气门升程特性

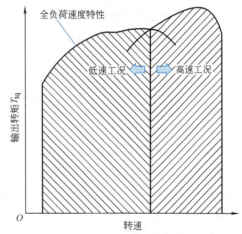

**图 3-12　采用 MIVEC 系统时的内燃机
输出转矩的特性**

MIVEC 系统除了配气相位和气门升程可变控制，很容易实现内燃机排量可变控制功能，即 MD（Modulated Displacement）。排量控制是指如对总排量为 1.6L 的四缸内燃机，根据内燃机工作时实际负荷大小情况，有时四缸同时工作，此时排量为 1.6L；而小负荷时只有两缸工作，此时排量为 0.8L。这种可变排量控制方式，是通过 MIVEC 系统的停缸（停止个别缸工作）控制功能来实现的。在 MIVEC 系统的低速工况模式下，对需要停缸控制的气缸控制其低速摇臂的油压，使柱塞销缩进摇臂轴内，即可实现该气缸的停缸控制（图 3-10）。此时该气缸的低速摇臂与高速摇臂同样处于空转状态，气门不工作，由此实现排量可变控制。对排量不可控制的"量调节"式内燃机来说，在低负荷范围内，随着节气门开度的减小，进气管内的负压增加，泵气损失增大，所以经济性恶化。如果汽车行驶时所需要的驱动力（牵引力）由两个气缸工作也能满足的话，可变排量控制式内燃机在低负荷时，将相当于四个气缸工作时的进气量只向两个工作气缸供给而其余两个气缸停止工作，这样工作的两个气缸所需要的进气量增加，从而增大节气门开度。结果进气管内的负压降低，泵气损失减小，同时相当于两个气缸停止工作的部分机械损失（气门停止工作）、冷却损失及排气损失也相应地减小，所以经济性得到明显的改善。试验结果表明，汽油机采用可变排量控制技术措施后，可减小机械损失约 44%，而热效率提高 17% 左右。图 3-13 所示为采用 MD 改善整车经济性的具体效果。

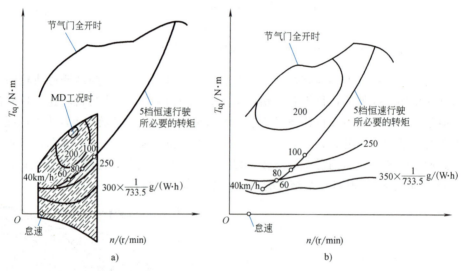

图 3-13　采用 MD 改善整车经济性的具体效果

a）采用 MD 工况　b）正常工况

2. VVT-i（Variable Valve Timing-intelligent）系统

智能可变配气定时（VVT-i）系统，是适应内燃机工况的变化而连续改变进气凸轮轴相对曲轴的位置，以控制配气相位达到最佳状态，由此改善内燃机动力性、经济性和排放特性的一种系统。图 3-14 所示为 VVT-i 系统的结构，主要由 VVT-i 带轮、凸轮轴及凸轮转角传感器、曲轴位置传感器、ECU 及油压控制阀（Oil Control Valve，OCV）等组成。ECU 根据内燃机的运行条件确定对应该工况下的最佳配气相位，并向油压控制阀发出控制指令。油压控制阀根据 ECU 的控制指令向 VVT-i 带轮传送油压，带轮在该油压的作用下改变凸轮轴相对曲轴的相位。

图 3-15 所示为 VVT-i 带轮的结构，主要由内齿轮和柱塞齿轮构成的蜗轮蜗杆、外齿轮、带轮及油道组成。柱塞齿轮在其内、外表面形成反向的螺旋式齿轮，其内部螺旋齿与固定在凸轮轴前端的齿轮（蜗杆）啮合，其外部反向的螺旋齿与固定在带轮上的外齿轮的内齿相啮合。柱塞齿轮的前后油压室内通过油压控制阀供给油压，由此控制柱塞齿轮左右移动。随

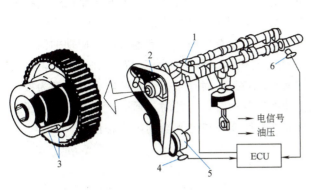

图 3-14　VVT-i 系统的结构

1—OCV　2—VVT-i 带轮　3—螺旋齿轮　4—曲轴位置传感器
5—机油泵　6—凸轮转角传感器

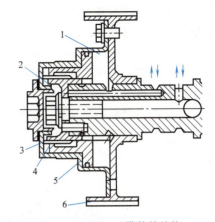

图 3-15　VVT-i 带轮的结构

1—迟后侧油压室　2—提前角侧油压室　3—内齿轮
4—柱塞齿轮　5—外齿轮　6—带轮

着柱塞齿轮的移动可连续地改变凸轮轴相对带轮的相位，达到配气相位可变的目的。

　　一般，在进气上止点附近，由于排气迟闭角和进气提前角的存在，有进排气门同时开启的气门叠开时期。此时，通过气门叠开角的控制还可以实现内部排气再循环（IEGR），即在气门叠开时期进气管、燃烧室和排气管相通，此时根据气缸的负压，可以使排气倒流，使部分废气重新流入燃烧室内。这种倒流的 IEGR 量取决于气缸负压的大小和气门叠开角。因此，如图 3-16 所示，通过 VVT-i 机构可连续地改变进气相位，由此对应内燃机的运行工况控制最佳的气门叠开角，实现适合于该工况的 IEGR 量，这样可有效地改

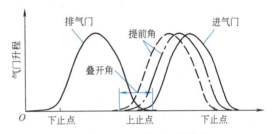

图 3-16　气门叠开角的控制

善内燃机 NO_x 的排放特性。特别是在部分负荷工况下，如果适当扩大气门叠开角，实现更多的 IEGR，则可以更有效地降低 NO_x 的排放量，同时由于排气行程末期气门叠开期间，在气缸内因激冷等原因所产生的一部分未燃气体再次吸入燃烧室内重新燃烧，从而 HC 的排放量也降低。

　　当内燃机怠速运转时，将气门叠开角设定为 0°（CA），此时 VVT-i 带轮处于迟闭角最小状态，由此提高怠速稳定性，并通过降低怠速转速来改善怠速燃油消耗率；在部分负荷下运行时，通过 VVT-i 的控制扩大气门叠开角，以降低 NO_x 和 HC 的排放量，同时改善部分负荷的燃油消耗率。在全负荷低速工况下，通过 VVT-i 的控制，将进气迟闭角设定在下止点附近；而在全负荷高速运行时，为了有效利用惯性充气效果，适当增大进气迟闭角，以提高高速动力性。

（二）液压控制式可变配气机构

　　如前所述，气门的角面值与气门的配气相位和气门升程有关。而上述的 MIVEC 和 VVT-i 两种可变配气相位控制系统，虽然不同程度地实现了配气相位的可变控制，但各自控制的自由度受限。如 MIVEC 系统，虽能同时改变气门升程和配气相位，但只能控制两段，

即只有在对应的两种转速下性能达到最佳，不能随转速的变化实现连续可变。而 VVT-i 系统虽然能够实现配气相位连续可变（主要是进气迟闭角），但气门升程不可变，而且进气提前角随之变化，所以从整个转速范围内改善充气效率受到来自结构上的限制。

为此，国内、外已开发研究出新型液压控制式可变配气机构，有通过凸轮驱动的液压控制式可变配气机构和无凸轮的液压控制式可变配气机构。前者如图 3-17 所示，在凸轮到气门的传递途中设置的一段油路内设有液压柱塞，凸轮工作时通过摇臂将凸轮升程转换为液压柱塞的位移，通过柱塞移动时产生的液压传动控制气门开启。此时，通过电磁阀控制液压腔内的液压来控制气门的不同升程，同时通过改变摇臂支点位置来控制配气相位。

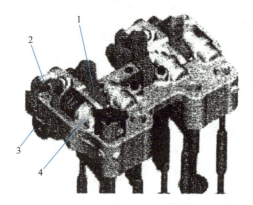
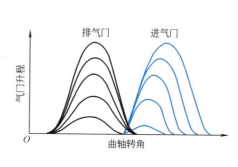

图 3-17　凸轮液压式可变配气机构
1—电磁阀　2—摇臂　3—凸轮　4—液压柱塞

无凸轮液压式可变配气机构如图 3-18 所示，主要由高压共轨油压室、低油压室、三向阀、电磁阀、液压柱塞及位移传感器等组成。其特点是，通过电磁阀将高压共轨油压室内的油量进行合理的分配，由此控制液压柱塞位置从而控制气门升程。为了精确控制气门升程，专门设置了气门位置传感器。低油压系统的作用是确保高油压系统所需要的工作油压。这种可变配气机构的特点是控制自由度高，可有效地提高进排气效率，使气门的丰满系数接近 1，即气门开启截面接近矩形。但其主要缺点是存在气门落座速度过高、电磁阀工作可靠性差及成本高等问题。

三、有效利用进气管的动态效应

进气管对充气效率的影响主要体现在两个方面。一方面是进气管长度，从减小进气系统阻力的角度而言，进气管长度越短越好。另一方面是进气管的波动效应，由于进气过程是动态过程，在进气管道内始终存在压力波动，这种压力波动直接影响进气效果。特别是在中低速区过短的进气管长度不能有效地利用气流的动态效应，反而不利于提高充气效率。所以，为了

图 3-18　无凸轮液压式可变配气机构
1—液压柱塞　2—位移传感器　3—弹簧
4—数字脉冲　5—三向阀

尽可能地提高各种工况下的充气效率，应在充分利用进气的动态波动效应的前提下尽可能缩短进气管长度。

（一）可变进气管长度

图 3-19 所示为在某一内燃机的速度特性上进气管长度对充气效率的影响。当进气管长度增加时，低速区的充气效率明显得到提高，而且峰值也提高。这就是说，在低速区气流的平均流动速度低，因而进气管长度对流动损失的影响不明显，充气效率提高是由于进气管长度充分利用了气流的动态波动效应；而在高速区由于气流速度的增加，进气阻力明显增加，

所以充气效率迅速下降。随着进气管长度的缩短，低速区充气效率下降，同时因减小了高速时进气管长度的流动损失，使得高速区充气效率得到明显改善，峰值也偏向高速区移动。

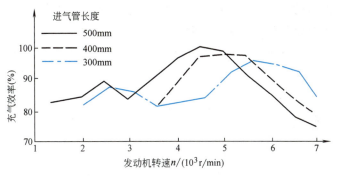

图 3-19　进气管长度对充气效率的影响

这一结果表明，对于车用内燃机，由于使用转速范围较宽，所以为了提高各转速下的充气效率，以充分发挥内燃机各工况下的性能，有必要根据内燃机的不同转速范围采用长短不同的进气管。

（二）动态效应

动态效应就是指利用内燃机在间歇地进行进排气过程中产生的进排气管内的压力波，来提高充气效率的方法。进气管的动态效应主要分为惯性效应和波动效应两种。

1. 进气管的惯性效应

进气管的惯性效应是指利用进气行程中所产生的压力波的作用，在进气门关闭之前在进气门处出现正压波，由此提高充气效率的方法。图 3-20 所示为这种惯性效应的原理示意图。对结构一定的进气系统，由于气流的压力波是活塞在气缸内运动时气缸容积的变化而产生的负压波引起的，所以如图 3-20 所示，进气过程可看成为以活塞为激振源，随活塞运动而变化的气缸容积作为弹性体（弹簧），进气管内的气流柱作为惯性质量的气流的振动系统。

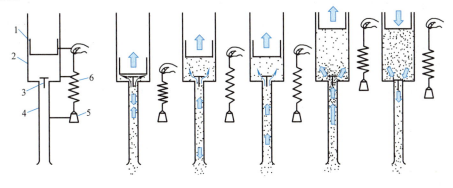

图 3-20　惯性效应原理

1—活塞　2—气缸　3—进气阀　4—进气管　5—重块　6—弹簧

进气过程开始时随活塞的下行，气缸内产生负压，新鲜气体经进气门进入气缸的同时向外以声速传播负压波，当活塞下移到进气行程的一半位置时，负压波经进气门、进气道、进气歧管到达稳压室等空腔开口端，此时由于活塞加速下移，又因压力波传播方向与气流速度方向相反，所以对于气流如同弹簧被拉伸一样，气流速度逐渐减小。在进气行程的后半段，活塞减速移动，同时进气开口端处反射出一个正压波并向气缸方向传播，压力波传播方向和气流方向同步而加速，所以如同弹簧被压缩，进气密度增加。如果进气管长度设计适当，刚好在进气门关闭前夕正压波到达，则靠压差又可以向气缸多充入新鲜气体，达到提高充气效率的目的。因此，这种效果又称为气流的惯性增压。进气管长度越长，气流的惯性质量越大，所以共振点转速就越低。

　　惯性效应进气压力波只有一个来回，所以其固有频率为

$$f_g = \frac{c}{2L} \tag{3-12}$$

式中，c 为进气管内气体的声速；L 为进气管当量长度。

　　当转速为 n 时，进气频率为

$$f_j = \frac{n}{60 \times 2} = \frac{n}{120} \tag{3-13}$$

则定义惯性效应的波动次数为

$$q_g = \frac{f_g}{f_j} = \frac{60c}{nL} \tag{3-14}$$

　　式（3-14）表示压力波固有频率与进气频率的配合关系，当 $q_g = 60c/(nL) = 1$ 时为共振。由此可确定需要惯性增压转速所对应的进气管长度。同时也可知，转速升高时气流惯性也增加，为保证共振条件须相应缩短进气管长度。

2. 进气管的波动效应

　　进气管的波动效应是指利用进气门关闭之后在进气管道内产生的压力波动，来提高气缸进气量的方法，主要靠进气管长度来调整（一般变得较长）。由于惯性效应和波动效应都通过进气管长度来调整，所以有必要同时考虑。在进气门关闭前夕，根据惯性效应气门处产生正压波，由此向气缸多充入新鲜气体，所以气门关闭时向外传播负压波，并在管端（如稳压箱等空腔）反射。因管端为开口边界，反射波与入射波相位相反，所以反射波为正压波。此正压波重新传播到达气门处时，气门已关闭成为闭口边界，所以仍反射正压波，正压波再次传播到管端开口，又反射回负压波，由此在进气管道内气流的压力波周而复始地来回振荡。通过适当的进气管长度，利用这种进气压力波的振荡，使得正压波刚好与进气过程重合，由此达到进一步提高充气效率的目的。

　　对于波动效应，气体压力波在进气管道内通过 2 个来回完成一次振荡，所以其压力波的固有频率为

$$f_b = \frac{c}{4L} \tag{3-15}$$

所以，波动效应的波动次数为

$$q_b = \frac{f_b}{f_j} = \frac{30c}{nL} \tag{3-16}$$

当 q_b = 1，2，…时，表明波动效应与进气同步，如图 3-21 所示，此时气门开启期间与负压波重合，所以不利于提高充气效率；而当 q_b = 1.5，2.5，…时，下一个循环的进气门开启期间正好与正压波重合，所以有利于提高充气效率。

由以上分析可知，进气管的惯性效应和波动效应均与进气管的长度直接有关。当进气管长度增加时，可使充气效率的峰值向内燃机低速侧移动，反之向高速侧移动。由于这种现象与进气过程中气流的压力波传播特性有关，是进气管内的压力波谐振的结果。所以，为了充分利用谐振效果（惯性效应和波动效应），需要合理设计进气谐振管长度和直径。

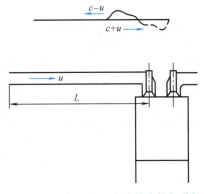

图 3-21　进气一阶压力波的次数与谐振

（三）惯性可变谐振增压进气系统

图 3-22 所示为在 V 型六缸内燃机上利用进气谐振效果，在高低速转速范围内提高充气效率的惯性可变谐振增压进气系统。同一侧的 1、3、5 缸和 2、4、6 缸各自采用独立的进气管（共振管）、稳压箱和各自的进气歧管。稳压箱和各缸的进气歧管长度构成该气缸的惯性增压系统。而长的进气管、稳压箱及各气缸构成各自的共振系统。当第 1 缸进气终了进气门关闭前夕，由于进气压力波的作用，两个稳压箱内的气柱产生共振，其压力波反射到第 1 缸，从而提高进气充量，此时惯性增压系统停止工作。假设长进气管内（共振管）的气流质量简化为惯性质量（重块），两个稳压箱简化为两个弹簧，则共振管内的气柱在两个弹簧的作用下振动。相对共振管，进气歧管（惯性系统）很短，所以惯性很小可忽略。进气过程中气缸内的容积与稳压箱容积相比也很小，所以可以看成一个硬弹簧。当内燃机转速为 2000r/min（低速）时，惯性系统相对比较短，其共振点（转速）高，所以基本不振动，因此可简化成简单振型，此时通过长的共振管的谐振效果提高充气效率。当转速为 4000r/min（高速）时，共振管内的气流和两个大体积的稳压箱（软弹簧）因其固有频率低而不共振，只有短的惯性系统的气柱共振，从而提高充气效率。当内燃机转速为 3000r/min 时，共振管内的气柱和惯性系统的气柱均不共振，或振动很小，因此充气效率降低，转矩在该转速下出现低谷现象。为了避免这种低谷现象，在两个稳压箱之间设置切换阀，由此接通两个稳压箱，使之合成为一个大稳压箱，相当于一个软弹簧，可忽略其弹力，由此实施惯性增压，提高该转速下的充气效率，改善转矩低谷现象，使得整个转速范围内具有良好的充气效率，充分提高内燃机的整机性能。

四、有效利用排气管的波动效应

由于内燃机排气过程中排气压力和温度都比较高，排气能量大，因而排气压力波振幅大，且传播速度快，所以排气波动效应强烈。利用这种排气压力波的波动效应，在气门叠开期间排气门处产生负压，由此多排气，减少残余废气量，同时也可减小泵气损失，有利于提高充气效率。但由于压力波传播速度快，在实用转速范围内，需要配以长的管路，因此要考虑排气管与消声器及其他装置的组合及安装空间问题。

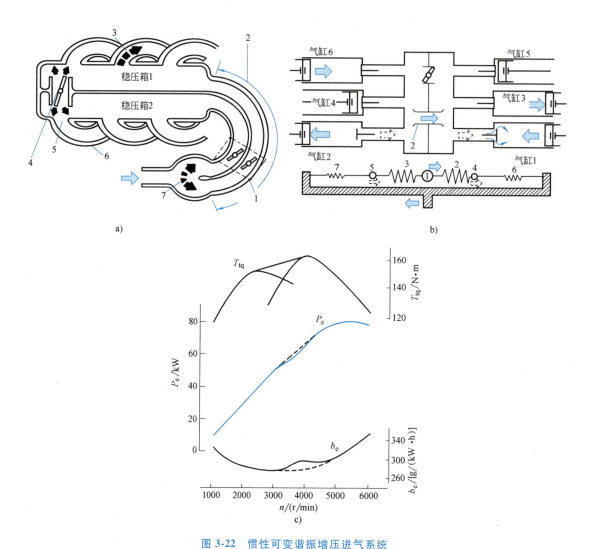

图 3-22　惯性可变谐振增压进气系统

a）结构　b）原理　c）性能

1—双节气门　2—共振管长　3—惯性增压　4—切换阀　5、7—共振增压　6—进气歧管

对二冲程内燃机，利用排气波动效应可有效地提高充气效率，由此可大幅度地提高动力性。

第四节　增压技术

内燃机增压就是通过压气机提高进气密度由此增加进气量的技术，这项技术作为提高内燃机升功率、改善经济性和排放特性的重要措施而得到广泛应用。但是由于驱动压气机的方式不同，增压器的类型不同，内燃机的增压效果也不一样。

一、增压器的类型和增压内燃机的特点

内燃机输出的最大转矩取决于气缸内形成的可燃混合气量。对于"量调节"式汽油机

而言，气缸内的可燃混合气量是由进气过程中进入气缸的新鲜气体量来决定的；而对缸内直喷的柴油机则是由进气过程中进入气缸的空气量和根据内燃机的负荷确定的燃料喷射量来决定的。对一定排量的内燃机，为了尽可能向气缸内多喷入燃料，以便提高内燃机的动力性，需要增加每循环进入气缸的空气量。提高气缸内进气量的主要措施，除了前一节所述的提高充气效率的几种措施以外，还有内燃机的增压技术。车用内燃机的增压技术就是利用某种能量驱动压气机，由此对进气量进行压缩，提高进气压力（密度），以增加单位体积进气量的一项措施。

（一）增压器的类型

1. 按驱动压气机的方式分类

根据驱动压气机的方式不同，内燃机的增压方式可分为机械增压、废气涡轮增压、气波增压和电动增压四种。

（1）机械增压　机械增压是通过内燃机曲轴直接驱动压气机（图 3-23 所示的离心式、滑片式、螺旋式等），由此实现对进气的压缩。机械增压的优点是能有效地提高内燃机功率，与涡轮增压相比，其低速增压效果好。另外，机械增压器与内燃机容易匹配，结构也比较紧凑。但是其主要缺点是，由于驱动增压器需要消耗内燃机的部分功率，因此机械损失增加，燃油消耗率比非增压内燃机略高。

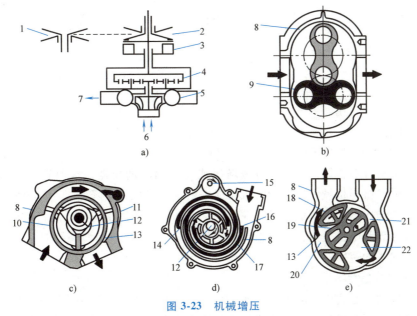

图 3-23　机械增压

a）离心式　b）罗茨式　c）滑片式　d）螺旋式　e）转子活塞式

1—初级变速带轮　2—次级变速带轮　3—电磁离合器　4—增压行星齿轮系　5—压气机　6—进气口　7—排气口
8—外壳　9—旋转活塞　10—转子　11—滑片　12—驱动轴　13—出口边缘　14—二级工作室空气口
15—排气导向器　16—一级工作室空气口　17—抽气元件　18—外转子　19—内转子　20、21、22—工作腔

（2）废气涡轮增压　废气涡轮增压是利用排气过程中废气的能量来驱动增压器由此提高进气密度的一种废气能量回收的增压方式，主要由同轴刚性连接的涡轮机和压气机构成，如图 3-24a 所示。当内燃机工作时，排出的废气按一定流速（动量）冲入涡轮直接驱动涡轮内的叶轮旋转，由此带动同轴相连接的压气机，实现进气增压。因此，废气涡轮增压器的转

速取决于流入涡轮机的排气气流相对涡轮中心的动量矩。由于废气涡轮增压回收利用了排气能量，所以内燃机的经济性比机械增压和非增压内燃机都好，并可大幅度地降低 CO、HC 和烟度排放以及排气噪声。但是由于涡轮机是流体机械装置，转速取决于排气流速，而内燃机是动力机械装置，要求低速时输出高转矩。因此，匹配废气涡轮增压器时，内燃机低速区增压器转速低，增压效果不明显，所以内燃机低速转矩增加不多，而且在内燃机变工况时，涡轮增压器的瞬态响应特性较差，致使汽车的加速性，特别是低速加速性恶化。

（3）气波增压 气波增压是一种利用排气压力波使进入气缸的进气受到压缩，以提高进气压力的方式，如图 3-24b 所示。在气波增压器内设有一个特殊形状的转子，由内燃机曲轴直接驱动。在转子中内燃机排出的废气直接与空气接触，利用排气压力波使进气受到压缩。气波增压器结构简单，加工方便，工作温度不高，不需要耐热材料，也无需冷却。与废气涡轮增压器相比，其低速转矩特性好，但是体积、噪声大，安装位置受到一定的限制，所以车用内燃机上不常用。

（4）电动增压 电动增压是一种用电机直接驱动压气机

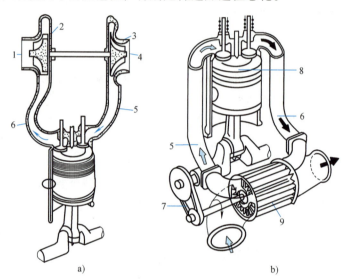

图 3-24 废气涡轮增压及气波增压

a）废气涡轮增压 b）气波增压

1—排气口 2—涡轮机 3—压气机 4—进气口 5—进气管
6—排气管 7—传动带 8—活塞 9—转子

的增压方式，主要针对车用内燃机与机械增压或废气涡轮增压器匹配时存在的问题而开发的。如前述，内燃机与机械增压匹配时机械损失增加，机械效率降低，不利于燃油经济性的提高；而与涡轮增压器匹配时低速增压效果差。电动增压解决了这些问题，但存在的问题是长时间工作时会导致电机发热，直接影响其使用寿命。所以，电动增压常使用于低速增压，由此改善汽车起步加速性。

2. 按增压器的组合方式分类

在上述四种增压方式中，废气涡轮增压是目前车用内燃机上广泛采用的增压方式。随着内燃机强化程度的不断提高，以及节能与排放法规要求的日趋严格，一些重型柴油机上采用多种增压方式加以组合，以获得更好的增压效果。根据增压器组合方式的不同，增压方式又可分为复合增压、双增压和双级增压三种形式。

（1）复合增压 复合增压是指两种不同增压方式的组合，如机械增压和废气涡轮增压的组合、电动增压和废气涡轮增压的组合以及涡轮机与涡轮增压器的组合等。其中，前两者匹配方式注重于改善车用内燃机的高低速性能，而后者更注重于废气能量的回收利用。根据涡轮回收废气能量的方式不同，涡轮机和废气涡轮增压器的复合增压系统又可分为串联前复合增压、串联后复合增压及并联复合增压三种方式，如图 3-25 所示。

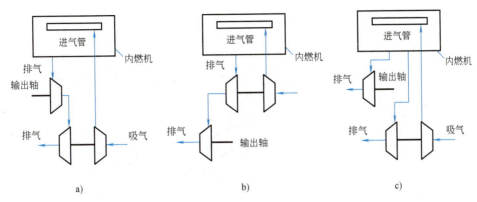

图 3-25　涡轮机与废气涡轮增压器的组合

a）串联前　b）串联后　c）并联

1）串联前复合增压。串联前复合增压是在废气涡轮增压器前串联一个涡轮机，内燃机排出的废气先流入前置涡轮机回收部分能量后，再排入涡轮增压器中进行增压的系统，由此充分回收利用废气能量。因此，可提高整机的热效率，同时在增压器前利用涡轮机事先回收废气的部分能量，所以可避免增压器转速过高的现象。

2）串联后复合增压。串联后复合增压是指在增压器后再串联一个废气涡轮机，其主要目的就是进一步回收利用经增压器排出后的废气能量，以便提高整机热效率。

3）并联复合增压。并联复合增压是指将内燃机排出的废气分两路同时进入一个涡轮机和废气涡轮增压器。对排量较大的内燃机，通过这种复合系统提高废气能量的再回收利用，以提高整机热效率，同时可减轻废气涡轮增压器的工作负担。

这种复合增压系统的共同点是在输出轴上都设置了一个能量回收的涡轮机，只是涡轮机设置的位置不同。一般情况下，涡轮机的转速为 50000～180000r/min，而内燃机（柴油机）的转速为 1800～4000r/min，因此均需要减速器和离合器。

（2）双增压　双增压是指利用两个废气涡轮增压器来改善增压器与内燃机匹配效果的一种复合增压方式，主要用于大排量车用柴油机，或需要兼顾高低速转矩特性的车用增压柴油机。根据两个增压器的连接方式不同，这种双增压方式又分为直列双增压和并列双增压两种系统（图 3-26）。

1）直列双增压。直列双增压系统一般由一个小型增压器和一个大型增压器组成，并根据内燃机转速通过切换阀的控制分别使用。低速时关闭排气切换阀和进气切换阀，使小型增压器工作，以提高低速增压效果，改善低速转矩特性；中高速时则打开排气切换阀和进气切换阀，使排气流向大型增压器，以便增压内燃机在中高速区良好匹配，提高内燃机的动力性和经济性。此时，小型增压器涡轮的进、出口压力相等，所以自动停止工作。

2）并列双增压。并列双增压系统是指根据多缸机的工作顺序，将排气管分为两部分，如六缸机分为 1、2、3 缸和 4、5、6 缸两部分，并分别采用相同规格的增压器。与六个缸采用一个增压器相比，采用并列双增压器后流经废气涡轮的排气流量减小一半，所以可采用小型增压器，由此达到兼顾内燃机低速性能和中高速性能，以改善整机性能的目的。多缸内燃机采用并列双增压系统的另一个目的，就是避免出现各缸排气干涉现象。

（3）双级增压　双级增压是指将两个增压器串联起来由此实现高增压的一种增压方式。

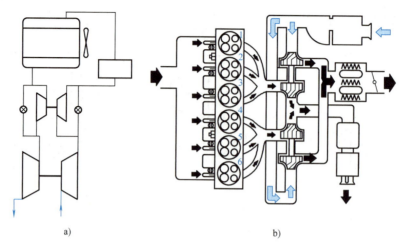

图 3-26 双增压方式

a）直列双增压 b）并列双增压

在两个增压器的安装布置上与直列双增压类似，但取消了切换阀。其中，前置增压器为一级增压器，后置增压器为二级增压器。二级增压器是在一级增压器进行增压的基础上再次增压，由此实现高增压，以满足不断强化的车用内燃机性能的要求。

双级增压虽然通过高增压有效提高了升功率，但很难兼顾高低速性能。为了改善双级增压内燃机的高低速性能，常采用混合双级增压方式，即前置的一级增压器采用机械增压或电动增压方式，也有将可变涡轮截面（VVT/VGS）的增压器作为一级增压的双级增压方式。

（二）增压内燃机的特点

1. 优点

1）内燃机增压后提高了进气密度，所以可有效提高内燃机的升功率和比质量功率，从而降低单位功率的造价，提高材料的利用率，同时改善经济性。

2）与自然吸气式内燃机相比，由于排气能量进一步得到回收利用，不仅提高了热效率，而且降低了排气噪声。

3）对柴油机增压后，缸内压力和温度水平都得到提高，使滞燃期缩短，所以有利于降低压力升高率和燃烧噪声。

4）增压后进气密度增大，常采用较大的空燃比，所以可改善 HC、CO 和碳烟排放。

2. 存在的主要问题

1）增压后气缸压力和温度明显提高，使机械负荷和热负荷加大，直接影响内燃机的工作可靠性和耐久性，所以对高增压内燃机有必要限制缸内最高爆发压力。

2）对废气涡轮增压，由于内燃机低速时，排气流量低而能量不足，造成压气机低速增压效果降低，影响车用内燃机的低速转矩特性。

3）废气涡轮增压从排气能量的变化到进气压力的建立需要一定的时间，所以加速响应特性不如自然吸气式。

二、废气涡轮增压器的能量回收

废气涡轮增压器根据其排气能量的利用方式不同，又可分为定压涡轮

涡轮增压动画

增压系统和脉冲涡轮增压系统两种。

1. 定压涡轮增压系统

定压涡轮增压系统是把内燃机所有的排气事先收集到一个体积足够大的稳压箱内，然后再引入涡轮，所以涡轮入口处的压力不随各缸排气压力脉动的影响而相对稳定。图 3-27 所

示为定压涡轮增压系统对内燃机排气能量的利用情况。图中，排气门开启瞬间气缸内废气状态为 b，该状态下废气完全膨胀到大气状态所具有的理论最大做功能力为相当于 b-f-1-b 的面积。但是实际上在排气初期，气缸压力 p_g 和排气管背压 p_T 的压差较大，排气流速非常高，因此经排气门、排气道和排气总管流入涡轮入口处时存在较大的节流损失和摩擦损失。当废气由状态 b 膨胀到排气总管处的状态 e 时，排气压力膨胀到排气背压 p_T，所消耗的能量相当于 b-e-5-b 的面积，这

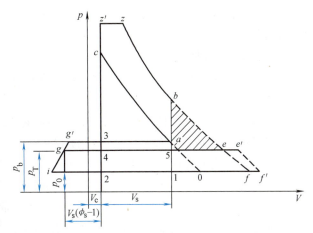

图 3-27 定压涡轮增压内燃机的理论示功图

一部分能量在稳压箱内进一步转化为热量来加热废气，使涡轮入口处的状态由 e 变为 e'。所以，在涡轮机内废气推动涡轮旋转的过程中，沿 e'-f' 线从状态 e' 膨胀到大气压力 p_0。由于气门叠开角的存在，实际推动涡轮工作的能量来自于用面积 2-4-e'-f'-2 表示的废气在涡轮机内的膨胀功，和用面积 i-g-4-2-i 表示的扫气空气直接进入涡轮机而提供的能量。这一能量（相当于面积 i-g-e'-f'-i）与涡轮机效率 η_T 的乘积才是涡轮机推动压气机做功所消耗的能量。根据能量守恒定律，这一部分能量与压气机工作中所消耗的能量除以压气机效率 η_c 和增压器机械效率 η_m 之积的结果相等，即

$$\Delta_{ige'f'i}\eta_T = \Delta_{ig'a0i}/(\eta_c\eta_m) \tag{3-17}$$

式中，$\Delta_{ig'a0i}$ 为压气机所消耗的能量，主要包括用面积 2-3-a-0-2 表示的以进气压力 p_b 压缩进入气缸内空气所需的能量和用面积 i-g'-3-2-i 表示的压缩扫气空气所需的能量；η_c 为压气机效率；η_m 为增压器机械效率。

增压以后由于 $p_b > p_T$，所以在换气过程中获得相当于面积 a-5-4-3-a 的泵气正功。这是增压内燃机的特点之一。

但是，定压涡轮增压系统仅能从排气损失能量（相当于面积 5-b-e-5）中回收一小部分，而大部分能量不可避免地损失掉了，所以其排气能量回收利用效率低，而且定压涡轮增压内燃机的低速转矩特性和加速响应特性较差。

2. 脉冲涡轮增压系统

为了充分利用排气脉动能量，提高在定压涡轮增压系统中相当于面积 5-b-e-5 的损失能量的利用率，以改善增压效果，车用内燃机常采用脉冲涡轮增压系统。其特点是排气管设计成短而细的形状，尽可能减小排气系统的容积，以便排气直接迅速喷入涡轮机中膨胀做功，减小节流损失。同时，为了减小各缸排气过程中压力波的相互干扰，常用几根排气歧管将相邻点火气缸的排气相互隔开，这样在同一根排气管内没有别的气缸同时排气。对点火顺序为

1→3→4→2 的四缸内燃机，第 1、4 缸共用一根排气管，第 2、3 缸共用一根排气管。这样当第 1 缸排气后，由于排气管短，排气管内的压力 p_T 迅速升高到接近缸内压力 p_g，因而减小节流损失。随着排气流入涡轮机膨胀做功，气缸和排气管内的压力迅速下降。此时，另一排气管的第 3 缸紧接着排气，保证涡轮机转速均匀。这样与第 1 缸共用一根排气管的第 4 缸排气时，第 1 缸排气门已关闭，所以第 4 缸的排气压力波不会影响第 1 缸的换气过程。随着第 4 缸排气，排气管内的压力又迅速升高，而后又降低。于是，在排气管内形成周期性的压力脉动。第 2、3 缸排气管内的压力脉动情况与第 1、4 缸排气管相同。所以在涡轮机入口处，随内燃机一个工作循环各缸按点火顺序均排气一次而造成周期性的压力脉动，由此推动涡轮机工作。

一般在排气系统设计良好的状态下，脉冲涡轮增压系统可以利用定压涡轮增压系统中所损失的可用能量（相当于面积 5-b-e-5）的 40%～50%，因此，比定压涡轮增压系统能更好地利用排气能量，由此提高增压效果。

3. 定压涡轮增压系统与脉冲涡轮增压系统的比较

1）在定压涡轮增压系统中，由于排气管容积大而排气脉动能量几乎损失殆尽，而且排气节流所造成的排气能量损失比脉冲涡轮增压系统大，所以定压涡轮增压系统在有效利用排气能量方面不如脉冲涡轮增压系统好。一般当增压比小于 2.5 时，采用脉冲涡轮增压系统。但当增压比提高时，定压涡轮增压系统排气管内的压力也提高，排气能量损失有所下降，而且排气脉动能量在排气能量中所占比例也随增压比的增加而减小，所以当增压比超过 2.5 时采用脉冲涡轮增压系统的优势就不明显了。

2）由于脉冲涡轮增压系统在气门叠开的扫气期间，排气管背压 p_T 正处于波谷，因此即使在部分工况下，仍保持足够的扫气压差 p_b-p_T，以保证气缸良好的扫气，达到提高充气效率、降低燃烧室内高温零件热负荷的目的。而定压涡轮增压系统，由于排气管内的压力波动小，扫气压差小，所以气缸内的扫气作用不如脉冲涡轮增压系统。

3）因脉冲涡轮增压系统的排气管容积小，所以随内燃机负荷的变化而引起的排气温度和压力变化很快传递到涡轮机，并直接反映到压气机上。因此，脉冲涡轮增压系统的加速响应特性较定压涡轮增压系统好。而排气管容积较大的定压涡轮增压系统，涡轮机入口处的压力变化比较缓慢，特别是在低速增压时，排气能量的利用率低，加速性能差，转矩特性也不如脉冲涡轮增压系统。

4）从涡轮机的效率角度分析，由于脉冲涡轮增压系统在内燃机排气初期的自由排气阶段，废气以很高的速度流入涡轮，所以流动损失增加，而且涡轮前排气温度和压力都周期性变化，进入工作叶轮的排气流动方向也周期性变化，使得气流撞击叶片的损失增加，而且脉动压力还造成涡轮机的部分进气损失，因此脉冲涡轮增压系统涡轮机的效率较低。而定压涡轮增压系统涡轮前的压力相对恒定，且涡轮全周进气，所以涡轮机的效率较高。

5）在结构上，与定压涡轮增压系统相比，脉冲涡轮增压系统的尺寸较大，而且排气管的结构也比较复杂。

综上所述，内燃机低增压时宜采用脉冲涡轮增压系统，高增压时两种系统均可采用。车用内燃机常在部分工况下工作，在大负荷下工作时间很少，而且对加速性能和转矩特性要求较高，所以多采用脉冲涡轮增压系统。

三、增压器的工作原理及其特性曲线

车用内燃机的废气涡轮增压器常采用离心式压气机和径流式涡轮机。为了使增压器和内燃机良好地匹配，需要掌握压气机和涡轮机的工作原理、特性曲线及其影响因素。

（一）离心式压气机

如图 3-28 所示，离心式压气机主要由进气道、叶轮、无叶式扩压管及涡轮壳等组成。当涡轮驱动压气机旋转时，空气经进气道进入叶轮，在离心力的作用下沿着叶片之间形成的流道，从叶轮中心流向叶轮周边。此时空气吸收旋转叶轮的机械能，使其流速、压力和温度均有较大的提高，然后进入扩压管。扩压管为渐扩形流道，空气流过扩压管时减速增压，使其大部分动能转变为压力能，温度也进一步升高。压气机涡轮壳的作用是收集从扩压管流出的空气，将其引向压气机出口。空气在涡轮壳中继续减速增压，完成其由动能向压力能转换的过程。

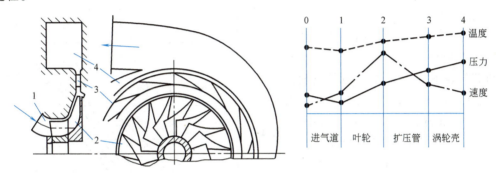

图 3-28　离心式压气机
1—进气道　2—叶轮　3—扩压管　4—涡轮壳

1. 增压比及压气机效率

从能量转换角度分析，增压是空气在流经压气机时，将高速旋转的压气机叶片的机械能转换为动能，并在扩压管和涡轮壳中再把动能转化为压力势能来实现的。而压气机的机械能是来自于废气涡轮的驱动力。压气机的增压程度常用式（3-18）所示的增压比 π_b，即压气机前后压力之比表示。

$$\pi_b = \frac{p_2}{p_0} \tag{3-18}$$

式中，p_2 为压气机出口压力；p_0 为压气机入口压力，当忽略压气机入口处的流动损失时直接用大气压力表示。

由于压气机的工作转速高达每分钟几万转到十几万转，所以可忽略传热损失。其工作效率常用压气机效率，即压气机的绝热压缩功和实际压缩功之比表示。根据热力学第一、二定律，绝热压缩功等于从压气机入口状态绝热压缩到出口压力状态（p_2，T_{2s}）时所对应的焓降 $\Delta h_s = h_{2s} - h_0$。而压气机的实际压缩过程是多变过程，伴随摩擦及流动损失等不可逆因素，使压气机出口状态的实际温度提高到 T_2（$T_2 > T_{2s}$），实际焓降为 $\Delta h = h_2 - h_0$。所以，压气机效率为

$$\eta_c = \frac{h_{2s} - h_0}{h_2 - h_0} = \frac{T_0}{T_2 - T_0}\left(\pi_b^{\frac{\kappa-1}{\kappa}} - 1\right) \tag{3-19}$$

压气机效率表明其内部流通部分的完善程度，即压气机实际消耗的机械功中，能量的有效利用程度。用于车用内燃机的离心式压气机效率一般在 0.70～0.85 之间。

　　当忽略进气管道内的传热损失时，由式（3-19）整理得，压气机所消耗的机械功率为

$$P_c = q_{mc}c_p(T_2 - T_0) = \frac{q_{mc}c_p T_0}{\eta_c}\left(\pi_b^{\frac{\kappa-1}{\kappa}} - 1\right) \tag{3-20}$$

式中，P_c 为压气机消耗的功率（负值）；q_{mc} 为流通压气机的空气流量；c_p 为空气的比定压热容。

　　由此可见，在同等增压条件下，提高压气机效率是减小压气机所消耗功的有效措施。所以，在增压器与内燃机相匹配时，尽可能选用压气机高效率运行区。

2. 压气机的特性曲线

　　为了分析增压器与内燃机性能的匹配情况，常用压气机的特性曲线。在相同压气机转速下，增压比 π_b 和压气机效率 η_c 随压气机流量 q_{mc} 的变化关系称为压气机的流量特性，简称压气机特性。压气机流量特性曲线如图 3-29 所示，以质量流量 q_{mc}（简称流量）为横坐标，增压比 π_b 和压气机效率 η_c 为纵坐标，压气机转速 n_c 为变参数，由此表示在各种工况下压气机主要工作参数之间的相互关系。

　　一般压气机在设计工况流量下，增压比达到最大值，其他工况下无论流量增加还是减少，增压比都会降低。根据压气机效率式（3-19），其大小与增压比有关，所以增压比随流量的变化特性决定了压气机效率随流量的变化趋势。

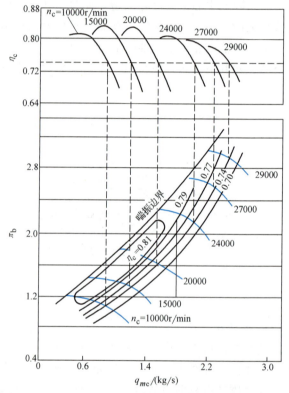

图 3-29　压气机流量特性曲线

　　由于在压气机特性曲线中的参数都是在一定的大气条件下测得的，因此其性能曲线受大气环境条件的影响差异很大，这给选用压气机带来了不便。所以常采用根据气体流动相似原理，用折合参数（相似参数）绘制不受环境条件影响的压气机通用特性曲线，如图 3-30 所示。这里的折合参数是指把试验测得的参数根据流动相似原理换算成标准大气状态（101.33kPa、293K）下的参数值。换算后的折合参数分别为：

　　折合流量

$$q_{mcnp} = q_{mc}K_1 \tag{3-21}$$

　　折合转速

$$n_{np} = n_c K_2 \tag{3-22}$$

式中，K_1、K_2 为折合系数，$K_1 = (101.3/p_0)\sqrt{T_0/293}$，$K_2 = \sqrt{293/T_0}$，其中，$p_0$、$T_0$ 分别

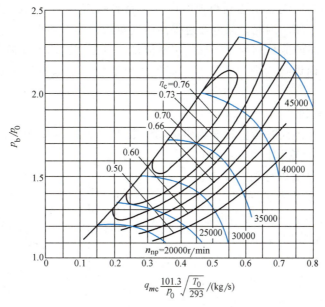

图 3-30 压气机通用特性曲线

为试验所测得的大气压力和温度。

3. 压气机内的损失

在空气流经压气机进行增压的实际过程中，存在的能量损失主要包括摩擦损失和撞击损失（图3-31）。摩擦损失是指气流内部的摩擦损失和气流在工作叶轮表面、扩压器和涡轮壳内流动过程中发生的摩擦损失。撞击损失是指气流流入压气机叶轮时，气流与叶片撞击而造成的损失。在设计工况（流量）下，气流的入口角与压气机叶轮叶片的设计安装角相等，所以此时气流冲击最小，撞击损失最小。但压气机实际工作过程偏离设计工况时，气流流入叶片的角度发生变化，不能顺叶片切向进入而存在一定的冲角，造成气流与

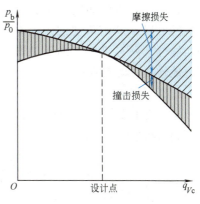

图 3-31 压气机内的损失

叶片的撞击现象，使得叶片的内弧或外弧产生气流分离而产生损失。

所以提高压气机效率的主要途径是，在设定增压比的前提下，合理设计叶片的形状和安装角，以及扩压器和涡轮壳的形状，以尽可能减小流动摩擦损失和撞击损失。

对确定的压气机，其特性曲线有如下特点：

1）在压气机转速一定的条件下，当气体流量减小到一定程度后，气流在叶片或扩压器入口处出现边界层分离现象，而产生涡流，并迅速传播到压气机的其他部分，引起气流的强烈振荡，导致工作叶轮强烈振动，产生很大的噪声，这种现象称为压气机的喘振。在压气机各转速下喘振点的连线称为喘振线，是压气机稳定工作的左边界，使用中应注意避免压气机发生喘振。

2）另外，在一定的压气机转速下，流量超过设计工况点的流量后，增压比和压气机效率随转速急速下降，而流量却不会再增加，这种现象称为压气机的堵塞。其产生的原因是在

气流通道上某一截面的气流速度达到当地的声速（临界状态）后，其流动状态受结构的限制而确定，流量不再增加。因此，只能通过提高压气机的转速获得更高的流量。对应压气机不同转速下的临界状态的流量称为压气机的堵塞流量，也是该转速下的最大流量，一般当压气机效率降低到55%时即认为发生了堵塞。而各转速下发生堵塞点的连线，就是压气机稳定工作的右边界。

（二）径流式涡轮机

涡轮机是将内燃机排气的能量转变为机械功的装置。如图 3-32 所示，径流式涡轮机主要由涡轮壳、喷管、叶轮和出气道等组成。涡轮壳的进口与内燃机排气管相连，内燃机排气经涡轮壳的引导进入叶片式喷管。喷管是由相邻叶片构成的渐缩形流道，当排气流过喷管时降压、降温、膨胀、增速，使排气能量（焓）转变为动能。由喷管流出的高速气流冲击叶轮，并在叶片所形成的环形流道中继续膨胀加速产生离心力，推动叶轮旋转。

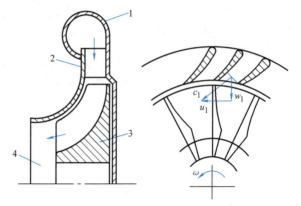

图 3-32 径流式涡轮机
1—涡轮壳 2—喷管 3—叶轮 4—出气道

现代车用径流式涡轮机多采用无叶式喷管。涡轮机的涡轮壳除具有引导内燃机排气以一定的角度进入涡轮机叶轮的功能外，还有将排气的压力能和热能部分地转变为动能的作用。

1. 涡轮机效率

涡轮机中废气的能量转换为机械功的有效程度，常用涡轮机效率 η_T 来表示，即实际膨胀功和绝热膨胀功之比。

$$\eta_T = \frac{h_3 - h_4}{h_3 - h_{4s}} = \frac{T_3 - T_4}{T_3 - T_{4s}} = \frac{T_3 - T_4}{T_3} \cdot \frac{1}{1 - \left(\dfrac{p_4}{p_3}\right)^{\frac{\kappa-1}{\kappa}}} \qquad (3-23)$$

式中，p_3、T_3 和 p_4、T_4 分别为涡轮机入口处的压力、温度状态和出口处的压力、温度状态。一般，涡轮机效率 $\eta_T = 0.70 \sim 0.90$。若忽略涡轮机通道内的传热损失，则涡轮机所输出的功率为

$$P_T = q_{mT} c_{pT} (T_3 - T_4) = q_{mT} c_{pT} T_3 \eta_T \left(1 - \pi_T^{\frac{1-\kappa}{\kappa}}\right) \qquad (3-24)$$

式中，π_T 为涡轮机的膨胀比，表示涡轮前后压力之比，即 $\pi_T = p_3/p_4$；q_{mT} 为流经涡轮的排气流量；c_{pT} 为排气的比定压热容。

一台增压器的总效率 η_{al} 是指压气机效率 η_c、涡轮机效率 η_T 及增压器机械效率 η_m 三者的乘积，即

$$\eta_{al} = \eta_c \eta_T \eta_m \qquad (3-25)$$

涡轮机叶轮经常在高温的排气冲击下工作，并承受巨大的离心力作用，所以增压柴油机要求涡轮机入口处的排气温度限制在 700°C（汽油机限制在 900°C）以内。同时，叶轮采用

镍基耐热合金钢或陶瓷材料制造。用重量轻并且耐热的陶瓷材料可使涡轮机叶轮的重量大约减轻 2/3，涡轮增压加速滞后的问题也可以在很大的程度上得到改善。

2. 涡轮机特性曲线

涡轮机特性曲线是指根据排气滞止参数计算的膨胀比 π_T（排气滞止压力与背压之比）、排气流量 q_{mT}、涡轮机转速 n_T 及涡轮机效率 η_T 之间的变化关系。涡轮机的通用特性曲线也同样根据流动相似原理，利用折合流量和折合转速来绘制，如图 3-33 所示。

在一定的涡轮机转速（$n_T/\sqrt{T_3}$）下，随着膨胀比的增加，存在一个堵塞流量，即涡轮内部流道上，如喷嘴出口截面上或叶轮通道某处，排气流速已达到当地声速。此时，再缩小流通截面面积不仅不能提高流速，反而只增加流动阻力。

涡轮机效率与排气在涡轮机内部膨胀流动过程中的流动损失、撞击损失和余速损失有关。流速越高，流量越大，流动损失也越大。撞击损失和余速损失在设计工况点最小，偏离设计工况程度越大，则撞击损失和余速损失也越大。

在设计车用内燃机的涡轮机时，应尽可能增加膨胀比，扩大流量范

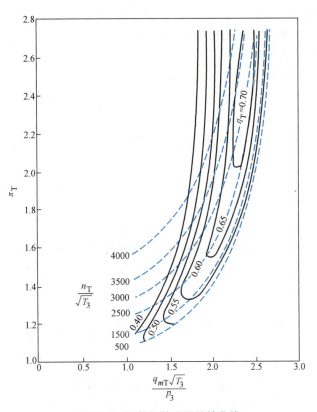

图 3-33　涡轮机的通用特性曲线

围，以适应内燃机低速、低排气流量时，有足够的涡轮机效率和转速，以驱动压气机；同时，在保证大流量时不至于出现堵塞现象，以免增加内燃机的排气阻力而使内燃机性能恶化。

第五节　排气再循环系统

一、概述

排气再循环（EGR）是在内燃机换气过程中，将已排出气缸的废气的一部分再次引入进气管与新鲜气体一起进入气缸的过程。需要指出的是，随着 EGR 的实施，气缸内的废气量增多了，但这不等于残余废气系数的增加。残余废气系数是从评价气缸换气能力的角度定义排气后仍保留在气缸内的废气量的相对值。残余废气系数大，表明气缸换气效果不良，直接造成充气效率降低。而 EGR 是用来调节混合气的组成成分，提高混合气的总热容，由此控制燃烧速率，降低最高燃烧温度，达到在保持动力性和经济性基本不变的条件下，降低

NO_x 排放量的目的。

所以可以这样认为，充气效率是以进入气缸的混合气的量，直接影响内燃机的动力性；而 EGR 是以控制进入气缸的混合气的成分，影响内燃机的排放特性。随着排放法规的日趋严格，现代车用内燃机上 EGR 系统已成为不可缺少的一部分。但是过多的 EGR 使得气缸内废气量过多，会直接阻碍燃烧过程，造成经济性下降、碳烟排放恶化。因此，根据不同工况需要精确控制再循环废气量，即混合气质量成分，为此定义 EGR 率。常用的 EGR 率的定义方式有以下两种。

定义一

$$EGR\ 率 = \frac{q_{VEGR}}{q_{Va}} \times 100\% \tag{3-26}$$

式中，q_{Va} 为无 EGR 时进入气缸的空气体积流量，由流量计直接测得；q_{VEGR} 为 EGR 的体积流量。

q_{VEGR} 可通过测量相同工况下实施 EGR 前后进入气缸的空气体积流量求得，即

$$q_{VEGR} = q_{Va} - q_{VaEGR} \tag{3-27}$$

式中，q_{VaEGR} 为与测量 q_{Va} 时相同工况下实施 EGR 时实际进入气缸的空气体积流量。

这种方式计算比较简单，方便常用，但是由于再循环废气和空气的混合，使得进气温度变化，因此造成进气密度发生变化，所以这种定义并不是严密的。

定义二

$$EGR\ 率 = \frac{\varphi_{CO_2,mix} - \varphi_{CO_2,0}}{\varphi_{CO_2,EGR} - \varphi_{CO_2,0}} \times 100\% \tag{3-28}$$

式中，$\varphi_{CO_2,mix}$ 为 EGR 混合后的进气中 CO_2 的体积分数；$\varphi_{CO_2,EGR}$ 为流经 EGR 管中气体的 CO_2 体积分数；$\varphi_{CO_2,0}$ 为大气中 CO_2 的体积分数。

这种定义方式是从进气和排气中 CO_2 的体积分数（或 O_2 的体积分数），以及再循环废气与空气混合后进入气缸前 CO_2（或 O_2）的体积分数变化率来进行计算的，所以相对比较精确，但需要专用测试设备。

二、排气再循环系统的分类

（一）汽油机的 EGR 系统

汽油机上所采用的 EGR 系统有机械式和电控式两种。机械式 EGR 系统通过进气压力和排气压力来调节 EGR 阀开度，由此控制 EGR 率。其主要缺点是所能控制的 EGR 率较小，为 5%～15%，而且其控制自由度受限制，故只限应用于传统的化油器式汽油机。电控式 EGR 系统通过电磁阀任意控制 EGR 率，不仅结构简单，而且可精确地实施较大的 EGR 率。因此现代汽车电控内燃机上，均采用电控式 EGR 系统。

电控式 EGR 系统主要由 EGR 阀及其控制系统组成。EGR 阀的结构如图 3-34 所示，基本上引用与机械式相同的结构，只是 EGR 阀的负压控制系统改成电控式，即用专用电磁阀控制负压室内的真空度，而控制用真空度是安装在发电机上的真空泵来提供的。根据 EGR 的控制方式不同，电控式 EGR 系统又可分为 EGR 开环控制系统和 EGR 闭环控制系统。在 EGR 开环控制系统中，EGR 率只受 ECU 中预先设计的 EGR 控制脉谱（MAP）图的控制，

不检测内燃机运行时实际实施的 EGR 率，无 EGR 率（或 EGR 阀开度）的反馈信号。而在 EGR 闭环控制系统中，ECU 直接检测 EGR 率或 EGR 阀的开度，以此作为反馈信息，对 EGR 率实现反馈控制。

1. EGR 开环控制系统

EGR 开环控制系统是在机械式 EGR 系统的基础上，通过 ECU 控制电磁阀，调节作用在 EGR 阀上的负压，由此控制 EGR 阀的开度。根据 EGR 阀的控制特点，EGR 开环控制系统分为简单开关式电控 EGR 控制系统、可变 EGR 率电控 EGR 控制系统和背压修正式电控 EGR 控制系统三种。

简单开关式电控 EGR 控制系统如图 3-35 所示，主要由 EGR 阀、用于控制 EGR 阀的电磁阀、节气门位置传感器、曲轴位置传感器、冷却液温度传感器、起动信号和 ECU 等组成。这种简单开关式电控 EGR 控制系统，实际上在用进气管负压控制 EGR 阀的机械式 EGR 控制系统的基础上，在进气管负压通道上设置电磁阀，用 ECU 根据内燃机工况控制电磁阀的开关，以此控制作用在 EGR 阀上的负压。

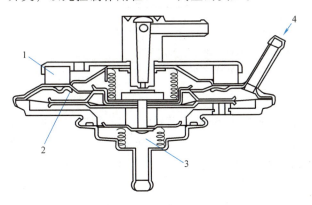

图 3-34　EGR 阀的结构

1—大气压力室　2—进气压力室
3—排气压力室　4—接进气管

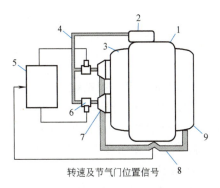

转速及节气门位置信号

图 3-35　简单开关式电控 EGR 控制系统

1—发动机　2—真空泵　3—进气管
4—真空管　5—ECU　6—电磁阀
7—EGR 阀　8—EGR 回流管　9—排气管

当内燃机处于起动工况，或怠速工况，或内燃机冷却液温度低，以及内燃机转速低于某一设定转速（如 900r/min）或超过某一设定转速（如 3200r/min）时，ECU 向电磁阀发出"ON"信号，使电磁阀接通电源而关闭其阀门，切断 EGR 阀的负压通道，使 EGR 阀关闭，停止 EGR 的实施。否则，ECU 控制使电磁阀断开电源而开启电磁阀，接通 EGR 阀的负压通道，使 EGR 阀开启而实施 EGR。这种简单开关式电控 EGR 控制系统不能根据内燃机工况精确控制 EGR 率。

可变 EGR 率的电控 EGR 控制系统，是根据事先通过内燃机台架试验标定并存储于 ROM 中的 EGR 率与内燃机转速、进气量（或负荷）的三维 EGR 率 MAP 图，对应内燃机不同工况，由 ECU 通过各种传感器信号，判断内燃机具体运行工况之后，向电磁阀输出相应的不同占空比的控制指令，以控制真空度控制电磁（Vacuum Control Magnetic，VCM）阀的开启和关闭时间，由此控制 EGR 阀负压室内的真空度，从而实现根据内燃机工况控制不同 EGR 率的目的。

图 3-36 所示为可变 EGR 率电控 EGR 控制系统，其中 VCM 阀的作用主要就是控制通往 EGR 阀膜片室内的真空度（负压），由此调节 EGR 阀的开度。

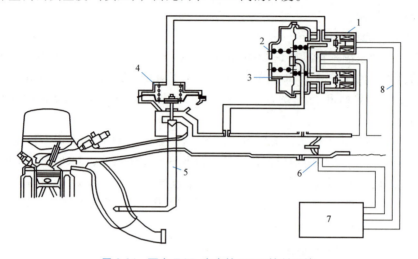

图 3-36　可变 EGR 率电控 EGR 控制系统
1—电磁阀　2—VCM 阀　3—定压阀　4—EGR 阀　5—EGR 回路
6—节气门位置传感器　7—ECU　8—控制信号线

2. EGR 闭环控制系统

在 EGR 开环控制系统中，EGR 率只取决于 ECU 内预先设置好的 EGR 脉谱图和控制程序，无内燃机各工况下实际 EGR 率的反馈信号，因此其 EGR 控制精度相对较低。为了提高各工况下实际 EGR 率的控制精度，采用 EGR 闭环控制系统。在 EGR 闭环控制系统中，ECU 以 EGR 率或 EGR 阀开度作为反馈信号实现闭环控制。

图 3-37 所示为用 EGR 阀开度作为反馈信号的 EGR 闭环控制系统。其中，在 EGR 阀上

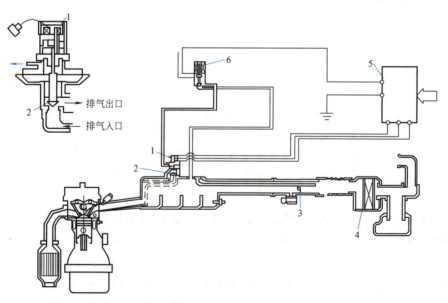

图 3-37　用 EGR 阀开度作为反馈信号的 EGR 闭环控制系统
1—EGR 阀开度传感器　2—EGR 阀　3—节气门　4—空气滤清器　5—ECU　6—电磁阀

部设有一个 EGR 阀位移传感器，用来检测 EGR 阀的开度，并用电位计将其信息转变为相应的电压信号后反馈给 ECU，作为 EGR 阀开度闭环控制的反馈信息。

还有一种，在进气稳压箱内设有氧传感器，由此直接检测不同工况下实施 EGR 后稳压箱内混合气的氧含量，以此作为反馈信息对 EGR 阀进行反馈控制，以调节 EGR 率，使其始终保持在最佳状态，从而有效地降低 NO_x 的排放量。

（二）柴油机的 EGR 系统

柴油机的 EGR 控制相对汽油机更加复杂，一般都采用电控式 EGR 系统。根据实施 EGR 的方式不同，柴油机的 EGR 系统可分为外部 EGR 系统和内部 EGR 系统两种。

1. 外部 EGR 系统

外部 EGR 系统是比较常见的一种，所能实施的最大 EGR 率受排气管背压和进气管压力之差的影响。自然吸气式柴油机，由于进排气之间有足够的压差，很容易实施 EGR，所以采用的 EGR 系统与汽油机相似。对于增压柴油机，如图 3-38 所示，根据 EGR 的入口相对压气机入口或压气机出口后的位置不同，分为高压 EGR（HEGR）系统和低压 EGR（LEGR）系统，它们所能实施的 EGR 效果不一样。当 EGR 的入口位置设在压气机出口后时，称之为高压 EGR 系统。HEGR 在中低速的中小负荷范围内，由于增压程度较弱，进气压力相对较低，所以比较容易实施 EGR。但随着转速和负荷的增加，增压器的增压效果提高使进气压力升高，因此在高速下很难实现 EGR，特别是高增压时，有可能进气压力大于排气背压而造成部分进气通过 EGR 管直接排出。解决这一问题的主要办法是，在保证内燃机工作循环正常排气的前提下，尽可能提高排气压力与进气压力之差。如在进气系统中设置节流阀或 EGR 管采用文丘里管等，由此降低局部进气压力，以提高 EGR 率。但采用进气节流阀会增加泵气损失，不利于改善内燃机的经济性，而文丘里管虽然压力损失小，而且在喉管下游压力降可以得到部分恢复，但调节范围不大。对中、重型柴油机在 EGR 系统中采用单向阀，以防止出现当增压压力大于排气背压时部分进气直接向排气管排出的现象。采用可变增压（VGS/VNT）方式时，可通过适当减小涡轮最小喷嘴截面面积来提高

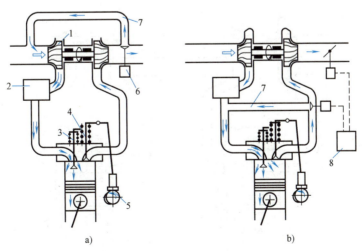

a)　　　　　　　　　　　b)

图 3-38　外部 EGR 系统

a）LEGR 系统　b）HEGR 系统

1—增压器　2—中冷器　3—进气阀　4—排气阀　5—排气凸轮　6—EGR 阀　7—EGR 回流管　8—ECU

排气压力，由此可增加 EGR 率。

当 EGR 的入口设在压气机入口前时，称之为低压 EGR 系统。对 LEGR 不管什么工况，EGR 入口处的进气压力始终低于排气压力，所以整个工况范围内都很容易实现 EGR。但是由于再循环废气中的微粒（PM）以及硫酸盐等对压气机的污染及腐蚀性作用，使压气机效率下降，同时直接影响压气机的耐久性和可靠性，所以不常用。

2. 内部 EGR 系统

如图 3-39 所示，内部 EGR 系统在结构上比外部 EGR 系统简单得多，不需要专门的 EGR 系统，只是通过控制排气门的相位来实现 EGR。图 3-39 中所示的是机械式内部 EGR 系统，其结构特点是在排气凸轮之后专门设置了一个 EGR 凸轮。这样，在每缸排气过程结束后的进气过程中，在合适的时刻通过该 EGR 凸轮，再次打开排气门。此时，由于各缸排气歧管的谐振作用，使得该进气过程的气缸的排气管道中产生正压波，废气通过再次开启的排气门随进气过程进入气缸，实现 EGR。这种内部 EGR 率是通过 EGR 凸轮的升程和半包角以及 EGR 凸轮工作时刻来控制的。

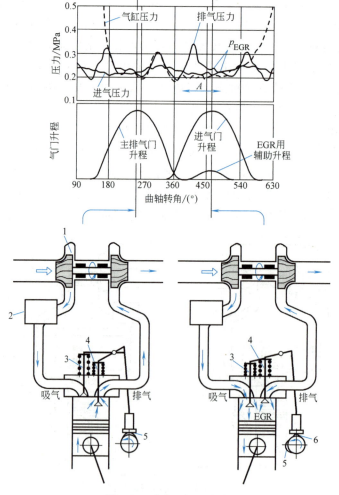

图 3-39　内部 EGR 系统

1—增压器　2—中冷器　3—进气门　4—排气门　5—排气主凸轮　6—EGR 凸轮

随着内燃机电控技术的发展，已开发应用配气相位可变技术。这种配气相位可变的电控内燃机，实现内部 EGR 要容易得多，只要根据 ECU 精确控制排气门的配气相位，在一定的范围内随不同工况可以精确地控制 EGR 率。但是要实施大 EGR 率还是有局限性的，而且再循环废气未经过冷却直接回流到气缸，所以使气缸内混合气的温度升高，直接影响 EGR 对 NO_x 排放的抑制效果。所以内部 EGR 降低 NO_x 排放的效果不如外部 EGR 明显，但因简单、方便而受到重视，特别是在 HCCI/PCCI 等新的燃烧模式的开发过程中常作为温度控制措施而被采用。

　　采用 EGR 系统以后带给内燃机不利的影响主要体现在耐久性和可靠性上。一般在轻柴油中含有质量分数为 0.2% 左右的硫黄成分，所以在燃烧后的排气中含有 SO_2 成分。排气过程中 SO_2 氧化成 SO_3 后生成硫酸（H_2SO_4），当低温时硫酸被析出腐蚀 EGR 管路等部件。

　　如果存在机油时，硫酸被中和，降低机油的酸碱值，部分硫酸附着在气缸壁、活塞和活塞环等部件上，腐蚀其表面。而且不管有无 EGR，燃烧气体中的 NO_x，在气缸壁及活塞环槽部有可能形成硝酸（HNO_3），与硫酸同样加速磨损。EGR 中的炭粒通过缸内涡流的作用附着在气缸壁及活塞环附近的润滑油上，混入润滑油中，加速润滑系零部件的磨损。

第四章

内燃机的燃料与燃烧

第一节　内燃机燃料及其提炼

　　燃料是内燃机产生动力的能源。内燃机的发展演变过程与燃料工业的发展密切相关。可以说，内燃机的生存与发展、不同燃料发动机在结构和性能上的差异、对环境的污染等，都与燃料的现状、种类和品质有着密切的关系。

　　内燃机在发展初期是以煤气为燃料的，因为在 19 世纪中叶，欧洲各大城市使用煤气照明，煤气是当时比较容易得到的能源。随着石油工业的发展，出现了热值比煤气高，而且蒸发性很强的石油燃料——汽油。1883 年戴姆勒等人发明了汽油机，它燃用石油的轻馏分（40~200℃），使汽油得到了广泛应用。1897 年狄塞尔发明了柴油机，它燃用石油的中间馏分（180~360℃），为石油中间馏分的使用创造了广阔的前景。由于内燃机的发展，石油的身价大为提高，开采量和加工量飞速增加，加工工艺得到不断发展和提高。为了提高汽油和柴油的产量，1913 年 Bunton 发明了热裂装置，从重油中生产汽油和柴油。以后又陆续地出现了催化裂解、加氢裂化、催化重整等许多工艺来满足内燃机对燃料的需求。

一、石油中烃的分类及性质

　　内燃机传统的燃料是汽油和柴油，它们都是石油制品。石油的主要成分是碳和氢两种元素，其质量分数为 97%~98%，其他还有少量的硫、氧、氮等。石油是多种碳氢化合物的混合物，分子式可以写为 C_nH_m，通常称为烃。烃中的碳原子数和分子结构对其性质有重要的影响。

1. 碳原子数的影响

　　根据烃分子中碳原子数的不同，可构成相对分子质量和沸点不同的物质。炼制汽油和柴油最简便的方法就是利用不同的沸点进行分馏，依次得到石油气、汽油、煤油、轻柴油、重油。烃类燃料因碳原子数的不同其理化特性有很大区别，具体见表 4-1。

2. 分子的化学结构对性能的影响

　　在碳氢化合物中，除碳原子数对烃燃料的性能有影响外，分子结构对烃类燃料的性能也有很大影响，见表 4-2。

表 4-1　烃分子中碳原子数对烃性质的影响

碳原子数	沸点/℃	品种	相对分子质量	理化性质的变化趋势
$C_1 \sim C_4$	常温	石油气	16～58	质轻　易挥发　黏度增大　化学稳定性变好　易自燃　易点燃
$C_5 \sim C_{11}$	50～200	汽油	95～120	
$C_{11} \sim C_{19}$	180～300	煤油	100～180	
$C_{16} \sim C_{23}$	250～360	轻柴油	180～200	
C_{23} 以上	360 以上	重油	220～280	

表 4-2　烃分子化学结构分类及对烃燃料性质的影响

分类	分子通式	分子结构		特性
烷烃	C_nH_{2n+2}	直链 正庚烷 C_7H_{16}	支链 异辛烷(2,2,4三甲基戊烷) C_8H_{18}	正构物呈饱和的开链式结构，碳原子数越多，结构越紧凑。常温下化学性质比较稳定，在高温下易分解，自燃的滞燃期较短，是柴油的良好成分。异构物在高温下较稳定，是抗爆性好的汽油成分
烯烃	C_nH_{2n}	乙烯 C_6H_{12}		非饱和开链式结构，有一个双键，比烷烃难于自燃，是抗爆性好的汽油成分，但由于不饱和结构，在常温下化学稳定性差，长期贮存易氧化生成胶质
环烷烃	C_nH_{2n}	环己烷 C_6H_{12}		饱和的环状分子结构，不易分裂，热稳定性和自燃温度均比直链烷烃高，适宜用作点燃式发动机的燃料
芳香烃	C_nH_{2n-6}	苯 C_6H_6 α-甲基萘 $C_{11}H_{10}$		基本化合物是苯，所有芳香烃都含有苯基成分，在石油中含量较少，其结构坚固，热稳定性比烷烃、烯烃和环烷烃都高，是汽油中良好的抗爆剂

二、燃料的提炼方法及其对燃料性能的影响

从地下开采出来的石油，是由上述多种烃类组成的混合液体。为了取得可用的液体燃料，要将原油加以炼制，其典型的工艺流程有直接蒸馏（简称直馏）、热裂解、催化裂解、加氢精制和催化重整等。直馏法是在炼油塔（分馏塔）中进行加热蒸馏的方法。根据不同的分馏温度得到不同成分的燃油，最终获得的燃油占原油的 25%～40%。热裂解法和催化裂解法是将蒸馏后的重油等一些高分子成分通过不同的技术手段裂解为相对分子质量较小成分的过程。其中通过加温、加压的方法进行裂解的过程称为热裂解法，而使用催化剂进行裂解的过程称为催化裂解法。

不同的炼制工艺得到的燃油，其理化性质是不同的。不同炼制方法对燃油性质的影响见表 4-3。

表 4-3　不同炼制方法对燃油性质的影响

燃油	直馏法	热裂解法	催化裂解法
汽油	稳定性好，体积分数为 90%～95% 的烷烃与环烷烃，芳香烃体积分数不超过 5%～9%，不含不饱和链状烃，其马达法辛烷值（MON）为 50～70	含有较多的不饱和烃，在贮存中易产生胶质，抗爆性比直馏汽油好，其 MON 为 58～68	芳香烃的体积分数为 32%～40%，烷烃的为 50%～60%，环烷烃的为 8%～10%，品质高，抗爆性好，MON 可达 77～84，研究法辛烷值（RON）可达 90 以上
柴油	含有体积分数为 20%～30% 的芳香烃，具有较高的十六烷值	含有大量的不饱和烃，十六烷值较低，一般用作中低速柴油机的燃料	性能较好，可作为高品质柴油使用，用于高速柴油机中

热裂解法虽然工艺简单，但所得到的燃油稳定性差，辛烷值低。为了得到高品质的燃油，可以采用加氢精制或催化重整工艺。加氢精制工艺不仅可以使烯烃变成饱和烃，还具有脱碳、退氮、脱氧及脱金属等作用，以满足对油品更高的要求。

催化重整工艺使正构烷烃或环烷烃在催化剂作用下转化成异构物烃和芳香烃，副产品氢气还可以作为加氢精制工艺的氢气来源。

由于不同炼制工艺得到的燃油性质不同，所以为了满足内燃机对燃料的要求，需要把不同炼制工艺的燃油按适当的比例进行调和。因此，每一种商品燃料不仅是多种烃类的混合物，而且也是各种炼制工艺所得燃油的调和物。

三、代用燃料及其特性

自然界的石油资源是有限的。随着世界石油储量的日益减少，在发动机上使用代用燃料的趋势正在加速。目前用于发动机上的代用燃料主要有天然气、醇类燃料、生物柴油以及氢气等。

1. 气体燃料

气体燃料主要有天然气（NG）和液化石油气（LPG）。天然气是以自由状态或与石油共存于自然界中的可燃气体，主要成分是甲烷（CH_4），其体积分数一般占 85% 以上，随天然气产地不同，CH_4 的体积分数及成分有所变化。天然气在常温下不易液化，运输性差，所以常在 -162℃ 下超低温冷却后以液化天然气（LNG）状态运输。液化石油气是天然石油气

或石油炼制过程中产生的石油气，主要成分是丙烷、丙烯、丁烷、丁烯及其异构物，在常温下为气体，通过冷却或加压方式易液化。其中丙烷含量直接影响低温起动性能，而丁烷含量有利于提高发动机的功率。在汽车上应用最多的气体燃料是天然气。近年来天然气燃料发展迅速，已成为第三大支柱性能源。天然气用于车用发动机一般有三种形式：第一种是压缩天然气（CNG），通常以 20MPa 以上的压力压缩储存于高压气瓶中，所以气瓶容器加重；第二种是液化天然气（LNG），将天然气以 -162℃ 低温液化储存于隔热的液化气罐中，与压缩天然气相比，液化天然气具有能量密度高、储运性（液态密度为常态下气体密度的 600 倍）好、行驶距离长等优点，但需要极低温技术而成本高；第三种是吸附天然气（ANG），这种方式需要在储罐内装入活性吸附剂，利用吸附剂巨大的内表面和丰富的微孔结构吸附天然气。虽然吸附剂装入储罐内后占据一定的储罐空间，但由于吸附相的天然气密度高，因而能显著提高天然气的能量密度。常用气体和液体燃料的理化性质见表 4-4。

表 4-4　常用气体和液体燃料的理化性质

项目		天然气	液化石油气	氢气	甲醇	乙醇	汽油	柴油
来源		以自由状态存于油气田中，以 20MPa 压力压缩贮存为压缩天然气；在 - 162℃ 以下隔热状态呈液态保存为液化天然气	在石油炼制过程中产生的液化气体	水分解或碳氢化合物脱氢	由 C、O 和 H_2 化学合成	植物淀粉物质发酵蒸馏	石油炼制产品	石油炼制产品
分子式		含 $C_1 \sim C_3$ 的 HC，主要成分是 CH_4	含 $C_3 \sim C_4$ 的 HC，主要成分是 C_3H_8	H_2	CH_3OH	C_2H_5OH	含 $C_5 \sim C_{12}$ 碳氢化合物	含 $C_{15} \sim C_{23}$ 碳氢化合物
质量分数	w_C	0.75	0.818	—	0.375	0.522	0.855	0.87
	w_H	0.25	0.182	1	0.125	0.130	0.145	0.126
	w_O	—	—	—	0.50	0.348	—	0.004
相对分子质量		16	44	2.02	32	46	114	170
液态密度/(kg/L)		0.42	0.54	—	0.78	0.80	0.70~0.75	0.82~0.88
沸点(常压)/℃		-161.5	-42.1	-252.8	64.8	78.3	30~220	180~370
蒸发热/(kJ/kg)		506	422	447	1101	862	297	250
理论空气量	(kg/kg)	16.4	15.53	34.48	6.52	9.05	14.8~15.1	14.3
	(m^3/kg)	13.33	12.12	26.67	5	6.95	11.54	11.22
	(kmol/kg)	0.595	0.541	1.19	0.223	0.310	0.515	0.50
自燃温度/℃		540~650	420~540	400	465	426	420	250
闪点/℃		<-162	-73.3	<-253	10~11	9~23	-43	60
燃料低热值/(MJ/kg)		49.54	45.31	120	20.26	27.20	44.52	43
混合气热值/(MJ/m^3)		3.36	3.59	3.17	3.56	3.66	3.82	3.83
辛烷值	RON	130	102~105	—	111	108	70~97	20~30
	MON	120~130	89~96	—	92	80	81~89	—
蒸气压/kPa		不能测定	1274	—	30.4	15.3	49~83	—

天然气燃料具有如下优点：

1）天然气的主要成分是甲烷，CO 排放量少，未燃 HC 成分引起的光化学反应低，燃料中几乎不含硫的成分。

2）辛烷值高达 130，可采用高压缩比，获得更高的热效率。

3）天然气燃料的着火界限范围宽，稀薄燃烧特性优越，所以可在广泛的运转范围内降低 NO_x 排放。

4）由于是气体燃料，不存在喷射后雾化、蒸发、汽化的过程，可快速形成混合气，低温起动性及低温运转性能良好。

但是天然气燃料存在以下几方面的主要缺点：

1）常温、常压下是气体，储运性能比液体燃料差，一次充气可行驶距离短。

2）由于储气压一般可达 20MPa，使燃料容器加重。

3）由于呈气态吸入气缸，使发动机充气效率降低。与液体燃料相比，单位体积的混合气热值低，所以功率降低 10%以上。

此外，天然气的密度为 $0.75 \sim 0.8 kg/m^3$（0℃，101.325kPa），相对密度为 $0.58 \sim 0.62$（设空气密度为1）。由于天然气相对空气较轻，所以天然气发动机在混合气形成过程中在缸内很容易造成燃料和空气的分层现象。对缸内直喷天然气发动机而言，混合气浓度场的分布特性主要取决于天然气燃料的喷射时刻、喷束特性以及缸内流场特性。图 4-1 所示为在某缸内直喷天然气光学发动机上，当喷射持续期为 78°（CA）、双点点火时刻为 $(\theta_{ig1}, \theta_{ig2})=$ $(4, 3)$°（CA）BTDC 时，不同喷射时刻对缸内速度场和混合气浓度场分布特性的影响。由此表明，喷射时刻过于提前［如 $\theta_{inj}=180$°（CA）BTDC］时，缸内形成上浓下稀的云状混合气浓度分布特性；当喷射时刻过于滞后［如 $\theta_{inj}=90$°（CA）BTDC］时，由于燃气喷射动能的影响，缸内形成上稀下浓的混合气浓度分布特性；当喷射时刻适当［如 $\theta_{inj}=$ 120°（CA）BTDC］时，缸内形成较为均匀的混合气浓度分布特性。这就说明，对轻质的气体燃料（如 CNG、H_2）通过喷射时刻可有效地控制缸内混合气浓度的分布特性。

天然气作为一种清洁的车用燃料，价格低廉，而且有害物排放量低，所以已在城市公交车和出租车中得到广泛应用。

2. 醇类燃料

醇类燃料主要指甲醇和乙醇，甲醇可以从天然气、煤、生物质等原料中提取，而乙醇可以从含淀粉和糖的农作物中制取。醇类燃料原料来源广泛，并且可再生。醇类燃料有较好的燃料特性（表 4-4），能满足汽车对燃料的基本要求。与汽油相比，醇类燃料的特点如下：

1）醇类燃料热值低，但醇中含氧量大，所需理论空气量比汽油少，所以两者的混合气热值差不多，从而保证发动机的动力性能不降低。

2）醇的汽化潜热是汽油的 3 倍左右，燃料蒸发汽化可以促使进气温度进一步降低，增加充气量，但是冷起动困难，需要预热。

3）醇的辛烷值高，抗爆性能好，对提高压缩比有利。

4）醇的沸点低，产生气阻的倾向比汽油大。

5）甲醇对视神经有损伤作用，有一定的毒性，在储运及使用中要注意安全。另外，甲醇对金属有一定的腐蚀作用，应采用防腐蚀措施。

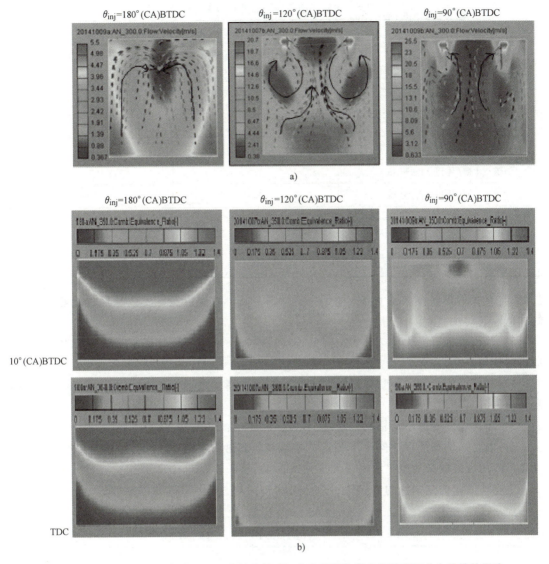

图 4-1 缸内直喷 CNG 发动机不同喷射时刻对缸内速度场和混合气浓度场分布特性的影响

a）压缩上止点前 60°（CA）时缸内流场的分布特性 b）上止点附近混合气浓度场的分布特性

乙醇由于没有毒性，美国、巴西、中国已经把乙醇添加到汽油中，构成乙醇汽油混合燃料而广泛应用。

3. 生物柴油

生物柴油是由动物脂肪或植物油通过酯化反应或热化学工艺得到的长链脂肪酸甲（乙）酯组成的新型可再生燃料，具有与石油柴油（简称柴油）相近的性能（表 4-5），但其化学成分与柴油不同。生物柴油是含氧量极高的复杂有机成分的混合物，这些混合物主要是一些相对分子质量大的有机物，几乎包括所有种类的含氧有机物，如酯、醚、醛、酮、酚、有机酸、醇等。生物柴油主要有以下特点：

1）优良的环保性。生物柴油含硫量低，不含芳香烃，不增加大气中 CO_2 排放（光合作用自然循环）。

表 4-5 生物柴油与柴油主要性质参数的对比

性 质	柴油	生物柴油
分子式	$C_{10} \sim C_{21}$ 碳氢化合物	随油类与脂类而异
沸点/℃	180～360	182～338
十六烷值	40～55	>48
自燃温度/℃	250	—
理论空燃比/（kg/kg）	14.3	13.8
着火上限（体积分数,%,浓）	7.6	—
着火下限（体积分数,%,稀）	1.4	—
低热值/（MJ/kg）	42.50～44.40	38.41
动力黏度/mPa·s	3～8（20℃）	3.5（37.8℃）
密度/（g/mL）	0.82～0.85	0.88

2）优良的燃料性能。生物柴油是含氧燃料，其十六烷值高，所以燃烧性能好，具有良好的低温起动性。

3）润滑性能好。生物柴油可以降低发动机燃油系统和气缸的摩擦损失，有利于提高发动机的使用寿命。

4）良好的安全性。生物柴油的闪点高，溶解性高，对土地和水的污染小，可大大减轻意外泄漏时对环境的污染。

5）可再生，资源不会枯竭，来源丰富。

6）能与石油柴油以任何比例相溶，柴油机不需改动即可与柴油混烧或纯烧生物柴油，可直接应用现有的柴油机供油系统和加油站系统。

生物柴油作为柴油机的替代燃料，已在欧洲、美国和中国得到了应用。

第二节 内燃机燃料及其使用特性

燃料的特性对内燃机的功率输出、燃油消耗、排放性和可靠性均有较大的影响，同时不同内燃机对燃料的要求也是不同的。随着节能与排放法规要求的日趋严格，内燃机用燃料从传统的柴油和汽油，已向压缩天然气（CNG）、液化天然气（LPG）、醇类燃料、生物柴油等多能源化发展。

一、柴油

柴油主要用于各类柴油机中，其中轻柴油用于高速柴油机，重柴油用于中、低速柴油机。我国生产的车用柴油，其规格由 GB 19147—2016 规定。普通柴油的牌号是按凝点命名的，对应不同的凝点 5℃、0℃、-10℃、-20℃、-35℃和-50℃，分别称为 5 号、0 号、-10 号、-20 号、-35 号和-50 号柴油。凝点是指柴油失去流动性开始凝结的温度。在选用柴油时，应按最低环境温度高出凝点 5℃以上，即-20 号柴油是用于最低环境温度为-15℃的场合，我国车用柴油（Ⅴ）的技术要求和试验方法见表 4-6。

表 4-6　车用柴油（Ⅴ）技术要求和试验方法（摘自 GB 19147—2016）

项　目		5 号	0 号	-10 号	-20 号	-35 号	-50 号	试验方法
氧化安定性(以总不溶物计)/(mg/100ml)	不大于	2.5						SH/T 0175
硫含量[①]/(mg/kg)	不大于	10						SH/T 0689
酸度(以 KOH 计)/(mg/100ml)	不大于	7						GB/T 258
10%蒸余物残炭[②](质量分数,%)	不大于	0.3						GB/T 17144
灰分(质量分数,%)	不大于	0.01						GB/T 508
铜片腐蚀(50℃,3h)/级	不大于	1						GB/T 5096
水含量[③](体积分数,%)	不大于	痕迹						GB/T 260
机械杂质[④]		无						GB/T 511
运动黏度[⑤](20℃)/(mm²/s)		3.0~8.0		2.5~8.0		1.8~7.0		GB/T 265
凝点/℃	不高于	5	0	-10	-20	-35	-50	GB/T 510
冷滤点/℃	不高于	8	4	-5	-14	-29	-44	SH/T 0248
闪点(闭口)/℃	不低于	60			50	45		GB/T 261
十六烷值	不小于	51			49	47		GB/T 386
十六烷指数[⑥]	不小于	46			46	43		SH/T 0694
馏程: 50%回收温度/℃ 90%回收温度/℃ 95%回收温度/℃	不高于 不高于 不高于	300 355 365						GB/T 6536
密度[⑦](20℃)/(kg/m³)		810~850			790~840			GB/T 1884 GB/T 1885

① 也可以采用 GB/T 11140 和 ASTM D7039 进行测定。结果有异议时，以 SH/T 0689 方法为准。

② 也可以采用 GB/T 268 进行测定，结果有异议时，以 GB/T 17144 方法为准。若车用柴油中含有硝酸酯型十六烷值改进剂，10%蒸余物残炭的测定使用不加硝酸酯的基础燃料进行。车用柴油中是否含有硝酸酯型十六烷值改进剂的检验方法见附录 B。

③ 可用目测法，即将试样注入 100mL 玻璃量筒中，在室温（20℃±5℃）下观察，应当透明，没有悬浮和沉降的水分。也可以采用 GB/T 11133 和 SH/T 0246 测定，结果有异议时，以 GB/T 260 方法为准。

④ 可用目测法，即将试样注入 100mL 玻璃量筒中，在室温（20℃±5℃）下观察，应当透明，没有悬浮和沉降的杂质。结果有异议时，以 GB/T 511 方法为准。

⑤ 也可采用 GB/T 30515 进行测定，结果有异议时，以 GB/T 265 方法为准。

⑥ 十六烷指数的计算也可采用 GB/T 11139。结果有异议时，以 SH/T 0694 方法为准。

⑦ 也可采用 SH/T 0604 进行测定，结果有异议时，以 GB/T 1884 和 GB/T 1885 方法为准。

　　柴油的理化性能指标很多，但对车用燃油而言，其常用的主要使用性能指标有以下几种。

1. 十六烷值

　　十六烷值是评定柴油自燃性好坏的指标。它与柴油机的起动性和工作粗暴有密切的关系。对于自燃性好的燃料，着火延迟期短，在着火延迟期内，气缸中形成的可燃混合气量少，着火后缸内压力升高率低，工作柔和。而且，自燃性好的燃料冷起动性也会有所改善。

　　测定柴油的十六烷值时，需要在特殊的单缸试验机上按照规定的条件对待测柴油和标准燃料的自燃性进行对比试验。所谓标准燃料是由十六烷和 α-甲基萘按不同的比例混合而成的。由于十六烷容易自燃，所以规定它的十六烷值为100，而α-甲基萘不容易自燃，所以规定其十六烷值为0。标准燃料的自燃性可用其中十六烷的不同含量来调节。当在规定的试验条件下被测定柴油的自燃性与所配置的标准燃料的自燃性相同时，则标准燃料中十六烷的体积百分数就定义为该种柴油的十六烷值。

柴油的十六烷值与燃料的分子结构及相对分子质量均有密切的关系，图4-2所示为燃料的不同分子结构对十六烷值和自燃性的影响。由此可见，十六烷值可以通过选择原油种类、炼制方法及添加剂来予以控制。一般直链烷烃比环烷烃的十六烷值高，在直链烷烃中，相对分子质量越大（C原子数越多），十六烷值越高。因此，尽管燃料的十六烷值高，对于缩短着火延迟期及改善冷起动性有利，但当十六烷值过大时，燃料的相对分子质量也大，黏度增加，蒸发性变差，导致排气冒烟加剧，同时经济性也会下降。有关试验表明，十六烷值由55增加

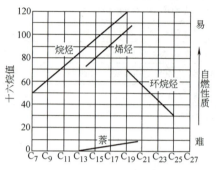

图 4-2　燃料的不同分子结构对十六烷值和自燃性的影响

到75时，燃油消耗率增加 7~8g/（kW·h）。因此，国产车用柴油的十六烷值一般规定在40~55之间。

2. 馏程

馏程是评价柴油蒸发性能的主要指标，可用一定体积（如 100mL）的燃油馏出某一体积分数时的温度范围来表示。常用50%馏出温度和90%馏出温度或95%馏出温度来表示。

50%馏出温度表示柴油的平均蒸发性。50%馏出温度低，说明柴油中轻馏分含量高，蒸发快，有利于混合气的形成。50%馏出温度主要影响柴油机的暖机性能、加速性和工作稳定性。

90%馏出温度和95%馏出温度标志着柴油中难以蒸发的重馏分（重质成分）的含量，直接影响燃料能否及时完全燃烧。如果重馏分过多，在高速柴油机中燃料来不及蒸发，直接影响可燃混合气的形成，导致燃烧过程不及时、不完全、易排气冒烟。因此，高速柴油机常使用轻馏分柴油。但是馏分太轻，50%馏出温度也低，大部分轻质馏分容易蒸发，因此会在着火前形成大量的可燃混合气，一旦着火，所形成的可燃混合气同时燃烧，使压力升高率过大，导致柴油机工作粗暴。

3. 黏度

黏度表示燃料分子间内聚力的大小，表现为抵抗分子间相对运动的能力，表示柴油流动性的好坏，它直接影响柴油机喷射系统的喷雾质量。当其他条件相同时，黏度越大，雾化后油滴的平均直径也越大，使得燃油与空气混合不良，造成柴油机的燃料消耗率增加，排气冒烟。此外，黏度还影响供油系统中喷油器等偶件的润滑性，黏度过小，润滑性差，摩擦损失增加。柴油的黏度常用动力黏度和运动黏度表示。

动力黏度是指当液体流动的速度梯度等于1时，单位面积上的内摩擦力的大小，用 μ 表示。在 SI 单位制中，其单位是 Pa·s 或 mPa·s。

运动黏度是指动力黏度与同温下密度的比值，用 ν 表示，即 $\nu = \mu/\rho$，单位为 m^2/s，普通柴油在 20℃ 时 $\nu = (2.5~8) \times 10^{-6} m^2/s$。

4. 凝点

凝点是命名柴油牌号的依据，它表示柴油失去流动性而开始凝固的温度，主要用于评定柴油的低温流动性。因此，对应不同的环境温度，应采用不同凝点的柴油。

5. 热值

热值是指 1kg 燃料完全燃烧所释放的热量，表示燃料所具有的做功能力。热值越大的燃料，其单位燃料完全燃烧所能放出的能量越大。因此，在相同的燃烧条件下，所能转换的机械能越多，做功能力就越强。柴油机燃烧后排出废气时，H_2O 以水蒸气状态排出，其汽化热不能有效利用，因而柴油的热值采用低热值，即 $H_u = 42700 kJ/kg$。

柴油除了具有上述主要使用性能指标以外，还有与柴油的储、运、使用有关的指标，如闪点、冷滤点；与柴油机磨损、腐蚀等有关的指标，如机械杂质、水分、灰分、含硫量、酸度、残炭等，具体选用时须兼顾这些性能指标。

二、汽油

车用汽油（Ⅳ）的技术要求和试验方法见表 4-7。影响汽油机使用性能的主要指标有抗爆性和馏程。

表 4-7　车用汽油（Ⅳ）的技术要求和试验方法（摘自 GB 17930—2016）

项　　目		质量指标			试验方法
		90	93	97	
抗爆性：					
研究法辛烷值（RON）	不小于	90	93	97	GB/T 5487
抗爆指数（RON+MON）/2	不小于	85	88	报告	GB/T 503、GB/T 5487
含铅量[①]/（g/L）	不大于	0.005			GB/T 8020
馏程：					
10%蒸发温度/℃	不高于	70			GB/T 6536
50%蒸发温度/℃	不高于	120			
90%蒸发温度/℃	不高于	190			
终馏点/℃	不高于	205			
残留量（体积分数，%）	不大于	2			
蒸气压[②]/kPa					GB/T 8017
11月1日~4月30日		42~85			
5月1日~10月31日		40~68			
胶质含量/（mg/100mL）：					GB/T 8019
未洗胶质含量（加入清净剂前）	不大于	30			
溶剂洗胶质含量	不大于	5			
诱导期/min	不小于	480			GB/T 8018
硫含量[③]/（mg/kg）	不大于	50			SH/T 0689
硫醇（满足下列指标之一，即判断为合格）：					
博士试验		通过			NB/SH/T 0174
硫醇硫含量（质量分数，%）	不大于	0.001			GB/T 1792
铜片腐蚀（50℃，3h）/级	不大于	1			GB/T 5096

（续）

项　　目		质量指标			试验方法
		90	93	97	
水溶性酸或碱		无			GB/T 259
机械杂质及水分		无			目测[4]
苯含量[5]（体积分数,%）	不大于	1.0			SH/T 0713
芳烃含量[6]（体积分数,%）	不大于	40			GB/T 11132
烯烃含量[6]（体积分数,%）	不大于	28			GB/T 11132
氧含量[7]（质量分数,%）	不大于	2.7			NB/SH/T 0663
甲醇含量[1]（质量分数,%）	不大于	0.3			NB/SH/T 0663
锰含量[8]/（g/L）	不大于	0.008			SH/T 0711
铁含量[1]/（g/L）	不大于	0.01			SH/T 0712

① 车用汽油中，不得人为加入甲醇以及含铅或含铁的添加剂。

② 也可采用 SH/T 0794 测定，在有异议时，以 GB/T 8017 方法为准。换季时，加油站允许有 15 天的置换期。

③ 也可采用 GB/T 11140、SH/T 0253、ASTM D7039 进行测定，有异议时，以 SH/T 0689 方法为准。

④ 将试样注入 100mL 玻璃量筒中观察，应当透明，没有悬浮和沉降的机械杂质和水分。在有异议时，以 GB/T 511 和 GB/T 260 测定结果为准。

⑤ 也可采用 SH/T 0693 进行测定，在有异议时，以 SH/T 0713 方法为准。

⑥ 对于 97 号车用汽油，在烯烃、芳烃总含量控制不变的前提下，可允许芳烃的最大值为 42%（体积分数）。也可采用 NB/SH/T 0741，在有异议时，以 GB/T 11132 方法为准。

⑦ 也可采用 SH/T 0720 进行测定，在有异议时，以 NB/SH/T 0663 方法为准。

⑧ 锰含量是指汽油中以甲基环戊二烯三羰基锰形式存在的总锰含量，不得加入其他类型的含锰添加剂。

1. 抗爆性

汽油的抗爆性常用辛烷值来评价。在汽油机的燃烧过程中，可能出现一种不正常的自燃现象，称之为爆燃。燃油的品质是影响汽油机爆燃的重要因素之一。汽油的辛烷值越高，则其抗爆燃的能力就越强。国产汽油的牌号是用研究法辛烷值来命名的。

测定汽油的辛烷值在压缩比可调的专用试验机上进行。测定时，用标准燃料与待测汽油进行抗爆性的对比试验。标准燃料是由容易爆燃的正庚烷（令其辛烷值为 0）和抗爆性好的异辛烷（令其辛烷值为 100）按不同比例混合而成的。在专用试验机上相同试验条件下，当标准燃料与待测汽油的抗爆程度相同时，则标准燃料中异辛烷的体积百分数就定义为待测汽油的辛烷值。评定车用汽油的抗爆性可采用两种试验条件，分别称为马达法与研究法，这两种试验条件见表 4-8。

表 4-8　测定辛烷值时的试验条件

条　　件	马达法	研究法
转速/（r/min）	900±9	600±6
吸入空气的温度/℃	38±14	51.7
湿度/（g/kg）	3.5~7	3.5~7
可燃混合气温度/℃	149~150	混合气不预热
点火提前角	可变化	不变,150°（CA）
压缩比	4~10	4~10
冷却液温度/℃	100±1.5	100±1.5

（续）

条　件	马达法	研究法
润滑油（100℃）运动黏度/（m²/s）	$(9.3 \sim 12.5) \times 10^{-6}$	$(9.3 \sim 12.5) \times 10^{-6}$
油压/10²kPa	$1.8 \sim 2.1$	$1.8 \sim 2.1$
油温/℃	57 ± 8.5	57 ± 8.5
火花塞间隙/mm	0.508	0.508
空燃比	调整到爆燃最强	调整到爆燃最强

马达法规定的试验转速及混合气温度比研究法规定得高，所以用马达法测出的辛烷值（MON）比研究法测出的辛烷值（RON）低，两者的差值称为燃料的灵敏度 S_a，即 $S_a = $ RON-MON，表示燃料对工况的敏感性和适应能力，而两者的平均值（RON+MON）/2 称为抗爆指数。

由于汽车在实际使用中，发动机的工作情况有别于实验室内的辛烷值测定工况，所以又提出了道路辛烷值的概念。即用不同辛烷值的标准燃料与待测汽油，在汽车行驶过程中进行抗爆性的对比试验。当汽车节气门全开并加速时，用不同辛烷值的标准燃料测出开始出现轻微爆燃时的点火提前角，并画出产生爆燃时点火提前角随标准燃料辛烷值的变化曲线，如图 4-3 所示。然后，再用待测汽油进行同样的试验，测出产生轻微爆燃的点火提前角。在曲线图上查出爆燃程度相同的点火提前角所对应的辛烷值，即为待测汽油的道路辛烷值。

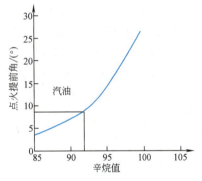

图 4-3　产生爆燃时点火提前角随标准燃料辛烷值的变化曲线

汽油辛烷值的大小主要取决于汽油的组成成分、炼制方法及添加剂等。根据燃料的化学结构，辛烷值的高低顺序：烷烃<烯烃<环烷烃<芳香烃。为了提高汽油的辛烷值，常使用抗爆添加剂，常用的有甲基叔丁基醚（MTBE）、乙基叔丁基醚（ETBE）、乙醇（Ethanol）、甲基叔戊基醚（TAME）等。

2. 馏程和蒸气压

馏程和蒸气压是评价汽油蒸发性的重要指标。汽油及其他石油制品是多种烃类的混合物，没有一定的沸点，随着温度的升高，会按照馏分由轻到重逐次沸腾。汽油馏出温度的范围称为馏程。汽油馏程可用图 4-4 所示的汽油蒸馏试验装置测定。将 100mL 试验燃料放在烧瓶中，加热产生蒸气，经冷凝器冷却燃料蒸气使其凝结，并滴入到量筒内。将第一滴凝结的燃料流入量筒时的温度称为初馏点。随着温度的升高，依次测出对应蒸馏量的馏出温度，由此绘出馏出一定蒸馏量所对应的温度随相对蒸发量的变化曲线，即如图 4-5 所示的汽油蒸馏曲线。

为了评价汽油的挥发性，常用 10%、50% 和 90% 等几个特殊的馏出温度作为评价指标。

10% 馏出温度与汽油机的冷起动性有关。汽油机冷起动时，转速和空气流速都很低，而且壁面温度也低，所以燃料雾化差，汽油蒸发量少。因此，一般多喷油，只要其中有 10% 左右的汽油蒸发就能顺利起动。10% 馏出温度越低，汽油机的冷起动性越好。但是此温度过低时，往往在管路中输送燃料时燃料受发动机高温零部件的加热而变成蒸气，进而形成气阻现象，使发动机断油，影响正常运转。所以，一般要求 10% 馏出温度小于70℃。

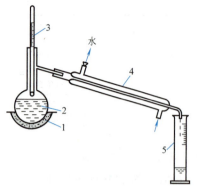

图 4-4 汽油蒸馏试验装置

1—加热器 2—试验燃料 3—温度计 4—冷凝器 5—量筒

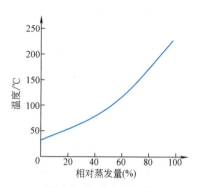

图 4-5 汽油蒸馏曲线

50%馏出温度标志着汽油的平均蒸发性，直接影响发动机的暖车时间、加速性及工作稳定性。50%馏出温度低说明这种汽油的平均蒸发性好，在较低温度下可以有大量的燃料挥发并与空气混合，这样可以缩短暖车时间，而且从低负荷向高负荷过渡时，能够及时地供给所需的可燃混合气量。国家标准要求50%馏出温度小于120℃。

90%馏出温度标志着燃料中含有难于挥发的重馏分的数量。当90%馏出温度过高时，说明燃料中含有较多的重质成分，在气缸内不易挥发而附在气缸壁上，燃烧时容易产生积炭，或者沿着气缸壁流入油底壳而稀释润滑油，同时不易完全燃烧，影响燃烧效率。国家标准要求90%馏出温度小于190℃。

此外，饱和蒸气压的大小也可以反映汽油的蒸发性好坏，用来标志抵抗产生气阻现象的能力。

三、汽油、柴油性能的差异对发动机性能的影响

汽油和柴油性质上的差异是造成汽油机和柴油机在混合气形成与燃烧方式上不同的主要原因。

1. 混合气形成和负荷调整方法的不同

与柴油相比，汽油的挥发性强（从40℃开始至200℃左右蒸发完毕），因而可在较低温度下，从进气过程到压缩过程的较充裕时间里在气缸内形成均匀的混合气。因此，通过节气门开度控制进入气缸的混合气量而空燃比基本保持不变，因而混合气的热值也基本不变，由此调节汽油机的功率输出。这种负荷的调节方法称为"量调节"。

而柴油的蒸发性差（180℃开始馏出至360℃结束），黏度比较大，不易在低温下蒸发形成混合气。所以，用喷油泵和喷油器的形式以高压直接向气缸内喷油，使柴油强制雾化后再与燃烧室内一定量的空气形成混合气。柴油机转速一定时，吸入气缸的空气量基本保持不变，而通过喷油量的调节，可改变混合气的热值，由此控制柴油机的功率输出，这种负荷的调节方法称为"质调节"。

2. 着火和燃烧方式的不同

汽油的自燃温度高，但点燃温度低，即汽油蒸气在外部引火条件下即使环境温度较低也很容易着火。因而其着火方式不适宜压燃，而采用利用外部能源（点火系）在特定的局部地区

进行点燃的方式。点火后，以火焰传播方式燃烧燃烧室内的均匀混合气。因此，这种燃烧方式的放热规律取决于火焰传播速度。为了防止火焰传播过程中燃烧室内末端混合气的自燃而引起爆燃，汽油机的压缩比不宜过高。

对于柴油，则利用其自燃点低的特点，采用压缩自燃的方式。为了可靠自燃，压缩比不宜过低，且在接近压缩上止点时直接向气缸内喷入燃油。这种燃烧方式，混合气形成时间很短，且极不均匀，常伴随边喷边燃烧的现象，因此燃烧过程包括预混合燃烧和扩散燃烧两个过程，即开始喷射的燃料在气缸内高温、高压空气的作用下预混合燃烧，而后续喷射的燃料则在已燃气体、空气和燃料之间相对扩散过程中边混合边燃烧，因而燃烧时间较长。这种燃烧方式的放热规律主要取决于预混合燃烧速率和扩散燃烧速率。在燃烧边界条件一定的条件下，这种燃烧过程取决于燃料的喷射规律。

第三节　燃烧热化学

不管实际燃烧过程多么复杂，其本质就是燃料与空气中的氧气通过氧化反应而放热的过程。作为内燃机燃料的石油产品，其主要成分是碳氢化合物，对已知的燃料，其各元素的含量可以测得；同时空气的成分，即空气中氧和氮的比例又是一定的。因此，通过化学反应机理，可分析内燃机燃烧过程中有关燃料、空气及产物的一些化学当量关系，为发动机的设计及调试提供依据。

一、1kg 燃料完全燃烧所需的理论空气量

燃料中的主要成分是碳（C）、氢（H）和氧（O），其他成分数量很少，计算时可以忽略不计。

若以质量分数表示 1kg 燃料中各元素的含量，则有

$$w_C + w_H + w_O = 1 \tag{4-1}$$

式中，w_C、w_H、w_O 分别为 1kg 燃料中 C、H、O 的质量分数。

燃料中的 C 和 H_2 完全燃烧时，其化学反应式分别为

$$C + O_2 = CO_2 \tag{4-2a}$$

$$H_2 + \frac{1}{2}O_2 = H_2O \tag{4-2b}$$

式（4-2a）和式（4-2b）表明 12kg 碳完全燃烧至少需要 32kg 的氧气，生成 44kg 的二氧化碳，则 $w_C$kg 的碳完全燃烧需要 $\frac{8}{3}w_C$kg 的氧气；而 2kg 氢气完全燃烧至少需要 16kg 的氧气，生成 18kg 的水，则 $w_H$kg 的氢气完全燃烧所需的氧气量为 $8w_H$kg。所以，由式（4-1），1kg 燃料完全燃烧所需要的最少氧气量按质量来表示为

$$m_{minO_2} = \frac{8}{3}w_C + 8w_H - w_O$$

因 1kmol 氧气的质量为 32kg，体积为 22.4m^3，所以 1kg 燃料完全燃烧所需要的最少氧气量按体积来表示为

$$V_{\min O_2} = \frac{22.4}{32}\left(\frac{8}{3}w_C + 8w_H - w_O\right)$$

另外，空气的主要成分是氧气和氮气。按体积分数计，φ_{O_2} 约为 21%，φ_{N_2} 约为 79%。按质量分数计，w_{O_2} 约为 23.2%，w_{N_2} 约为 76.8%。所以，按照化学反应的当量关系，可求出每 1kg 燃料完全燃烧时所需的理论空气量如下：

以 kmol 计

$$L_0 = \frac{1}{0.21}\left(\frac{w_C}{12} + \frac{w_H}{4} - \frac{w_O}{32}\right) \tag{4-3a}$$

以 kg 计

$$L_0' = \frac{1}{0.232}\left(\frac{8}{3}w_C + 8w_H - w_O\right) \tag{4-3b}$$

以 m^3 计

$$L_0'' = \frac{22.4}{32 \times 0.21}\left(\frac{8}{3}w_C + 8w_H - w_O\right)$$

$$= \frac{22.4}{0.21}\left(\frac{w_C}{12} + \frac{w_H}{4} - \frac{w_O}{32}\right) \tag{4-3c}$$

主要燃料的质量分数及理论空气量见表 4-4。

二、过量空气系数

在发动机工作中，实际供给的空气量往往并不等于理论空气量。燃烧 1kg 燃料实际供给的空气量 L 与理论上完全燃烧所需要的空气量 L_0 之比，称为过量空气系数 ϕ_a。

$$\phi_a = \frac{L}{L_0} \tag{4-4}$$

当 $\phi_a = 1$ 时称为理论混合气，当 $\phi_a > 1$ 时称为稀混合气，而当 $\phi_a < 1$ 时称为浓混合气。

过量空气系数 ϕ_a 与发动机的类型、混合气的形成方式、发动机工况（负荷与转速）及功率的调节方法等因素有关。

汽油机燃烧时所用的混合气可以认为是预先混合好的均匀混合气，混合比只在狭小的范围内变化（$\phi_a = 0.8 \sim 1.2$）。汽油机输出功率依靠节气门开度调节进入气缸的混合气数量来调节，即称这种负荷调节方式为"量调节"。当负荷率变化时 ϕ_a 略有变化，如图 4-6 所示。汽油机实施电控化以后，在常用工况下将过量空气系数控制在 $\phi_a = 1$，以便通过三效催化装置净化尾气。

柴油机工作时，转速一定时进入气缸的空气量基本不变，其功率输出依靠调节喷入气缸内的燃油量来调节，即"质调节"。由于这种负荷调节方式 ϕ_a 的变化范围很大，混合气形成很不均匀，所以 ϕ_a 总是大于 1 的。一般车用自然吸气式高速柴油机全负荷运行时 $\phi_a = 1.2 \sim 1.6$，增压柴油机 $\phi_a = 1.8 \sim 2.2$。

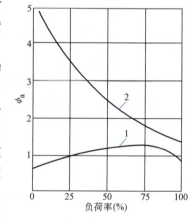

图 4-6 ϕ_a 随负荷率的变化关系
1—汽油机　2—柴油机

混合气的成分也可直接用燃烧时的空气量与燃料量的比值——空燃比 α 来表示，即

$$空燃比\ \alpha = \frac{空气量}{燃料量} = \frac{燃料量 \times \phi_a L_0}{燃料量} = \phi_a L_0 \tag{4-5}$$

当 $\phi_a = 1$ 时燃油化学计量的空燃比为 L_0。

三、$\phi_a > 1$ 时完全燃烧的产物及数量

1. 燃烧前混合气的数量

对于汽油机，燃烧前新鲜混合气主要由空气和燃料蒸气组成。若燃料的相对分子质量为 M_T，则每 1kg 燃料所形成的混合气量 m_1（kmol/kg）为

$$m_1 = \phi_a L_0 + \frac{1}{M_T} \tag{4-6}$$

对于柴油机，压缩终了时向气缸内喷入液态燃料，其体积不及空气的 1/10000，可忽略不计，认为燃烧前气缸内是纯空气，即

$$m_1 = \phi_a L_0 \tag{4-7}$$

2. 燃烧产物的数量

在 $\phi_a > 1$ 的条件下，完全燃烧时的产物是由 CO_2、H_2O、剩余的 O_2 及未参加反应的空气中的 N_2 组成。根据化学反应式，可以求出每 1kg 燃料燃烧产物的总数量 m_2（kmol/kg）为

$$m_2 = w_C/12 + w_H/2 + 0.79L + 0.21(L - L_0)$$

结合式（4-3）整理得

$$m_2 = \phi_a L_0 + \frac{w_H}{4} + \frac{w_O}{32} \tag{4-8}$$

3. 燃烧前后产物的增量

由式（4-8）和式（4-7），可求得燃烧后产物的增量为

$$\Delta m = m_2 - m_1 = \begin{cases} \dfrac{w_H}{4} + \dfrac{w_O}{32} & \text{柴油机} \\[3mm] \dfrac{w_H}{4} + \dfrac{w_O}{32} - \dfrac{1}{M_T} & \text{汽油机} \end{cases} \tag{4-9}$$

4. 理论分子变更系数 μ_0

理论分子变更系数 μ_0 是指燃烧后产物的总量与燃烧前混合气量之比，即

$$\mu_0 = \frac{m_2}{m_1} = \frac{m_1 + \Delta m}{m_1} = 1 + \frac{\Delta m}{m_1} = \begin{cases} 1 + \dfrac{\dfrac{w_H}{4} + \dfrac{w_O}{32}}{\phi_a L_0} & \text{柴油机} \\[5mm] 1 + \dfrac{\dfrac{w_H}{4} + \dfrac{w_O}{32} - \dfrac{1}{M_T}}{\phi_a L_0 + \dfrac{1}{M_T}} & \text{汽油机} \end{cases} \tag{4-10}$$

由此可知，由 C、H 化合物构成的液体燃料燃烧后分子变更系数 $\mu_0 > 1$。汽油机一般 $\mu_0 = 1.04 \sim 1.12$，在理论混合气下燃烧时 $\mu_0 = 1.055$；柴油机燃烧过程中因空燃比较大，所以理论分子变更系数较小，其 μ_0 一般为 $1.03 \sim 1.06$。

四、燃料热值与混合气热值

1. 燃料的热值

1kg 燃料完全燃烧所放出的热量，称为燃料的热值。

在高温的燃烧产物中，水以水蒸气状态存在时，水的汽化潜热不能利用，待温度降低后，水的汽化潜热才能释放出来。因此，水凝结后计入水的汽化潜热的热值称为高热值。在高温下不计入水的汽化潜热的热值称为低热值。内燃机排气温度较高，水的汽化潜热不能利用，因此使用燃料的低热值。

2. 混合气的热值

当气缸工作容积和进气条件一定时，每循环对工质的加热量取决于单位体积可燃混合气的热值，而不是取决于燃料的热值。混合气的热值定义为：单位混合气量完全燃烧时所放出的热量，其单位为 kJ/kmol 或 kJ/m³。当每 1kg 燃料形成的可燃混合气的量为 m_1（kmol/kg）时，它所产生的热量是燃料的低热值 H_u（kJ/kg）。因此，单位数量可燃混合气的热值 Q_{mix}（kJ/kmol）为

$$Q_{mix} = \frac{H_u}{m_1} = \frac{H_u}{\phi_a L_0 + \frac{1}{M_T}} \tag{4-11a}$$

以 kJ/m³ 计时，有

$$Q_{mix} = \frac{H_u}{22.4 \times \left(\phi_a L_0'' + \frac{1}{M_T}\right)} \tag{4-11b}$$

当 $\phi_a = 1$ 时，燃料与空气所形成的可燃混合气的热值称为理论混合气热值，主要燃料的混合气热值见表 4-4。

第四节　燃烧的基本知识

一般燃料的燃烧过程都可分为着火和燃烧两个阶段。着火阶段是燃烧的准备过程，在这一阶段燃料受到混合气中氧气的氧化作用，进行明显燃烧前的物理化学准备过程。在此期间，因氧化放热反应所产生的热逐渐积累起来，最终可能导致自燃。自燃是氧化反应加快的结果，它能够使着火过程转入第二阶段，即燃烧。

一、自燃着火理论

1. 着火热理论

设有一容器，其中充满燃料与空气的混合气。若加热这个容器时，由于气体分子受热后其运动能量增加，燃料分子与氧分子之间相互碰撞的概率也增加，因此促进混合气的化学反应。此时，并不是所有分子间的相互碰撞都能够进行化学反应，只有那些能量大于反应活化能 E^* 的活性分子相互碰撞时才能打破分子的化学键而引起化学反应，这种活性分子的分子质量 m 及其运动速度 c^* 与反应活化能 E^* 之间的关系为

$$E^* = \frac{1}{2} m (c^*)^2 \tag{4-12}$$

根据麦克斯韦分子速率分布定律，在平衡状态下一定量气体不受外力时，某一分子出现在 $c\sim c+\mathrm{d}c$ 速度区间的概率为

$$\frac{\mathrm{d}N}{N}=4\pi\left(\frac{M}{2\pi R_g T}\right)^{3/2}c^2\mathrm{e}^{-\frac{Mc^2}{2R_g T}}\mathrm{d}c \tag{4-13}$$

式中，N 为总分子数；$\mathrm{d}N$ 为运动速度在 $c\sim c+\mathrm{d}c$ 区间的分子数；M 为分子相对质量；R_g 为气体常数 $[\mathrm{J}/(\mathrm{kmol}\cdot\mathrm{K})]$；$E$ 为活化能（J/kmol）；T 为热力学温度（K）。

令具有 E^* 以上活化能的活性分子数为 N^*，则对式（4-13）积分可求得活性分子数 N^* 占总分子数 N 的比例为

$$\frac{N^*}{N}=\int_{c^*}^{\infty}\frac{\mathrm{d}N}{N}=\frac{2}{\sqrt{\pi}}\left(\frac{E^*}{R_g T}\right)^{1/2}\mathrm{e}^{-\frac{E^*}{R_g T}}\propto\mathrm{e}^{-\frac{E^*}{R_g T}} \tag{4-14}$$

由式（4-14）可以看出，当 T 增加时，活性分子所占比例也增加，因此化学反应速度加快。由化学反应动力学，化学反应速度 v 定义为单位时间内单位体积中出现的氧化产物的分子数。在化学反应系统中反应产物的变化量与式（4-14）的活性分子数所占比例成正比，则 v 与 N^*/N 成比例，即

$$v=C_1\frac{N^*}{N}\propto C_1\mathrm{e}^{-\frac{E}{R_g T}} \tag{4-15}$$

式中，C_1 为与反应物的反应常数和容器内的气体压力等有关的系数。

燃料因氧化反应而释放热量，而放热速度与氧化反应速度成比例。若单位时间内氧化反应而释放的热量为 $\mathrm{d}q_1/\mathrm{d}t$，则

$$\frac{\mathrm{d}q_1}{\mathrm{d}t}=C_2\mathrm{e}^{-\frac{E}{R_g T}} \tag{4-16}$$

式中，C_2 为与分子的反应热及气体的压力等有关的系数。

由于氧化反应而释放的热量，一部分使混合气本身受到加热而温度升高，另一部分则通过容器壁向外传热。设容器壁的温度 T_0 保持不变，则单位时间内通过容器壁向外传递的热量为 $\mathrm{d}q_2/\mathrm{d}t$，则

$$\frac{\mathrm{d}q_2}{\mathrm{d}t}=A(T-T_0) \tag{4-17}$$

式中，A 为与容器的材料、形状及气体的热导率有关的系数。

将式（4-16）和式（4-17）以曲线形式表示，如图 4-7 所示。

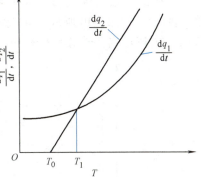

图 4-7 反应生成热与外界导热之间的关系

从图 4-7 中可以看出，燃料每单位时间因氧化反应而释放的热量，即反应放热速率 $\mathrm{d}q_1/\mathrm{d}t$ 为一指数曲线，而单位时间通过容器壁向外传热的热量 $\mathrm{d}q_2/\mathrm{d}t$ 为一直线。两者交叉点的温度为 T_1。当混合气的温度低于 T_1 时，即（$\mathrm{d}q_1/\mathrm{d}t$）>（$\mathrm{d}q_2/\mathrm{d}t$），此时反应放热速率大于容器壁的传热速率，混合气本身有热量积累，使温度升高，氧化反应能够继续进行。在 T_1 点，（$\mathrm{d}q_1/\mathrm{d}t$）=（$\mathrm{d}q_2/\mathrm{d}t$），即反应放热速率等于容器壁的传热速率，此时反应虽可继续进行，但是没有热量积累，不能引起自燃。若对混合气继续加热，温度超过 T_1 时，

$(\mathrm{d}q_1/\mathrm{d}t)<(\mathrm{d}q_2/\mathrm{d}t)$，则此时虽靠外界加热，但是热量无法积累，仍不能引起自燃。

若保持容器不变，通过改变其中气体压力的方法来改变反应条件。由于压力的提高，容器内混合气的密度增加，尽管 N^*/N 不随气体密度的变化而改变，但是压力提高后，混合气中 N^* 的绝对数是增加的，所以容器内的压力提高后，N^* 的增加引起反应速度的提高，因此氧化反应释放的热量也增加。在不同压力下，反应放热速率曲线的变化特性如图 4-8 所示。图 4-8 中画出三个不同压力下的放热速率曲线，它们压力之间的关系是 $p_3>p_2>p_1$，而容器壁的传热速率曲线由 $\mathrm{d}q_2/\mathrm{d}t$ 直线表示。从图 4-8 中

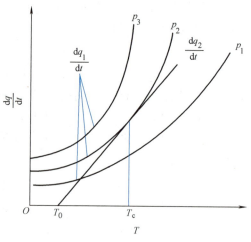

图 4-8　着火临界温度

可以看到，容器壁的传热速率 $\mathrm{d}q_2/\mathrm{d}t$ 与压力为 p_2 的放热速率曲线相切，在切点处 $(\mathrm{d}q_1/\mathrm{d}t)=(\mathrm{d}q_2/\mathrm{d}t)$，切点温度为 T_c，在这一点上存在不稳定平衡。如果在 T_c 的温度下向气体送入热量，即使是局部的，反应加速促使混合气着火，因此将 T_c 定义为着火温度。如果反应过程按压力 p_3 的曲线进行，则由于 $\mathrm{d}q_1/\mathrm{d}t$ 曲线都在 $\mathrm{d}q_2/\mathrm{d}t$ 曲线之上，所以在整个反应过程中都有热量的积累，最终导致自燃。

用热着火理论来分析着火条件，可以得出以下三条结论：

1）着火温度 T_c 不仅与可燃混合气的物理化学性质有关，而且还与环境温度、压力、容器形状及散热情况有关。即使同一种燃料，条件不同，着火温度也有可能不一样。

2）着火临界温度与压力明显影响着火区域。如图 4-9 所示，压力越低需要的着火温度越高。

3）存在可燃混合气的着火上限（富油极限）和下限（贫油极限）。如图 4-10 所示，随着温度和压力的提高，着火界限范围有所加宽，但温度和压力上升得再高，着火界限的

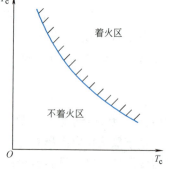

图 4-9　临界压力和温度对自燃界限的影响

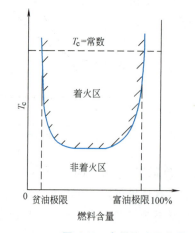

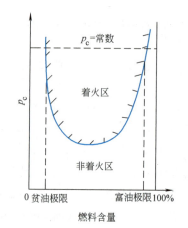

图 4-10　自燃温度及临界压力与混合气着火界限的关系

加宽也是有限的。另外，当温度和压力过低，低于临界值时，则无论空燃比是什么样的，混合气均不能着火。

着火热理论是从热物理角度来说明燃料的着火现象的。根据反应中分子的碰撞理论，三个活性分子同时碰撞的机会已经很少，更何况液态燃料一般有较复杂的分子结构，若完全燃烧则需要许多个氧分子同时碰撞一个燃料分子，这么多的分子同时碰撞的机会就更少。所以着火热理论还不能完全说明着火机理。另外，有关试验表明，烃类燃料的着火区域并不完全像图 4-9 所示的那样变化，特别是在低温、低压区表现

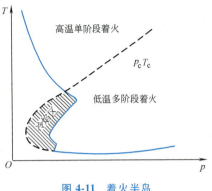

图 4-11 着火半岛

出与高温完全不同的着火规律，如图 4-11 所示，存在一个着火半岛。通过光谱分析发现，烃类燃料在低温下着火需经历冷焰、蓝焰、热焰三个阶段，如图 4-12a 所示。其中，冷焰是过氧化物以一定速度分解的结果，该阶段的主要反应产物是甲醛，释放出少量的热量，所以反应温度低，反应速度缓慢。形成过氧化物及乙醛的过程称为冷焰诱导期 τ_1，当过氧化物积累到临界含量时分解出冷焰（τ_2）。蓝焰阶段（τ_3）是冷焰阶段中产生的甲醛达到临界含量时，通过甲醛的支链反应而产生 CO 等的过程，这种蓝焰的辉光较强，反应物的压力、温度都升高，但反应持续时间比较短。热焰阶段是在蓝焰阶段中产生的 CO 与氧结合的过程，此时反应速度很快而产生爆炸性热焰，释放出大量热量，热焰期的主要产物是 CO_2。烃类燃料的这种低温、低压时的着火规律，是后述的链式反应机理的退化支链反应的结果。

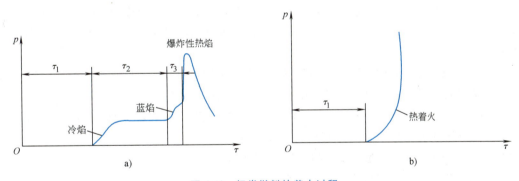

图 4-12 烃类燃料的着火过程

a）烃类燃料低温多阶段着火过程 b）烃类燃料高温单阶段着火过程

在高温下烃类燃料的着火特性不同于低温低压时的着火规律，甲醛的退化支链反应不经冷焰阶段，而直接进入蓝焰-热焰阶段。由于蓝焰-热焰阶段很难区分，故将这种着火过程称为高温单阶段着火（图 4-12b）。

2. 链式反应自燃着火理论

烃的氧化反应可以写成

$$C_nH_m + \left[n + \frac{m}{4}\right]O_2 = nCO_2 + \frac{m}{2}H_2O \tag{4-18}$$

但这个反应式只是描述了过程的始末，而没有涉及它所经历的过程。内燃机中燃料的着火

和燃烧是在极短时间内完成的。从化学反应机理角度分析这样快速的化学反应过程时，并不是直接得出最后的燃烧产物，而是先产生出许多由原子或原子团自由基构成的中间产物，由它们形成反应过程的活性中心。这些活性中心与反应物相互作用，一方面促进反应，另一方面生成新的自由原子或自由基。将这种活性中心再生的反应过程称为链式反应。

烃的氧化反应过程可以用链式反应机理来解释，这种链式反应主要包括链引发、链传播及链中断等过程。

所谓链引发是反应物分子受到某种因素的激发（如受热分解、光辐射作用等）分解成为自由原子或自由基的过程。这些自由原子和自由基（如 H、O、OH 等）具有很强的反应能力，成为反应的活性中心，使新的化学反应得以进行。

所谓链传播是指已生成的自由原子或自由基与反应物作用，一方面将反应推进一步，另一方面又生成新的自由原子或自由基的过程。如果某一反应过程的每一步中间反应过程，都是由一个活性中心与反应物作用而产生一个新的活性中心，则这一反应过程的整个反应是以恒定速度进行的，这样的反应称为直链反应。如果由一个活性中心引起的反应，同时生成两个以上的活性中心，这时链就产生了分支，反应速度将急剧增长，可以达到极快的程度（链锁爆炸），这种反应称为支链反应。快速燃烧或爆炸可以看作是支链反应的结果。不过需要指出的是，不少烃的氧化物是先通过直链反应，生成一个新的活性中心和某种过氧化物或高级醛的中间产物，然后由过氧化物或高级醛引起新的直链反应。它的总反应速度比支链反应慢，但仍具有自动加速的特点，通常将这种反应称为退化的支链反应。例如柴油机的着火过程，就是一种退化的支链反应。

在链式反应中，由于具有很大反应能力的自由原子或自由基有可能与容器壁面或惰性气体分子碰撞而使反应能力减小，这种无效碰撞不再引起反应，这一过程称为链中断。每一次链中断都会引起总体反应速度的降低，以及减少反应继续发展的可能性，在某些不利情况下还可以使反应完全停止。

实际上，这一系列时间极其短暂而且反应十分复杂的中间过程，目前人们并没有完全弄清楚。但从观测烃的反应过程可知，链式反应有如下特点：

1）在反应一开始，有一段形成活性中心并积累的过程，这一段时间称为诱导期（图 4-13 中的 τ_1）。当活性中心积累到一定程度后，反应速度便急剧增加。这个诱导期不仅是与反应物的物性参数有关，而且还与反应物的含量、温度以及容器的形状与材料等有关。

2）即使反应物处在低温下，只要某种原因能激发出活性中心，便能引起链式反应。也就是说，引起燃烧爆炸的原因并不一定是高温。

3）反应速度是自动加速的。在迅速反应的前阶段，如图 4-13 中的 AB 段，反应速度随温度而急剧增高，而后随着反应物含量的减少，反应速度便迅速下降，如 BC 段。

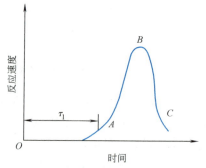

图 4-13　烃的反应速度与时间的关系

4）如果在反应气体中加入惰性气体时，反应速度将会迅速降低。而加入某种添加剂时，将会促使反应加速。

3. 点燃

点燃是指利用电火花等外部能量在可燃混合气中产生火焰核心并引起火焰传播的过程。实际上，在电火花点火之前，由于可燃混合气受到压缩使其温度升高，此时已有缓慢氧化的先期反应现象。在电火花点火以后，靠电火花提供的能量，不仅使局部混合气温度进一步升高，而且引起电火花附近混合气的电离，形成活性中心，促使化学反应明显加速。随着化学反应范围的扩大及反应程度的加深，出现了明显发热、发光的小区域，最终形成火焰核。为了使电火花所产生的火焰成长起来，并使火焰开始传播，必须对靠近火焰核的未燃混合气供给足够的能量。而这种能量主要来自于点火能量及反应开始后由化学反应本身所释放出来的热量。

为了使点燃成功，必须使给火花塞提供的能量大于某一个最小点火能量，而这个最小点火能量受很多因素的影响，如燃料的种类、混合气的成分、空气中氧的含量、压力及温度、点火处气流的运动状况、电火花的性质、电极的几何形状和距离等。

电极间隙 d 与点火能量 E 有很大关系。如果电极间隙适中，则需要的点火能量就最小。如果间隙过小，无论点火能量有多大也不能着火，这种不能着火的最小电极间隙，称为熄火距离（图 4-14 中的 d_{min}）。如果电极间隙过大，对一定的点火能量也不能可靠点燃。

另外，点火还直接受到火花塞附近局部空燃比的影响。在电火花放电后，首先点燃火花塞附近的局部可燃混合气。此时当它所放出的热量大于向四周的传热量时，火焰才有可能形成并传播发展，反之将自行熄灭。当火花塞附近混合气过浓或过稀时，因反应速度缓慢，

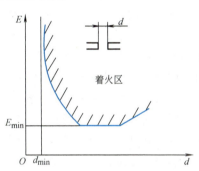

图 4-14　点火能量与熄火距离

所以放热量减少，均不能点火。要使点火成功，必须保证在火花塞附近提供过量空气系数在着火界限范围内的易点燃的可燃混合气。几种燃料的着火界限见表 4-9。

表 4-9　几种燃料的着火界限

项目	汽油	甲烷	乙醇	苯	醚
浓限或上限（ϕ_{amin}）	0.5	0.5	0.54	0.4	0.4
稀限或下限（ϕ_{amax}）	1.30	1.58	1.70	1.25	1.25

由此可知，不同燃料的着火界限范围是不同的。另外，所有影响可燃混合气初期放热速度和散热速度的因素都会影响着火界限。例如，可燃混合气温度的提高有利于放热速度的增加和散热速度的降低，因此扩大了着火界限。而残余废气系数的增加，降低初期放热速度，着火界限将缩小。

正因为火焰核的形成是局部混合气吸收电火花能量后经化学反应过程热量（或活性中心）的累积所致，所以，这一部分混合气的组成、点火能量的不同，以及火花塞处气流扰动对火焰核的干扰等，都会影响火焰核的形成时间。实际上，汽油机即使在稳定工况下运转，同一缸每循环的工作状态也不可能完全一致，因而导致燃烧循环变动。这种燃烧不稳定情况，在汽油机低负荷及在稀薄混合气中尤为突出。

二、内燃机的燃烧方式

为了满足不断严格的节能减排的法规要求，以适应汽车低碳化的发展需求，不管是汽油机还是柴油机，均已向缸内直喷化发展。在传统的燃烧方式的基础上，已开发出均质压燃（Homogeneous Charge Compression Ignition，HCCI）、预混合压燃（Premixed Charge Compression Ignition，PCCI）及低温燃烧（Low Temperature Combustion，LTC）等新的燃烧方式和控制技术。在此只介绍几种典型的燃烧方式。

1. 预混合燃烧

这种燃烧方式是目前传统内燃机中采用的主要燃烧方式之一，其主要特点是在着火前燃料与空气按一定的比例预先混合而形成相对均质的可燃混合气，但是在燃烧室空间各点上的压力和温度是不均匀的，所以在局部地区点燃后形成火焰核，然后在预混合气中以火焰传播的形式完成整个燃烧过程。

汽油机的燃烧过程是预混合燃烧（或称逐渐爆炸燃烧）的典型示例。电火花跳火形成火焰核心。之后，由于火焰面上燃气的高温向外热辐射及因燃烧产生的活性中心向外扩散，使邻近的均匀混合气着火形成一个新的燃烧层。这个燃烧层称为火焰前锋面，它将燃烧室内的气体分为燃烧产物相和未燃混合气相两相，如图4-15所示。在贯穿整个容器的 AB 坐标上，同一时间（例如时间1）各点的温度并不相等。在任意一个时间内，已燃区温度最高，燃烧区温度次之，未燃区内温度最低。

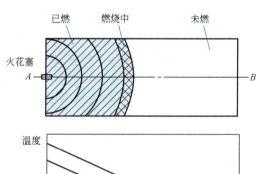
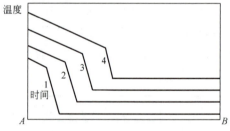

图 4-15　预混合燃烧方式

由于燃烧室内混合气均匀，所以火焰前锋面快速传播到整个燃烧室空间。因此其燃烧速度取决于火焰的传播速度。这种预混合气中的火焰传播过程，可根据混合气的气流特性分为层流火焰传播过程和湍流火焰传播过程。

（1）层流火焰传播　这种火焰的前锋面为球面，一般在静止或气流速度很低时形成。其特点是将燃烧室以层流火焰面为界分为已燃和未燃两个区，而且在只有 $1/100 \sim 1/10\mathrm{mm}$ 厚的很薄的层流火焰面上进行强烈的燃烧反应。

由于层流火焰面很窄，且温度和空燃比变化又很大，所以会在火焰中引起强烈的传热和传质现象，促使邻近混合气的快速化学反应，造成火焰的空间移动现象，即火焰传播。这种层流火焰的传播速度主要取决于预混合气的性质。

对汽油机，层流火焰传播速度一般为 $v_L = 0.4 \sim 0.5\mathrm{m/s}$。当 $\phi_a = 0.85 \sim 0.95$ 时，反应温度最高，层流速度最快；当 $\phi_a = 1 \sim 1.15$ 时，层流速度降低 $10\% \sim 15\%$；当混合气过浓或过稀时，由于反应温度过低，不能维持正常的火焰传播。

如果气缸间隙（活塞火力岸）等火焰传播空间过窄，火焰就不能继续传播。将这种火焰不能传播的最小缝隙称为淬熄距离。当火焰传播到靠近低温壁面时，也不能继续传播。这些因素都是汽油机生成 HC 的主要原因。

（2）湍流火焰传播　湍流是在气流中不同尺度的涡旋不断形成、发展、分解和消失的不稳定流动过程。湍流产生的主要原因是黏性流体的速度梯度增加到一定值后，由于边界的阻碍、外部的干扰等因素，促使气流内部形成许多个小涡流。此时层流被破坏，相邻流层间不但有滑动，还有混合，流体做不规则运动，而且在垂直于流管轴线方向产生分速度。

湍流的特点是，各种不同尺寸的涡旋组成连续的涡旋谱，而且在空间、时间上紊乱无序地变化，但有随机性质。常用湍流尺度和湍流强度来评价。湍流尺度是指涡旋翻滚一个周期所作用的空间范围。宏观湍流（大涡流）决定其力学性质，而微观湍流（小涡流）则在流体黏性的作用下将湍流的运动能量转换为热能而消失。湍流的相对强度（简称湍流强度）是用湍流脉动速度的均方根和时均速度之比来表示的，这种湍流脉动是湍流传质传热的动力源，主要影响湍流火焰传播速度。

一般湍流火焰传播速度为 $v_{\mathrm{T}} = 20 \sim 70\mathrm{m/s}$。

湍流对火焰传播速度的作用，主要体现在以下几个方面：

1）宏观湍流使火焰前锋皱折，反应面积增大，而层流火焰前锋结构不变。

2）微观湍流加强传质传热。其传热系数相对层流热导率可增大 100 多倍，由此提高湍流的火焰传播速度。

3）提高湍流强度。火焰前锋结构破裂，促进已燃气体和未燃气体的迅速混合，缩短反应时间，提高放热速度。

2. 扩散燃烧

扩散燃烧是缸内直喷压燃式发动机（如柴油机）的主要燃烧方式。这种发动机在接近压缩终了时直接向燃烧室内喷入燃料，使雾化了的燃料在燃烧室内与高温、高压的空气边混合边燃烧。由于一定燃料量的喷射过程需要相应的时间，而且液体燃料的蒸发温度一般比其着火温度低很多，因此刚喷入气缸的燃料在着火前已蒸发而形成可燃混合气并自行燃烧。然后，后续喷入的燃料是在前段喷射的燃料已燃烧的过程中与空气混合燃烧。这就要求后续喷入的燃料避开已燃火焰面，与燃烧室内的空气相互渗透混合，由此形成扩散燃烧过程。由于在这种扩散燃烧过程中燃烧室内的温度已经很高，所以只要燃料与空气混合，其化学反应就可以进行得很快。因此，扩散燃烧过程完全取决于燃料和空气的混合过程，即混合气形成速度决定扩散燃烧速度。这是扩散燃烧与以火焰传播为特征的预混合燃烧的主要区别。另外，由于扩散燃烧过程并不是液体燃料的直接燃烧，而是气、液两相的混合燃烧过程，所以首先液体燃料要充分汽化。图4-16 所示为单滴油滴的扩散燃烧模型，在油滴表面上形成一层燃油蒸气，已汽化的燃料与周围的空气在相互扩散运动过程中进行

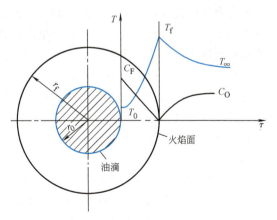

图 4-16　单滴油滴的扩散燃烧模型

混合，因此沿油滴半径方向上形成逐渐稀薄的混合气，空燃比梯度分布，并在空燃比和温度合适的区域发生着火。油滴的燃烧实质上就是燃油蒸气和空气混合的一种气相性质的燃烧过

程。为了改善液体燃料的蒸发汽化条件，常采用高压喷射法进行强制雾化，使喷入气缸内的燃料形成无数个细小的小油滴，以此提高单位时间内的蒸发速度，同时在燃烧室内组织适当的空气流动。因此，实际发动机的扩散燃烧过程与单滴油滴的扩散燃烧模型有很大的区别。

随着柴油机喷射压力的不断提高，喷雾质量得到进一步的改善。因此，向燃烧室内喷入燃料后，很容易形成更多的细小油滴，它们分布在燃烧室空间并蒸发汽化形成可燃混合气，只要环境温度符合着火条件，这些可燃混合气就能在多点同时着火，易造成急速的气缸压力增加，使发动机工作粗暴。所以，有必要控制着火期间所形成的可燃混合气量。这种扩散燃烧方式，其燃烧过程与在整个燃烧室内的宏观空燃比无关，不像均匀混合气那样具有严格的空燃比的着火范围，因而与预混合燃烧相比，扩散燃烧具有更广泛的稳定燃烧范围。

在扩散燃烧期间，燃烧室内将同时存在三个相，即可燃混合气相、空气相和燃烧产物相。由于在实际燃烧室内存在细小油滴群与空气的相对运动，所以燃烧产物总是留在反应区的后面，而燃料蒸气总是和炽热的空气直接接触，这有助于燃料的完全燃烧。因此，燃烧室内气流运动的控制，对扩散燃烧具有重要意义。

3. 稀薄混合气的均质低温压燃

在液体燃料与空气的上述两种混合燃烧过程中，在气缸内释放出大量的热量而产生高温、高压。在这种燃烧过程中，高温、高压的工质在推动活塞对外输出功的同时，空气中的 N_2 和 O_2 在高温下反应形成 NO，而且燃料在高温下分解或不完全燃烧而形成碳烟、HC 和 CO 等有害排放物。这些有害排放物对环境所造成的污染，已对地球环境构成威胁，因而备受关注。所以，面对石油能源危机，对以石油燃料为主的内燃机而言，节能和超低排放已成为其所面临的重要课题。为此，开发研究出许多新的内燃机的燃烧技术，其中具有代表性的就是混合气的均质压燃方式，即 HCCI 或 CAI（Compression Auto Ignition）。HCCI 方式的特点包括：①燃烧室内充量的均质化，即燃烧室内燃料和空气的混合气在着火前已均匀地混合好，且燃烧室空间各点上的温度和压力基本保持一致；②压燃，即混合气的着火燃烧过程是受可燃混合气的化学反应动力学的控制，这种燃烧方式在混合气进行化学反应时，各点的反应速度与加速度是一致的，在同一时间里进行燃烧，所以具有爆炸燃烧的特点；③不论是在燃烧前还是燃烧后，在燃烧室内的任一瞬间只存在一个相，在燃烧前是正在进行火焰前反应的混合气相，在燃烧后是燃烧产物相；④为了实现高效率超低排放，HCCI 方式采用均质混合气的低温稀薄燃烧，由于混合气均匀稀薄，燃烧不产生碳烟，而稀混合气的燃烧火焰温度又低，所以 NO_x 生成量非常低，同时这种燃烧方式等容度很高，因此热效率高。HCCI 方式是一种很有潜力的高效、低污染的燃烧方式。

HCCI 方式的放热规律如图 4-17 所示，兼有低温燃烧放热（Low Temperature Heat Release，LTHR）和高温燃烧放热（High Temperature Heat Release，HTHR）的特点。其中，LTHR 是在压缩过程中混合气进行低温多阶段反应产生一系列中间产物的结果，虽然其放热率很小，但直接影响后续的 HTHR 及其始点。而 HTHR 部分的放热量占 HCCI 总放热量的绝大部分，其中放热量为 HTHR 的 50% 时所对应的曲轴转角 φ_{HT50} 是 HCCI（或 CAI）方式的重要控制参数。为了保证高效率、低排放的 HCCI，一般要求将最高燃烧温度 T_z 和 φ_{HT50} 分别控制在 1500~1800K 和上止点后的 0°（CA）~6°（CA）范围内。同时，为了防止失火和爆

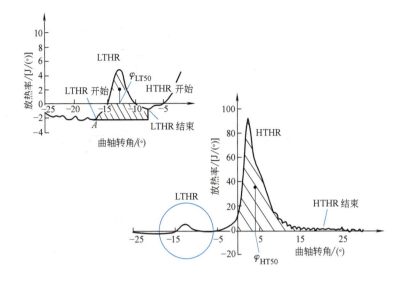

图 4-17　HCCI 方式的放热规律（摘自：SAE 2006-01-0207）

燃，循环放热量不能过小或过大。如果每个循环放热量超过 1kJ，HCCI 会表现得很粗暴；如果每个循环放热量小于 0.5kJ，就很容易失火。

　　实现 HCCI 方式的关键技术就是稀薄混合气在气缸内的均质化和低温稳定燃烧。混合气的均质化，常用喷射时期和内部 EGR 的协调控制来实现；而低温稳定燃烧过程是通过结合压缩比精确控制进气温度、空燃比和大 EGR 率来实现的。为此，开发了配气相位连续可变的可变气门正时（Variable Valve Timing，VVT）控制技术，并以此为基础，不仅实现了内部 EGR，而且结合米勒循环实现了有效压缩比的可变控制。

　　图 4-18 所示为实现 HCCI 或 CAI 方式的示意图。这里通过 VVT 技术实现负气门叠开角（Negative Valve Overlap，NVOL）的控制，由此实现较均匀且高温的内部 EGR，以改善着火条件。适应这种条件，当早期（膨胀过程中）喷射时，虽然能实现 HCCI 或 CAI，但由于部分混合气随废气排出，所以不符合节能与降低排放的要求。而中期（进气过程中）喷射或后期（压缩过程中）喷射时，均能实现 HCCI 或 CAI。但在中期喷射时很容易引起爆燃，而后期喷射时，实际上在气缸内存在明显的混合气成分的梯度分布，因此燃烧过程实际上是预混合压燃（PCCI），因而存在不完全燃烧的产物 CO。所以，实际能实现 HCCI 或高效率、低排放的 CAI 方式的运转区域是很有限的。

　　正因为 HCCI 是同时燃烧现象，所以其最大缺点就是会造成过大的压力升高率，由此限制了这种燃烧方式的使用运转区域。HCCI 方式的压力升高率取决于混合气的热值和同时燃烧的混合气量，而混合气的热值因燃料的性质及其混合比的不同而有所差别。为了限制压力升高率，需要控制混合比和混合气量。如果负荷过小，混合气的热值过低，很容易失火。因此 HCCI 方式只能在内燃机一定的小负荷范围内实现。

　　所以，对以四冲程理论为基础的内燃机，HCCI 方式虽然是同时解决节能和排放的一种很有效的燃烧方式，但不能在内燃机整个负荷领域内实现，从而不能在整个运转领域内解决内燃机的节能和排放问题。为此，近年来又提出了 SI-HCCI-SI 或 CI-HCCI-CI 等混合燃烧模型控制的概念，即不适合 HCCI 方式的小负荷时采用传统的点燃（SI）或压燃（CI）方式，

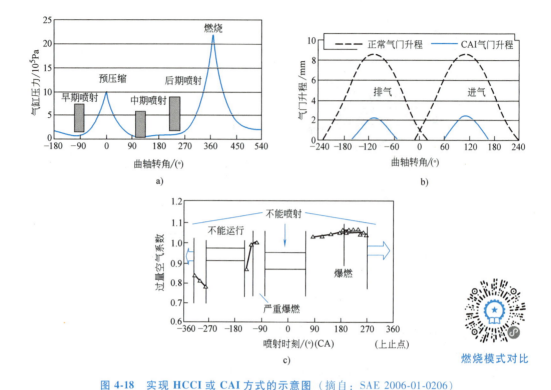

图 4-18 实现 HCCI 或 CAI 方式的示意图（摘自：SAE 2006-01-0206）

a）喷射定时 b）气门升程和配气相位 c）可实现 HCCI 或 CAI 的曲轴转角范围

[试验条件：排气门关闭时刻为上止点前 75°（CA），进气门开启时刻为

上止点后 70°（CA），发动机转速为 1800r/min]

然后过渡到 HCCI 方式，而在中、大负荷时采用 SI 或 CI 方式。对压燃（CI）方式或组织稀薄燃烧时，采用以混合气梯度分布为主的扩散燃烧方式。所以，扩散燃烧过程的控制方式同样具有重要的意义。

第五节 内燃机燃料及燃烧方式的发展趋势

一、内燃机燃料的发展趋势

随着汽车低碳化的发展，汽车能源已向多元化发展。车用发动机能源以现阶段传统内燃机用石油燃料为基础，逐步向以天然气为基础的合成燃油（GTL）、以生物质能为基础的合成燃料（BTL）以及以再生能源为基础的氢能源方向发展。

1. 点燃式发动机的燃料

对于以汽油机为基础的点燃式发动机，为进一步改善经济性和排放特性，现阶段在对汽油品质进行改质的基础上，开发应用压缩天然气（CNG）、液化石油气（LPG）、氢气（H_2）及醇类燃料等代用燃料。

气体燃料的辛烷值高，相对分子质量小，燃烧特性好，无碳烟（PM）排放，且 HC 和 CO 排放少，对环境的亲和力好，而且有利于提高压缩比，但气体燃料的能量密度小，进气过程中发动机充气效率降低，所以动力性下降，而且一次充气续驶里程有限。表 4-10 所示为某 LPG 发动机与汽油机的有害气体排放量的对比。

表 4-10　LPG 发动机与汽油机的有害气体排放量对比　　　　（单位：mg/km）

	CO	HC+NO_x	CO_2	臭氧	苯	1,3-丁二烯
LPG 发动机	99	64	207.1×10^3	41.23	0.23	0
汽油机	399	183	230.6×10^3	318.0	8.84	0.29

甲醇和乙醇含氧量分别为 50% 和 34.8%，是属于含氧的液体燃料，与汽油相比，甲醇和乙醇的热值低、汽化潜热大、辛烷值高、抗爆性强，所以有利于提高压缩比，并组织清洁燃烧，降低碳烟（PM）排放。但甲醇有毒，燃烧后产生甲醛和乙醛等新的有害排放物，所以使用受到限制。乙醇无毒且辛烷值高，故常作为提高辛烷值的添加剂使用，如汽油中添加不同比例的乙醇，构成乙醇汽油。当添加 20% 以内的乙醇时，在发动机不需要改造的前提下，燃料的辛烷值增加，压缩比可提高，且可防冻结，有减排作用。但是使用乙醇燃料时，因其热值低，混合气稀薄，造成功率损失，且加速性和起动性下降，而且很容易引起燃料供给系"气阻"现象，并对燃烧系统零部件有腐蚀作用。因此使用乙醇燃料时需采用相应的技术措施。

虽然这些代用燃料在一定程度上很好地改善了点燃式发动机的排放特性，但是都是以牺牲动力性为代价的。为了在保证发动机动力性的前提下改善排放特性，结合代用燃料和汽油的特点，采用在汽油中添加氢气，或在汽油中添加乙醇的方法。但是这种双燃料发动机需要精确控制双燃料的混合比。

2. 压燃式发动机的燃料

对于以柴油机为代表的压燃式发动机，其循环方式决定了这种发动机高的循环热效率和低的 CO_2 排放，适合低碳化的发展要求，但存在的主要问题是 NO_x 和碳烟（PM）排放。为此，现阶段以高压共轨喷射系统为基础，在不断提高喷射压力和喷油器响应特性的基础上，协调控制喷射系统参数和增压器、EGR 系统等参数，由此实现燃烧系统的优化匹配。虽然这些技术措施有效地改善了柴油机的节能减排效果，但是随着节能与排放法规的不断严格，NO_x 和 PM 排放问题仍未得到彻底解决。为此，也在开发应用二甲醚（DME）、生物柴油（Bio-Diesel）等代用燃料。

DME（Di-Methyl Ether）的化学式为 C_2H_6O，分子结构为 CH_3OCH_3，是含氧燃料，含氧量达 34.8%，且十六烷值高（55～60），可实现无烟燃烧，排放特性与 CH_4 相似，无 NO_x-PM 的此消彼长关系，所以可积极采用 EGR 技术来降低 NO_x 排放。DME 的原料来源丰富，如天然气、煤、石油、焦炭、生物质等，由此制取由氢气、一氧化碳和二氧化碳构成的合成气，然后生成甲醇，最后脱水获得 DME，也可以直接将合成气脱水得到 DME。当柴油机采用 DME 燃料时，存在的主要问题有：①DME 的黏度很低，所以润滑性差，燃料供给系的磨损严重，这是 DME 作为内燃机燃料使用的最大障碍；②DME 的能量密度小，所以储气瓶占用空间大，在保证一定续驶里程时，储气瓶的容积是柴油车油箱的 2.376 倍；③DME 沸点低（-24.8℃），易汽化，所以携带不方便，需加压到 0.53MPa 以上才可液化，一般在高压、低温容器内保管；④当采用 DME 时，燃料供给系及喷射系统等需要相应的改造，所以成本较高。表 4-11 表示 DME 与其他燃料物理性质的对比。

表 4-11　DME 与其他燃料物理性质的对比

项目	DME	丙烷	甲烷	柴油
化学式	C_2H_6O	C_3H_8	CH_4	—
熔点/℃	—	-187.6	-182.5	—
沸点/℃	-25.1	-42.0	-161.5	180~370
着火温度/℃	235	—	—	250
液体密度(30℃)/g·cm^{-3}	0.67	0.49	0.42	0.84
气体相对空气的密度	1.59	1.52	0.55	—
蒸气压/MPa	0.61	0.93	—	—
十六烷值	55~60	5	0	40~55
低热值/MJ·kg^{-1}	28.4	—	—	42.5

生物柴油是一种由生物质能转换而来的含氧又含水的可再生燃料。生物质能是太阳能以化学能的形式储存在生物中的一种能量形式，是以生物质为载体的能量。生物柴油燃烧后所排放的 CO_2 远低于该植物生长过程中所吸收的 CO_2，且这些排放的 CO_2 又被植物通过光合作用而吸收，所以可以有效地改善因 CO_2 排放导致的"地球温室效应"。此外，生物柴油中含水量较高，最多可达 30%~45%，这有利于降低燃烧温度，NO_x 排放量也有所降低。所以，生物柴油是很有发展前景的一种绿色的代用燃料。目前在柴油机上利用生物柴油的特性，按一定比例与石化柴油掺混燃烧，由此降低油耗，提高动力性，并改善尾气排放特性。但生物柴油作为车用燃料时所面临的主要问题有：①生物柴油中植物油脂肪胶和杂质较多，所以易使燃料过滤器堵塞；②生物柴油的黏度和初馏点高，容易使喷油器结胶、堵塞；③生物柴油的雾化特性差，很容易积炭，使活塞环粘结，润滑油变质。

二、内燃机燃烧方式的发展趋势

对四冲程内燃机，其节能减排的效果不仅与燃料的种类有密切相关，而且还与燃烧方式有关。汽油机和柴油机，因其燃料的特点分别采用 SI 和 CI 方式，而燃烧方式决定了发动机的性能。

现阶段，点燃式发动机以汽油机为基础，在尽可能改善汽油品质的基础上，采用 CNG、LPG、乙醇、H_2 等代用燃料，并结合缸内直喷技术，有效地改善发动机的经济性和排放特性，以适应日趋严格的节能和排放法规要求。

作为燃油品质改质的技术措施，主要有在汽油中加添加剂和按一定比例掺混其他燃料等方法。其中，汽油添加剂是为了弥补汽油自身存在的质量问题和发动机制造中存在的不足，从而使汽油发动机能够克服激冷效应、缝隙效应，清除进气阀、电喷嘴的积炭，以保护汽油发动机燃油系统、进气系统和润滑系统，由此减少环境污染、降低因燃油导致的发动机故障，提高可靠性和耐久性。一般汽油机工作时，喷油嘴、进气阀等处在高温（200~300℃）下，所以燃油中的不稳定成分极易产生氧化缩合反应而生成胶质和积炭，特别是缸内直喷汽油机更容易积炭。如果进气阀上积炭，会造成进气通道截面面积减小，不仅进气效率降低，功率下降，而且严重时会导致气门关闭不严；喷油嘴积炭会导致喷油不畅，燃油雾化质量下降，直接影响混合气的形成和燃烧过程，造成发动机起动困难，怠速不稳，油耗增大，尾气排放性能恶化。所以，汽油添加剂的作用就是清洁发动机积炭，以减少因积炭而导致的发动机性能恶化，保证发动机工作可靠。燃料添加剂根据其组成和功能不同可分为保洁型和清洗型两种添加剂。保洁型添加剂的作用是，将燃油中不稳定成分在高温下产生的积炭微粒变成一个个油溶性胶束，利用胶束间的静电相斥和立体障碍，阻止它们聚集变大，无法沉积在金属表面，从而防止积炭。清洁型添加剂的作用是，当积炭已经聚集在喷油嘴及进气阀等表面上时，借助清洁型添加剂很强的表面活性，钻入积炭孔隙中，破坏其结构，并对积炭微粒进行分割包围，逐渐把积炭微粒从金属表面溶解下来，与燃油一起高温燃烧后通过尾气排出，起到清洗作用。

掺混燃料是指汽油中按一定比例添加醇类等其他燃料的一种混合燃料，如乙醇汽油等，也属于燃油品质改质的一种技术措施。由于掺混的燃料其化学组分、反应性（活性中心）及热值等与汽油不同，故汽油中掺混不同比例的其他燃油时直接改变了混合气的燃烧化学反应速率，从而达到对放热规律的控制目的。

为了进一步改善点燃式发动机节能减排的效果，针对所开发的新的燃烧模式——均质压燃（HCCI）模式存在实施工况范围窄的问题，基于可变配气相位和 EGR 等控制技术，实现预混合压燃（PCCI）模式，由此有效扩大清洁燃烧模式的工况领域。

但是由于 SI 方式压缩比的提高受爆燃的限制，所以提高循环热效率有限，也就是说，点燃式发动机虽然采用 CNG、LPG 等清洁燃料可实现低排放，但很难进一步降低燃油消耗率，故 SI 方式不管采用什么样的燃料，很难适应车用发动机低碳化的要求。

为此，在点燃式发动机的基础上基于双燃料又开发研究出反应性控制压燃（Reactivity Controlled Compression Ignition，RCCI）模式。即从进气道喷入反应性低的燃料，如汽油、天然气、H_2、LPG 等在气缸内形成均匀的预混合气，然后在接近压缩终了向气缸内直接喷入反应性高的燃料（如柴油等）实现压燃，由此控制缸内预混合气的燃烧反应速率，达到优化燃烧过程的目的，以适应日趋严格的节能减排要求。

压燃式发动机因压缩比高，其循环热效率高，且平均空燃比大，故燃油消耗率低，CO_2排放少，因而很适合于低碳化的发展要求。但是由于采用柴油等自燃性好的大分子燃油，在燃烧过程中易产生 NO_x 和碳烟。虽然在改善柴油品质（如不含硫和低芳香族化合物）的基础上，采用高压多阶段喷射、可变增压及 EGR 控制等技术措施，有效地降低了 NO_x 和碳烟排放，但因 NO_x 和碳烟控制措施相互矛盾，所以 NO_x 和碳烟排放尚未很好地得到解决。虽然现阶段基于 CI 式发动机，可以采用 CNG、LPG、甲醇等代用燃料，由此改善排放特性，但相应地将 CI 方式改为 SI 方式，故牺牲了经济性，不利于低碳化的发展要求。为此，近年来基于 RCCI 也在开发研究 CNG 发动机采用柴油来压燃的技术。在 CI 式发动机上直接采用生物柴油时，虽然可以很好地适应低碳化的要求，但存在燃料过滤器易堵塞、喷油器易结胶而堵塞、雾化差、易积炭、活塞环粘结等问题。

因此，内燃机低碳化的有效途径是充分发挥气体燃料清洁燃烧的特点和 CI 方式循环热效率高的优势。对应的措施就是气体燃料液体化（Gas to Liquid，GTL），或用生物质能制成新的合成燃料（Biomass to Liquid，BTL）。这种合成燃料的特点是，燃烧具有清洁燃料的特点，并采用 CI 方式。所以，开发 GTL 以及 BTL 等合成燃料作为柴油机的替代燃料已成为一种发展趋势。

GTL 技术实际上就是一项用简易的方法将天然气改为液态燃料，由此提高气体燃料能量密度的技术，目前这项技术已经很成熟。GTL 技术的核心就是 Fischer-Tropsch（F-T）的合成法。这种合成法是将天然气改质成 CO 和 H_2 的合成气体，然后经过 Fischer-Tropsch 反应制成新的碳氢化合物的合成燃油。这种由 CO 和 H_2 组成的合成气体不仅来源于天然气，也可以通过煤、生物质能等其他燃料而获得，因此 GTL 燃料是一种来源比较丰富且很有潜力的替代燃料。表 4-12 所列为 GTL 燃料与柴油性能比较的情况，可以看出 GTL 燃料性能与柴油性能很相近，但与柴油相比，GTL 燃料中氢的质量分数大，而碳的质量分数小，低热值比柴油高。在符合欧Ⅳ排放法规的车上用 GTL 燃料替代含硫量小于 0.001%（质量分数）的柴油时，NO_x 排放降低 6%、微粒排放（PM10）降低 26%、HC 排放降低 63%，而 CO 排放降低 91%。所以，GTL 燃料在改善整车排放性能方面很有潜力。

表 4-12　GTL 燃料与柴油性能比较的情况

性　　能	GTL	柴　油
化学式	$C_nH_{2.13n}$	$C_nH_{1.87n}$
密度/（g/cm³）	0.78（288K）	0.83（288K）
沸点/K	448~633	453~643
闪点/K	369	344
自燃点/K	>493	523
十六烷值	>78	57.8
运动黏度/（10^{-6} m²/s）	2.0	2.0~4.1
低热值/（MJ/kg）	46.5	43.2
理论空燃比 A/F	14.96	14.6
硫的质量分数（%）	<0.0005	>0.035
碳的质量分数（%）	84.9	86
氢的质量分数（%）	15.1	14

注：$1cSt = 10^{-6} m^2/s$。

　　BTL 燃料之所以受到重视，是因为不仅其能源来源丰富、可再生，更重要的是 BTL 燃料同样具有气体燃料的性质，燃烧后 HC、CO 及 NO_x 等排放物少，而且所排出的 CO_2 被植物光合作用吸收，不会导致大气中 CO_2 的增加，从根本上解决了化石燃料燃烧对地球环境产生温室效应的问题，同时不含硫，不会造成酸雨。

　　当氢气（H_2）作为内燃机燃料时，尾气排放物中既没有 CO_2 也没有 HC 和 CO，所以氢气是很清洁的燃料，但存在 NO_x 排放。所以，要从根本上解决环保问题，就是采用氢燃料电池，但制氢成本高。

第五章

汽油机混合气的形成和燃烧

第一节　汽油机混合气形成及热功转换特点

在内燃机上应用四冲程理论实现热功转换时，首先遇到的两大关键问题就是如何将液态的燃料和空气在气缸内快速形成可燃混合气，并用什么方法使其着火燃烧。

石油能源的发现和广泛应用，为四冲程内燃机的发展提供了资源。而汽油燃料的特点，确定了汽油机独特的混合气形成和着火燃烧方式。

根据汽油挥发性好的特点，一直以来汽油机均采用外部形成混合气的方法。即在进气过程中，在进气道将汽油燃料喷入气流中，随气流一起进入气缸，并经过压缩过程充分地与空气混合而形成可燃混合气。由于汽油易蒸发，而且从进气过程到压缩过程的混合气形成时间相对较长，所以可以认为压缩到上止点附近开始点火燃烧时，缸内早已形成均匀的可燃混合气。此时，如果压缩比过高，使得压缩终了混合气的压力和温度过高，可能会造成气缸内混合气同时燃烧（爆燃）。由于这种燃烧具有爆炸性，燃烧室内机械负荷和热负荷过大，直接造成活塞顶烧损。因此，为了避免这种爆炸性的燃烧现象，汽油机的压缩比一般控制在 6~14 之间，这就限制了汽油机循环热效率的提高。

为了保证均匀混合气在气缸内可靠着火燃烧，汽油机采用利用外部能源强制点燃的方式。这样确定了汽油机缸内均匀混合气在某一固定点点燃，并以火焰传播方式燃烧放热而推动活塞做功的独特的热功转换模式。这种混合气的形成和燃烧模式决定了汽油机的动力性、经济性、排放特性和振动噪声等性能。

随着汽车电子技术和自动控制技术的发展，以及节能与排放控制的社会要求，汽油机的混合气形成方式由化油器式发展到电控汽油喷射式，由外部形成方式发展到缸内直喷的内部混合气形成方式。

一、外部形成混合气的特点

外部形成混合气的方式，根据燃料喷射方式的不同分为化油器（机械）式和电控喷射式两种。

（一）化油器式混合气的形成原理及特点

图 5-1 所示为化油器的基本结构。化油器的混合气形成方法就是利用了空气动力学的基本原理，即将燃料自动喷入高速流动的空气流中形成混合气。为此，在化油器中设置了喉管，由此加快喉管处的气流速度从而产生喉管真空度，并在喉管处设置燃料喷管。为了保证喷入燃料的稳定性，专门设置了浮子室，在浮子室内存汽油，其表面与大气相通。当发动机工作时空气流经化油器进入气缸，由于喉管的作用在喉部气流加速而产生负压（喉管真空度）。在喉管真空度的作用下，浮子室内的燃油经主量孔由喷管喷出。喷管的出口位置对着气流方向设置，所以喷出来的燃料在高速气流的作用下，被冲散、雾化和蒸发而形成混合气。一个多世纪以来，化油器为汽车事业的发展，发挥了不可估量的作用。但是，随着地球能源问题和环境污染问题的日趋严峻，以及节能与排放控制法规的日趋严格，化油器因其结构上的致命缺陷满足不了现代排放法规的要求而不得不退出历史舞台。

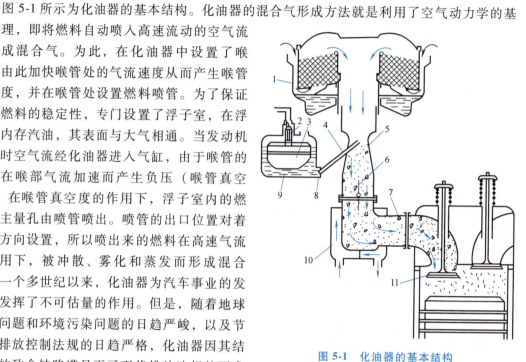

图 5-1　化油器的基本结构

1—空气滤清器　2—针阀　3—浮子　4—喷管　5—喉管
6—节气门　7—进气歧管　8—量孔　9—浮子室
10—进气预热装置　11—进气门

首先，化油器通过喉管的节流作用而产生的高速气流负压来吸油，以实现空气和燃料的混合。这种混合方式的最大缺陷就是喉管节流损失所造成的进气阻力损失，使发动机充气效率下降，泵气损失增加，直接影响发动机的动力性和经济性。其次，多缸发动机采用一个化油器，从化油器到各缸的距离不同，使得各缸的进气歧管长度不同，造成各缸不均匀性较大，也直接影响发动机的动力性。

随着电子技术和计算机控制技术的发展，电控汽油喷射技术也得到了开发应用。由于它克服了化油器所存在的固有缺陷，同时具有空燃比控制精度高的优点，得到了广泛应用，已完全替代了化油器。

（二）电控汽油喷射（EFI）式混合气的形成

1. 汽车电子技术的发展简史

自 1883 年戴姆勒等人发明化油器由此成功实现快速轻便的四冲程内燃机以来，汽油机因其体积和质量小的特点，广泛应用于汽车、船舶及航空领域。同时，汽车的电子技术也得到了相应的开发和应用。

19 世纪末到 20 世纪初，在汽车电子技术方面，主要是开发和完善汽油机的点火系统和发电机以及蓄电池充电系统。

如 1886 年奔驰（Benz）发明的电池-线圈式点火方法；1887 年博世（Bosch）发明低电压永磁发电机并应用于固定式汽油机上；1889 年乔治·伯顿（Georges Bouton）发明线圈式点火系统用断电器，第一次调整汽油机的点火装置；1908 年 C. A. 万德弗（C. A. Vandervll）

发明了电子点火装置；1912 年查里斯·弗朗克林·卡特灵（Charles Franklin Kertering）发明了起动机并第一次用于凯迪拉克汽车上；1920 年美国开发出蓄电池-线圈式点火装置；1930 年左右，博世开发出高压磁电式点火装置；同年开发出真空式车用收音机，但因真空管怕振，占用空间大，耗电量多，而未得到普及；1939 年在点火分电器上安装点火自动提前装置，由此完成经典的汽油机点火系统、电起动装置和发电充电系统。

另外，汽油机广泛应用于航空事业，但在高空中飞行时化油器喉管处因压力降低而易结冰，直接影响飞机的安全飞行。因此，化油器喉管结冰现象成为汽油机作为航空用发动机的致命缺点。为了解决这一问题，德国于 1930 年，根据战争需要着手开发研究机械式汽油喷射系统，并在第二次世界大战后期开始应用于军车上。1950—1953 年，由 Goliath、Gutbrod 两公司在二冲程二缸汽油机上采用机械式汽油喷射装置。1957 年，奔驰汽车公司在四冲程发动机上采用了机械式汽油喷射系统。当时机械式汽油喷射系统所采用的柱塞式喷油泵由博世公司提供。由于汽油机燃料系统改为机械式喷射系统的成本很高，且安装不方便，所以到 20 世纪 50 年代末为止，仅用于赛车上。

尽管当时机械式汽油喷射系统的成本很高，而且安装不方便，但仍然受到重视，是因为机械式汽油喷射系统与化油器相比，有明显的优点，即：①进气阻力小，充气效率高；②各缸分配均匀性高；③无结冰、气阻现象；④加减速响应性好；⑤起动性好。所以，当时开发电控汽油喷射技术的初始目标只是在发动机结构改动量最小的前提下，安装喷射系统。

早在 1953 年 Bendix 公司已开始着手研究电控汽油喷射器。但当时电子技术尚落后，虽然晶体管早已发明，但均为锗晶体管，价格高，可靠性差。因此，开发时采用的是真空管。到 1957 年晶体管才勉强实用化。因此，当时在汽车上采用电控技术未免过早。

但是，到了 20 世纪 50 年代中期，由于汽车排放对大气环境污染日趋严重，因此已开始引起一些先进国家对汽车尾气排放污染问题的重视。针对 20 世纪 40 年代初期在美国洛杉矶发生的光化学烟雾事件，1957 年到 1960 年上半年，美国联邦和加利福尼亚州政府发布了污染调查报告书，这一调查报告表明，引起光化学烟雾事件的主要元凶就是汽车尾气排放物，为此强烈要求汽车厂家采取排放控制措施。1960 年加利福尼亚州首次制定了排放法规，于 1965 年 7 月开始实施，从此以法律形式控制汽车尾气排放，使得各汽车厂家重视排放控制技术。作为排放控制技术之一，就是提高空燃比的控制精度。此时，电子技术已得到了相应的发展，锗晶体管已被硅晶体管取代，不仅成本降低了，而且提高了可靠性，已达到了可作为车用部件的程度。

从半导体技术方面，1948 年晶体管的发明和 1958 年集成电路（IC）的发明，使得汽车电子技术有了飞跃性的进展。1960 年半导体元件开始应用于汽车上，最初是在交流发电机的整流器上采用硅二极管，之后在调压器、晶体管点火系等上得到广泛应用。同年，交流发电机开始替代直流发电机。1967 年博世公司开发研制成功 D-J 型速度-密度式电控汽油喷射系统。1967 年后 IC 开始应用于汽车上，如 IC 化电压调节器、IC 化点火模块等。同时，开发模拟电路式汽油喷射装置、定车速装置、防抱装置及变速器控制装置等。但因成本高，未能得到普及，只作为技术而储备。1970 年以后，基于美国发布的关于安全、排放、油耗方面的三大法规，以及 1971 年微机的问世，车用电子技术得到迅速的发展。1972 年，博世公司开发 L-J 型质量流量式（板式）电控汽油喷射系统。20 世纪 70 年代后期到 80 年代，进一步强化了排放法规和油耗法规。1976 年，通用汽车公司率先将微机技术应用于点火时期的控制上，此时晶体管已 IC 化，模拟控制向数字控制发展。1977 年，日本日产和丰田公司实现用氧传感器对空燃比的反馈控制；1980 年三菱电机公司推出卡门涡式空气流量计；1981 年博世和日立制作所推出热线式空气流量计。由此，电控汽油喷射系统逐渐成熟，并得到广泛推广和应用，同时开发出点火控制、爆燃控制等辅助控制系统，使得汽油机的性能得到全面提高。

可以说半导体技术和计算机控制技术的发展，有力地推动了电控汽油喷射技术的发展，同时使电控汽油喷射系统的优点真正体现出来。其优点如下：

1）提高了控制自由度。不仅减小了进气阻力，改善了各缸均匀性，而且进气管可以按动力性要求设计，最大限度地提高了充气效率。

2）提高了空燃比的控制精度。不仅改善了经济性，而且配合三效催化转化器的应用，有效地净化了尾气排放。

3）由于汽油喷射雾化，改善了混合气形成条件，所以也改善了发动机加减速等过渡工况的响应性和冷起动性。

2. 电控汽油喷射（EFI）式混合气的形成特点

电控汽油喷射系统混合气的形成特点是，进入气缸的空气量和燃料量分别控制。汽油机的混合气形成方式，从化油器方式发展到机械式喷射方式和电控汽油喷射式以后，液体燃料的蒸发雾化已不成问题，即汽油喷射有效地改善了液体燃料的雾化特性。所以，进入电控汽油喷射式以后，电控汽油喷射系统的主要问题变成根据不同工况下进入气缸的空气量如何精确地控制燃料喷射量，以控制适应该工况的最佳空燃比。

为此，电控汽油喷射系统需要解决两个关键问题，其一是确定发动机不同工况所需求的目标空燃比，其二是为了精确确定不同工况下的燃料喷射量，需要精确测量每一工况下进入气缸的空气量。

所以，电控汽油喷射系统对混合气的控制，主要体现在以下三个方面：

1）事先根据发动机的台架试验，确定不同工况所对应的最佳空燃比及其影响因素，并制成空燃比的控制 MAP 图，存储在 ECU 的 ROM 中。

2）在进气系统中设置专门的进气流量测量装置，如空气质量流量计，或进气压力传感器、温度传感器及转速传感器等，由此测量每一工况进入气缸的空气量，作为控制喷射量的主要依据。

3）由 ECU 根据来自各种传感器的信息，准确判断现行工况，并根据目标空燃比的控制 MAP 图，确定该工况的目标空燃比。然后，根据进气流量的测量信息，演算确定喷射量后，使之转换成控制信号（喷油器通电脉宽），控制喷油器按一定的喷射压力将一定燃料量（喷射脉宽）强制喷入进气管，随空气流进入气缸，在进气和压缩行程中完成混合气的形成过程。

二、缸内直喷式混合气的形成特点

随着节能与排放法规要求的日趋严格，电控汽油喷射技术也从进气道多点喷射向缸内直喷（GDI）式发展。但是由于控制目的不同，缸内直喷式电控汽油喷射系统的混合气形成特点也有所不同。从利用三效催化转化器来降

GDI 动画

低排放的角度考虑，以均质的理论混合气为控制目的时，根据实际进入气缸的空气量和目标空燃比演算得到一定的燃料量，在进气过程的某一时刻进行喷射，并利用缸内的适当气流形成均匀的可燃混合气。但是以节能为目的组织稀薄燃烧过程时，需要在气缸内形成空燃比的

梯度分布。为此，通过进气道及燃烧室形状组织气缸内的定向气流（滚流等）运动，并与喷射时刻相配合。为了控制喷雾，可采用喷射压力为 4~13MPa 的高压旋流式喷油器。

缸内直喷式混合气形成方式的特点是，避免了进气道喷射方式在进气道和进气门上粘附油膜的现象。进气道和气门上粘附的油膜蒸发，不仅导致额外耗油，而且对发动机快速起动、瞬时响应性以及精确控制空燃比都不利。有关缸内直喷稀薄燃烧技术将在后续章节中再详细介绍。

拓展——GDI
燃烧室结构及
气流特性

三、空燃比与发动机性能的关系

1. 空燃比对发动机性能的影响

理论上，当空燃比 $\alpha = 14.7$（过量空气系数 $\phi_a = 1$）时的理论混合气可以完全燃烧。但实际上，由于在气缸内混合气的形成不可能绝对均匀，而且残余废气等对混合气有稀释作用并直接影响燃烧过程，所以，实际上在 $\alpha = 15.14 \sim 16.17$（$\phi_a = 1.03 \sim 1.1$）的稍微稀的混合气下，因氧气充足，燃料与氧气充分结合，才能使燃料完全燃烧。而且此时燃烧速度也较快，所以热效率最高，燃油消耗率最低。因此，称此混合气为经济混合气，用 α_b（或 ϕ_{ab}）表示。同时，在此经济混合气下，由于氧气和氮气的含量较丰富，且燃烧温度高，所以 NO_x 排放也最多。

当 $\alpha > 15.14 \sim 16.17$（$\phi_a > 1.03 \sim 1.1$）时，虽然混合气中氧含量丰富，燃料可完全燃烧，但由于反应带内燃料的密度小，燃烧放热量少，燃烧压力和温度低，燃烧速度减慢，所以发动机的动力性和经济性都下降，NO_x 排放也降低。

当 $\alpha = 19.11 \sim 20.58$（$\phi_a = 1.3 \sim 1.4$）时，由于混合气过稀，燃料分子之间距离增大，即使是与氧进行氧化反应，燃烧放热量也少，而向周围易散热，因此热量不能积累，反应温度得不到提高，使火焰难以传播而熄火。所以，称该混合气的空燃比（过量空气系数）为着火下限。

相反，比理论混合气稍浓时，即当 $\alpha = 11.76 \sim 13.23$（$\phi_a = 0.8 \sim 0.9$）时，混合气中相对空气燃料密度较高，而且氧气的含量也足够，燃烧速度最快，热损失最小，因此发动机的动力性最好。所以，称此混合气为功率混合气，用 α_P（或 ϕ_{aP}）表示。但是，由于在功率混合气下部分燃料得不到完全燃烧，所以热效率有所降低，同时 CO 和 HC 排放也偏高。

当 $\alpha < 11.76 \sim 13.23$（$\phi_a < 0.8 \sim 0.9$）时，由于混合气过浓，氧气不够，更多的燃料不能完全燃烧，所以燃烧放热量减少，燃烧速度降低，使发动机的动力性下降，经济性恶化；同时缸内容易积炭，CO 排放增多，冒烟加重。

当 $\alpha = 5.88 \sim 7.35$（$\phi_a = 0.4 \sim 0.5$）时，混合气严重缺氧，绝大部分燃料不能燃烧，使得火焰不能传播而熄火。所以称该空燃比（过量空气系数）为着火上限。

由此可见，这种液体燃料的混合气形成和燃烧方式，最佳动力性和最佳经济性所对应的空燃比是不一致的，而且存在着火界限范围。对汽油燃料，其着火界限范围为 $\Delta\alpha_z = 5.88 \sim 20.58$（$\Delta\phi_{az} = 0.4 \sim 1.4$）。所以，为了保证发动机可靠而稳定运行，一般将 α 控制在 $11.76 \sim 17.64$（$\phi_a = 0.8 \sim 1.2$）范围之内。

2. 汽油机各工况对空燃比的要求

车用发动机的工况可概括为起动、怠速、中小负荷、全负荷和加减速五个工况。各工况对空燃比 α 的要求各不相同。

起动工况的主要特点是，发动机转速、温度最低，节气门开度小，进气流速低，燃料喷雾及油膜的蒸发雾化混合条件最差。所以，为了保证气缸内实际形成混合气的空燃比在可燃混合气范围内，需多喷油，因而按实际供给的燃料来换算的平均空燃比为 $\alpha = 5.88 \sim 8.82$（$\phi_a = 0.4 \sim 0.6$）。因此，在起动过程中因混合气较浓，CO 和 HC 排放较严重。随着排放法规的不断严格，冷起动过程的排放控制已成为人们关注的问题。所以，首次喷射完爆率成为起动控制的主要目标。从起动电动机拖动运转开始，什么时候开始喷射，首次喷射多少燃料量，完爆后随发动机转速的变化如何控制喷射量，以及整个起动过程中点火时期的控制方法等，都直接影响发动机的起动性及其排放特性，所以根据不同冷起动条件需要认真地进行标定。

急速工况的主要特点是，发动机输出功率等于零（$P_e = 0$），此时节气门开度最小，发动机转速 n 和温度也较低，残余废气系数较大。虽然混合气形成条件比起动工况稍微好一些，但在急速暖机过程中，随着冷却液温度的提高，由于油膜蒸发条件不同，直接影响气缸内实际形成的混合气的空燃比。所以，为了保证急速稳定，电控汽油喷射系统对喷射量进行相应的加浓修正，使 $\alpha = 8.82 \sim 11.76$（$\phi_a = 0.6 \sim 0.8$）。为了缩短暖车时间，以提高汽车使用效率和急速经济性，现代电控汽车发动机都采用快急速系统，如图 5-2 所示。对非电控节气门，与节气门并列相对急速系统独立设置专用的快急速空气阀，由此根据发动机冷却液温度的不同，自动控制快急速所必要的额外的空气量，以提高急速转速，实现快急速，达到缩短暖车时间的目的。对于电控节气门，则随冷却液温度的变化直接通过节气门开度的控制实现快急速。值得注意的是，实施快急速时，由于冷却液温度较低，润滑条件差，所以如果设定的快急速转速过高，易造成发动机摩擦损失加重，直接影响发动机的可靠性和耐久性，故应慎重设定快急速转速，一般快急速转速最高设定为 1500r/min，并随冷却液温度的升高逐渐降低过渡到目标急速转速。

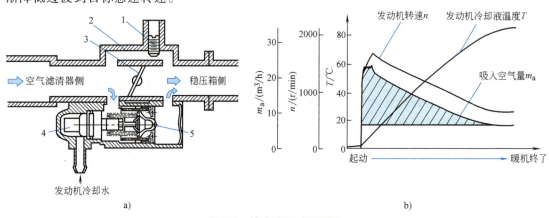

图 5-2　快急速系统及原理
a）系统　b）原理
1—急速调节螺钉　2—急速通道　3—节气门　4—热敏元件　5—空气阀

当发动机进入到中小负荷工况时，工作温度逐步升高，燃料蒸发雾化条件得到改善。而且此时随节气门开度的增加，进气量增多，残余废气系数减小。所以，残余废气对混合气的稀释作用和对燃烧过程的阻碍作用逐渐减弱。因此要减小对喷射量的加浓修正量，使 α 随节气门开度的增大而有所增加。在常用的中等负荷工况，可用经济混合气 $\alpha_b = 15.14 \sim 16.17$（$\phi_{ab} = 1.03 \sim 1.1$）工作。但现阶段用三效催化转化器来净化汽油机的 CO、HC 和 NO_x 排放物，而三效催化转化器只能在空燃比为理论混合气附近的很窄的窗口下，才能同时有效地净化这三种排放物。所以要求用氧传感器反馈控制喷射量，使空燃比（或过量空气系数）严格控制在理论混合气上，即 $\alpha = 14.7$（或 $\phi_a = 1$）。

但是，在节气门接近全开或全负荷工况下，要求发动机输出最大功率。因此，此时需要供给功率混合气 $\alpha_P = 11.76 \sim 13.23$（$\phi_{aP} = 0.8 \sim 0.9$），而对经济性和排放问题暂时不予考虑。一般汽车实际运行时发动机全负荷工况下工作的概率很低。

当发动机加减速运行时，由于节气门开度的突变，进气流量相应地变化，使进气压力发生变化。因此，对进气管多点喷射（MPI）式电控汽油喷射系统来说，直接影响进气道内表面和进气门背面上形成的油膜的蒸发量，由此影响气缸内实际形成混合气的空燃比。当加速时，随进气量的增加，进气压力加大，作用在油膜表面上的压力升高，阻碍油膜的蒸发，使气缸内的混合气变稀；当减速时，则相反，随进气量的减少，进气压力降低，降低了作用在油膜表面上的压力，使其蒸发量增加，造成气缸内混合气变浓。因此，当发动机加减速时必须对喷射量进行相应的修正，否则会造成汽车加减速时的游车现象。具体修正量可根据不同发动机，通过台架标定试验来确定。缸内直喷（GDI）电控喷射系统就避免了这种加减速修正问题。

第二节　汽油机的燃烧过程

液体燃料燃烧的特点是，燃烧前首先将液体燃料通过雾化变成气态，然后气态的燃料与空气混合形成可燃混合气而燃烧，也就是说液体燃料的燃烧过程是以气态形式完成的。而液体燃料形成可燃混合气的过程，根据该燃料的性质不同而采取不同的方式。同时，由于不同燃料其着火特性不同，所以采用不同的着火方式。对于汽油机，根据汽油挥发性好、点燃温度低的特点，在进气过程中用喷油器将汽油喷入进气管或气缸内，并利用缸内的气流特性快速形成混合气，然后在接近压缩终了时点燃混合气。由于汽油机从喷射开始直到点火时刻为止混合气形成时间相对较长，而且汽油的挥发性好，所以在点燃之前气缸内基本上已形成均匀的可燃混合气，因而汽油机的燃烧过程可以认为是均匀混合气火焰传播的燃烧过程，这种燃烧过程主要包括点火过程和火焰传播过程。

一、点火过程

点火是通过外部能源在混合气某一点产生火焰中心（火焰核）的过程。到目前点燃式发动机都采用火花放电的点火方式。这种火花放电通过在火花塞两端施加 $15 \sim 30 \mathrm{kV}$ 的高压电，使火花塞电极击穿而产生。根据火花塞两端所施加的高压电的产生方式不同，点火系统可分为蓄电池-线圈点火系和无触点的晶体管点火系两种。前者是通过触点随发动机转速定期断开由蓄电池、触点及初级线圈组成的初级电路，此时在初级线圈中产生感应电压的同时，在次级线圈中产生与初级电流的有效值及次级线圈匝数成正比的高压电。而无触点晶体管点火系则利用晶体管的放大作用，通过多级放大实现高压电。实际火花点火过程是很复杂的，至今有许多方面仍不十分清楚。但整个火花塞放电过程可分为以下三个阶段来理解。

1. 击穿阶段

一般火花塞两个电极之间的间隙为 $0.8 \sim 1 \mathrm{mm}$，在普通电压条件下为绝缘。但当两端电极之间施加 $10 \sim 15 \mathrm{kV}$ 以上的电压时，电极之间的气体被击穿而产生离子流，离子流从火花塞负极流向正极，使得间隙阻抗迅速降低，形成一个很窄的圆柱状离子化气体通道使之导通，使局部温度高达 60000K，压力上升到几十个兆帕，形成一个强烈的激波向四周传播。在这一阶段，原来绝缘的气体被离子化而导通的过程称为击穿阶段，此时通过火花塞间隙的峰值电流高达 200A，但整个击穿阶段的时间极短，约为 10ns。

2. 电弧放电阶段

电弧放电阶段是指在击穿阶段的末期，在电极间隙处形成离子化气体的电流通道后，形成电弧的放电过程。此时电压较低，但电流仍很高。与击穿阶段的电极间隙处气体完全电离或离子化相反，在电弧放电阶段，离子化程度较低（约 1%）。由于击穿末期已离子化的等离子气体迅速膨胀，与外界的热交换和扩散作用增强，使其压力迅速下降，电弧中心区的温度降低到 6000K 左右。一般认为，在电弧放电阶段火焰核已形成，并开始传播。

3. 辉光放电阶段

随着电弧放电阶段，离子化气体通道的体积膨胀，离子化气体扩散而密度降低，并与外界进行热交换的作用，使离子化气体温度进一步降低到 3000K 左右，流通电流也低于 200mA，电极两端电压降到 300~500V。这一过程称为辉光放电阶段。在此阶段间隙处气体的离子化程度更低（低于 0.01%），而且绝大部分点火能量到此时已基本放完。在此阶段能量损失较大。

对车用发动机，由于工况变化范围较宽，而且不同工况气缸内混合气状态不同，所以所需点火能量也不同。对于静止的均匀的理论混合气点火能量只需要 0.2mJ 就可以可靠点燃，但实际发动机工作时，火花塞附近的气流状态、压力和温度以及空燃比等条件不同，因此所需要的点火能量不一样。为了保证起动、高低速等不同工况下可靠点火，一般要求点火系统保证提供 30~50mJ 的点火能量，而且随着节能与排放法规要求的日趋严格，为避免各种不同工况下发生缺火现象，以及改善点燃式发动机的循环变动，点火能量仍有不断提高的发展趋势。

二、正常燃烧过程

（一）正常燃烧过程的示功图分析

汽油机在接近压缩终了时，通过火花塞点燃均匀混合气使之燃烧放热的同时，工质的压力和温度迅速提高，由此推动活塞做功，实现热功转换。而这种能量转换的效率主要取决于燃烧放热过程。为了便于研究，从工程热力学角度，常用燃烧过程中气缸内工质状态参数的变化，如气缸压力随活塞位移（曲轴转角）的变化规律——示功图，来分析或评价这种燃烧过程。根据汽油机燃烧过程中气缸压力的变化特点，将其燃烧过程划分为以下三个阶段（图 5-3）。

第 I 阶段称为着火延迟阶段，是指火花塞跳火到缸内形成火焰中心的阶段（点火过程）。在此阶段主要形成火焰中心，气缸压力基本保持不变，所以又称为滞燃期。但一旦形成火焰中心之后火焰迅速向外传播，使气缸压力明显提高。因此，从示功图上把点火时刻开始至气缸压力明显脱离压缩线的点 2 所经历的时间或曲轴转角，作为滞燃期 τ_i

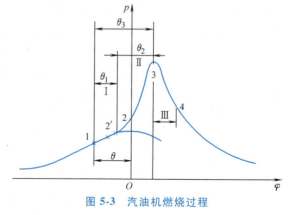

图 5-3　汽油机燃烧过程

（或着火延迟期）。滞燃期实际上就是通过点火过程形成火焰中心的过程。影响滞燃期 τ_i 的因素主要有以下几方面：

1. 燃料特性和空燃比

燃料中碳链长的烷烃类成分越多自燃性越好，滞燃期 τ_i 就越短。对确定的燃料，当空燃比 $\alpha = 11.76 \sim 13.23$（或 $\phi_a = 0.8 \sim 0.9$）时，化学反应速度最快，所以 τ_i 最短。

2. 点火时刻气缸内的压力和温度

压缩比越高，气缸内压力（混合气的密度）和温度越高，反应速度越快，所以 τ_i 缩短。但汽油机压缩比受爆燃的限制。

3. 残余废气量

残余废气是残留在气缸内的前一个循环的燃烧产物，是惰性气体，其热容高。所以残余废气量越多，混合气的化学反应速度越慢，τ_i 增加。

4. 气缸内气流强度

由于气缸内气流的存在，火焰中心不一定就在电极间隙处产生，也可能在火花塞电极间隙处附近。当气流强度过强，特别是火花塞附近的气流强度越强时，火焰中心的散热损失就会增加，所以 τ_i 增加。

5. 点火能量

发动机冷态或高速下是否可靠点燃，除了与火花塞附近的空燃比有关以外，还取决于点火能量。点火能量的提高，使得电极间隙处的混合气更容易被击穿而导通，所以 τ_i 缩短。

对蓄电池-点火线圈式点火系统，其点火能量一般与在初级电流切断之前初级线圈所储蓄的能量 E 成正比。线圈储蓄的能量 E 由式（5-1）表示，即

$$E = \frac{L_1 i_1^2}{2} \tag{5-1}$$

式中，L_1 为初级线圈的自感系数；i_1 为初级电流。

因此，对确定的点火系统，点火能量是通过初级电流来控制的。而流通初级线圈的电流 i_1，主要取决于初级电路的通电时间 t 和电源电压以及其阻抗 R_1，即

$$i_1 = \frac{V}{R_1} \left(1 - e^{-\frac{R_1}{L_1} t} \right) \tag{5-2}$$

式中，V 为施加在线圈上的两端电压；R_1 为初级线圈的阻抗；t 为通电时间（即通电开始到断电为止所经历的时间）。

当点火开关接通后，初级电流 i_1 按式（5-2）随时间按指数变化规律变化，而点火线圈的次级电压 E_B 又取决于切断初级电流 i_1 时的饱和电流 I。所以，为了保证足够的次级电压，要求通电时间 t 延长到 i_1 饱和为止。通常点火能量是通过初级线圈的通电时间来控制的。但是通电时间 t 越长，初级电流越大，同时由于电的热效应，使线圈发热。因此，通电时间的控制目标就是使通电时间控制在尽可能使初级电流达到饱和状态 i_1 而线圈又不过热的最佳闭合时间。

对点燃式发动机，由于不同工况气缸内的着火时间（图 5-3 中的 2 点）可以通过点火提前角 θ_{ig} 来控制，所以滞燃期 τ_i 的长短对汽油机工作影响不大。

第 Ⅱ 阶段称为明显燃烧期（或急燃期），是指从形成火焰中心（图 5-3 中的 2 点）至气缸压力达到最高点（图 5-3 中的 3 点）的阶段。该阶段主要以火焰传播形式烧遍整个燃烧

室，所以又称为火焰传播阶段。在这一阶段，火焰传播速度主要取决于层流火焰速度、混合气的湍流状态及燃烧室形状。由于均匀可燃混合气火焰传播速度快，压力急剧升高，其变化程度用压力升高率来评价，即用在明显燃烧期内平均气缸压力变化量 $\Delta p/\Delta\varphi$ 来表示，如式 (5-3) 所示。式中，p_3、φ_3 分别为气缸压力最高点 3 的气缸压力 (p_{zmax}) 和对应的曲轴转角；p_2、φ_2 分别为气缸压力明显脱离压缩线的点 2 的气缸压力和对应的曲轴转角，常用压缩上止点的状态来代替。火焰传播速度越快，明显燃烧期越短，燃烧等容放热程度就越高，发动机动力性、经济性越好，但 $\Delta p/\Delta\varphi$ 增加。当 $\Delta p/\Delta\varphi > 0.2 \sim 0.4\mathrm{MPa}/(°)$ 时，发动机工作粗暴，振动噪声增加。所以，为了保证汽油机工作柔和，一般将压力升高率限定在 $\Delta p/\Delta\varphi = 0.175 \sim 0.25\mathrm{MPa}/(°)$ 范围内。

$$\frac{\Delta p}{\Delta\varphi} = \frac{p_3 - p_2}{\varphi_3 - \varphi_2} \tag{5-3}$$

最高燃烧压力 p_{zmax} 相对活塞压缩上止点出现的曲轴转角位置 (图 5-3 中的 3 点)，对发动机的输出功率和燃油消耗率影响很大。如果 p_{zmax} 出现点 (图 5-3 中的 3 点) 过早，表明混合气过早点燃，导致活塞压缩负功增加，最高燃烧压力和压力升高率增加。这不仅使发动机动力性、经济性下降，而且会引起机械负荷、热负荷以及振动噪声增加。相反，如果 p_{zmax} 出现点远离上止点，表明混合气着火过迟，燃烧过程中活塞已下行，从而膨胀比减小，同时燃烧容积增加，燃烧高温膨胀期传热表面积增加而造成传热损失增多，所以循环热效率下降。因此，实际发动机常通过 θ_{ig} 来控制 p_{zmax} 出现的曲轴转角位置。

第Ⅲ阶段称为后燃期，是指从最高气缸压力点 (图 5-3 中的 3 点) 至可燃混合气基本上完全燃烧 (图 5-3 中的 4 点) 为止。明显燃烧期内大部分混合气已基本燃烧完毕，而温度较低的气缸壁附近和缝隙处的未燃物，以及火焰面上高温分解的产物等，这些未燃燃料分解物在膨胀过程中再次氧化而形成后燃。在后燃期随活塞加速下移，气缸容积迅速增加，气缸压力和温度下降，同时由于明显燃烧期内产生的燃烧产物的作用，使得燃烧速度降低。

后燃期内燃烧的量越多，排气温度就越高，表明在明显燃烧期内没有充分燃烧气缸内的混合气，或燃烧系统结构设计不良而造成激冷面或缝隙容积过大。所以，排气温度是评价燃烧过程好坏的一项重要评价指标。应尽量减少后燃期，以降低排气温度。

通过上述示功图，分析以下几个参数，对把握内燃机燃烧过程具有十分重要的意义，即：

1) 最高燃烧压力 (p_{zmax}) 及其对应的曲轴转角 ($\varphi_{p_{zmax}}$)，最高燃烧温度 (T_{max}) 及其对应的曲轴转角 ($\varphi_{T_{max}}$)。p_{zmax} 和 T_{max} 可代表燃烧过程中的机械负荷和热负荷，由 p_{zmax} 和 T_{max} 出现的各自曲轴转角位置 $\varphi_{p_{zmax}}$ 和 $\varphi_{T_{max}}$ 来评价燃烧过程组织得是否及时。

2) 最大平均压力升高率 $[(\Delta p/\Delta\varphi)_{max}]$ 及其对应的曲轴转角 ($\varphi_{\lambda_{max}}$)，最高放热率峰值 $(dQ_B/d\varphi)_{max}$ 及其对应的曲轴转角 ($\varphi_{q_{max}}$)。由此主要表明燃烧速度的控制情况。

3) 放热率曲线面心对应的曲轴转角 (φ_c)，用式 (5-4) 计算，由此表明放热规律的控制情况。φ_c 越小，表明燃烧越靠近上止点，燃烧的等容度和热效率就越高。

$$\varphi_c = \frac{\int_{\varphi_b}^{\varphi_e} \frac{dQ_B}{d\varphi}\varphi d\varphi}{\int_{\varphi_b}^{\varphi_e} \frac{dQ_B}{d\varphi}d\varphi} \tag{5-4}$$

（二）火焰传播速度

现代车用汽油机转速都很高，最高转速一般在 $n = 5000 \sim 8000 \mathrm{r/min}$ 范围内，燃烧时间极短，只有几毫秒，所以需要有足够快的火焰传播速度。一般通过火焰传播速度控制明显燃烧期，由此控制点燃式发动机的放热规律。火焰传播速度与气缸内的可燃混合气的燃烧速度和气流状态等有关。

1. 层流火焰传播速度 S_L

层流火焰传播速度是指火焰前锋面相对未燃混合气的相对速度，直接影响可燃混合气的质量燃烧速度。质量燃烧速度定义为单位时间内燃烧的混合气质量，可用式（5-5）表示，即

$$\frac{\mathrm{d}m}{\mathrm{d}t} = \rho_T S_L A_T \tag{5-5}$$

式中，ρ_T 为未燃混合气密度；S_L 为层流火焰传播速度；A_T 为火焰前锋面积。

所以，通过质量燃烧速度控制放热规律的主要措施有提高混合气的密度、改变火焰前锋面积和层流火焰传播速度。混合气密度的提高，主要通过增压中冷手段来实现，而火焰前锋面积与燃烧室结构设计有关。

对燃烧室结构和混合气形成方式已确定的发动机，燃烧速度与 S_L 成正比。而影响 S_L 的主要因素有燃料特性和气缸内压力及温度状态。实际计算时常用由式（5-6）表示的经验公式，即

$$S_L = S_{L0} \left(\frac{T_u}{298} \right)^{\alpha} \left(\frac{p}{101.3} \right)^{\beta} \tag{5-6}$$

其中

$$S_{L0} = 30.5 - \frac{54.9}{\phi_a}(1 - 1.21\phi_a)^2$$

$$\alpha = 2.18 - \frac{0.8}{\phi_a}(1 - \phi_a)$$

$$\beta = \frac{0.22}{\phi_a}(1 - \phi_a) - 0.16$$

式中，ϕ_a 为过量空气系数；p、T_u 分别为火焰前锋面前未燃气体的压力（kPa）和温度（K）。

当 $\phi_a = 0.8 \sim 0.9$ 时，层流火焰传播速度最快，所以质量燃烧速度达到最大，放热速度最高，使发动机输出功率最大，故称该浓度的混合气为功率混合气。当 $\phi_a = 1.03 \sim 1.1$ 时，S_L 降低不多，但混合气中有足够的氧气，促进完全燃烧，所以经济性最好，因此称这时的混合气为经济混合气。如果 ϕ_a 过大，混合气中燃料的含量过少，火焰带反应过程中放热量少，反应温度降低，S_L 减慢，热效率降低；当 $\phi_a > 1.3 \sim 1.4$ 时，火焰不能传播，称该过量空气系数为火焰传播下限；而当 $\phi_a < 0.4 \sim 0.5$ 时，混合气严重缺氧，火焰也不能传播，故称该过量空气系数为火焰传播上限。

拓展——双点点火火焰传播特性

因此，对由汽油和空气构成的预混合气而言，火焰能正常传播的着火界限范围为 $\phi_a = 0.4 \sim 1.4$。

2. 湍流火焰传播速度 S_T

湍流由宏观上具有一定流动方向的涡流运动和无数个小气团（微观）的无规则脉动运动组成。由气体质点所组成的小气团大小不一，流动速度、方向也不相同，但宏观流动方向一致，构成大尺度湍流。大尺度湍流使火焰前锋面发生扭曲，增大其面积，同时将火焰前锋面分裂成许多个燃烧中心，大大扩大了火焰前锋燃烧区的厚度 δ（图5-4）。同时，小尺度的湍流可加大火焰面中燃料分子与新鲜气体分子之间的相互渗透，加快湍流火焰传播速度。

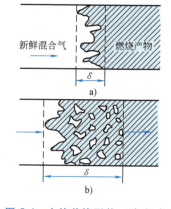

图5-4　火焰前锋形状（湍流时）

a）湍流较弱　b）湍流强烈

令湍流火焰传播速度 S_T 与层流火焰传播速度 S_L 之比为火焰速度比 $F_{SR} = S_T/S_L$，则

$$S_T = F_{SR}S_L \tag{5-7}$$

当发动机转速为 n（r/min），且气缸内湍流强度不高时，湍流火焰传播速度与层流火焰传播速度之间近似呈线性关系，由经验公式（5-8）表示，即

$$S_T = S_L(1 + 0.00197n) \tag{5-8}$$

对于预混合火焰，湍流火焰传播速度与雷诺数 Re 直接相关。当 $Re \leqslant 2300$ 时，火焰传播速度与 Re 无关，称为层流火焰传播或层流燃烧；当 $2300 < Re \leqslant 6000$ 时，燃烧速度与 $\sqrt{Re}$ 成正比，称为小尺度湍流燃烧，此时火焰前锋面在弱湍流的作用下变成凹凸不平的皱状，由此提高火焰前锋面积，所以将这种火焰又称为皱状火焰（图5-5a）；当 $Re > 6000$ 时，燃烧速度与 Re 成正比，称为大尺度湍流燃烧，此时小标度涡使流速梯度增加，皱状的层流火焰不稳定，形成燃烧气体块和未燃气体块的混合体，反应带厚度增加，即火焰带背后渗透部分未燃气体块，形成层流火焰和分散火焰混合燃烧模式，所以将这种火焰又称为进入分散火焰前的过渡火焰（图5-5b）；当湍流强度进一步增强时，强大的涡流改变层流火焰结构和性质，使燃气块和未燃混合气块相混合，形成未燃混合气块全部被高温燃气包围而燃烧的分散反应燃烧模式，称这种火焰为分散火焰（图5-5c）。分散火焰是火焰吹熄前的火焰，当湍流过强时，不仅反应带的散热强度增加，而且分散火焰（未燃气块）被已燃气体包围，使反应速度降低，最终导致吹熄。

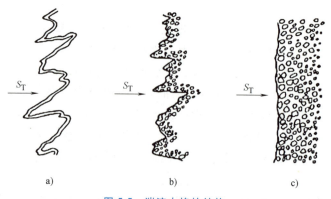

图5-5　湍流火焰的结构

a）皱状火焰　b）过渡火焰　c）分散火焰

3. 火焰传播速度 S_f

这里定义火焰传播速度为火焰前锋面相对燃烧室壁面传播的绝对速度，可用式（5-9）计算，即

$$S_f = S_T + S_e \tag{5-9}$$

式中，S_e 为已燃区的膨胀速度，有

$$S_e = \frac{1}{A_f}\left(\omega\,\frac{V_b}{V}\,\frac{\mathrm{d}V}{\mathrm{d}\varphi} - A_p v_p\right) \tag{5-10}$$

式中，A_p、v_p 分别为已燃区在活塞上的投影面积和活塞速度；V_b 为已燃区体积；V 为气缸容积；ω 为曲轴角速度。

在发动机实际燃烧过程中，火焰传播速度与湍流强度之间并非线性关系。但在湍流强度不高时，两者之间呈线性关系。当湍流达到一定强度后，随湍流强度的增加，火焰传播速度呈非线性增加。如果湍流过强，火焰传播速度有可能随湍流强度的增加而降低。所以，有效组织湍流是提高火焰传播速度的重要措施，但太强的湍流不仅不利于提高火焰传播速度，反而会使火焰在传播过程中猝熄，这也是造成 HC 排放增加的原因之一，故必须根据发动机实际工况的需求组织适当强度的湍流。

（三）不规则燃烧现象

不规则燃烧现象是指汽油机在稳定正常运转的情况下，每个循环之间的燃烧变动和各缸之间的燃烧差异。这是点燃式发动机燃烧过程的一大特征。

1. 燃烧循环变动

燃烧循环变动是指发动机在某一稳定工况下，每个循环的燃烧过程随机变化的现象，具体体现在每循环火焰传播情况、气缸压力及发动机性能不同（图 5-6）。

循环变动产生的主要原因是，尽管点火时刻、点火能量以及稳定工况下气缸内混合气的空燃比和气流状况理论上是一定的，但实际上对每个循环，由于火花塞附近的空燃比、气流状态（湍流强度）以及点火能量等随机性变动，使着火延迟期长短不同，造成整个燃烧过程及示功图形状不同。由于这种循环变动的存在，每个循环的点火提前角不可能都处在最佳值，所以直接影响发动机的动力性和经济性。当混合气较稀或小负荷低转速运行时，这种循环变动更大。

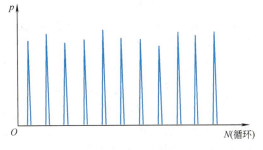

图 5-6　循环变动梳状图

一般发动机的最佳点火提前角是根据平均循环的要求确定的，所以循环变动大时，表明绝大多数循环将不一定是最佳值。而且压缩比和燃料辛烷值是根据最倾向于爆燃的条件确定的，因此燃烧循环变动的存在影响压缩比的提高。所以，应尽可能地减小燃烧循环变动，这对改善汽油机性能具有很重要的意义。

循环变动时，与燃烧相关的参数都在变动，主要有最高燃烧压力（p_{zmax}）及其对应的曲轴转角（$\varphi_{p_{zmax}}$）、最大平均压力升高率 $\left[(\Delta p/\Delta\varphi)_{max}\right]$ 及其对应的曲轴转角（$\varphi_{\lambda_{max}}$）、发动机平均指示压力（p_{mi}）、最大燃烧速度、火焰半径及火焰前锋面积等。这些参数的变化直接造成 CO、HC 及 NO_x 排放量的变动。

但是，作为评价循环变动的参数时，由于气缸压力容易测量而且直观，所以常用最高燃烧压力的变动系数或平均指示压力的变动系数来评价循环变动。

最高燃烧压力的变动系数为

$$CoV_{p_z} = \frac{\sigma_{p_z}}{\bar{p}_z} \qquad (5-11)$$

其中

$$\sigma_{p_z} = \sqrt{\sum_{i=1}^{N} \left(p_{zi} - \bar{p}_z \right)^2 / N}$$

式中，N 为循环数；$\bar{p}_z$ 为 N 次循环最高燃烧压力的平均值。

平均指示压力的变动系数为

$$CoV_{p_{mi}} = \frac{\sigma_{p_{mi}}}{\bar{p}_{mi}} \qquad (5-12)$$

其中

$$\sigma_{p_{mi}} = \sqrt{\sum_{i=1}^{N} \left[p_{mi(i)} - \bar{p}_{mi} \right]^2 / N}$$

式中，N 为循环数；$\bar{p}_{mi}$ 为 N 次循环平均指示压力的平均值。

一般要求 $CoV_{p_{mi}} \leqslant 10\%$。

改善循环变动的主要措施，是尽可能保证火花塞附近的空燃比、点火时刻、点火能量以及气流状态等影响着火条件的参数最佳且保持恒定不变。

2. 各缸不均匀性

燃烧循环变动是描述某一气缸燃烧的不稳定性，而各缸不均匀性是评价多缸发动机在稳定工况下各气缸之间的工作不均匀性。这种不均匀性是由于各缸之间存在空燃比及充气量的差异而造成的。对外部混合气形成方式的发动机而言，产生这种各缸不均匀性的主要原因是，各缸之间存在因各缸进气歧管结构的差别而造成的进气阻力的差异、进气道内表面油膜及其蒸发条件的差异、大小不一的雾化油粒；而且进气重叠引起的各缸之间的进气干涉等现象，导致各缸进气量、进气速度和湍流状态等不能完全一致。由于实际情况非常复杂，很难做到各缸混合气的均匀分配，造成各缸之间充量和空燃比不同。因此，多缸汽油机各缸不可能都在统一的最佳状态下工作，使各缸输出功率不一致，从而影响发动机的动力性、经济性及排放特性。同时，各缸不均匀性也是引起曲轴转速不均匀从而造成车辆振动的主要因素。

汽油机实现电控多点喷射以后，进气管可按动力性要求设计，使得各缸进气歧管形状和长度基本保持一致，有效地改善了各缸不均匀性。但是因进气管喷射而造成的进气道内壁以及进气门处油膜的存在，各进气歧管、进气道的温度状态、各缸湍流状态及各缸冷却强度等的不完全一致性，使各缸不均匀性在一定程度上仍然存在。汽油机缸内直喷（GDI）技术的开发与应用，将进一步改善各缸的不均匀性。

（四）燃烧室壁面的熄火作用

在正常燃烧过程中，火焰前锋面传播到燃烧室壁面时，由于燃烧室壁面（如气缸壁）的冷却作用，使火焰温度降低而造成熄火，中断火焰传播。这种现象称为燃烧室壁面的熄火作用。构成燃烧室的气缸壁、气缸盖上均布置冷却水进行冷却，所以接近燃烧室壁面时散热损失增加，热量不易积累，很容易引起链锁反应中断而生成大量的 HC（未燃烃）。所以，燃烧室壁面的熄火作用是汽油机产生 HC 排放物的主要来源之一。当为理论混合气时，熄火厚度最小；混合气加浓或变稀，都使熄火厚度增加；增大负荷或提高燃烧温度和压力，或加强缸内湍流强度，都可以减小熄火厚度。减小燃烧室的面容比 A/V 可以有效地降低汽油机的 HC 排放。

三、不正常燃烧

汽油机的不正常燃烧现象主要有爆燃和表面点火。

1. 爆燃

爆燃是指火花塞点火后，离火花塞最远的末端气体受到火焰前锋面的热辐射和压缩作用，使其压力、温度升高而导致在火焰前锋面到达之前自行燃烧的现象。产生爆燃后的特征是缸内燃烧速度极快，可达每秒数百米，造成很大的压力梯度和温度梯度，从而形成缸内压力冲击波。在示功图上，在明显燃烧期后期气缸压力出现高频大幅度的波动（图 5-7）。

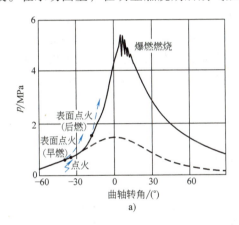
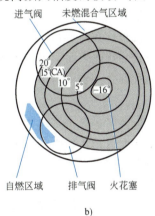

图 5-7 爆燃燃烧

a）示功图 b）火焰传播模型

发生爆燃时一般发出高频的金属敲击（敲缸）声，这种声音是压力冲击波在气缸内传播时撞击气缸壁而产生的。轻微爆燃时，自行燃烧的末端气体量很少，燃烧速度加快，从而发动机的功率有所增加。但强烈爆燃时，发动机功率下降，经济性恶化，工作不稳定，而且压力冲击波破坏气缸壁表面附面层，使高温燃气直接向气缸壁传热，造成发动机过热，甚至造成活塞、气门和火花塞绝缘体等的烧损。故汽油机不允许在严重爆燃的情况下工作。

根据末端气体在火焰前锋面到达之前自行燃烧的特点，产生或控制爆燃的条件，可以用点火开始到火焰传播到达末端气体所需时间 t_1 和点火开始到末端气体自行燃烧所经历的时间 t_2 来判断或控制。当 $t_1 > t_2$ 时可认为发生爆燃。所以，凡是使 t_1 延长或 t_2 缩短的因素，均使爆燃倾向增加。反之，从控制爆燃角度，应尽可能缩短火焰传播时间 t_1 或延长末端气体自燃所需时间 t_2。

影响爆燃的主要因素如下：

（1）燃料的性质 燃料的辛烷值越高，抗爆性越强。

（2）末端气体的温度和压力 使末端气体的压力和温度提高的因素，均使爆燃倾向增加。如压缩比的提高或增压，都使气缸内压力和温度升高，因此爆燃倾向增加；气缸或缸盖冷却不均匀，使某一缸温度偏高，造成该气缸的爆燃倾向增加。

（3）负荷和转速　一般随发动机转速的增加，气缸内气流速度加快，火焰传播速度提高，所以爆燃倾向减小。低速大负荷工况时，火焰传播速度减小，但是发动机温度高，所以爆燃倾向增加。当低速大负荷工况下发生轻微爆燃时，提高发动机转速可自然消除爆燃。

（4）气缸直径 D　气缸直径越大，火焰传播距离越长，爆燃倾向增加。所以，一般汽油机的气缸直径限制在 120mm 以内。这也是汽油机功率覆盖范围受限制的主要原因。

随着汽油机强化指标（升功率）的不断提高，在汽油机上逐渐采用增压技术，或提高压缩比。但这些强化技术势必导致爆燃倾向增加，而且发生爆燃的时刻提前，爆燃强度增大，甚至导致"超级爆燃"。所谓"超级爆燃"是在汽油机强化技术（增压或提高压缩比）条件下发生超强度爆燃现象。现阶段防止"超级爆燃"的有效技术措施就是采用米勒循环（参见本章第五节）。

2. 表面点火

凡是不依靠火花塞点火，而是由燃烧室内部炽热表面点燃混合气的现象，称为表面点火。当发动机长期在高负荷工况下工作时，燃烧室内的排气门、火花塞裙部以及积炭等沉积物往往可以成为炽热表面。表面点火的主要特点是，炽热表面积比点火表面积大，所以燃烧速度快，而且混合气着火时刻不可控。根据表面点火发生时刻不同，表面点火又可分为早燃和后燃。

早燃是指在火花塞正常点火之前发生表面点火的现象。由于点火提前，点火表面积又大，燃烧速度加快，气缸压力和温度迅速升高，造成发动机工作粗暴。而且压缩负功增大，向气缸传热损失增多，循环热效率降低，输出功率下降。同时，早燃可诱发爆燃，爆燃又会使更多的炽热表面温度升高，促使更剧烈的表面点火，两者互相促进，危害更大。

与爆燃不同，早燃是正常点火之前由炽热表面点火，所以发生在明显燃烧期的前期，虽然燃烧速度快，压力升高率及最高燃烧压力明显增加（图 5-8），但仍以火焰传播形式燃烧，所以没有高频的压力冲击波，对外表现出低频沉闷的声音。

后燃是指在火花塞正常点火之后发生表面点火的现象。此时炽热表面温度较低，火花塞点火以后，在火焰传播过程中，炽热表面受到火焰前锋面的热辐射而被加热，使其温度达到点燃温度以后再点燃其余的混合气，因此相当于两次点火。此时火焰前锋面仍正常传播，促进明显燃烧期中后期的燃烧速度。虽然后燃对发动机影响不大，或在某种程度上可能会提高发动机性能，但是由于燃烧室内部已经形成炽热表面，使得零件的热负荷增加，影响其工作寿命和可靠性。同时，后燃一旦发生，即使发动机停火，发动机仍像有火花塞点火一样继续运转，直到炽热表面温度降低到一定程度，不能再点燃为止，发动机才能停止运转。

凡是能促使燃烧室温度和压力升高，以及促使积炭等炽热表面形成的一切条件，如高压缩比、增压，以及高转速、浓混合气下运行等，都有可能引发表面点火。

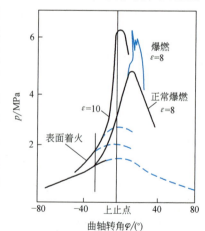

图 5-8 非正常燃烧与正常燃烧时的示功图比较

四、使用因素对燃烧过程的影响

1. 空燃比

发动机燃烧过程的好坏，直接表现在发动机对外输出的性能上。所以，混合气对燃烧过程的影响，可通过燃料调整特性来评价。所谓燃料调整特性，是指当汽油机转速和节气门开度一定，点火提前角及发动机温度状态已调整到最佳状态时，发动机的性能随空燃比（过量空气系数）的变化规律。空燃比可通过改变燃料喷射量来调节。图5-9所示为在某一转速和负荷（节气门开度）下，喷射量对性能的影响。

如前所述，在功率混合气（$\phi_{aP} = 0.80 \sim 0.90$）时，滞燃期最短，燃烧速度最快，发动机输出功率达到最大值。当 $\phi_a < \phi_{aP}$ 时，在火焰带内因氧气不足而层流火焰传播速度降低，压力、温度降低，燃烧时间延长，传热损失和不完全燃烧损失增加，所以功率下降，燃油消耗率增加，而且 CO 和 HC 排放也明显增加。而在经济混合气（$\phi_{ab} = 1.03 \sim 1.1$）下，虽然相对功率混合气，燃烧速度慢一些，但降低不多；相反，此时对喷入的燃料而言，氧气相对充足，促进燃料完全燃烧，使循环热效率达到最高，所以燃料消耗率最低，但功率有所降低，而且因燃烧温度高、氧气含量多，使得 NO_x 排放也达到最大值。表明这种混合气形成和燃烧方式不能兼顾动力性、经济性及排放特性。

另外，在气缸内燃料、空气和残余废气不能绝对均匀混合，所以不可能刚好在理论混合气（$\phi_a = 1$）下实现完全燃烧，而是在比理论混合气偏稀的经济混合气下热效率达到最大。但是，如果混合气过稀，使 $\phi_a > \phi_{ab} = 1.03 \sim 1.1$ 时，随着 ϕ_a 的增加，层流火焰传播速度明显降低，燃烧过程拉长，使热效率明显降低，造成功率下降，燃油消耗率增加，HC 排放增加。

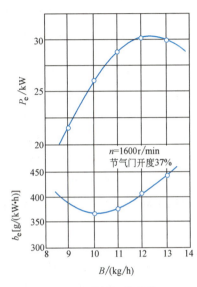

图 5-9　燃料调整特性

这就说明，均质混合气的燃烧过程，空燃比（过量空气系数）对发动机性能影响很大，必须精确控制。氧传感器反馈控制式电控汽油喷射系统在常用工况下将空燃比控制在理论混合气上，其主要原因是由于三效催化转化器只有空燃比在理论混合气附近的狭窄窗口范围内，才能同时有效地净化 CO、HC 和 NO_x 排放物。因此为了降低排放，在经济性上就要有所牺牲。当要求输出最大转矩时，停止氧传感器的反馈控制，使空燃比控制在功率混合气上。

2. 点火提前角

如前所述，由于汽油机整个燃烧过程不是瞬间完成的，而是存在滞燃期、明显燃烧期和后燃期等燃烧过程。所以，为了保证燃烧过程尽可能在上止点附近完成，以提高膨胀比，获得更大的做功能力，往往在压缩上止点前某一曲轴转角进行点火。点火时刻相对上止点所对应的曲轴转角为点火提前角。如果点火提前角过大，燃烧提前，使得活塞压缩负功、压力升高率及最高燃烧压力增加，循环热效率降低，工作粗暴，而且发动机机械负荷和热负荷增加；反之，点火提前角过于推迟，则燃烧过程滞后，更多的混合气在膨胀过程中燃烧，后燃增多，使得工质的做功能力降低，同时散热损失增加，因而循环热效率也降低。所以，每一工况都存在对应的最佳点火时刻。

为了确定不同工况所对应的最佳点火时刻，制取点火提前角调整特性（简称点火调整特性），以分析点火提前角对发动机性能的影响。所谓点火调整特性，是指当汽油机转速和节气门开度一定，空燃比及发动机温度等条件一定时，发动机的性能随点火提前角的变化规律。图 5-10 所示为点火提前角调整特性。

在点火调整特性上，当转速负荷一定时，因空燃比不变，所以燃油消耗量 B 也一定。所以，随着点火提前角（θ_{ig}）的变化，当输出功率达到最大值 P_{emax} 时，由 $b_e = 1000B/P_e$ 的关系，燃油消耗率也同时达到最低值 b_{emin}。因此，把对应输出功率最大 P_{emax} 同时燃油消耗率最低 b_{emin} 的点火提前角，确定为最佳点火提前角。由于最佳点火提前角随工况而变化，所以有必要根据不同工况确定所对应的最佳点火时刻。

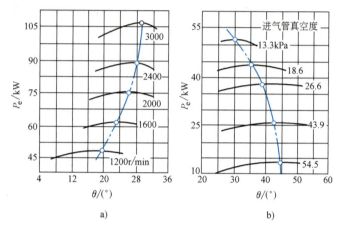

图 5-10　点火提前角调整特性
a）节气门全开时　b）$n = 1600r/min$ 时

3. 转速

当发动机转速增加时，气缸内的湍流强度增加，火焰传播速度提高，所以燃烧过程所占的时间 t 及一个循环所占的时间都会缩短，爆燃倾向减小。但是，根据曲轴转角和时间的对应关系 $\theta = 6nt$，相对转速 n 的变化，燃烧过程所占时间 t 的变化量很小，故随转速 n 的升高，燃烧所对应的曲轴转角 θ 加大，所以最佳点火提前角也随之增加（图 5-10a）。

4. 负荷

汽油机是"量调节"，根据汽车行驶过程中不同转矩的需求，通过节气门开度来调节负荷的大小。当转速一定、增加负荷时，节气门开度加大，进入气缸的新鲜充量 m_1 增多，残余废气系数 ϕ_r 减小。故残余废气对混合气的稀释及阻碍燃烧的作用减轻，燃烧条件随负荷的增加而逐步得到改善，燃烧过程所占的时间 t 缩短，由 $\theta = 6nt$，燃烧过程所占的对应曲轴转角减小，所以需要相应地减小最佳点火提前角（图 5-10b）。但随负荷的增大，气缸压力和温度升高，爆燃倾向增加。

第三节　汽油机燃料喷射量的控制

汽油机混合气的形成是其火焰传播燃烧的准备过程。自从在汽油机上普及电控汽油喷射技术以来，汽油机混合气形成过程中液体燃料的雾化已不成问题，而更重要的是根据工况的变化如何精确地控制燃油喷射量，以精确控制空燃比的问题。由于电控汽油喷射系统的控制策略不同，电控汽油喷射系统及其对燃油喷射量的控制方法有所区别。

一、电控汽油喷射系统

1. 电控汽油喷射系统的分类

电控汽油喷射系统（Electronic Fuel Injection，EFI），根据进气流量的测试方式可分为质量流量式、速度-密度式和节气门-速度式三种。其中，质量流量式是通过空气流量计直接测量进入气缸的空气质量流量。根据所采用的空气流量计的不同，质量流量式又分为板式、热线式（热膜式）和卡门涡式三种。板式空气流量计是电控汽油喷射系统的初期产品，现阶段不常用。速度-密度式是通过发动机转速和进气压力推算进入气缸的空气量。而节气门-速度式是根据节气门开度和发动机转速来推算进入气缸的空气量。

对上述三种电控汽油喷射系统，根据喷油器的喷射位置不同又分为缸内直喷（GDI）式和进气管喷射（PFI）式两种。缸内直喷式是将喷油器安装在气缸盖上直接向气缸内喷射燃料的方式，所以喷油器受燃气的高温、高压的影响，而且在结构设计及布置上要求保证喷油器的安装空间。进气管喷射式根据喷油器的安装位置又分为单点喷射（SPI）和多点喷射（MPI）两种。

（1）单点喷射　单点喷射式是指在节气门体上安装一只或两只喷油器，向进气总管进行喷射而形成可燃混合气的方式。单点喷射式发动机的性能介于化油器式和多点喷射式发动机的性能之间，是混合气形成方式从化油器式过渡到电控多点喷射式的过渡产品。其特点是由于喷油器的安装位置离气缸距离较远，因此喷油器工作时受温度的影响较小，不易产生气阻现象，而且成本也低。但是，进气管设计自由度受限制，不能有效地改善各缸均匀性，所以已被淘汰。

（2）多点喷射　多点喷射式是在每缸进气歧管上都安装一个喷油器，各缸喷油器互相独立。因此，进气管设计自由度大，可按动力性设计，可有效地改善各缸均匀性。但是由于喷油器安装位置离气缸近，所以受气缸温度的影响而易产生气阻现象。

目前已经普及的电控汽油喷射系统，其喷射方式采用间歇式，特点是喷油器为封闭式。当需要喷油时开启喷油器针阀进行喷射，并通过喷油器针阀开启持续时间（脉宽）来控制喷射量。

间歇式喷射方式按喷油器的喷射时期又分为同期喷射和非同期喷射。

（1）同期喷射　同期喷射式包括独立（顺序）喷射、同时喷射和分组喷射三种。这种喷射方式的特点是，喷射时刻是根据不同转速下的曲轴转角位置来确定的，因此喷射时刻与发动机转速同步。

1）独立（顺序）喷射是各缸将每次燃烧所需要的燃料量，按发火顺序在每一个气缸最合适的喷射时刻依次独立喷射的方式。这种喷射方式可以扩大稀薄燃烧的空燃比界限，可有效地提高经济性。但是由于各缸独立控制，所以需要气缸判别信号和与气缸数相同的喷油器驱动电路，结构相对复杂。

2）同时喷射是每个工作循环各缸的所有喷油器同时喷射的一种喷射方式。这种喷射方式只限于进气管喷射式，不需要气缸判别信号，且喷油器驱动电路可以共用，所以结构简单。但是对四缸汽油机每缸喷油器在每个循环均喷油四次，其中三次是分别陪同其他三个气缸的进气过程而喷油的，故对油耗及 HC 排放不利。

3）分组喷射是按发火顺序将各缸分组进行喷射的方式，如四缸机，四个缸分两组，每个循环每组两个缸各同时喷射两次。其性能介于独立喷射和同时喷射之间。

（2）非同期喷射　非同期喷射式是喷射时刻与发动机转速不同步的一种随机性的喷射方式，常用于起动、急速或急加速等工况，由此提高过渡响应特性。

喷射方式按喷射压力可分为高压喷射和低压喷射。这里喷射压力是指向喷油器供给的油压（轨压）和安装喷油器位置上的进气压力之差。

（1）高压喷射　当喷射压力大于或等于 200kPa 时称为高压喷射。高压喷射的特点是不易形成气阻现象，主要用于多点喷射。

（2）低压喷射　当喷射压力小于 200kPa 时称为低压喷射。低压喷射方式容易产生气阻现象，主要用于喷油器工作温度较低的单点喷射上。

不同喷射方式的性能比较见表 5-1。

表 5-1　不同喷射方式的性能比较

类　　型	基　本　性　能					其　他　特　性			安装性	成　本
	功率	空燃比精度	响应特性	EGR 的影响	可靠性	高原修正	对增压的影响	氧传感器的必要性		
卡门涡式	较好	好	较好	好	好	一般	较好	较好	一般	一般
板式	一般	好	一般	好	一般	一般	较好	较好	一般	一般
热线式	较好	好	较好	好	较好	较好	较好	较好	较好	一般
节气门-速度式	好	一般	较好	一般	一般	一般	一般	差	好	好
速度-密度式	好	一般	较好	一般	好	较好	较好	差	好	较好

2. 电控汽油喷射系统的组成

电控汽油喷射系统主要由空气系统、燃料系统和控制系统三大部分组成，如图 5-11 所示。其中质量流量式电控汽油喷射系统的空气系统由空气滤清器（图中略）、空气流量计、节气门体、空气阀及稳压箱等组成，其主要作用是控制和计量进入气缸的空气量，保证一定量的清洁空气进入气缸。燃料系统主要由燃油箱、燃油泵、燃油滤清器、调压器及喷油器组成，其主要作用是根据发动机不同工况实际进入气缸的空气量，由 ECU 发出的控制指令，定时定压地将清洁的定量燃油喷入气缸，以精确控制空燃比。其中调压器安装在共轨中，以

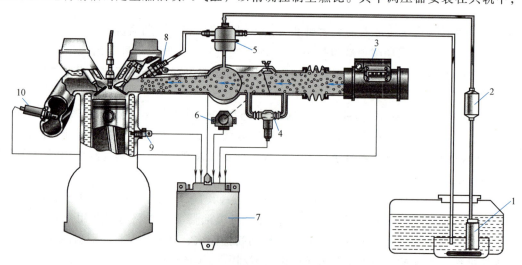

图 5-11　质量流量式喷射系统

1—燃油泵　2—燃油滤清器　3—空气流量计　4—快急速系统　5—调压器　6—节气门位置传感器
7—ECU　8—喷油器　9—冷却液温度传感器　10—氧传感器

控制燃油压力相对进气压力之差一定，即始终保持设定的喷射压力（如 250～300kPa）。对于缸内直喷汽油机，提高喷射压力，有利于在改善经济性的同时减少微粒排放。随着节能和排放法规标准的日益严格，汽油机的喷射压力近年来也有不断提高的趋势，最大喷射压力已达到了 40MPa。控制系统主要由传感器、输入/输出电路及微机等组成，是控制系统的指挥部。控制单元 ECU 根据来自传感器的信息，进行工况判断、演算，并向执行器输出控制指令。执行器包括喷油器、点火器等。喷油器根据 ECU 的控制指令确定喷油器的开启时刻和关闭时刻，由此控制喷射时刻和喷射脉宽；点火器则根据 ECU 的控制指令确定最佳点火时刻。

二、质量流量式电控汽油喷射系统的喷射量控制

如前所述，电控汽油喷射系统对混合气的控制，实际上是根据空气流量计所测量的不同工况实际进入气缸的空气量，由 ECU 演算出对应该工况目标空燃比的燃油喷射量，并使之转换为脉宽信号以后向喷油器发出控制指令，以达到控制目标空燃比的目的。所以对喷油器喷射量的控制，首先需要确定目标空燃比，然后根据进气量控制喷射量。

（一）目标空燃比的确定

目标空燃比是综合考虑发动机的动力性、过渡响应特性、排气净化特性及燃油消耗率等特性来确定的。目前，在进气管多点喷射为主的电控汽油喷射系统，和以预混合燃烧为主的缸内直喷式电控汽油喷射系统中，考虑到利用三效催化转化器来同时净化 CO、HC 和 NO_x 排放物，以适应排放法规的要求，将常用工况的目标空燃比严格定义在理论空燃比上。但对起动、怠速及加减速等不适合用于三效催化转化器的工况所对应的目标空燃比，则事先通过台架标定试验来确定。而缸内直喷式稀薄燃烧的电控汽油喷射系统的目标空燃比，则取决于所能达到的稀薄燃烧稳定控制技术水平。

（二）进入气缸空气量的确定

如前所述，由于进入气缸空气流量的确定方式不同，电控汽油喷射系统分为质量流量式、速度-密度式及节气门-速度式三种，而且所采用的控制方法也不同。

质量流量式电控汽油喷射系统由于空气流量计的不同，其测量空气质量流量的原理也不一样。

1. 热线（膜）式（Hot Wire Type）空气流量计

热线式流量计是利用放置在进气流场上的热线（导线）向流体传递的热量与流场空气质量流量成比例的关系来进行测量的。

图 5-12 所示为热线式空气流量计及其测量原理示意图。在空气流场中放置的一根发热体（热线），向周围流动空气放热而被冷却。根据热线与空气流之间的传热现象，设表面传热系数 α 为

$$\alpha = a + b\sqrt{q_m} \tag{5-13}$$

式中，a、b 为常数；q_m 为空气质量流量。

对热线，由热平衡关系，热线由电热效应产生的热量与其向周围空气传递的热量相等，即

$$VI = \alpha A(T_H - T_a) = (a + b\sqrt{q_m})A(T_H - T_a) \tag{5-14}$$

式中，A 为热线传热表面积；T_H 为热线温度；T_a 为空气温度；I 为流经热线的电流；V 为热线两端电压。

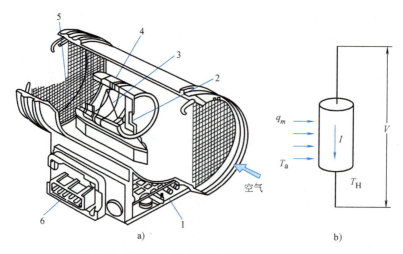

a)　　　　　　　　　　　　　　　　　　　b)

图 5-12　热线式空气流量计及其测量原理示意图

a）热线式空气流量计　b）测量原理

1—电路　2—温度传感器　3—热线　4—采样管　5—防止回火栅　6—插座

当热线与空气流的温差（$T_H - T_a$）保持一定时，有 $VI \propto a + b\sqrt{q_m}$，又因 $V = IR$，所以

$$I \propto \sqrt{a + b\sqrt{q_m}} \tag{5-15}$$

即流经热线的电流大小与空气质量流量 q_m 成比例。所以通过单臂电桥控制流经热线的电流，使温差（$T_H - T_a$）保持一定，此时测量流经热线的电流的大小，就可求得进入气缸的空气质量流量。

热膜式空气流量计的测量原理和热线式空气流量计完全一样。但在结构上，热膜式传感器不使用铂丝作为热电阻，而是将铂电阻、补偿电阻和精密电阻等用厚膜工艺制作在同一陶瓷基片上构成热膜，由此降低制造成本。而且发热体不直接承受进气流动所产生的作用力，从而增加了发热体的强度，不但使热膜式空气流量计的可靠性和使用寿命得到进一步的提高，而且也使测量误差减小，测量更稳定，克服了热线式空气流量计的高速气流对热线冲击使其颤动而造成测量信号不稳定的缺点。

热膜式空气流量计具有进气阻力小、响应速度快、测量精度高且耐用等特点，并且可以识别进气回流，消除进气脉动对测量精度的影响。因此，热膜式空气流量计可提高进气质量流量的测量精度，有利于更精确地控制空燃比，所以对日益严格的排放法规具有更好的适应性。所以，现在车用汽油机电控系统多采用热膜式空气流量计。

2. 卡门涡式空气流量计

卡门涡式空气流量计的结构如图 5-13 所示。在层流流场中放置一个涡发生体时，在其后按一定频率产生一个涡群，这种涡群称之为卡门涡。卡门涡产生的频率 f 与层流速度成正比，即

$$f = Sr\frac{v}{d} \tag{5-16}$$

式中，Sr 为斯特劳哈尔常数，当雷诺数 $Re = 10 \sim 10^4$ 时，$Sr = 0.138 \sim 0.148$；d 为涡发生体的特征尺寸；v 为层流速度。

实际流场一般都是湍流状态，所以为了满足卡门涡频率式（5-16）成立的条件，在发动机进气系统中先通过整流器将进气流动进行整流，将雷诺数控制在 $Re = 10 \sim 10^4$ 范围内，由此保证 Sr 为常数（$0.138 \sim 0.148$）。这样，当测量系统结构参数一定时，由式（5-16）通过测量卡门涡频率 f，就可以计算出进入气缸的空气流速 v，再根据卡门涡式空气流量计的流通截面面积 A，可求得进入气缸的空气的体积流量 q_V，即

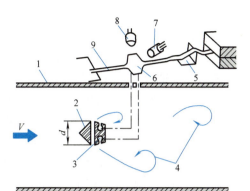

$$q_V = Av = \frac{Ad}{Sr}f = K_1 f \qquad (5\text{-}17)$$

其中，$K_1 = Ad/Sr$。

图 5-13　卡门涡式空气流量计的结构
1—测量管　2—涡发生体　3—导压孔
4—卡门涡　5—板弹簧　6—反射镜
7—光电二极管　8—LED　9—支撑杆

另外，在标准大气条件（p_0，T_0）下的进气密度为 ρ_0，此时流经卡门涡式空气流量计的质量流量为 $q_{m0} = \rho_0 q_V$。而当进气压力、温度及密度分别为 p、T、ρ 的任意条件下，实际进入气缸的空气质量流量为 $q_m = \rho q_V$。对卡门涡式空气流量计，进气密度的变化不影响测量结果。所以，考虑到状态方程 $p/\rho = R_g T$，有

$$\frac{q_m}{q_{m0}} = \frac{\rho q_V}{\rho_0 q_V} = \frac{\rho}{\rho_0} = \frac{T_0}{T}\frac{p}{p_0} \qquad (5\text{-}18)$$

在标准大气条件下，p_0、T_0、ρ_0 均为常数，所以把式（5-18）改写为

$$q_m = K_2 \frac{p}{T} q_V = K \frac{p}{T} f \qquad (5\text{-}19)$$

式中，K_2 为常数，$K_2 = T_0 \rho_0 / p_0$；$K = K_1 K_2$。

可见，只要测出卡门涡频率就可以求得进气体积流量，同时测量进气压力和温度，即可求得进气质量流量。

（三）喷射量的控制

喷射量的控制是 ECU 根据发动机不同工况所测量的实际进入气缸的空气量和对应该工况的目标空燃比，按式（5-20）求出该工况所必要的燃油喷射量之后，向喷油器发出相应的控制指令，即喷油器开启持续时间（喷射脉宽）来完成喷射量的控制，即

$$G_f = \frac{G}{\alpha_T} \qquad (5\text{-}20)$$

式中，G_f 为每个循环燃烧所必要的燃油量（kg）；G 为每个进气行程进入气缸的空气质量（kg）；α_T 为目标空燃比。

喷油器的喷射量 G_f 取决于喷油器的喷孔直径、孔数、喷油器针阀升程、喷射压力和喷油器的开启持续时间。当喷油器的结构已经确定，并通过燃料供给系统中设置的调压器保证喷射压力为常数以后，喷油器的喷射量就单值地与喷油器的实际喷射脉宽 T_i 成正比，即 $G_f = K_0 T_i$（K_0 为常数）。所以，实际上 ECU 是根据发动机工况的变化，通过控制实际喷射脉宽 T_i 来完成对喷射量的控制的。

一般，除起动等过渡工况以外，T_i 可表示为

$$T_i = T_p F_c + T_v \tag{5-21}$$

式中，T_i 为喷油器的实际喷射脉宽；T_p 为基本喷射脉宽（在标准台架试验条件下根据进入气缸的空气质量和目标空燃比确定）；F_c 为基本喷射脉宽的修正系数（用来补偿实际工作条件相对标准试验条件的差别）；T_v 为喷油器的无效喷射时间。

基本喷射脉宽 T_p 是在标准台架试验条件下实现目标空燃比（一般为理论空燃比 14.7）所需要的喷射脉宽。而修正系数 F_c 是用来补偿实际运行工况下，由 T_p 确定的空燃比偏离目标值的修正量。无效喷射时间 T_v 如图 5-14 所示，是指针阀开启时间 T_o 和关闭时间 T_c 之差，即 $T_v = T_o - T_c$。针阀开启时间 T_o 是指喷油器通电开始到针阀升程第一次到达最大升程 h_{max} 所需要的时间，而针阀关闭时间 T_c 是指喷油器断电开始到针阀第一次落座所需要的时间，一般 $T_o > T_c$。由于 T_o 随电源电压的增加而缩短，因此 T_v 随电源电压变化，故实际控制 T_i 时需要根据电源电压进行修正（图 5-15）。

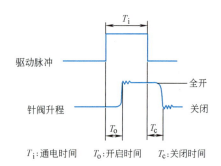

图 5-14　针阀升程及无效喷射时间

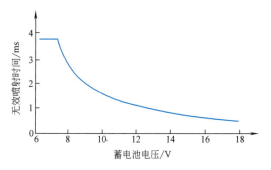

图 5-15　电源电压修正 T_i

1. T_p 的确定

由于不同空气流量计对进气流量的测量方式不同，所以其基本喷射脉宽的确定方式也有所区别。

（1）热线式空气流量计测量　由于热线式空气流量计可直接测量进入气缸空气的质量流量，所以不需要进气温度和大气压力的修正。热线式空气流量计测量的是进入气缸的质量流量，而喷油器是根据每个循环实际进入气缸的空气量来确定喷射量的。所以，对于同时喷射或分组喷射方式，喷油器是按每转进行喷射，对应的基本喷射脉宽为

$$T_p = \frac{q_m / n}{K_0 \alpha_T} \tag{5-22}$$

式中，q_m 为空气质量流量；n 为发动机转速；q_m / n 为发动机每一转进入气缸的空气质量流量；α_T 为目标空燃比；K_0 为由喷油器结构尺寸、喷射方式及气缸数确定的常数。

由于热线式空气流量计的输出信号响应特性好，会受到进气压力脉动的影响。所以，为了提高控制精度，需要以比进气脉动频率更快的采样速度，对热线式空气流量计的输出信号进行模-数（A-D）转换，并按点火间隔时间进行平均化处理，以求得进气行程中的平均输出信号。热线式空气流量计的输出电压随空气质量流量的变化关系是非线性的，所以需要先进行线性化处理，然后再求出基本喷射脉宽。

设线性化处理后的空气质量流量信号为 q_{mL}，则基本喷射脉宽 T_p 可表示为

$$T_p = K \frac{q_{mL}}{n} \tag{5-23}$$

式中，K 为常数，取 $K = 1/(K_0\alpha_T)$。

（2）卡门涡式空气流量计测量　设标准大气状态为：$p_0 = 101\text{kPa}$、$T_0 = 293\text{K}$，则由式（5-18），进气温度和大气压力的修正量分别为

$$\frac{T_0}{T} = \frac{293}{T} \tag{5-24}$$

$$\frac{p}{p_0} = \frac{p}{101} \tag{5-25}$$

图 5-16 所示为进气温度和大气压力的修正特性图。根据式（5-17）、式（5-18）、式（5-20）可求得相对空气质量流量的基本喷射脉宽 T_p，即

$$T_p = K_4 \frac{f}{n} \frac{293}{T} \frac{p}{101} \tag{5-26}$$

式中，$K_4 = K_1/(K_0\alpha_T)$。

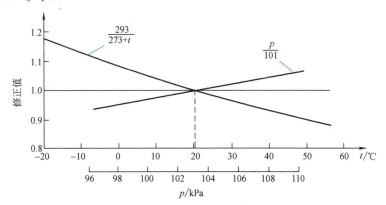

图 5-16　进气温度和大气压力的修正特性图

2. F_c 的确定

质量流量式电控汽油喷射系统的修正系数 F_c，主要考虑以下五个方面的因素，即

$$F_c = f(F_{ET}, F_{AD}, F_O, F_L, F_H) \tag{5-27}$$

（1）温度修正系数 F_{ET}　温度修正系数 F_{ET} 主要考虑因温度不同而影响燃料喷雾质量所造成的混合气形成过程的影响。特别是在低温起动时，由于燃料雾化蒸发不良，往往造成实际形成的混合气过稀，从而导致发动机熄火。当发动机温度过高时，汽油在输送管路中易蒸发，从而减小实际喷射量。特别是在高温再起动时很容易产生"气阻"现象，影响高温再起动性。这就是说，发动机在高、低温条件下，按基本喷射脉宽 T_p 喷射的燃料量均使混合气过稀，所以必须进行加浓修正，否则会造成发动机怠速不稳、高温再起动时易熄火以及游车等现象。

根据发动机实际运行状态，温度修正主要按以下三个方面分别进行。

1）起动后增量修正系数 F'_g。当发动机在低温起动时，着火后的数十秒内要进行增量修正。在起动过程中发动机的温度越低，燃料蒸发条件越差。所以，需燃料增量修正量越多，修正时间更长。这是因为，刚起动时进气道、进气门和气缸内壁等表面温度比较低，所以喷油器喷射后在其表面上形成的油膜不易蒸发，引起气缸内混合气变稀，所以需要加浓。F'_g 是主要考虑进气道、进气门及气缸壁等表面温度低而影响其油膜蒸发量的喷射量增量修正系数。其修

正方法如图 5-17 所示，先由起动时的发动机冷却液温度 T_W 确定修正初值 F_{g0}，然后再根据起动时间对修正初值进行减量修正，即随发动机的运转，冷却液温度升高，F_g' 从 F_{g0} 开始逐渐减小。

2）怠速暖车增量修正系数 F_I。F_I 主要修正起动后进气门、气缸壁的表面温度及冷却液温度 T_W 随时间升高的过程中，进气管及气门处所形成的油膜蒸发作用不足而造成的气缸内混合气偏稀的部分。与 F_g' 相同，F_I 的修正值也随 T_W 的降低而增加（图 5-18），并与 F_g' 同时进行修正。但是，F_g' 是在起动后数十秒内修正过程结束，而 F_I 则一直修正到 T_W 达到规定的目标温度为止。

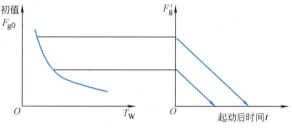

图 5-17 起动增量修正

3）高温修正系数 F_T。高温修正工况是指汽车在大负荷高速行驶后停车 $10 \sim 30\,min$，然后再起动的 $2 \sim 3\,min$ 时间内。高温修正的原因是，汽车在高速行驶时，由于迎面风的冷却作用，一般燃油温度低于 $50°C$。一旦停车，发动机作为热源而向四周散发热量，此时发动机停机，无冷却风冷却，使得发动机室内的温度升高，燃油温度可高达 $80 \sim 100°C$。因此，喷油器内的燃料沸腾，产生"气泡"现象。此时，再起动发动机时，即使喷油器的实际喷射脉宽 T_i 一定，但因喷射时含气泡，所以实际喷射量明显减少，缸内混合气变稀，无法正常起动，所以需要修正。修正方法是检测 T_W，并当 $T_W \geq 100°C$ 时进行加浓修正（图 5-19），也可以直接测量燃油温度进行加浓修正。

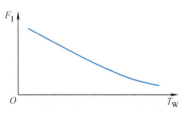

图 5-18 暖车增量修正

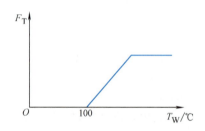

图 5-19 高温增量修正

（2）加减速修正系数 F_{AD}　如前所述，当发动机加速运行时，随着节气门开度的增大，进气量增多，进气压力也增加，使得作用在进气管内壁表面附着的油膜表面压力增加，油膜蒸发速度降低，从而造成气缸内混合气变稀。相反，在减速时，随着节气门开度的减小，进气量减少，进气压力也随之降低，使得作用在进气管内壁表面附着的油膜表面压力降低，油膜蒸发速度加快，造成气缸内混合气变浓。此外，油膜附着部分的表面温度越低，油膜蒸发速度越慢，所以也影响气缸内的实际空燃比。因此，当发动机加减速运行时，如果只靠基本喷射脉宽来控制喷射量，就会使空燃比偏离目标值，使发动机工作不稳定，车辆前后方向振动（游车），而且排气中的有害成分也会增加。因此，必须要进行相应的修正。在进行加减速修正时，首先要正确、快速地判断加减速工况。为此，常利用节气门开度信号的变化率来进行工况判断。如由 ECU 每隔一定时间（如 $80\,ms$）读取节气门开度信号，当在该时间内节气门开度的变化率超过某一规定值时，就判定为加减速状态。

1）加速修正系数 F_{AC}。加速工况修正系数的确定，主要考虑发动机负荷的变化对油膜

蒸发量的影响和冷却液温度的变化对油膜蒸发量的影响，即

$$F_{AC} = F_{DL_1} F_{THW_1} \tag{5-28}$$

式中，F_{DL_1} 为对应负荷变化量的修正系数，主要修正进气压力（负荷）升高时，油膜蒸发汽化速度降低所造成的汽化不足的部分，负荷可用每转进入气缸的空气量 q_m/n 或节气门开度表示；F_{THW_1} 为对应冷却液温度的修正系数，主要修正油膜附着部分的表面温度降低时，因汽化速度降低而造成汽化不足（空燃比增大）的部分。

图 5-20 所示为加速时 F_{DL_1} 随负荷变化量 $\Delta q_m/n$ 的变化特性。在一定的时间间隔内，当 $\Delta q_m/n$ 超过某一设定值时就判定为加速修正工况。$\Delta q_m/n$ 越大，意味着进气压力变化量越大，对应的修正系数随之增加。图 5-21 所示为加速时 F_{THW_1} 随冷却液温度 T_W 的变化特性。由此表明，即使是负荷变化量相同的加速工况下，如果冷却液温度状态不同，修正值也不一样。在相同负荷变化条件下加速时，如果冷却液温度越低，则加速修正系数越大。

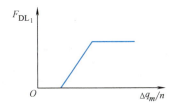

图 5-20　加速时 F_{DL_1} 随负荷变化量 $\Delta q_m/n$ 的变化特性

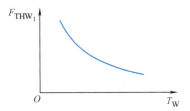

图 5-21　加速时 F_{THW_1} 随冷却液温度 T_W 的变化特性

2）减速修正系数 F_{DC}。与加速修正系数 F_{AC} 相反，当发动机减速时，节气门开度减小，进气压力随进气量的减小而降低，因而油膜表面压力减小，加快了其表面的蒸发速度，造成减速时气缸内的混合气变浓，所以必须进行减量修正。减速时的修正系数也要考虑负荷和冷却液温度两个因素的影响，即

$$F_{DC} = F_{DL_2} F_{THW_2} \tag{5-29}$$

式中，F_{DL_2} 为对应负荷变化量的修正系数；F_{THW_2} 为对应冷却液温度的修正系数。

图 5-22 所示为减速时 F_{DL_2} 随 $\Delta q_m/n$ 的变化特性，其方向与加速修正过程相反。图 5-23 所示为减速时 F_{THW_2} 随 T_W 的变化特性。

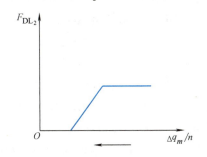

图 5-22　减速时 F_{DL_2} 随 $\Delta q_m/n$ 的变化特性

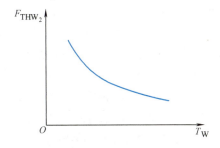

图 5-23　减速时 F_{THW_2} 随 T_W 的变化特性

（3）氧传感器反馈修正系数 F_O　一般汽油机均采用三效催化转化器来同时净化 CO、HC 和 NO_x 排放。而三效催化转化器只有在理论空燃比下，才能同时有效地净化 CO、HC 和 NO_x 三项有害物的排放。因此，为了有效控制汽油机的排放，需要精确控制理论空燃比。而

开环控制不能精确地控制理论空燃比，所以，在排气管中安装氧传感器，测量排气中的氧含量，由此检测实际燃烧过程的空燃比，并对基本喷射脉宽进行反馈修正，实现对理论空燃比的反馈控制（闭环控制）。

图 5-24 所示为氧传感器的输出特性，在理论混合气（$\phi_a = 1$）附近其输出电压急剧变化。根据氧传感器的这种输出特性，ECU 通过氧传感器的输出电压与表示理论空燃比的基准电压进行比较，判断这一循环混合气的空燃比是否达到目标值。当实际空燃比小于理论空燃比（浓混合气）时，降低反馈修正信号；反之，增加反馈修正信号。实际氧传感器反馈修正控制时的控制信号按阶梯形变化（图 5-25），目的就是改善反馈修正的响应特性，以提高空燃比的控制精度。

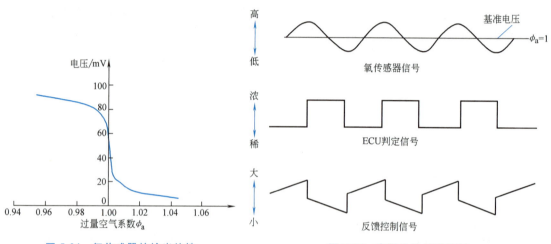

图 5-24 氧传感器的输出特性　　　　图 5-25 空燃比的反馈控制

在发动机实际工作过程中，如果氧传感器的温度过低，就不能准确地检测空燃比。所以，在起动过程以及起动后冷却液温度 T_W 还比较低的一段时间内，停止氧传感器的反馈控制。此外，当发动机全负荷高转速运行时，要求发动机输出最大转矩，此时，为了保证汽车的大负荷行驶特性，将空燃比设定在较浓的功率混合气上，所以也要停止空燃比的反馈控制。

（4）学习控制修正系数 F_L　学习修正的目的，就是修正由于某种原因（如发动机长期使用使一些零部件磨损等）使反馈控制的空燃比偏离目标值的部分。学习修正控制主要由以下三个阶段构成：首先，求出实际过量空气系数相对理论值的偏差量 $\Delta\phi_a$，称为学习阶段；其次，求出修正该偏差量的修正系数并寄存，称为记忆阶段；最后，将所记忆的学习修正量直接反映在现行工况下的喷射脉宽 T_i 里，完成学习控制过程，称为实施阶段。

1）过量空气系数偏差量的求法（学习阶段）。以怠速过量空气系数的学习控制为例，假设过量空气系数反馈控制的偏差量符合 $\Delta\phi_a = a/q+b$ 的变化规律（图 5-26），其中 q 为进气量，a、b 为待定常数。则在 A 点，因开环控制时实际混合气的过量空气系数相对目标值（$\phi_{aT} = 1.0$）小10%，所以反馈修正系数的平均值为 0.9。令反馈修正系数的平均值为 ϕ_{f0}，而过量空气系数的控制目标值 ϕ_{aT} 为 1.0，则反馈修正系数的平均值 ϕ_{f0} 偏离目标值 $\phi_{aT} = 1.0$ 的偏差量为

$$\Delta\phi_a = 1.0 \pm \phi_{f0} \tag{5-30}$$

根据初始条件确定常数 b 之后，根据 $\Delta\phi_a = a/q+b$ 关系式确定常数 a，由此确定过量空气系数反馈控制的偏差量随进气量的变化规律。

2）学习修正量的确定（记忆阶段）。学习控制的目的就是使开环控制时的过量空气系数等于理论值。所以，需要求出使反馈控制的过量空气系数 ϕ_a 的平均值等于 1.0 的学习修正量。由图 5-26 可知，在 A 点学习修正量为 0.9，即学习修正量取与偏差量对称的值（图 5-26c），并直接反映到燃油喷射脉宽中。

在发动机起动开始到氧传感器的温度和冷却液温度均达到规定值之前的一段时间内，不能进行氧传感器的反馈控制。此时，也可以通过学习控制，将过量空气系数控制到目标值。另外，当发动机零部件、EFI 零部件等因在使用过程中磨损等原因造成过量空气系数偏离理论过量空气系数的任一工况，都可以通过学习控制加以修正。因此，一般将学习修正量储存在即使关闭点火开关也能保存的永久性储存器中。

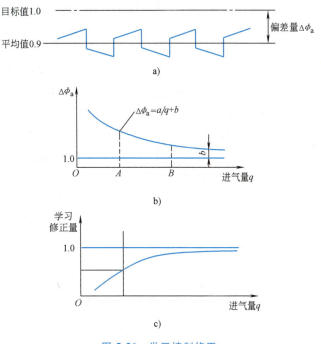

图 5-26　学习控制修正

a）A 点处反馈控制信号及偏差量　b）偏差量的变化特性
c）学习修正量的变化特性

3）学习修正的效果。只要发动机运转条件确定，学习修正量就直接反映在喷射脉宽里。所以可提高过渡工况下过量空气系数的控制精度。图 5-27 所示为在过渡工况下有反馈控制时，学习控制对过量空气系数的控制效果。当从 A 工况过渡到 B 工况时，若没有实施学习控制，则由于 ECU 积分运算的反馈控制程序的运行速度一般为百分之几秒的数量级，所以当过量空气系数有偏差时，在发动机高速运转的以几十毫秒数量级变化的过渡工况下，是不可能实现理论混合气的反馈控制的，因此在过渡过程中实际过量空气系数偏离理论值。而当有学习控制时，因学习修正量直接反映在过渡工况中的喷射脉宽上，所以能实现理论过量空气系数的控制。

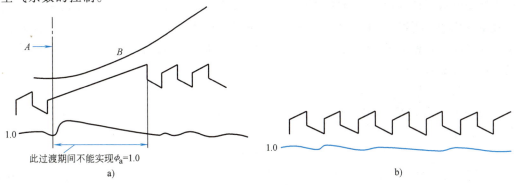

图 5-27　学习控制对过量空气系数的控制效果

a）无学习控制时　b）有学习控制时

（5）大负荷高转速的增量修正系数 F_H 一般发动机在部分负荷下运行时，混合气的控制主要考虑在保证排放性能的前提下，尽可能提供经济混合气，以达到最低燃油消耗率的目的。但当汽车在节气门全开的大负荷下行驶时，要求发动机输出最大转矩，即需要提供功率混合气 $\phi_{aP} = 0.8 \sim 0.9$。在实际控制过程中，ECU 根据节气门开度传感器的信息判断全负荷状态，并采用开环控制方法实现大负荷修正控制。此时，在基本喷射脉宽的基础上乘以修正系数 $F_H = 1.18$ 即可实现大负荷增量修正，同时必须停止氧传感器的反馈控制。

当发动机在高转速运行即汽车高速行驶时，同大负荷行驶时一样将空燃比 α 控制在功率混合气 $\alpha_P = 12.5$ 附近。

另外，当空燃比减小时，因混合气中氧气含量不足，燃烧效率降低，同时因燃油的汽化热作用，燃烧温度降低，从而排温也下降。所以，当在空燃比 $\alpha_P = 12.5$（$\phi_{aP} = 0.85$）下运行时，如果排气系统部件（排气管、氧传感器、三效催化转化器）的温度超过许用温度，应将空燃比设定得更小一些，由此降低排温。

三、速度-密度式电控汽油喷射系统的喷射量控制

速度-密度式电控汽油喷射系统，通过在进气稳压箱中设置的进气压力传感器和温度传感器的测量值，结合发动机转速传感器信息来推算进入气缸的进气流量。而目标空燃比的确定方法与质量流量式相同。因此，在此只介绍进入气缸的空气量的推算和喷射量的确定方法。

（一）进入气缸的空气量的推算

设进气管内的空气密度一定，则每个进气行程中进入气缸的空气质量 m 可表示为

$$m = \rho V_h \phi_c \tag{5-31}$$

式中，ρ 为进气管内的空气密度；V_h 为气缸工作容积；ϕ_c 为充气效率。

由理想气体的状态方程 $\rho = p/R_g T$，得

$$m = K \frac{p}{T} \phi_c \tag{5-32}$$

式中，K 为常数（$K = V_h/R_g$，R_g 为气体常数）；p 为进气压力；T 为进气温度。

由式（5-32）可知，如果已知各工况下的充气效率 ϕ_c，则通过检测进气压力和温度，就可以求得该工况下进入气缸的空气质量。这里，ϕ_c 与发动机转速、负荷、配气定时、排气压力及排气再循环（EGR）量等多参数有关。这些参数中的大部分都是在汽车行驶过程中会发生变化的，所以 ϕ_c 随发动机工况变化特性复杂。因此，可事先通过台架试验方法来确定对应发动机各种工况下的充气效率 ϕ_c。大气条件的变化对充气效率的影响，可通过喷射量的修正方法来解决。

（二）喷射量的确定

速度-密度式喷射量的确定方式与质量流量方式基本相同，可通过式（5-21）计算实际喷射脉宽，即

$$T_i = T_p F_c + T_v$$

但不同点是，由于速度-密度（或节气门-速度）式是通过发动机转速和进气管压力、温度（或节气门开度）等参数来推算进入气缸的空气流量的，所以基本喷射脉宽 T_p 的具体确定方法与质量流量方式不同。此外，基本喷射脉宽的修正系数 F_c 也要考虑以下八个方面的因素，即

$$F_c = f(K_a, K_w, K_k, K_p, K_f, K_s, K_i, K_{p_0}) \tag{5-33}$$

式中，K_a 为进气温度修正系数；K_w 为怠速暖车修正系数；K_k 为加减速修正系数；K_p 为节气门开度修正系数；K_f 为反馈修正系数；K_s 为起动后增量修正系数及油耗控制修正系数；K_i 为怠速修正系数；K_{p_0} 为大气压力修正系数。

1. T_p 的确定

由于速度-密度式确定进入气缸空气流量的方法与质量流量式不同，所以其基本喷射脉宽的确定方法也不相同。这里只介绍三维 MAP 法。

根据式（5-32）可知，若已知充气效率 ϕ_c，则通过进气管压力和温度求出进入气缸的空气质量。通过台架试验标定确定发动机各种工况下的充气效率 ϕ_c 以后，根据发动机转速和进气管压力，就可以确定各工况下的 T_p 三维 MAP 图（图 5-28）。

在设定基本喷射脉宽 $T_p = f(n, p)$ 时，首先确定进气管压力，然后根据当前的进气管压力和转速确定 T_p。当 T_p 的设定工况点和充气效率数据的节点工况不相同时，可利用四点插值法求出对应喷射脉宽设定工况点上的充气效率。

当发动机实际运行工况在基本喷射脉宽节点之间时，用该点周围的四个节点数据进行二次线性插值计算，求得该工况点的喷射脉宽。如图 5-29 所示，E 工况点的喷射脉宽为 T_{pE}，可按以下步骤进行插值计算。

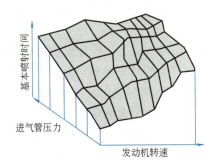

图 5-28　基本喷射脉宽的三维 MAP 图

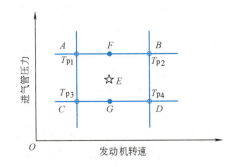

图 5-29　四点插值法

在与 E 工况点转速相同的任意负荷点上，根据 E 点周围的四个节点确定 F 点或 G 点，并分别沿等负荷线进行一次线形插值，求得

$$T_{pF} = \frac{\overline{FB} \cdot T_{p1} + \overline{AF} \cdot T_{p2}}{\overline{AB}}, \quad T_{pG} = \frac{\overline{GD} \cdot T_{p3} + \overline{CG} \cdot T_{p4}}{\overline{CD}} \tag{5-34a}$$

然后，沿等转速线进行第二次线形插值，求得

$$T_{pE} = \frac{\overline{EG} \cdot T_{pF} + \overline{EF} \cdot T_{pG}}{\overline{FG}} \tag{5-34b}$$

当发动机实际运行工况点在 MAP 图的设定转速线或负荷线上时，一次插值即可求得该工况的基本喷射脉宽。

用三维 MAP 图的方法设定基本喷射脉宽的特点是，需要设置的数据较多，但可以比较细致地设定数据，而且通过空燃比的反馈控制和学习控制，可进一步提高空燃比的控制精度。

2. 修正系数的确定

速度-密度式的基本喷射脉宽的修正系数由式（5-33）确定，主要考虑八个方面的因素。

其中，与发动机温度相关的修正系数、加减速修正系数等，其修正原理与质量流量式类似，但由于速度-密度式对进入气缸的空气流量的确定方式与质量流量式不同，所以其修正系数的具体确定方法也有所差别。

（1）进气温度修正系数 K_a　由于基本喷射脉宽是在进气温度为20℃的基准下确定的，所以当进入气缸的空气温度发生变化时，需要适应空气密度的变化对基本喷射脉宽进行修正。速度-密度式的进气温度修正量，理论上按式（5-35）确定。但是随着温度的变化也受到燃油密度变化的影响，所以实际应用时需取偏小的值。

$$K_a = \frac{293}{T_a + 273} \tag{5-35}$$

式中，T_a 为进气温度（℃）。当 $T_a = 20$℃时，$K_a = 1$，并以每20℃间隔设定的数值按线性插值来求得各种工况下的修正系数。

（2）怠速暖车修正系数 K_w　速度-密度式的怠速修正原理与质量流量式相同，用来修正当发动机冷却液温度低时燃油油膜汽化迟后的部分。K_w 的修正是在冷却液温度−30~90℃范围内，每隔20℃设定一个修正系数，并以 MAP 图的形式储存于寄存器中。当发动机实际工作时的冷却液温度不在 MAP 图的节点上时，可用线性插值法求得对应点上的修正系数。当冷却液温度超过90℃或低于−30℃时，修正系数保持不变。一般，当冷却液温度在70℃以上时，修正系数设定为1；而当冷却液温度为30℃时，修正系数设定在1.2左右；冷却液温度为−10℃时，修正系数设定在1.5左右。

（3）加减速修正系数 K_k　速度-密度式的加减速修正原理基本上与质量流量式相同，用于发动机在加速或减速的过渡工况下，修正空燃比偏离目标值的修正系数。对速度-密度式，在加速或减速的过渡工况下，同时监测发动机每转的进气压力和节气门开度位置的变化量，当其中某一项变化量的绝对值超过其设定值时，根据超过设定值的参数来确定修正系数。当进气压力和节气门开度的变化量同时超过设定值时，取两者修正系数之间较大的值作为修正量（图5-30）。实际应用时修正值随发动机转速的变化按一定比例递减（或增加）。

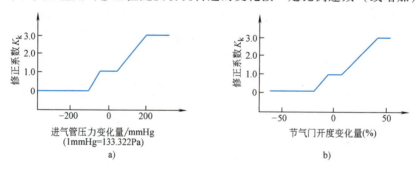

图 5-30　加减速修正系数
a）进气管压力加减速修正系数　b）节气门开度加减速修正系数

（4）节气门开度修正系数 K_p　在相同进气管压力的条件下，充气效率随节气门开度而变化。节气门开度修正系数用来修正充气效率随节气门开度变化而造成的空燃比的偏差量。特别是对采用多重节气门系统的发动机，随节气门开度的变化修正空燃比显得更为重要。所谓多重节气门系统，是指在每个气缸的进气歧管中分别设置节气门的方式。其目的是减小节气门下游容积，以提高发动机的响应特性。

常用的一个节气门方式，其进气管压力是在稳压箱内测得的，所以节气门开度对进气压力测定值的影响比较小，测定值相对稳定。但是对多重节气门系统，由于进气压力是在节气门下游的进气管上测量的，而节气门下游的进气管内空气的流动状态随节气门开度变化很大，直接影响进气压力的测量精度，故必须修正由于节气门开度的变化造成进气压力测量误差所引起的空燃比的偏差量；否则，即使是在进气管压力相同的条件下，由于节气门开度的变化也会使空燃比的控制产生误差。

节气门开度的修正值以节气门开度和转速的三维 MAP 图的形式给出，在设定节点之外的修正值可通过四点插值法求得。

当节气门开度超过某一设定值以上时，表示需要发动机输出高功率。因此，此时与质量流量式的大负荷高转速修正方法相同，进行功率增量修正，即直接利用 K_p 进行修正，取 $K_p = 1.18$，使空燃比达到 12.5。

（5）反馈修正系数 K_f　反馈修正控制是基于氧传感器的输出信号，改变反馈修正系数的处理过程。其修正过程与质量流量式相同，一般每隔一定时间（如 0.2s）监视并判定氧传感器的输出电压相对目标空燃比所对应的设定电压是高还是低。当氧传感器的输出电压比目标值大（浓）时，按一定的比例减小修正系数 K_f；相反，若比目标值小（稀）时增加 K_f。一般修正系数 K_f 在 1.2~0.8 之间变化。

当起动后增量修正过程，或怠速暖车修正过程，或功率增量修正过程及燃油切断控制等需要停止反馈控制时，将修正系数 K_f 固定在 1.0 上。当发动机起动后，空燃比一次也没有达到浓的状态，或稀薄状态下持续工作 8s 以上时，ECU 判定氧传感器处于还没有充分预热的状态，从而将修正系数 K_f 设定为 1.0。

（6）起动后增量修正系数及油耗控制修正系数 K_s　一般起动后增量修正和油耗控制修正共用一个修正系数 K_s。起动后的增量修正是发动机起动成功后，发动机转速大于或等于某一设定转速（如 400r/min）时，根据此时的冷却液温度确定修正量的初始值，然后根据发动机的转速按一定的比例减小修正量，以保证发动机起动过程的 HC 等排放特性。初始值一般在 -30~90℃ 范围内每隔 20℃ 设置不同的值，并将各点的设定值寄存在存储器中。在实际工作时如果冷却液温度不在设定点，可通过与该温度相邻的两个设定值进行线性插值来求得修正量。当冷却液温度超过 90℃ 或低于 -30℃ 时，修正量为一常数。一般当冷却液温度为 70℃ 时，K_s 为 1.2，30℃ 时约为 1.25，-10℃ 时为 1.4。起动后的修正量随冷却液温度的变化特性如图 5-31 所示。

所谓油耗控制是指发动机在轻负荷状态下运转时，将空燃比控制在经济混合气上，以达到改善油耗的目的。轻负荷状态是通过进气压力和发动机转速来判断的。当发动机在轻负荷状态下持续工作 5s 以上，且空燃比反馈修正系数在 $K_f = 1.03~0.97$ 范围内时，进入油耗控制状态。一旦进入油耗控制状态后，就立即停止空燃比的反馈修正控制，并将油耗修正系数 K_s 从 1.0 开始每隔 0.5s 按一定的比例减小到所设定的油耗控制修正值为止。

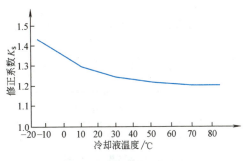

图 5-31　起动后的修正量随冷却液温度的变化特性

油耗控制修正值根据发动机转速和进气管压力，以三维 MAP 图的形式寄存在存储器中。若此时将空燃比控制得过稀，会引起失火现象，反而油耗恶化。所以，油耗修正系数 K_s 一般限制在 0.8~0.85（空燃比为 18.4~17.3）范围之内。当加大加速踏板或提高转速，使发动机运行工况点超出轻负荷范围时，K_s 值立即恢复到 1.0，以进入正常的反馈控制状态。通过这种油耗控制方式，在高速公路行驶时，可改善油耗 10% 以上。

由于起动后增量修正和油耗控制修正并不是同时进行的，所以可共用一个修正系数。

（7）怠速修正系数 K_i 怠速修正系数 K_i 是速度-密度式特有的修正系数。由于这种方式的基本喷射脉宽是通过进气压力来确定的，而在过渡工况下进气压力的变化相对发动机转速的变化有迟后现象。当节气门下游的进气容积增加，或怠速转速降低时，这种响应迟后现象更为严重。造成的结果是，进气压力的变动导致发动机输出转矩的变动。因此，在这一段迟后时间内将会造成当发动机转速升高时转矩也提高，反之，当转速降低时转矩也减小的现象，使发动机转速持续波动，导致车辆振动加剧，直接影响怠速稳定性和车辆舒适性。

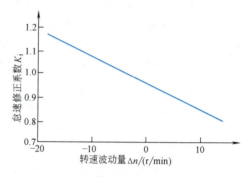

图 5-32 怠速修正系数的特性曲线

解决这种现象的措施就是通过怠速修正控制，与转矩变动相反方向进行空燃比的修正，以消除转矩变动。图 5-32 所示为怠速修正系数的特性曲线。

（8）大气压力修正系数 K_{p_0} 大气压力修正系数 K_{p_0} 也是速度-密度式特有的修正系数，是与其进入气缸空气量的推算方式密切相关的。速度-密度式是在事先标定充气效率的基础上根据转速和进气压力推算进入气缸的空气量的，而标定不同工况的充气效率是在标准台架试验条件下进行的。因此，当大气压力降低时，排气管压力也降低，使残余废气系数降低，充气效率增加，所以在相同进气管压力下实际进入气缸的空气量增加，空燃比增大（稀）。故随大气压力的变化需要修正喷射量。

有些速度-密度式电控汽油喷射系统，将大气压力和进气管压力按式（5-36）换算成标准大气压力（760mmHg）状态下的等效进气压力 p_e，即

$$p_e = p_{in}\left(1 + K_{ha}\frac{760 - p_a}{p_a}\right) + K_{hb}(760 - p_a) \tag{5-36}$$

式中，p_{in} 和 p_a 分别为进气压力和大气压力（mmHg）；K_{ha} 和 K_{hb} 分别为大气压力的修正权和修正斜率。

然后再根据等效进气压力按式（5-37）确定基本喷射脉宽（T_p），即

$$T_p = K(ap_e - b) \tag{5-37}$$

式中，a 为增益系数；b 为 T_p 的初值；K 为由喷油器结构确定的常数。

第四节　汽油机燃烧组织方式及燃烧室

一、对燃烧室的基本要求

燃烧室的结构形状直接影响混合气的形成、火焰传播速度、放热规律、传热损失及爆燃

倾向等，从而影响汽油机的动力性、经济性和排放特性。所以，正确设计燃烧室结构是改善汽油机性能的重要环节。由于不同汽油机其混合气形成和燃烧组织方式不同，燃烧室结构有很大的区别，在设计时一般有以下几方面的要求。

1. 结构

燃烧室结构要紧凑，其紧凑程度常用面容比 A/V 表示，即燃烧室表面积 A 和燃烧室体积 V 之比。由此表征燃烧室内火焰传播距离、散热面积及熄火面积等特征。若 A/V 值小，表明燃烧室散热面积小、火焰传播距离短、熄火面积也小，所以有助于提高热效率和动力性，而且抗爆燃能力强，同时可减少 HC 排放。

2. 充气性能

气缸的充气性能取决于燃烧室形状与进气门、进气道的布置。在燃烧室结构设计时，要考虑应有较大的进气流通面积，如适当增大进气门直径、采用多气门布置等，同时保证进气流线短，转弯少且转弯半径尽可能大，以减小气流的流动损失，提高充气效率。

3. 火花塞的布置

对形状已确定的燃烧室，或在设计燃烧室结构形状时，必须要考虑火花塞的安装位置。布置火花塞时要求尽可能缩短末端气体的火焰传播距离，同时有利于火焰传播速度的控制，而且要使在火花塞安装位置上的气流相对稳定、残余废气的影响小，以保证可靠稳定地点燃混合气，减小循环变动。若空间允许，可安装两个火花塞（图5-33），则燃烧速度更快，抗爆燃能力更强，可以适当提高压缩比，改善热效率，而且循环变动也小。

4. 燃烧室形状与气流运动

燃烧室形状应满足混合气形成及燃烧方式的要求，在气缸内组织适当的气流，在满足速燃要求的同时，通过火焰前锋面积控制燃烧速度和放热速度（图5-34），在保证发动机动力性和经济性的前提下，减轻发动机的振动噪声，改善排放特性。但是过强的气流会使热损失增加，还有可能吹熄火焰核而失火，造成 HC 排放增加。所以，通过燃烧室形状与进气系统的合理匹配，组织燃烧室内适当的气流，是控制燃烧过程、改善发动机性能的重要环节。同时用什么样的参数指标评价燃烧室内的气流状态，也是分析研究内燃机混合气形成和燃烧过程的重要手段。

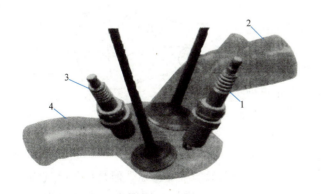

图 5-33 双火花塞的布置

1—进气侧火花塞　2—进气道
3—排气侧火花塞　4—排气道

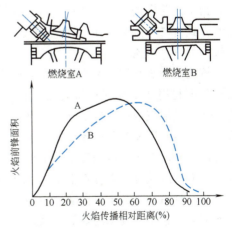

图 5-34 燃烧室形状对燃烧过程的影响

二、燃烧室内的气流特性

为适应日趋严格的节能与排放法规要求，汽油机燃烧室形状也呈多样化发展。不管燃烧室具体形状如何，都应充分利用燃烧室内的气流特性，以组织适合的混合气形成和燃烧方式。为了便于分析与评价燃烧室内的气流特性，如图5-35所示，定义燃烧室内宏观气流运动特性，即在进气过程中绕气缸中心线（z 轴）旋转的气流称为涡流，而绕垂直于气缸中心线且与缸心距连线平行的 y 轴旋转的气流，以及绕垂直于气缸中心线同时垂直于缸心距连线的 x 轴旋转的气流统称为滚流，后者也可称为侧滚流。

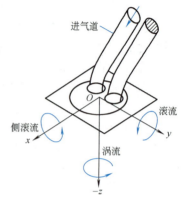

图 5-35　燃烧室内宏观气流运动特性定义

这里，滚流是指气流在气缸内整体运动的现象，而挤流（或反挤流）是在压缩（或膨胀）过程中燃烧室内伴随活塞运动而产生的气流运动现象。

组织燃烧室内气流的方式，主要有通过进气系统和燃烧室形状配合组织的进气涡流方式，以及在压缩过程中通过燃烧室的结构形状在燃烧室内形成挤流的方式两种。

进气涡流是通过进气口和进气道形状（如螺旋进气道或切向进气道）的导向作用或多气门的控制方式来组织的。在进气过程中，在气缸内形成螺旋状的进气涡流，但是这种涡流在压缩过程中，随压缩程度的增大其强度逐渐衰弱。由于进气涡流加强了对喷雾的搅拌和蒸发，可促进混合气的形成和均匀化，从而缩短着火延迟期，有助于提高其火焰传播速度。但这种进气涡流强度是通过螺旋进气道等相应的措施来实现的，所以以增加进气道的进气阻力、牺牲充气效率为代价。因此，对多气门汽油机，在大负荷时为了保证足够的充气效率，一般不组织强的进气涡流（图5-36b 所示两个进气门全开），但在节气门开度小的中小负荷区，为了改善燃烧速度，往往通过多气门机构对气门的控制方式（图5-36a），即关闭一个进气门来组织气缸内较强的进气涡流。

挤流是通过在燃烧室设计时留有的挤气面积，在压缩过程中利用活塞顶部将挤气面（挤气间隙）上的混合气挤入燃烧室内而形成的燃烧室纵剖面上的滚流。其特点是，随着压缩过程挤流强度增加，在压缩上止点前达到最大值，上止点后随活塞的下移形成反向挤流。所以，加强挤流强度可以提高急燃期内的火焰传播速度，缩短燃烧时间，有利于提高动力性和经济性。而且挤流

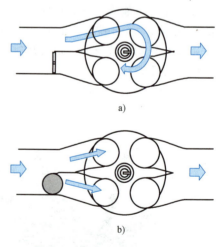

图 5-36　多气门组织进气涡流
a）低速时　b）高速时

强度不会引起充气效率的降低，因此是汽油机组织气缸内湍流的主要途径。但是如果挤气面设计得过大，虽然能提高挤流强度，但使燃烧室的面容比 A/V 增加，挤气面缝隙处的混合气因冷却和缝隙作用，火焰易熄火而产生大量的 HC。所以，在设计挤气面时应在尽可能减小燃烧室面容比的前提下有效组织挤流。

三、典型燃烧室

VVT-iW 缸内气流动画示意

随着汽油机电控技术的普及，以及燃烧、排放控制技术的不断完善，汽油机燃烧室的结构有了很大的变化。但是，这些变化也离不开前述的燃烧室设计的基本要求，是在改善燃烧速度并尽可能降低排放的要求下，针对传统燃烧室结构所存在的问题，结合混合气形成方式而进行改进的。所以分析典型燃烧室的结构特点，有利于正确理解燃烧室结构形状对汽油机混合气形成及燃烧过程的影响，并对燃烧室结构的设计具有重要意义。

传统的典型燃烧室如图 5-37 所示，有楔形燃烧室、半球形燃烧室、浴盆形燃烧室和碗形燃烧室等。

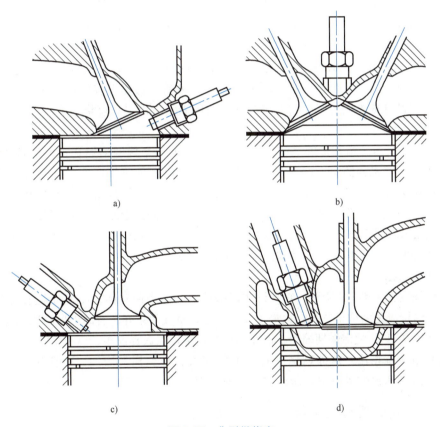

a)　　　　　　　　　　　　　　　b)

c)　　　　　　　　　　　　　　　d)

图 5-37　典型燃烧室

a）楔形燃烧室　b）半球形燃烧室　c）浴盆形燃烧室　d）碗形燃烧室

1. 楔形燃烧室

楔形燃烧室设在气缸盖上，其结构如图 5-37a 所示，具有较大的挤气面积。在压缩过程中通过挤气面积在燃烧室内产生较强的挤流，以提高火焰传播速度。它是一种结构比较紧凑、火焰传播距离较短的燃烧室，压缩比可高达 9 ~ 10。由于这种燃烧室气门倾斜（6° ~ 30°）布置，气门直径较大，气流弯曲小，进气阻力小，有利于提高发动机的充气效率，所以发动机具有较高的动力性和经济性。而且火花塞安装在楔形高处的进、排气门之间，利于用新气扫除火花塞附近的废气，从而改善点火稳定性，减小循环变动。但是，因初期燃烧速度高，压力升高率较高，使发动机工作粗暴，NO$_x$排放量较大。同时，由于挤气面积较大，其缝隙处的混合气冷却作用较强，而且在缝隙作用下，火焰熄火倾向增加，所以 HC 排放量较大。因此，需要合理控制挤气面积的大小。

2. 半球形燃烧室

半球形燃烧室，又称为屋脊形燃烧室（图 5-37b），也设在气缸盖上。火花塞在燃烧室中央布置，是一种结构紧凑、A/V 值小、火焰传播距离最短的燃烧室。配合双行倾斜排列布置的进、排气门，采用稍微凸起的活塞顶，加上气流进、出入气缸时的转弯最小，所以其换气效果好，残余废气系数小，充气系数高。因此，发动机的动力性和经济性好，HC 排放量小，而且高速适应性强，常用于高速汽油机。

半球形燃烧室的主要缺点是，由于这种燃烧室火花塞附近有较大的容积，所以初期燃烧速度快，压力升高率高，工作粗暴，噪声较大，同时气门双行倾斜布置，常采用双顶置凸轮轴，配气机构比较复杂。

半球形燃烧室由于受结构特点的限制，一般缸内不组织挤流，所以湍流强度较弱，因此在低速大负荷时容易引起爆燃。为了改善这种发动机的中低速燃烧问题，采用四气门机构，且两个进气道设计成不同形状，由此组织气缸内的涡流，以提高燃烧速度。

3. 浴盆形燃烧室

如图 5-37c 所示，浴盆形燃烧室是设在气缸盖上的一个椭圆形燃烧室，其高度一致。气门垂直布置，配气机构简单。燃烧室设有挤气面积，但挤气效果较差，缸内湍流强度较弱，且火焰传播距离较长，燃烧速度较慢，燃烧时间长，而且这种燃烧室的 A/V 值较大。所以，虽然压力升高率低，工作柔和，NO$_x$排放量较低，但热效率较低，动力性和经济性较差。适当增加挤气面积，可以改善发动机的性能，但对 HC 排放不利。随节能与排放法规的日趋严格，这种燃烧室因其结构上的上述缺陷而逐渐被淘汰。

4. 碗形燃烧室

碗形燃烧室如图 5-37d 所示，它是设在活塞顶上的一个回转体，而气缸盖采用平底结构。这种燃烧室的特点是结构很紧凑，火焰传播距离短，挤气效果好，有助于提高燃烧速度，而且压缩比可高达 9~13，使滞燃期缩短。因此，可适当推迟点火提前角，以利于降低排放。

但与平顶活塞相比，这种燃烧室的 A/V 值较大，散热损失增加。而且其挤流效果与燃烧室口径、深度和顶隙等有关，所以在设计时需要优化这些燃烧室结构参数。

四、汽油机分层给气和稀薄燃烧系统

稀薄燃烧技术是汽油机从根本上提高热效率、实现低碳化的重要措施，而分层燃烧技术是实现稀薄燃烧的基础。为了实现分层燃烧，需要在气缸内控制空燃比的梯度分布。

（一）分层燃烧

前述的均匀混合气的燃烧方式，其特点是常用空燃比变化范围比较窄（空燃比 $\alpha = 12.6 \sim 17$），而且均匀混合气在较高的温度下很容易自燃，引起汽油机爆燃。所以，限制了汽油机的压缩比不能太高，这是汽油机热效率远不如柴油机的主要原因。同时，一般汽油机在起动、怠速、小负荷及全负荷等工况，采用较浓的混合气（$\phi_a < 1$），因此这些工况的 CO 和 HC 排放较高；而常用的中负荷工况则采用经济混合气（$\phi_{ab} = 1.15$），此时 NO$_x$排放比较

高。现阶段汽油机采用三效催化转化器来同时净化 CO、HC 和 NO_x 三种排放物，此时通过电控汽油喷射系统，将空燃比严格控制在理论混合气上（$\alpha = 14.7$，或 $\phi_a = 1$），所以相应地牺牲了燃油经济性。

为了解决传统汽油机混合气形成和燃烧方式效率低的缺陷，从根本上改善汽油机的经济性和排放特性，提出了分层给气稀薄燃烧这种新的混合气形成和燃烧方式。

分层给气稀薄燃烧的主要特点是，通过喷雾和气流的配合，在火花塞附近形成较浓混合气（空燃比 $\alpha = 12 \sim 13.4$），而在燃烧室其他区域形成梯度分布的混合气，由此保证火花塞可靠点燃，并向气缸内平均空燃比大（稀薄）但梯度分布的混合气传播火焰。而这种空燃比的梯度分布，主要是靠燃烧室内组织适合的气流，并与喷射方式相配合而实现的。由于喷射方式不同，气缸内组织气流的方式也不一样。所以，根据燃料的喷射方式，分层给气稀薄燃烧方式分为进气道喷射式和缸内直喷式两种。

1. 进气道喷射式分层给气稀薄燃烧方式

这种分层燃烧方式根据气缸内组织的气流特性又分为轴向分层稀薄燃烧方式和横向分层稀薄燃烧方式。

（1）轴向分层稀薄燃烧　组织气缸内混合气轴向分层稀薄燃烧的关键技术，在于喷射时期与气缸内气流的合理匹配。为此，喷油器在进气晚期喷射，配合气缸内组织强烈的涡流，实现空燃比的轴向梯度分布。在这种方式下，喷射时刻决定了气缸内浓混合气的位置，也就决定了火花塞的安装位置。

图 5-38 所示为混合气轴向分层的工作原理示意图。在进气过程早期只有空气进入气缸，并在气缸内形成强烈的涡流。当进气过程后期气门开启接近最大升程时，将燃料喷入进气道。这样气缸内在进气涡流的作用下，混合气的形成产生上浓下稀的分层效果。在压缩过程中，虽然气缸内涡流强度衰减，但若气缸内涡流的径向分量比轴向分量大时，就能维持空燃比在气缸内的轴向分层，并在火花塞附近形成一层较浓的混合气。气缸内涡流越强，则这种分层效果就保持得越好。但这种涡流强度一般都是通过进气道形状来控制的，所以进气阻力增加，充气效率下降。组织混合气轴向分层稀薄燃烧时，空燃比 α 可达 22，与均质混合气火焰传播燃烧方式相比，燃油消耗率可降低 12% 左右。

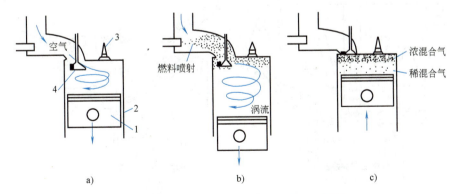

图 5-38　混合气轴向分层的工作原理示意图

a）进气过程早期　b）进气过程后期　c）压缩过程

1—活塞　2—气缸体　3—火花塞　4—进气门

（2）横向分层稀薄燃烧 横向分层稀薄燃烧的主要特点是，利用四气门机构，采用滚流式进气道，配合活塞顶有助于生成滚流的结构形状，在气缸内产生如图 5-39 所示的滚流。喷油器安装在进气歧管上，向着两个进气门之间喷油，火花塞布置在气缸中央。在滚流的引导下浓混合气流经气缸中央布置的火花塞，而火花塞两侧则为纯空气，由此形成以火花塞为中心的横向空燃比的梯度分布。这种混合气横向分层稀薄燃烧方式可实现空燃比在 $\alpha=23$ 下稳定燃烧，经济性比传统汽油机提高 6%~8%，NO_x 排放量（体积分数）可降低 80%。

进气道喷射式分层给气稀薄燃烧方式，相对均匀混合气的预混合燃烧方式，在经济性和排放特性方面，虽然都得到了相应的改善，但其结构上仍存在着以下几个方面的问题而限制了其性能进一步的完善，即：

1）保留节气门，所以中小负荷泵气损失增加，充气效率减小，燃烧效率降低，不利于动力性和经济性的提高。

2）在配制混合气时，由于向进气道喷射燃油，所以存在进气道粘附油膜的现象。这种油膜的蒸发会导致额外的耗油，不仅影响经济性，而且不利于发动机的快速起动、瞬时响应特性以及更精确地控制空燃比。

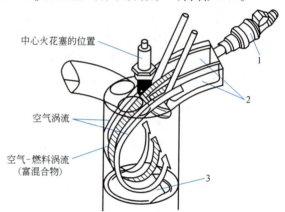

图 5-39 混合气横向分层稀薄燃烧
1—喷油器 2—进气口隔板 3—滚流控制活塞

3）空燃比的稀薄燃烧范围有限，空燃比 $\alpha<27$。

2. 缸内直喷式稀薄燃烧方式

为了进一步改善汽油机的性能，以适应日趋严峻的能源紧缺与排气污染的问题，开发研究出了汽油机的缸内直喷式稀薄燃烧技术。

图 5-40 所示为缸内直喷式与进气道喷射式的比较情况。缸内直喷式燃烧系统将喷油器安装在气缸盖上直接向燃烧室内喷油，因此更容易控制缸内混合气的形成。通过喷射时期的控制可实现均质混合气燃烧、分层稀混合气燃烧及均质混合气压燃（HCCI）。

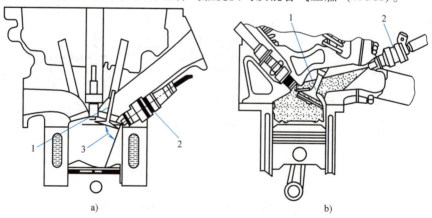

a)   b)

图 5-40 缸内直喷式与进气道喷射式的比较情况
a）缸内直喷式 b）进气道喷射式
1—进气阀 2—喷油器 3—喷雾锥角

（1）缸内直喷式混合气的形成机理　缸内直喷式燃烧系统混合气的形成，主要是通过缸内直接喷射的喷雾与气缸内组织的气流，形成空燃比的梯度分布。因此，实现缸内直喷式稀薄燃烧技术的关键在于，首先通过进气系统和活塞顶的燃烧室形状组织气缸内的滚流，其次利用高压喷射（3~30MPa）旋流式喷油器等措施控制喷雾与气缸内气流的配合形成空燃比的梯度分布，然后合理匹配火花塞及喷射的位置。通过这些手段实现在火花塞附近形成浓混合气的分层稀薄燃烧。图 5-41 所示为通过火花塞、喷油器以及气缸内气流的不同配合，形成缸内分层混合气的几种方式。

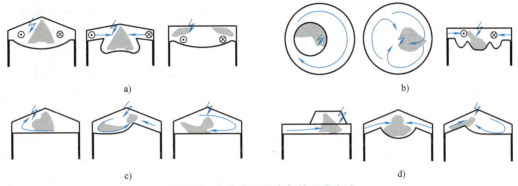

图 5-41　缸内分层混合气的形成方式

a）喷油器中央布置+涡流　b）火花塞中央布置+涡流　c）滚流为主　d）挤流为主

（2）缸内直喷式稀薄燃烧方式的特点　与常规燃烧方式相比较，缸内直喷式稀薄燃烧方式具有可提高气缸压力、有效推迟点火提前角、提高放热速度、缩短放热持续时间等特点。除此之外，它还具有以下特点：

1）负荷调节方式可采用"质调节"式，取消节气门装置。所以中小负荷时，泵气损失降低。

2）在缸内油雾蒸发，使燃烧室内温度降低，传热损失减小。所以，有利于充气效率的提高，而且易于提高压缩比，可有效地提高热效率。

3）分层混合燃烧时，外围稀混合气或空气对火焰起到隔热的作用，所以壁面传热损失减小。

4）在缸内容易形成分层混合气，而且在稀混合气下容易实现稳定分层燃烧，使工质的多变系数增加，实际循环更接近于空气循环。

5）空燃比控制及过渡工况控制更精确。

所以，缸内直喷式稀薄燃烧系统可有效地提高热效率，同时在空燃比较大的稀混合气下能稳定燃烧，因此可以大幅度地降低 CO 和 HC 排放；而且空气对火焰的冷却作用使其最高燃烧温度降低，所以也可大幅度地降低 NO_x 排放。

对于车用发动机，由于不同工况对空燃比的要求不同，所以稀薄燃烧的工况范围到目前为止只限于中小负荷区（图 5-42）。在中小负荷区，

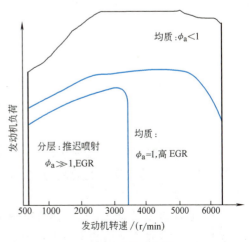

图 5-42　实施稀薄燃烧的工况区

在压缩行程后期喷油，在气缸内形成上浓下稀的分层混合气，点火后能高效率稳定燃烧；而在大负荷或全负荷区，在进气行程中提前喷油，喷射量根据所需的目标空燃比来确定。这样一来，混合气形成时间较长，在火花塞点火时，缸内可形成一定空燃比的均匀混合气。

（3）典型的缸内直喷式分层稀薄燃烧系统

1）TCCS 燃烧系统（Texaco Controlled Combustion Process System）。这种燃烧系统是利用螺旋进气道或导气屏，在气缸内形成强烈的有规则的进气涡流。喷油器在压缩上止点前 30°（曲轴转角）左右，以 2000kPa 的喷射压力，将燃油顺着气流喷入燃烧室。喷雾在扩散雾化过程中，在强烈涡流的作用下，气流外缘形成较浓的混合气。火花塞正好安装在喷注（油束）下游的边缘（图 5-43）混合气较浓的位置，所以很容易点燃。着火后火焰和燃气随着气流的扩展运动，靠已燃气体和未燃气体的密度差，使已燃气体被涡流带离火花塞区，而新鲜的空气被涡流带入燃油喷射区域，实现分层燃烧过程。这种燃烧系统在燃烧过程中不一定利用气缸内的全部空气。在小负荷时燃烧产物扩展区域并不大，随着负荷的增加，喷油持续期延长，燃烧产物的扩展区也随之增大。因此，空燃比可以较大，而且末端气体为空气，温度也较低，不易自燃，所以压缩比可提高到 12。但是，由于初期燃烧是在较浓的局部混合气下进行的，火焰前锋面较大，初期燃烧速度高，压力升高率高，不利于降低最高燃烧温度，所以 NO_x 排放量较高，发动机工作粗暴。如果喷注与气流匹配不好而造成混合气分层不良时，在大负荷时碳烟排放将会增加；低负荷时会造成混合气过稀，从而使 HC 排放量增加。

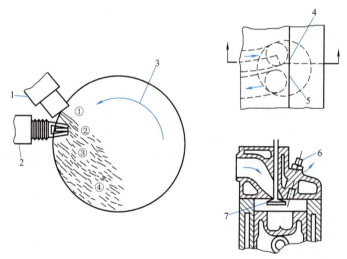

图 5-43 TCCS 燃烧系统

1、4、6—喷油器 2、5—火花塞 3—空气流动方向 7—挡板阀
①—空气区 ②—混合气浓区 ③—着火燃烧区 ④—已燃气体区

因此，虽然这种分层稀薄燃烧方式对改善经济性和排放特性具有良好的效果，但由于控制技术要求高，适应变工况的能力差，所以实用上还有一定困难，1980 年美国曾采用过此方式。

2）缸内直喷式滚流分层稀薄燃烧系统。缸内直喷式滚流分层稀薄燃烧系统中，典型的结构有三菱 4G 型汽油机和丰田 D4 型汽油机。

图 5-44 所示为三菱 GDI 分层燃烧系统，采用纵向直进气道，配合设在活塞顶上的半球形燃烧室，在气缸内形成强烈的顺时针方向的滚流。靠滚流和喷雾匹配，从火花塞至燃烧室空间形成由浓至稀的分层分布的混合气。

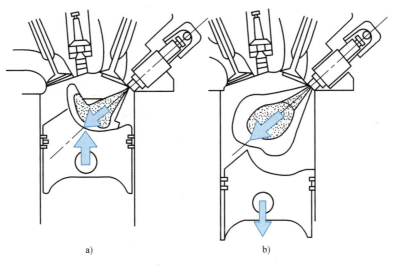

a)　　　　　　　　　　　　　　　　　b)

图 5-44　三菱 GDI 分层燃烧系统

a）晚喷射　b）早喷射

为了提高经济性，在部分负荷时采用分层稀薄燃烧。此时如图 5-44a 所示，在进气行程后期或压缩过程中，用喷雾锥角为 70°～80° 的电磁阀旋流式喷油器，以 5MPa 的喷射压力，向活塞顶燃烧室内喷射，由此保证良好的燃油雾化，并利用滚流在火花塞附近形成浓混合气。由此可实现空燃比 $\alpha = 40$ 下的稳定燃烧，可降低燃油消耗率 30%。同时，结合采用 EGR 率为 40% 的废气再循环措施，可降低 NO_x 排放量 90%。在全负荷时，为了输出最大转矩供给功率混合气，在进气过程早期（图 5-44b）向气缸内喷入功率混合气所必要的燃油量，喷射的油束不与活塞顶接触，这样利用较长的时间喷雾在气缸内形成均匀的功率混合气。由于气缸内喷入的燃油蒸发吸热，降低气缸内充量的温度，所以可提高充气效率，而且压缩比也可提高到 12。

图 5-45 所示为在丰田 D4 型汽油机上实现的分层燃烧系统。其主要特点是缸内直喷式和燃烧室形状相配合，通过喷射方式的有效控制和燃烧室内涡流的优化匹配，实现空燃比 $\alpha = 50$ 下稳定的分层稀薄燃烧，有效地提高了经济性，同时降低了 NO_x 排放。

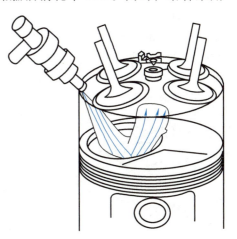

图 5-45　丰田 D4 型汽油机

3. 缸内直喷式分层稀薄燃烧存在的问题及发展趋势

虽然通过缸内直喷式分层稀薄燃烧技术，使汽油机的经济性更接近直喷（DI）柴油机的水平，而且在动力性、瞬态响应特性、起动性及冷起动 HC 排放特性等诸多方面都有不同程度的改善，但这种混合气形成和燃烧方式也存在着以下几方面的问题：

1）分层燃烧对燃油蒸气在气缸内的分布要求高，需喷油时刻、点火时刻、缸内空气运动、喷雾特性等和燃烧室形状良好匹配，否则，燃烧不稳定。

2）低负荷时 HC 排放多，高负荷时 NO_x 排放多，且会生成碳烟。

3）喷油器易堵塞，且无自洁作用，所以长期使用会影响雾化特性。

4）三效催化转化器因稀薄燃烧不能采用，稀薄燃烧专用催化转化器的成本高，技术难度大。

5）气缸和燃料系统的磨损增加。

所以，目前汽油机节能与排放控制新技术中，开发研究新型的预混合压燃（Premixed Charge Compression Ignition，PCCI）方式。这种预混合压燃方式是通过提高压缩比，利用多点着火方式实现预混合稀薄燃烧，由此在降低燃油消耗率的同时，实现低 NO_x 排放。

汽油机的预混合压燃与缸内直喷式分层稀薄燃烧及柴油机燃烧过程的区别在于，缸内直喷式分层稀薄燃烧和柴油机是在进气行程后期或压缩行程后期向缸内高温、高压的空气，以高压（汽油机 3~30MPa，柴油机 80~300MPa）喷射燃烧。而预混合压燃是在进气过程中用电磁阀在进气歧管内以 0.3MPa 的压力喷射，经缸内压缩过程自行燃烧。当空燃比为 32~41 时，预混合压燃方式的燃油消耗率可达到低于柴油机的水平；若空燃比为 40 左右时，NO_x 排放远低于缸内直喷式汽油机和柴油机。但这种预混合压燃方式存在混合气形成不均匀的问题。所以，目前的研究多通过两段或多段喷射，在形成预混合气着火后，使主喷射燃烧稀薄化，由此有效扩大预混合压燃的负荷区域。其中，典型的新燃烧模式有"SI-CI"（点燃-压燃）模式，其机理及放热规律特性如图 5-46 所示。这种燃烧模式在活塞顶部设置副燃烧室，通过直喷喷油器喷射少量的燃油形成浓混合气，并用火花塞点燃形成 SI 模式，由此提高缸内温度和压力，触发由进气道喷射少量燃料在气缸内形成的稀薄均匀混合气压燃（CI）。通过这种燃烧模式可有效扩大 HCCI/PCCI 模式的负荷领域，改善中小负荷区的燃油经济性和排放特性。图 5-46b 表示在缸径为 85mm、行程为 86mm、压缩比为 15：1 的单缸试验样机上，当在 1200r/min 转速下平均空燃比为 300：1，而在 2400r/min 转速下平均空燃比为 150：1 时稳定燃烧的放热规律曲线。

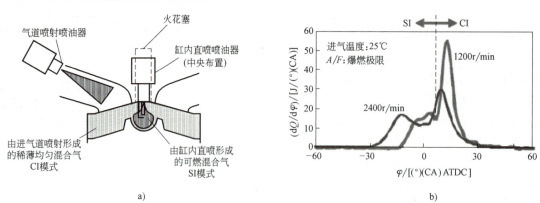

a)　　　　　　　　　　　　　　　　　　　b)

图 5-46　SI-CI 模式及效果（摘自 SAE 2005-01-0180）

a）SI-CI 模式的机理　b）SI-CI 模式的放热规律

4. 双燃料发动机的稀薄燃烧

在点燃式发动机的基础上基于双燃料开发研究出反应性控制压燃（Reactivity Controlled

Compression Ignition，RCCI）模式，如图 5-47 所示。即从进气道喷入反应性低的燃料 m_1（如汽油、天然气、H_2 等），在气缸内形成稀薄均匀的预混合气，然后在活塞接近压缩终了的某一时刻向气缸内直接喷入反应性高的燃料 m_2（如柴油等）实现压燃，由此通过反应性不同燃料的占比有效控制缸内预混合气的燃烧反应速率，达到优化燃烧过程以满足日趋严格的节能减排的要求。

图 5-47　双燃料发动机
RCCI 模式概念图

（二）稀薄燃烧的控制

稀薄燃烧时 CO 和 HC 排放很小，所以控制稀薄燃烧的主要目的就是精确控制稀薄燃烧的空燃比，提高发动机的经济性，使汽车百公里油耗最低。但是如果稀薄燃烧的空燃比控制不当，不仅经济性改善效果不明显，反而使 NO_x 排放量增加。如果稀薄燃烧的空燃比设定得过大，会造成发动机输出转矩变动大，工作不稳定，HC 排放量增加。因此，稀薄燃烧控制技术的关键，就是如图 5-48 所示，将稀薄燃烧的空燃比 α 精确地控制在使发动机输出转矩变动值在允许的界限范围内，同时满足汽车百公里油耗最佳、NO_x 排放量最低的平均稀薄空燃比上。

为了精确控制稀薄燃烧的空燃比，常采用空燃比反馈控制式和气缸压力反馈控制式稀薄燃烧系统。空燃比反馈控制式稀薄燃烧系统，是通过空燃比传感

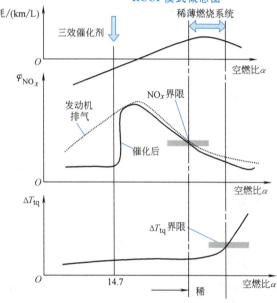

图 5-48　稀薄燃烧的限定条件

器检测排气中的空燃比，由此反馈控制喷射量，使实际空燃比控制在实现标定的目标稀薄空燃比上。空燃比传感器的测量原理是，在 ZrO_2 固体上施加电压时，在 ZrO_2 固体内产生与排气中的 O_2 含量成比例的 O_2 离子的移动，从而形成如式（5-38）中的电流。通过检测空燃比传感器的电信号，并根据空燃比传感器的标定特性，可求得空燃比的大小，并由此对喷射量进行反馈控制，实现稀薄燃烧过程。

$$I_0 = \frac{C D_{O_2} p A}{T l} \ln \frac{1}{1 - \dfrac{p_{O_2}}{p}} \qquad (5\text{-}38)$$

式中，I_0 为在 ZrO_2 固体上流通的电流；C 为常数；D_{O_2} 为 O_2 的扩散系数；p 为全压；A 为扩散阻抗层面积；T 为热力学温度；l 为扩散层厚度；p_{O_2} 为 O_2 的分压。

气缸压力反馈控制式稀薄燃烧系统，是采用气缸压力传感器来检测每个循环不同时刻的气缸压力，并求出循环输出转矩的变动量，由此进行空燃比的反馈控制，使实际转矩变动量限制在允许的范围之内。其控制方法是，首先通过气缸压力传感器在膨胀行程中，在每个循

环规定的曲轴转角位置上，测量如图 5-49 所示的 p_1、p_2、p_3、p_4 四点的燃烧压力，然后根据式（5-39）计算出每个循环的输出转矩 T_{tqj}。

$$T_{tqj} = a_1 p_1 + a_2 p_2 + a_3 p_3 + a_4 p_4 = \sum_{i=1}^{4} a_i p_i \quad (5\text{-}39)$$

测 N 个循环，用式（5-40）求出相邻循环转矩之差的绝对值后，取 N 个循环的平均值作为输出转矩的变动量 ΔT_{tq}。

$$\Delta T_{tq} = \frac{1}{N} \sum_{j=1}^{N} | T_{tqj} - T_{tqj-i} | \quad (5\text{-}40)$$

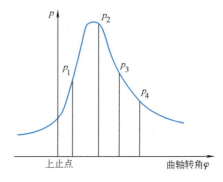

图 5-49　示功图中压力采样点

将 ΔT_{tq} 与目标变动（允许界限）值进行比较，由此确定燃料喷射量的控制量，并通过反馈控制，使空燃比设定在 ΔT_{tq} 小于或等于所允许的目标变动值的稀薄界限上。

在相同条件下，这种气缸压力反馈控制方法与空燃比反馈控制方法相比，可实现更稀薄混合气的燃烧，但气缸压力传感器的成本高。

第五节　汽油机的有害排放物及其控制

汽车发动机以碳氢化合物燃料为主，通过燃料与空气的混合燃烧方式，将燃料的化学能转化为热能，再通过曲柄连杆机构将热能转换为机械能并对外输出有效功。在这种热功转换的方式中，由于燃料的特性不同，所采用的混合气形成和燃烧方式也不一样，因此燃烧产物的生成过程也有所不同。液体燃料通过燃烧方式进行热功转换的共同特点是：首先，将液体燃料雾化成气态后与气态的空气形成可燃混合气，并用一定的着火方式完成燃烧过程；其次，燃料的主要成分是 C 和 H，在空气中燃烧后分别生成 CO_2 和 H_2O，同时空气中的 N_2 在高温下与多余的 O_2 反应生成 NO。再者，由于车用发动机转速较高，燃烧时间非常短，而且燃烧过程复杂，因此混合气形成不可能绝对均匀，不可能完全燃烧，所以燃烧过程中存在着不完全燃烧的产物 CO 和未燃产物 HC。此外，由于燃料的性质和成分不同，造成混合气的形成和燃烧方式不同，燃烧产物也不相同。

一、汽油机的有害排放物及其产生机理

汽油机使用燃料（汽油）的特点，决定了其独特的混合气形成方式和着火燃烧方式，从而确定了发动机的结构特点和工作过程，以及 CO_2、H_2O、HC、CO、NO_x 等燃烧产物。其中，水蒸气 H_2O 是无害气体，而且在地球上存在着大量的水，所以内燃机排出的水分对地球水循环的影响微不足道。而 CO_2 虽然也是无害的燃烧产物，但在地球上含碳化石燃料的大量开采和使用，使得地球的碳循环失去了平衡。另外，CO_2 吸收的光谱恰好在地球辐射的主要波长段范围，所以对地球辐射能的吸收能力强，而对太阳的辐射能则透射能力很强，几乎是透明体。因此，飘浮在大气层中的 CO_2 具有吸收地面辐射能后，重新辐射，一部分返回地面，另一部分传给更上层的 CO_2 的作用。大气层中 CO_2 含量越高，更多的热量被阻留在低层大气中，使地球温度升高，由此加剧地球的"温室效应"，这已成为全球性关注的

问题。

汽油机有害气体排放物的主要来源，有排气中的 CO、HC、NO_x、CO_2，曲轴箱通风而向大气排出的 HC，以及燃料供给系中因燃料蒸发而散发的 HC 等。

由于污染物的来源和产生机理不同，所采用的控制措施就不一样。对发动机尾气排放的有害物，采用燃烧系统的改进和后处理的方法来控制；曲轴箱通风则采用压力控制阀（PCV）措施，将曲轴箱内的蒸发物回流到进气管进行燃烧，同时保证曲轴箱内一定的压力；而燃料供给系统的蒸发物则采用活性炭罐吸收装置来控制（图 5-50），即燃油供给系统的蒸发物通过单向阀收集到炭罐里的活性炭中，然后在设定的工况下（或根据进气管真空度）定期控制清洗控制阀进行清洗，此时活性炭上被捕集的蒸发物，在来自滤清器后的新鲜空气和进气压力差的作用下，经蒸气软管送入进气管，与新鲜混合气一起进入气缸参与燃烧，不仅改善了燃料供给系统的 HC 排放，还有利于改善经济性。

（一）NO

1. 产生机理及影响因素

NO 是空气中的 N_2 在高温下分解后与空气中 O_2 化合的结果。空气由燃烧助燃剂 O_2、N_2 及其他微量元素构成，其中微量元素的含量可以忽略不计。所以可认为，空气中 O_2 的体积分数为 21%，N_2 的体积分数为 79%。也就是说，以空气为助燃剂的任何一种燃料的燃烧都可能产生 NO。在汽油机的燃烧过程中主要生成 NO，然后在膨胀和排气过程中 NO 和 O_2 继续氧化反应而生成少量的 NO_2。将 NO 和 NO_2 通称为 NO_x。对汽油机，$\varphi_{NO_2}/\varphi_{NO_x} = 1\% \sim 10\%$，而对于柴油机，$\varphi_{NO_2}/\varphi_{NO_x} = 5\% \sim 15\%$。因此，在讨论 NO_x 生成机理时，一般只讨论 NO 的生成机理。

根据汽油机的均匀混合气火焰传播方式的燃烧特点，用 Zeldovich 的理论来解释 NO 的生成机理。即认为 NO 是空气中的 N_2 在 1800K 以上的高温条件下按式（5-41）反应而生成的。

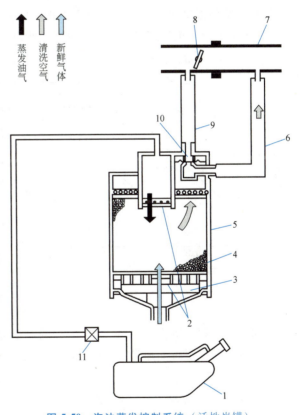

图 5-50　汽油蒸发控制系统（活性炭罐）
1—汽油箱　2—滤网　3—滤清器　4—活性炭
5—炭罐　6—蒸气软管　7—进气管　8—节气门
9—真空软管　10—清洗控制阀　11—单向阀

$$\begin{cases} N_2 + O = NO + N \\ N + O_2 = NO + O \\ N + OH = NO + H（扩大） \end{cases} \quad (5\text{-}41)$$

氮分子分解时需要较大的活化能，因此只能在高温下才能进行 N_2 的分解反应。这就决定了 NO 形成的高温条件。所以在式（5-41）中，形成 NO 的整个链式反应的速度，主要取决于最慢的第一个反应式。

氧原子在 NO 形成的整个链式反应中起活化链的作用。即与燃料中可燃成分之间反应所需的活化能较小，反应较快。所以，NO 不会在火焰面上生成，而是在火焰的下游区形成。

因此，影响 NO 生成的关键因素是氧含量。而 O_2 的含量和温度是决定氧原子含量的重要条件。因此，基于 Zeldovich 理论，NO 生成的三要素是燃烧温度、氧含量（以空气为助燃剂时）和整个燃烧反应时间。在足够的氧含量条件下，燃烧温度越高，反应时间越长，NO 的生成量就越多。

根据上述 Zeldovich 的 NO 生成机理，对均匀混合气点燃式发动机，其控制 NO 生成的基本原则是：

1) 减小混合气中 O_2（或 N_2）的含量。

2) 尽可能降低燃烧温度。

3) 缩短在高温燃烧带内滞留的时间。

这就是说，提高燃烧温度，燃烧产物中 NO 的含量提高，而且其生成速度加快。当 O_2 不足时，即使温度很高，也能抑制 NO 的生成。在高温下，如果燃烧反应时间缩短，由于 NO 的生成反应速度比燃烧反应速度缓慢，所以 NO 的生成受到抑制（图 5-51）。

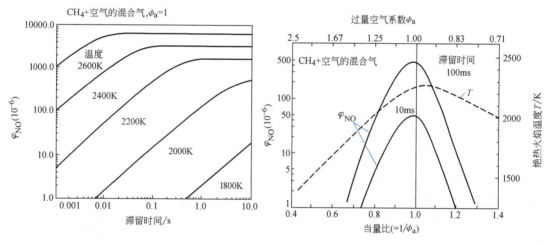

图 5-51　影响 NO 的因素

对于汽油机，混合气中 O_2（或 N_2）的含量可用空燃比表示。所以，降低 NO_x 排放量的主要途径，就是尽可能地降低燃烧温度，并将空燃比控制在 NO 生成量低的范围，同时加快燃烧速度。

2. 危害及测量方法

NO_x 中 NO 的毒性相对比较小，但 NO 在大气层中会被缓慢氧化成 NO_2。NO_2 是一种褐色有刺激性的毒气，在空气中的体积分数为 $10 \times 10^{-6} \sim 200 \times 10^{-6}$ 时就可刺激口腔和鼻道黏膜；在 $50 \times 10^{-6} \sim 300 \times 10^{-6}$ 时，会使人头痛出汗，损伤肺组织；大于 500×10^{-6} 时几分钟内就可以使人出现肺水肿而死亡。

NO_x 的另一个危害是直接破坏大气层中臭氧层的自然平衡。NO_x 含量越高，臭氧含量就越小，对太阳光紫外线的吸收能力下降，太阳对地面的紫外线辐射强度增高，人们患皮肤癌的概率就会增加。

此外，NO_x 与 HC 在太阳光照射下会形成由臭氧、NO、甲醛和乙醛等组成的光化学烟雾，造成能见度下降，直接影响交通安全。

随着汽车工业的发展，以石油能源为主的碳氢燃料的广泛开发利用，使得向大气排放的 NO_x 逐渐增多。为了严格控制发动机等动力设备对大气环境的污染，需要精确测量 NO_x 的排放量。排放法规标准中统一规定，采用化学发光法（CLD）测量 NO_x。这种方法是通过在被测物中添加 O_3，检测 NO 与 O_3 混合反应时所产生的电子激发态的 NO_2^* 分子，衰减到基态时发射的与 NO 含量成比例的化学发光强度来测量 NO。

（二）CO

1. 产生机理及影响因素

CO 是碳氢燃料不完全燃烧的重要产物，所以主要受空燃比的影响。碳氢燃料完全燃烧的程度受反应速度、温度及混合气中 O_2 含量的影响。

当在 $\phi_a<1$ 的浓混合气下燃烧时，因缺氧使燃料中的 C 不能完全氧化，很容易生成 CO。膨胀过程中部分已生成的 CO 在高温下与燃烧产物中的 H_2O，经水煤气反应，转换为 CO_2，即

$$CO+H_2O \longrightarrow CO_2+H_2 \tag{5-42}$$

当在 $\phi_a>1$ 的稀混合气下燃烧时，由于混合气不均匀使局部区域的 $\phi_a<1$，造成局部燃烧不完全，也会产生 CO，或燃烧产物 CO_2 在高温下直接分解成 CO 和 O_2。但在膨胀过程中 CO 与多余的氧进行氧化反应，使 CO 转换为 CO_2，所以 CO 排放量很少。

另外，在排气过程中，未燃 HC 的不完全氧化也会产生少量 CO。

2. 危害及测量方法

CO 是一种无色无味无臭的气体，它与血红素的结合能力很强，是氧的 300 倍。所以若人体吸收了微量的 CO，将破坏造血功能，呈中毒症状；若人体吸收了体积分数为 0.3% 的 CO 气体，则可在 30min 内致命。

所以，从保护大气环境角度出发，应尽量减少向大气排放 CO，以控制大气中的 CO 含量。

排放法规标准上都统一规定，对各种车辆的 CO、CO_2 的排放量，采用不分光红外线分析仪（NDIR）来测量。这种测量方式是利用 CO、CO_2 气体具有吸收特定波长的电磁辐射能力来测量其含量的。当红外线经过一定长度的被测物体后，其能量由于被测气体的吸收而衰减，其衰减量与被测气体的含量成比例。

（三）HC

1. 产生机理及影响因素

内燃机的 HC 排放包括未燃和未完全燃烧的燃油、润滑油及其裂解产物和部分氧化产物等，成分复杂繁多，所以生成机理也复杂，很多方面还没有弄清楚。车用发动机 HC 排放的主要来源有尾气排放、燃油供给系统及曲轴箱通风等几方面。这里只介绍发动机燃烧系统中 HC 的生成机理。

在汽油机燃烧过程中 HC 的生成主要有以下几个方面。

（1）缸内壁面淬冷效应　当燃烧过程中火焰传播至气缸壁面时，温度较低的壁面对火焰迅速冷却，此时如果火焰前锋面的温度降低到混合气自燃点以下时，链式反应中断，火焰熄灭，从而在燃烧室壁面留下一层 0.1～0.3mm 厚的未燃或未完全燃烧的混合气，产生大量

的 HC。

（2）缝隙效应　汽油机燃烧室内的缝隙，主要有活塞头部和缸壁之间，气缸盖、气缸垫和气缸体之间，进、排气门和气门座之间，以及火花塞螺纹处和火花塞中心电极周围等处。

缝隙面容比大，火焰无法传入其中继续燃烧，而且缝隙内的混合气受到两个以上壁面的冷却，故淬冷效应十分强烈而产生大量未燃 HC。

（3）积炭和壁面油膜的吸附效应　气缸壁面上的润滑油膜、沉积在活塞顶部以及燃烧室壁面和进、排气门上的多孔性积炭，会吸附未燃混合气及燃料蒸气，这些被吸附的气体在膨胀和排气过程中逐步脱附释放出来，随已燃气体排出气缸而造成排气中的 HC 含量增加。

（4）不完全燃烧　如发动机在怠速及高负荷工况下运行时，混合气处于 $\phi_a<1$ 的浓混合气状态，且怠速时残余废气系数较大；而当加速或减速时，混合气会暂时地过浓或过稀，即使此时 $\phi_a>1$，油气混合也不均匀。因此在这些条件下，都会造成不完全燃烧而使 HC 排放增加。

（5）失火　发动机工作过程中失火现象的发生，是造成大量 HC（体积分数可达 5%）排放的主要原因。因此，对汽油机可靠点燃，防止失火是控制 HC 排放的重要环节。汽油机易发生失火的条件是，混合气形成过程中局部地方混合气过稀或过浓超过着火界限，或点火时刻不当及点火系统出现故障时等。

2. 危害及测量方法

内燃机的总碳氢（THC）排放中，大部分成分对人体健康并不直接产生影响，但其中某些醛类和多环芳香烃对人体有严重危害。如甲醛等对眼睛、上呼吸道及中枢神经有损伤，有些苯类是致癌物质。另外，HC 在太阳光照射下与 NO_x 进行光化学反应，形成光化学烟雾。这种烟雾毒性较大，不仅使大气可见度降低，而且其主要生成物臭氧 O_3 具有很强的氧化能力和特殊的臭味，可使橡胶裂开，植物枯死，并刺激眼睛和咽喉。所以，须严加控制 HC 的排放量。

车辆尾气排放物中 HC 含量的测量方法，在排放法规标准中统一规定采用氢火焰离子化法（FID）。这种测量方法，是通过在 2000℃ 的高温下 HC 电离而形成的与试样中 HC 的个数成正比的电流强度，来测量 HC 含量。所测得的 HC 含量是以甲烷为当量，其测量精确度高于 NDIR 法。

在 THC 中含有很大的一部分甲烷（CH_4），它在对人体危害方面是惰性的，所以在美国的排放标准中采用非甲烷碳氢化合物（NMHC）指标，认为用这一指标来描述 HC 对环境的危害更准确。

二、影响汽油机排放特性的因素

汽油机尾气有害排放物是其燃烧过程的产物，所以影响汽油机排放特性的主要因素就是燃烧反应物的含量、温度以及混合气的形成和燃烧条件。

在汽油机中燃烧反应物即混合气的特征，是用过量空气系数 ϕ_a 来表示的，而在一定过量空气系数条件下燃烧时，燃烧温度就取决于点火提前角 θ_{ig} 及燃烧速度。

1. 过量空气系数 ϕ_a 的影响

图 5-52 所示为过量空气系数对汽油机有害排放物生成的影响。由图可知，NO_x 的峰值

并不是出现在燃烧温度最高处，也不是混合气越稀（氧的含量越高），NO_x 排放量就越多，而是在过量空气系数为 $\phi_{ab} = 1.03 \sim 1.16$ 的范围内出现峰值，此时虽然燃烧温度不是最高，但是燃烧速度足够快，温度足够高且氧的含量充足。当 $\phi_a < \phi_{ab}$ 时，虽然一开始燃烧温度升高，燃烧速度加快，使发动机的动力性增加，但是由于氧的含量逐渐减小，所以在此温度变化范围内，NO_x 排放量随氧含量的降低而减小。当混合气过浓时，燃烧温度和氧的含量同时降低，所以 NO_x 排放量迅速降低。反之，当 $\phi_a > \phi_{ab}$ 时，随过量空气系数的增加，氧的含量增多，但由于空气对火焰的冷却作用加强，所以燃烧温度随之降低，使得 NO_x 排放量也降低。因此，在混合气稀薄的范围，影响 NO_x 的主要因素是燃烧温度，而不是氧的含量。

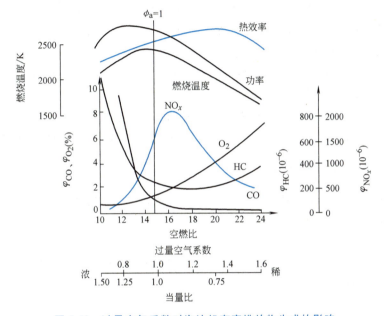

图 5-52　过量空气系数对汽油机有害排放物生成的影响

对 CO 和 HC 排放量而言，在 $\phi_a < \phi_{ab}$ 的浓混合气范围内，随着 ϕ_a 的提高和氧含量的增加，CO 和 HC 排放量迅速降低，但是在 $\phi_a > \phi_{ab}$ 的稀混合气范围内，CO 和 HC 排放量随 ϕ_a 的增加变化不大。当混合气过稀时，火焰熄火的倾向增加，使得 HC 排放量增加。

由此说明，发动机的动力性、经济性及排放特性之间相互矛盾、相互制约。

2. 点火提前角的影响

在 ϕ_a 一定的条件下，如果推迟点火提前角，则由于上止点后燃烧的燃料量增多，燃烧最高温度下降，所以 NO_x 排放量降低。而且因后燃排气温度升高，在排气行程及排气管中 HC 氧化反应加速，因此 HC 排放量减小。但是，燃烧等容度降低，传热损失增多，所以热效率变差，燃油消耗率明显增加（图 5-53）。

3. 转速的影响

转速对汽油机排放特性的影响主要体现在，对燃烧滞留时间和气缸内湍流强度的影响。当发动机转速增加时，燃烧过程所占的时间缩短（对应的曲轴转角增加），所以燃烧反应物在高温下滞留的时间缩短，从而 NO_x 生成量明显降低。但转速对 CO 和 HC 排放的影响比较复杂，还与混合气形成、空燃比分布及火焰传播速度等有关。对一定的负荷，在低速区随转速的增加气缸内湍流强度提高，改善混合气的形成和燃烧速度，所以 CO 和 HC 排放有所降低，但如果转速过高，湍流强度过强，对火焰传播过程有吹熄的作用，而且转速的升高使燃烧所需时间缩短，造成混合气来不及完全燃烧，从而使得 CO 和 HC 排放量增加。

4. 负荷的影响

对汽油机，负荷常用节气门开度表示，而负荷的大小既表示进入气缸的混合气量的多少，又表示混合气的成分。在中小负荷区，随节气门开度的增加，气缸进气量增多，残余废气系数减小，发动机温度提高，改善了燃烧条件，所以 CO 和 HC 排放明显降低。但燃烧温度的提高，使得

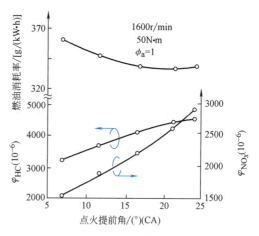

图 5-53　点火提前角对 HC 和 NO_x 排放的影响

NO_x 排放量增加。当负荷接近全负荷时，由于要求发动机输出大功率，所以需要提供功率混合气而加浓，混合气中氧的含量减小，使 NO_x 排放量有所降低，而 CO 和 HC 排放量增加。

三、汽油机排放控制技术

车用汽油机的排放控制技术大体上分为机内措施和机外措施两种。其中机外措施又分为后处理和前处理。

（一）机内措施

机内措施主要是降低排气管内有害气体的排放。根据发动机起动后排气温度不同，又可将机内措施分为冷机措施和热机措施两种。

1. 冷机措施

在发动机刚起动后的冷机状态下，催化剂的活性差，不宜降低 HC 排放，所以主要采用以下措施：

1）通过精确标定和多参数优化协调控制，使空燃比在原来的浓状态下适当稀薄化，可有效降低 HC 排放，但要求燃烧稳定。特别是在冷起动过程中，从起动机拖动曲轴旋转开始，喷射时刻、随起动转速变化的喷射量的控制方法以及点火时刻等，都对 HC 排放影响明显。所以，要求在尽可能减小喷射量的条件下，提高首次喷射完爆率。

2）通过可变气门控制技术等，有效组织进气涡流，改善混合气的形成。

3）通过喷油器结构及喷射压力的提高，改善燃料雾化特性。

4）在结构上，降低活塞的火力岸，减小激冷层，由此降低 HC 排放。

2. 热机措施

机内热机措施，可以说是针对发动机常用工况，通过直接控制或改善燃烧过程来降低其排放的主要技术措施，主要体现在：

1）燃烧系统的改善，包括燃烧室结构的优化设计，充分利用燃烧室内的气流特性的同时，有效控制燃烧速度，尽可能减小缝隙容积和激冷层。

2）通过电控技术精确控制空燃比，并结合缸内直喷技术实现稀薄燃烧。

3）采用可变进气系统，包括可变进气管长度、可变配气相位、可变进气涡流以及汽油

机增压等技术，由此使发动机在不同工况下达到各参数最佳的工作状态。

4）采用部分气缸停缸控制技术，由此降低小负荷工况下的泵气损失，以提高燃油经济性，同时有效降低 CO 和 HC 排放量。

（二）后处理

后处理技术，是通过催化转化器等来降低发动机向大气环境排出的有害气体排放量。由于催化转化器都具有一定的工作温度，因此对于发动机的不同温度状态，其效果不一样。在发动机冷机状态下，排气温度比较低，达不到催化转化器的工作温度，所以此时催化转化器不起作用。因此，后处理措施根据排气温度不同也分为冷机措施和热机措施。

1. 冷机措施

在发动机起动或怠速等冷机状态下，催化剂的活性差，净化效果降低。因此，此时采取的主要措施有：

1）提高催化剂的低温活化性，以改善低温净化效果。

2）采用两级排气管或两级催化转化器。一级催化转化器尽可能安装在靠近发动机的排气管处，只用于起动或怠速等低温工况。当发动机正常工作时排气温度过高，因此将关掉一级催化转化器，利用正常安装的二级催化转化器来净化排气。

3）采用低热容的催化剂或电加热催化转化器。

2. 热机措施

在热机状态下，主要应提高催化转化器的净化能力。为此主要采取以下措施：

1）通过催化剂种类的合理选用和催化剂的合理布置，提高催化剂性能。

2）采用"蜂窝"状高密度催化剂，提高催化反应表面积。

3）进行最佳空燃比控制。

（三）前处理

前处理措施包括燃料中加入添加剂、排气再循环（EGR）等。

作为前处理，可在汽油燃料中少量加入助燃剂，促进燃料的完全燃烧，由此改善经济性和排放特性。乙醇汽油，实际上就是在汽油中添加少量的乙醇，由此可以改善燃料的抗爆性，同时利用乙醇蒸发热大的特点，降低混合气的进气温度，有利于提高充气效率。

EGR 已成为车用发动机用来降低 NO_x 的主要措施而被广泛应用。为了进一步提高 EGR 的效果，采用 EGR 中冷系统。

四、汽油机的增压及米勒循环

1. 汽油机增压存在的主要问题

如前所述，增压是提高发动机性能的有效措施而被广泛应用。但是对以均匀混合气火焰传播方式燃烧的汽油机而言，实施增压则存在以下问题：

（1）易爆燃　增压使混合气的温度和压力升高，所以很容易引起爆燃。这是汽油机增压度不高的主要原因。

（2）增压后热负荷高　增压后进气密度增加，单位气缸工作容积做功能力（升功率）提高，缸内压力和最高温度提高，造成机械负荷和热负荷增加，很容易引起强烈爆燃。所以，应对关键零件进行必要的强度校核。

（3）汽油机和涡轮增压器匹配困难　因汽油机转速高、范围宽，混合气质量流量变化大，而废气涡轮增压器作为流体机械，不可能兼顾高低速。另外，当节气门突然加大时，增压器响应滞后，影响发动机及整车的动态响应特性，而且增压后汽油机排气温度高，对涡轮机不利。

2. 解决以上问题的主要技术措施

（1）降低压缩比　但膨胀比降低不利于提高热效率。

（2）采用增压中冷　作为水冷方式，采用发动机冷却液冷却增压后的进气，这种方式虽然结构简单，但效率低；采用与发动机冷却液分开的独立的中冷系统，效果最好，但结构复杂。作为空冷方式，有采用冷却器和散热器共用一个风扇的空对空冷却方式，或涡轮带动风扇的分割式空对空冷却方式。

（3）结构上采用抗爆燃措施　如燃烧室结构紧凑，由此缩短火焰传播距离；提高燃料的辛烷值；采用双火花塞点火，推迟点火提前角等。

（4）加大气门叠开角，用扫气作用冷却　这种方式常适用于 GDI 方式，而对于进气道喷射的均匀混合气燃烧方式，则不利于经济性和 HC 排放。

3. 汽油机与增压器的匹配要求

汽油机增压的目的，是在保证额定功率的前提下，要求部分负荷和部分转速下具有良好的转矩特性和动态响应特性，以保证一定的转矩储备系数。为此，汽油机和增压器的基本匹配点一般选择在部分工况。但这样往往会造成额定工况过度增压，为此需要对增压压力进行控制。如通过设置进气或排气减压阀，当进气压力超过规定值时，打开进气减压阀卸压，或打开排气阀减小流经废气涡轮的废气流量，由此自动控制进气压力，避免过度增压；或采用电控可变增压系统（VGS/VNT），适应不同工况要求控制进气压力。

由于汽油机转速高、变化范围宽，而废气涡轮增压器作为流体机械有一定响应滞后现象，因而在汽油机与增压器匹配时，对整机过渡响应特性提出一定要求。而增压汽油机过渡响应特性差的主要原因是汽油机转速高，而废气涡轮增压器的惯性质量较大，从而造成过渡工况下混合气供给相对转速变化滞后。因此，改善过渡响应特性的主要措施有：

1）合理布置进、排气系统的长度和直径。

2）在满足高速性能的要求下，尽可能选择较小的涡轮流通截面积。

3）减小节气门到进气门之间的容积，即进气系统容积。

随着汽车低碳化要求的不断提高，发动机轻量化已成为发展趋势。提高升功率是发动机轻量化的重要途径，而增压技术作为有效提高发动机强化指标的重要措施备受关注。汽油机以提高升功率为目的匹配增压器时，要求按额定工况匹配，但对废气涡轮增压器而言，这种匹配方法就不能兼顾低速转矩特性了。

4. 米勒循环

米勒循环是美国机械工程师罗尔夫·米勒（Ralph Miller）于 20 世纪 40 年代初，在四冲程内燃机的循环理论基础上进行改进发明并于 1947 年在学会上公开发布的，如图 5-54 所示。其主要特征就是在压缩行程中，活塞从下止点上升到 1/5 行程时进气门才关闭，这样由进气、回流、压缩、膨胀做功及排气五个过程构成了一个工作循环。

米勒循环的实质是活塞从进气下止点到压缩上止点的压缩行程中，通过配气机构的控制实现进气回流过程，由此在几何压缩比不变的前提下，缩短了有效压缩行程，降低了压缩终了的压力和温度，由此可以防止发生爆燃，而膨胀比不变，所以可以提高热效率。

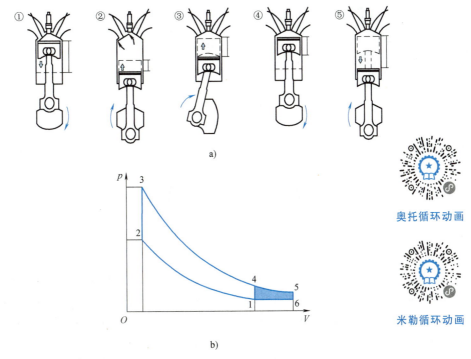

奥托循环动画

米勒循环动画

图5-54 米勒循环及其 *p-V* 图

a）米勒循环 b）*p-V* 图

　　为了实现米勒循环，需要一种能从低速区开始得到高增压比、响应性又好、效率又高的增压器。但是，一般废气涡轮增压发动机存在的基本问题是，低速区由于排气流量小，废气涡轮的转速低，增压作用不充分，而且涡轮转速随发动机转速的变化存在时间滞后现象。而罗茨式机械增压器虽然响应特性好，但不能实现高的增压比，而且效率也低。因此，米勒循环发布以来一直没有得到及时的应用。到20世纪90年代初由日本马自达汽车公司和石川岛播磨公司共同开发出一种新型的容积式增压器，即由两个耦合的双螺杆转子构成的压气机（图5-55）。

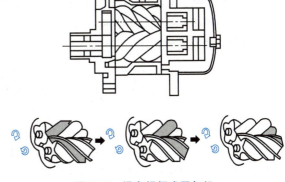

图5-55 耦合螺杆式压气机

　　这种压气机，当双螺杆转子旋转时，螺杆转子之间形成的空间向前移动，同时容积减小。因此，可进行连续压缩，而且其压缩程度不因转速而变化。故从低速域开始可以获得高的增压比，而且响应快，效率高，满足实现米勒循环的基本条件。通过采用这种增压器在汽油机上实现米勒循环后，基本上解决了汽油机增压易爆燃的难题，同时大幅度地提高了增压汽油机的热效率，改善了低速转矩特性。

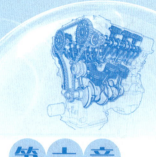

第六章

柴油机混合气的形成和燃烧

自发明柴油机的100多年来，由于其优越的经济性、耐久可靠性及功率覆盖面宽的特点，作为汽车及工程机械的主要动力源得到广泛应用。特别是近年来在全球变暖已成为全世界关注的问题时，柴油机因 CO_2 排放量少等优点备受青睐。但是柴油机的碳烟（微粒）、氮氧化合物（NO_x）排放及噪声较为严重，成为大气环境的主要污染源。

随着排气净化、低油耗、高功率、低噪声及高行驶性能要求的提高，柴油机已全面向电控化发展，使得柴油机混合气的形成及燃烧控制技术得到迅速的发展，大大改善了柴油机的排放特性和整机性能，同时提高了柴油汽车的安全驾驶性和舒适性，在极大程度上满足了社会环境及用户的需求。

尽管如此，随着环境污染及能源资源问题的日趋严峻，世界各国对车辆的节能与排放控制法规日趋严格，在这种条件下，柴油机所面临的课题依然是在改善其动力性和经济性的前提下，进一步净化排气、降低噪声、提高舒适性的问题。而这些问题直接与柴油机的混合气形成和燃烧过程紧密相关。

第一节　柴油机热功转换的特点

1883年戴姆勒应用当时已提出的四冲程理论，从气缸内形成混合气的角度发明了四冲程内燃机——汽油机，而德国人鲁道夫·狄塞尔于1897年从如何提高四冲程内燃机循环热效率的角度发明了柴油机。由于汽油机和柴油机开发初期的目的不同，造成二者性能上的较大差别。

如前所述，提高四冲程内燃机循环热效率的主要措施就是提高压缩比。但是汽油机这种外部形成均匀混合气以火焰传播方式进行燃烧的模式，压缩比的提高往往会引起爆燃。所以，提高循环热效率的关键就是压缩纯空气以提高压缩比，达到设定的压缩程度后，在上止点附近的高温、高压下，按一定的喷油规律快速喷油燃烧。车用发动机转速高，且变化范围宽，因此混合气形成和燃烧条件非常苛刻。为此柴油机采用高压缩比，并在压缩上止点附近，通过喷油器在高温、高压的空气中强制喷油雾化形成可燃混合气，同时自行燃烧，由此实现热功转换。因此，其混合气形成和燃烧过程具有以下三大特点：

1）混合气形成时间极短。

2）混合气空间时间分布极不均匀。

3）燃料喷射过程和燃烧过程同时存在。

这就是说，对柴油机如果需要多做功，就要多喷油。但如果喷射时间拖长，若在活塞下移、气缸容积增加的过程中燃烧，会造成散热损失增加，热量利用率下降，不仅动力性提高不多，反而使经济性恶化。反之，在极短的时间内快速喷射燃烧，虽然能提高动力性和经济性，但必然导致工作粗暴，以及 NO_x 排放增加。因此，这种燃烧方式限制了柴油机的最高转速不能太高，也决定了柴油机独特的动力性、经济性和排放特性。

柴油机问世至今，为了改善柴油机的混合气形成和燃烧过程，人们在喷油规律控制及燃烧室内气流流动特性的组织等方面进行了一系列的开发研究，取得了可喜的成绩。

传统的机械式泵-管-喷油器式燃料供给系统，其燃料供给方式采用靠喷油泵按一定压力向喷油器供给定量的燃油，而喷油器只负责向气缸喷油雾化并完成混合燃烧的任务。因此，决定燃烧放热规律的喷油规律，只取决于喷油泵的供油规律和供油系统的结构参数，不能根据工况的变化任意控制。所以，对一定的喷射量，如初期喷射量越多，则整个喷油时间越短，初期燃烧速率越快，造成初期放热量增加，缸内压力和温度迅速升高。这虽然能改善动力性和经济性，但发动机工作粗暴，同时 NO_x 排放量增多，振动和噪声严重。反之，为了改善发动机工作粗暴程度，降低其振动和噪声以及减少 NO_x 排放量，通过供油规律（如改变喷油泵凸轮形线等）来减少初期喷射量，则后喷射量增多，喷油期间拉长，燃烧过程延迟，使得大部分燃料在气缸容积增加的膨胀过程中燃烧放热，所以气缸内燃烧气体的做功能力下降，同时散热损失增加，使热效率降低，从而使动力性和经济性都恶化。这就是说，传统的机械式喷射系统的混合气形成和燃烧方式，不可能解决柴油机动力性、经济性、振动和噪声及 NO_x 排放之间的矛盾。所以，随着节能与排放法规的日趋严格，这种燃油供给系统已被淘汰。

随着发动机电控技术及高压喷射技术的发展，已开发研究出高压共轨、泵喷油器及高压单体泵等新型电控高压喷射系统，极大程度地提高了喷油规律的控制精度，特别是高压共轨喷射系统实现了喷油规律自由独立的控制，同时配合 100MPa 以上的高压喷射，和燃烧室内气流特性的优化匹配，使燃料快速雾化，缩短了混合气的形成时间，改善了燃烧条件。通过混合气形成过程和燃烧过程的控制，使得放热规律得到有效的控制，很好地解决了传统的机械式喷射系统无法解决的动力性、经济性及排放特性之间的矛盾，实现了 100 多年前狄塞尔开发柴油机时提出的要实现高效率四冲程动力循环的愿望。而这种电控高压喷射系统已成为现代车用柴油机的主流和发展趋势。

第二节　柴油机的燃烧过程

柴油机压缩比一般高达 14～22，目的就是保证燃料喷入气缸时，即使是在冷态下也能使气缸内的空气温度升高到足以使燃料自行燃烧的程度。因此，这种高压直喷压燃方式，其气缸内的压缩压力和温度必然比汽油机要高得多。为了分析柴油机的燃烧过程，也借助于气缸内的压力变化规律——示功图。

一、燃烧阶段的划分

根据柴油机燃烧过程中气缸压力的变化特点（图 6-1），将燃烧过程人为地划分为以下四个阶段。

第 I 阶段称为滞燃期或着火延迟期 τ_i（图 6-1 中 AB 段），是指从喷油器喷油开始的 A 点至由于着火燃烧引起气缸压力升高使其开始脱离压缩线的 B 点。在滞燃期，喷油器在 A 点向温度高达 900K 以上的压缩空气喷入燃料后，使喷雾经历破碎、分散、蒸发、汽化等的物理混合过程，和局部可燃混合气先期化学反应使之开始自燃的化学反应过程。

着火延迟期对柴油机燃烧过程及排放特性的影响很大。着火延迟期越长，则在该时间内喷入的燃料量就越多，所形成的可燃混合气量增加，所以着火时同时燃烧的混合气量越多，压力升高率增大，工作越粗暴，NO_x 排放量增加。若着火延迟期过短，虽然着火延迟期内形成的可燃混合气量减少，工作柔和，NO_x 排放量降低，但更多的燃料在后续燃烧过程中喷射，不仅不利于组织燃烧，使得 CO 和 HC 排放量增加，而且传热损失也会增加，所以不利于提高经济性。因此，精确控制合适的着火延迟期，对控制柴油机的燃烧过程具有重要的意义。

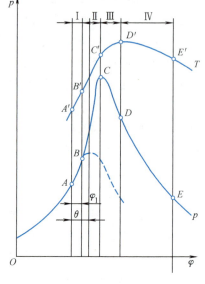

图 6-1　柴油机的示功图

影响柴油机着火延迟期 τ_i 的主要因素有：燃料的十六烷值，压缩终了气缸内的温度和压力，喷雾条件和气缸内的气流特性等。凡是能改善喷雾雾化和蒸发的条件均会使着火延迟期缩短。

第 II 阶段称为速燃期，是指从气缸压力脱离压缩线的 B 点开始至达到最高气缸压力 p_{zmax} 的 C 点。在这一阶段，主要是在 τ_i 内形成的可燃混合气同时燃烧，所以又称为预混合燃烧阶段。其特点是燃烧等容度高，所以气缸压力和温度急剧升高，最高压力可达 13～18MPa，一般用平均压力升高率 $\Delta p/\Delta \varphi$［压力变化/曲轴转角，$MPa/(°)(CA)$］表示气缸内压力的变化程度，即

$$\frac{\Delta p}{\Delta \varphi} = \frac{p_C - p_B}{\varphi_C - \varphi_B} \tag{6-1}$$

式中，p_C、p_B 分别为 C 点和 B 点的压力；φ_C、φ_B 分别为 C 点和 B 点所对应的曲轴转角。

压力升高率越大，表示预混合燃烧量越多，这虽然有利于提高动力性和经济性，但也会使柴油机工作粗暴，燃烧噪声大，NO_x 排放量增加。因此，柴油机燃烧过程中压力升高率应限制在一定值［$0.3～0.6MPa/(°)(CA)$］。压力升高率的大小主要取决于在 τ_i 内所形成的可燃混合气量 m_{τ_i}，而 m_{τ_i} 又与 τ_i 的长短和在 τ_i 内喷入的燃料量有关。所以，柴油机燃烧过程控制的关键，就在于以什么样的喷射方式（如高压快速多段喷射），将一定的喷射量以怎样的喷油规律喷入气缸，以控制压力升高率和放热规律。

第 III 阶段称为缓燃期，是指从最高压力的 C 点至气缸内最高平均温度的 D 点。在这一阶段，一般喷射过程已结束。缓燃期的特点是，在前期喷射的燃料在速燃期内已基本燃烧完

毕，后续喷射的燃料是在气缸内空气量减少而燃烧产物不断增多，而且气缸容积逐渐增加的条件下燃烧，所以燃烧速率缓慢，造成边喷射边燃烧的现象。在这一阶段，如果燃烧组织不当，后续喷射的燃料直接喷射到高温缺氧的火焰面上，很容易形成碳烟。因此，缓燃期通过燃烧室内的气流运动和喷雾特性的优化匹配，组织燃料和未燃空气之间的相对扩散运动是非常重要的。从这个意义上又称缓燃期为扩散燃烧阶段，是柴油机燃烧过程中控制节能与碳烟排放的重要环节。影响扩散燃烧的主要因素有燃料与空气之间的渗透能力、燃烧室内的气流特性及强度等，而这些因素又直接影响混合气的形成过程。对于柴油机这种不均匀的混合气形成和燃烧方式，要组织完全燃烧，只能选择较大的空燃比，所以气缸空气利用率低，这是柴油机升功率小于汽油机的主要原因。

第Ⅳ阶段称为补燃期，是指从最高平均温度的 D 点至混合气基本燃烧完毕。补燃期的终点很难确定，一般当放热量达到总放热量的 95%~99% 时，认为补燃结束。由于柴油机燃烧时间短促，且边喷射边燃烧，混合气又极不均匀，总有部分燃料不能及时燃烧而拖到膨胀过程中再燃烧，因此这种燃烧现象又称为后燃。柴油机在高速、高负荷时，喷射量多，活塞平均速度快，所以后燃比较严重。补燃期的主要特点是，气缸容积不断增加，气缸压力不断下降，燃料在较低膨胀比下燃烧放热，所放出的热量不能有效利用，排温升高，散热损失和排气损失增加，热效率降低。因此，要尽可能减少后燃。

二、燃烧放热规律

如前所述，根据柴油机的混合气形成和燃烧特点，将其燃烧过程划分为预混合燃烧和扩散燃烧两部分。预混合燃烧时放热速率快，其大小取决于在着火延迟期内所形成的可燃混合气量。而扩散燃烧时，燃烧速率相对缓慢，主要取决于空气和燃料的相互扩散速率。

柴油机的这种燃烧方式，确定了其特有的燃烧放热规律，而正是这种放热规律制约着柴油机的性能。所以，控制放热规律是改善柴油机性能的重要途径。

所谓放热规律，就是指放热速率随时间（曲轴转角）的变化特性，它直接影响这种压燃式发动机的动力性、经济性及排放特性。因此，放热规律对分析和改进柴油机燃烧过程具有重要的意义。放热速率或瞬时放热率，是指燃烧过程中任一时刻、单位时间内（每度曲轴转角）燃烧所放出的热量。

由能量守恒定律和热力学第一定律，有

$$\frac{\mathrm{d}Q_B}{\mathrm{d}\varphi} = \frac{\mathrm{d}Q}{\mathrm{d}\varphi} + \frac{\mathrm{d}Q_W}{\mathrm{d}\varphi} = \frac{\mathrm{d}U}{\mathrm{d}\varphi} + \frac{\mathrm{d}W}{\mathrm{d}\varphi} + \frac{\mathrm{d}Q_W}{\mathrm{d}\varphi} \tag{6-2}$$

式中，Q_B、Q、Q_W 分别为燃料燃烧放出的热量、工质吸收的热量、传给气缸壁面的热量；U 为工质的热力学能；W 为工质对活塞所做的机械功；φ 为曲轴转角。

由式（6-2），放热速率 $\mathrm{d}Q_B/\mathrm{d}\varphi$ 随曲轴转角 φ 的变化规律称为放热规律；加热速率 $\mathrm{d}Q/\mathrm{d}\varphi$ 随曲轴转角 φ 的变化规律称为加热规律；而传热速率 $\mathrm{d}Q_W/\mathrm{d}\varphi$ 随曲轴转角 φ 的变化规律称为传热规律。

在燃烧过程中，定义从燃烧开始至任一时刻为止燃烧所放出的累积热量 Q_B 与每循环燃料完全燃烧所释放的总热量 Q_{B0} 之比的百分数为累积放热率，用 x 表示，即

$$x = \frac{Q_B}{Q_{B0}} \times 100\% = \frac{1}{g_b H_u} \int_{\varphi_1}^{\varphi_2} \frac{\mathrm{d}Q_B}{\mathrm{d}\varphi} \mathrm{d}\varphi \times 100\% \tag{6-3}$$

式中，g_b 为循环喷射量；H_u 为燃料的低热值；φ_1、φ_2 分别为燃烧开始时刻对应的曲轴转角和燃烧过程中任意时刻对应的曲轴转角位置。

图 6-2 所示为放热规律及累积放热率，由此表示在整个燃烧期间通过燃烧过程的组织总放热量的分配情况。

在燃烧期间工质的质量 m 变化很小，所以认为 m 不变，并忽略工质成分对热力学能的影响，即令

$$dU = mdu = mc_V dT \tag{6-4}$$

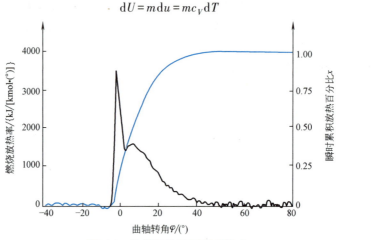

图 6-2　放热规律及累积放热率

由式（6-2），燃烧放热对工质的加热率为 $dQ/d\varphi = dU/d\varphi + dW/d\varphi$，工质对活塞所做的功为 $dW = pdV$。又由理想气体状态方程 $pV = mR_g T$ 及 $R_g = c_p - c_V$ 和 $\kappa = c_p/c_V$ 等关系式，得燃烧后气缸压力的变化率为

$$\frac{dp}{d\varphi} = \frac{\kappa-1}{V}\frac{dQ}{d\varphi} + \kappa\frac{p}{V}\frac{dV}{d\varphi} \quad 或 \quad \frac{dW}{d\varphi} = p\frac{dV}{d\varphi} = \frac{dQ}{d\varphi} - mc_V\frac{dT}{d\varphi} \tag{6-5}$$

这就是说，气缸压力的变化特性或活塞的做功能力，主要与燃烧后对工质的加热速率和膨胀速率有关。当发动机结构一定时，气缸容积相对曲轴转角的变化速率，或工质的膨胀速率相对一定，所以活塞的做功能力，或气缸压力变化特性主要取决于燃烧后对工质的加热规律。对结构一定的发动机在某一确定的工况下稳定运行时，传热规律也相对一定，因而加热规律就取决于燃烧放热规律。所以，如何控制柴油机的燃烧放热规律，将直接影响柴油机的动力性、经济性、最高燃烧压力、燃烧噪声及 NO_x 排放等性能指标。

影响柴油机燃烧放热规律的主要因素是，燃烧室结构及其内部的气流特性，以及燃料的喷射方式。而燃烧室内气流特性和喷雾特性的优化匹配是控制柴油机燃烧放热规律的主要途径。对一定的喷雾特性，并非气缸内气流强度越强越好。随着柴油机电控技术及高压喷射技术的发展，以及多段喷射技术的应用，柴油机燃烧放热规律的优化控制成为可能。而控制放热规律的主要内容就是燃烧过程的三要素，即燃烧放热的时刻、放热规律曲线形状及燃烧放热持续时间。

三、柴油机有害排放物的生成机理

柴油机的有害排放物主要有 CO、HC、NO_x 及微粒（碳烟）等。其中 CO 和 HC 排放的

产生机理与汽油机相同。但由于柴油机总是在平均空燃比 $\alpha>14.7$（过量空气系数 $\phi_a>1$）的稀混合气下运行，所以 CO 排放量相对汽油机低得多；而且柴油机是在接近压缩上止点附近开始喷油压燃，燃油停留在燃烧室中的时间比较短，从而混合气受气缸壁面的激冷效应、缝隙效应、油膜吸附、沉积物吸附作用等都更小，所以 HC 排放也比较低。柴油机未燃 HC 排放物，多发生在柴油喷注外缘混合气过稀的地区，而且与喷雾特性有关。因此，只要改善喷油器的雾化特性并使喷注与燃烧室良好匹配，就可以有效地降低 HC 排放。

所以，目前柴油机排放控制的焦点问题，就是 NO_x 和微粒排放量的控制。但是，一般控制 NO_x 排放的机内技术措施均会使微粒排放增加，燃料经济性恶化，两者相互矛盾。所以为了更有效地控制 NO_x 和微粒排放，掌握其生成机理是很重要的。

（一）NO_x 的生成机理

在柴油机的燃烧过程中，易产生高温富氧条件，所以不可避免地生成 NO，而在膨胀过程中的低温条件下，部分 NO 被氧化而形成少量的 NO_2。对于柴油机，由于其燃料特性以及混合气的形成方式和燃烧过程与汽油机不同，所以其 NO_x 的产生机理也与汽油机有所不同。根据 NO_x 的生成来源及生成途径，将燃烧过程中生成的 NO 分为热力 NO（Themal NO）、快速 NO（Prompt NO）和燃料 NO（Fuel NO）三种形态。其中，热力 NO 和快速 NO 的生成主要是以空气中的 N_2 为起源。热力 NO 是空气中的 N_2 和 O_2 在火焰通过后的高温下发生化学反应的产物，其生成机理与汽油机相同，用扩大 Zeldovich 原理描述。而快速 NO 的生成途径与热力 NO 不同，主要是在燃料过浓的预混合火焰带上，由超过化学平衡浓度以上的 O、OH 等活性中心为起因而引起的碳氢化合物分解过程中产生的活性碳化氢（CH、CH_2 等）与空气中的 N_2 反应而生成 HCN、NH 等中间产物，这些产物再经过一系列的反应生成 CN 和 N，CN 和 N 进一步氧化而生成快速 NO。燃料 NO 主要是由燃料中所含有的氮化合物分解而产生的中间产物 NH_2、NH、N、HCN、CN 等参与反应的产物。由于车用柴油机燃料中基本不存在氮化合物，所以车用柴油机燃料 NO 可忽略不计。

1. 热力 NO

柴油机在预混合燃烧过程中，局部均匀的混合气同时燃烧。此时，当燃烧温度超过 1800K 时，空气中的 O_2 分解成 O 原子后与空气中的 N_2 在高温下化合而形成热力 NO。这种热力 NO 生成的反应机理与汽油机相同，可用在高温下由 O 原子引起的链式反应机理，即 Zeldovich 原理，再加上由 OH 引起的反应式构成的扩大 Zeldovich 原理来解释。当 O_2 分解成 O 原子后 ［式（5-41）］，在高温下进行一系列的链式反应，即

$$\begin{cases} N_2+O \underset{k_{-1}}{\overset{k_1}{\rightleftharpoons}} NO+N \\ O_2+N \underset{k_{-2}}{\overset{k_2}{\rightleftharpoons}} NO+O \end{cases} \quad （链式反应） \qquad (6-6)$$

令 c_i 为 i（i=NO、N_2、N、O_2、O）物质的浓度时，根据化学动力学，NO 的生成速度为

$$\frac{dc_{NO}}{dt}=k_1 c_{N_2} c_O - k_{-1} c_{NO} c_N + k_2 c_N c_{O_2} - k_{-2} c_{NO} c_O \qquad (6-7)$$

其中，中间产物 N 在很短时间内其增长与消失的速度相等，即 $dc_N/dt=0$。由式（6-6），得

$$\frac{dc_N}{dt}=k_1 c_{N_2} c_O - k_{-1} c_{NO} c_N - k_2 c_N c_{O_2} + k_{-2} c_{NO} c_O = 0$$

所以，有

$$c_N = \frac{k_1 c_{N_2} c_O + k_{-2} c_{NO} c_O}{k_{-1} c_{NO} + k_2 c_{O_2}} \tag{6-8}$$

将式（6-8）代入式（6-7），整理得

$$\frac{dc_{NO}}{dt} = 2\frac{k_1 k_2 c_{N_2} c_O c_{O_2} - k_{-1} k_{-2} c_{NO}^2 c_O}{k_{-1} c_{NO} + k_2 c_{O_2}} \tag{6-9}$$

一般 $c_{O_2} \gg c_{NO}$，且 k_2 和 k_{-1} 为同一数量级，所以，$k_2 c_{O_2} \gg k_1 c_{NO}$。则式（6-9）可简化为

$$\frac{dc_{NO}}{dt} = 2\frac{k_1 k_2 c_{N_2} c_O c_{O_2} - k_{-1} k_{-2} c_{NO}^2 c_O}{k_{-1} c_{NO} + k_2 c_{O_2}} \approx 2k_1 c_{N_2} c_O \tag{6-10}$$

设氧的离解反应处于平衡状态，即

$$O_2 \underset{k_{-3}}{\overset{k_3}{\rightleftharpoons}} O + O \tag{6-11}$$

则

$$c_O = k_0 c_{O_2}^{\frac{1}{2}} \tag{6-12}$$

其中，$k_0 = k_3 / k_{-3}$。

由 Zeldovich 的试验结果，有

$$K = 2k_0 k_1 = 3 \times 10^{14} \exp(-542000/R_g T) \tag{6-13}$$

将式（6-12）和式（6-13）代入式（6-10），得

$$\frac{dc_{NO}}{dt} = 3 \times 10^{14} c_{N_2} c_{O_2}^{\frac{1}{2}} \exp(-542000/R_g T) \tag{6-14}$$

如前所述，由于空气中的氮分子分解需要较大的活化能，所以 N_2 的分解反应只能在高温下才能进行，从而决定了 NO 形成的高温条件。NO 生成的整个链式反应速度取决于氮的分解反应式，即

$$N_2 + O \underset{k_{-1}}{\overset{k_1}{\rightleftharpoons}} NO + N$$

氧原子在整个 NO 生成的链式反应过程中起活化链的作用。即与燃料中可燃成分之间反应的活化能较小，而且反应较快。所以热力 NO 不会在火焰面上生成，而是在火焰下游区产生。

柴油机平均空燃比较大，因此控制预混合燃烧阶段的热力 NO 的基本措施，就是尽可能降低燃烧温度，同时减小混合气中氧的含量，并缩短在高温燃烧带内的滞留时间。

对柴油机实施 EGR 时，EGR 不仅降低燃烧温度，而且减小平均空燃比和混合气中氧的含量，因此 EGR 降低 NO 的效果比汽油机更明显。采用高压喷射技术的目的在于有效推迟喷射时刻，并在高温下快速喷射混合燃烧，由此缩短燃气在高温下的滞留时间和整个燃烧期间。

2. 快速 NO

快速 NO，是空气中的 N_2 在一定温度下与 O_2 反应的结果，是在碳氢燃料混合气较浓的预混合火焰区急速生成的。在火焰带上碳氢化合物分解而生成的活性 CH 化合物（如 CH、CH_2）和 C_2 与 N_2 进行的反应式为

$$\begin{cases} CH + N_2 = HCN + N \\ CH_2 + N_2 = HCN + NH \\ C_2 + N_2 = 2CN \end{cases} \tag{6-15}$$

这种反应的活化能小，反应速度快，而且在火焰中生成 HCN、NH、N 及 CN 等中间产物。这些中间产物中的 N 易分解，很容易与 O、OH 和 O_2 反应生成快速 NO，即

$$\begin{cases} HCN+OH = CN+H_2O \\ CN+O_2 = CO+NO \\ CN+O = CO+N \\ NH+OH = N+H_2O \\ NH+O = NO+H \\ N+OH = NO+H \\ N+O_2 = NO+O \end{cases} \qquad (6\text{-}16)$$

所以，HCN、NH 及 CN 等是快速 NO 生成的重要中间产物。

与热力 NO 不同，快速 NO 是在碳氢燃料较浓的混合气下燃烧时，在火焰带上急速生成的，对温度的依赖性小，与混合气的空燃比直接相关，而且快速 NO 的生成速度要比热力 NO 快。当空燃比 $\alpha > 14.7$（过量空气系数 $\phi_a > 1$）的稀混合气时，主要生成热力 NO，此时快速 NO 生成量很少；但当空燃比 $\alpha < 14.7$ 的较浓混合气时，主要生成快速 NO；而在 $10.3 < \alpha < 14.7$ 范围内的混合气下燃烧时，快速 NO 和热力 NO 共存。由于在火焰带内热力 NO 生成速度相对迟后，所以即使是在空燃比 $\alpha > 14.7$ 的稀混合气范围内快速 NO 的体积分数小，但其作用却不能忽略，因在其链式反应过程中会产生 N 原子。在扩散火焰区域内，燃料过浓区内同样会生成快速 NO。所以，抑制快速 NO 生成的有效措施就是控制 CH 活性分子与 N_2 的反应。因此，在扩散燃烧阶段降低快速 NO 的主要措施，就是供给足够的氧气，阻止 HCN 的生成反应，以减少 HCN、NH_2 等中间产物。也就是说，通过混合气形成过程的控制和放热规律的控制，可以限制 HCN、NH_2 等中间产物和燃烧温度，由此可实现低 NO 排放的燃烧过程。

另外，研究结果表明，柴油机几乎所有 NO 都是在燃烧开始后 20°（CA）内生成的。因此，推迟喷油时刻是降低柴油机 NO_x 排放的有效方法。但代价是燃油消耗率有所提高，排气烟度增加。

（二）碳烟的生成机理

1. 碳烟的生成过程

微粒状物质（碳烟）可分为可溶性有机成分（Soluble Organic Fractions，SOF）和不可溶成分两种，主要由燃烧时生成的含碳粒子（碳烟）及其表面上吸附的多种有机物组成。在高温环境下由于热分解而形成的低级碳氢化合物中，没有与空气再接触的部分最终变成微粒。微粒的产生及成长过程如图 6-3 所示，可分为成核过程、表面增长和凝聚过程，以及氧化过程。成核过程是由燃料主要成分的低分子碳氢化合物生成微粒核的化学反应过程，表面增长和凝聚过程主要指所生成的微粒核聚合成微粒的物理生长过程，而氧化过程是指在燃烧后期已生成的碳烟在膨胀过程中氧化的过程。

固体碳粒子的能量水平很低，但并不是在燃烧

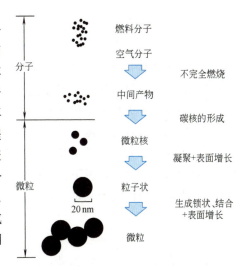

图 6-3　微粒的产生及成长过程

过程中的生成物直接转换成碳粒子，而是经过由化学动力学支配的反应过程中的中间产物的凝聚和成长过程后最终形成碳烟。在温度低于1700K时多环芳香族能量级别低而稳定。当超过该温度时，聚乙炔及碳蒸气的能级更低且更稳定。在过浓而均匀混合气的层流火焰面上，当温度低于1700K时，在预热带上碳烟的生成过程经历多环芳香族的中间产物的生成和形成核的过程。当急速加热到1700K以上时，聚乙炔及碳蒸气成为中间产物而生成碳烟，此时多环芳香族不起作用。

2. 碳烟的生成条件

碳烟形成的第一个条件是燃烧现场的空燃比。研究结果表明碳烟一般在空燃比为 5.25 ~ 5.65 的狭窄的范围内形成。在这种条件下，当预混合气接近火焰带时，受到火焰面的高温热辐射的影响而形成高温缺氧的局面，此时燃料中的烃分子在高温缺氧的条件下，发生部分氧化和热分解而生成各种低级的不饱和烃类，如乙烯、乙炔及其较高的同系物和多环芳香烃。它们不断脱氢、聚合成以碳为主的直径为 2nm 左右的碳烟核心。气相的烃和其他物质在这个碳烟核心表面上凝聚，以及碳烟核心互相碰撞而发生凝聚，使碳烟核心增大成直径为 20~30nm 的碳烟基元。最后经过聚集作用被堆积成直径为 $1\mu m$ 以下的球团状或链状聚集物（图 6-4）。

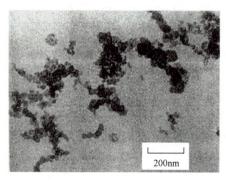
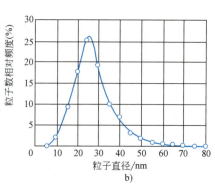

a)   b)

图 6-4 碳烟结构及粒径分布
a）碳烟结构 b）粒径分布

碳烟产生的另一个条件就是温度场。对预混合火焰，在 2100~2400K 的温度范围碳烟生成量最大。当火焰温度超过该温度范围时，从化学平衡角度碳原子很难在此高温下凝集成碳烟；同时在高温下火焰光辐射强度不减弱，使已经形成的碳烟从火焰排出之前就有可能被氧化，因此碳烟生成量反而减少。在火焰温度比较低的条件下，低级碳氢化合物的颗粒就会变得粗大，形成多环芳香族碳氢化合物（PAH），在反应过程中生长成平均直径为 50nm 程度的巨大碳烟颗粒。而在高温下由于碳氢化合物的脱氢反应，使得转换成碳蒸气的速度比低温时快，并快速聚合而形成碳烟。所以，碳烟的生成过程与温度有着密切的关系（图 6-5）。

3. 碳烟的生成特点

对于柴油机，由于其边喷射边燃烧的混合气形成和燃烧方式的特点，在气缸内混合气极不均匀。尽管总体上是富氧燃烧，但是燃烧室内局部地方高温缺氧是导致柴油机产生碳烟的主要原因。因此，在边喷射边燃烧期间碳烟生成量迅速增加，当喷油结束后不久，碳烟生成量达到峰值，在膨胀过程中已生成的碳烟被氧化，使其含量迅速降低。碳烟（微粒）表面的氧化速度与温度和氧的分压有关。如前所述，当火焰温度为2100K以下时，随着火焰温度的升高，碳烟的氧化速度加快。当火焰温度超过2100K时，碳烟的氧化速度变缓。氧的分压越高，碳烟的氧化速度就越快。图6-6所示为柴油机燃烧室内碳烟及NO排放物等的体积（或摩尔）分数随曲轴转角的变化规律，图中Soot指不溶性碳烟。由此可见，一般碳烟的生成过程早于NO的生成，而碳烟的最终排放量取决于膨胀过程中碳烟的氧化程度。但是，由于碳烟

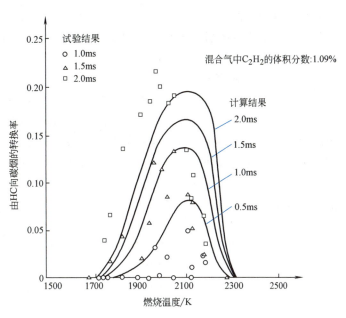

图6-5　碳烟随温度的变化关系

的氧化条件和NO_x的生成条件基本相同，所以加速碳烟氧化的措施，往往会同时带来NO_x排放量的增加。

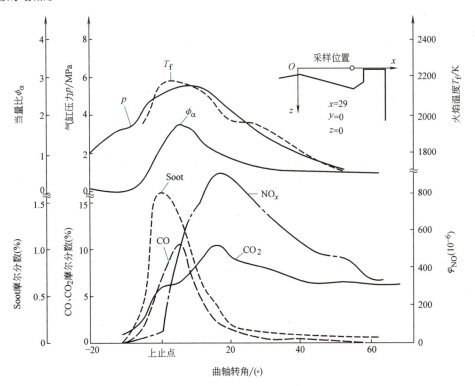

图6-6　柴油机燃烧产物随曲轴转角的变化规律

由于柴油机的 NO_x 和碳烟的生成均与其混合气的形成和燃烧过程密切相关，对一定的燃烧室，柴油机的喷射系统直接影响混合气的形成。因此，对柴油机喷射系统的控制要求越来越高。

4. 碳烟的控制原理

对柴油机，燃烧火焰温度和局部混合气的空燃比是影响碳烟生成的主要因素。图 6-7 所示为柴油机 NO_x 和 PM（微粒）的生成区域。因此，控制碳烟的两条基本途径就是：第一，提高火焰温度，但是这种方法与控制 NO_x 排放互相矛盾，所以对车用发动机不可取；第二，控制火焰领域内混合气的空燃比，避免局部混合气为过浓状态。

因此，控制碳烟的基本原理就是控制燃烧温度和混合气的空燃比及其空间分布特性。为此，需要组织燃烧室内的气流运动，促进湍流混合，同时促进喷雾的微粒化。对预混合火焰，需要供给充分的氧气，这同时有利于抑制快速 NO 的生成；而对扩散火焰，需要促进混合气的形成。具体措施是，使喷射速率高速化或采用高压喷射，以此促进喷雾微粒化的同时缩短喷射时期。这对控制燃烧初期局部混合气的空燃比和燃烧中、后期的湍流扩散火焰是一种很有效的方法。改进燃烧室结构，有效组织燃烧室内的气流运动，保证一定的气流强度保持性，是促进扩散燃烧速率和碳烟氧化的有效措施。

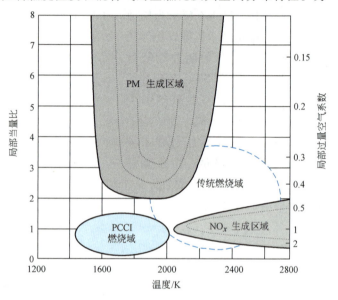

图 6-7 柴油机 NO_x 和 PM 的生成区域

四、柴油机排放控制策略

根据柴油机的混合气形成和燃烧特点，以及其有害排放物的产生机理，柴油机燃烧过程或有害排放物的控制策略主要体现在放热规律的控制上，如图 6-8 所示。从控制柴油机燃烧噪声及 NO_x 排放物的角度而言，应尽可能降低预混合燃烧阶段的放热速率；而从改善动力性、经济性及碳烟排放的角度而言，应提高扩散燃烧速度，由此缩短整个燃烧期间，使燃烧过程及时又完全。

所以，控制柴油机燃烧过程的主要措施如下：

（1）采用电控高压喷射技术 如高压共轨、泵喷油

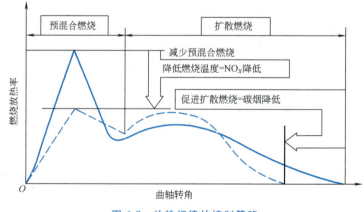

图 6-8 放热规律的控制策略

器等，喷射压力高达 100~250MPa，可实现预喷射和多段喷射，由此提高放热规律的控制自由度，有效地限制预混合燃烧放热率，促进扩散燃烧速率。

（2）推迟喷射时期　配合高压喷射，有效地推迟喷射时期，由此缩短着火延迟期；同时，通过高压喷射强制雾化，结合燃烧室内的气流特性促进扩散燃烧速率，缩短整个燃烧期间，从而在不改变经济性的条件下，有效地降低 NO_x 排放。

（3）使用缩口低排放型燃烧室　结合燃烧室结构形状的合理设计，利用压缩过程和膨胀过程中燃烧室内的气流特性，保证扩散燃烧阶段具有较强的气流强度及其保持性，促进扩散燃烧速率。

（4）采用 EGR 技术　通过 EGR 和喷射压力以及喷射时刻的协调控制，可以有效地抑制预混合燃烧阶段的放热速率和燃烧温度，达到有效控制 NO_x 排放的目的，同时结合高压喷射及燃烧室内的气流特性，促进扩散燃烧，由此改善燃油经济性和碳烟排放。

（5）采用可变增压（VNT 或 VGS）技术　可变增压的目的就是在不同转速下尽可能达到最佳的增压效果。发动机增压，实际上就是提高进气密度，这不仅能够增加压缩终了的压力和温度，有利于缩短着火延迟期，而且对一定的喷射系统，喷注的锥角加大，贯穿距离缩短，有利于改善雾化特性。因此，增压与高压喷射系统的优化，可进一步改善放热规律。

总之，所有改进柴油机性能的机内措施，都是通过放热规律的控制来实现的，而放热规律又是燃烧过程的具体体现。

五、柴油机的燃烧噪声

噪声首先是由于物体的振动引起的，即噪声与振动密切相关。而产生振动的必要条件就是激振力作用于气缸体等弹性体上。当弹性体的振动频率在声频（20Hz~20kHz）范围内时，就会产生噪声。发动机工作时产生噪声的根源就是由于气缸内的压力变化引起缸体振动，同时气缸内曲柄连杆机构及附件运动时，运动副之间的相互摩擦、撞击等也会引起机体振动。这些作用力的变化通过气缸体表面的振动而对外辐射噪声。

发动机的噪声源比较复杂，根据振源的不同可以分为燃烧噪声、机械噪声、进气噪声和排气噪声等。但是从发动机的工作原理角度出发，燃烧噪声是最主要的，因为只要发动机运行，就会产生燃烧噪声，而其他噪声都是因发动机运行而存在的，只不过各噪声源的噪声对发动机总噪声的贡献程度不同而已。

柴油机的燃烧噪声是由于气缸内的压力因燃烧而急剧变化产生的，这种压力变化直接作用于气缸体使其振动而对外辐射噪声。所以，燃烧噪声的大小与气缸压力升高率成正比，且直接与 NO_x 排放有关。即燃烧噪声越大，说明气缸压力升高率（变化量）越大，也就是预混合燃烧的混合气量越多，气缸内温度迅速增加，NO_x 排放量随之而增加。

所以，降低燃烧噪声的措施一般都可降低 NO_x 排放。如采用预喷射，即在压缩行程后期，在主喷射之前先喷入少量的燃料，由此缩短主喷射燃油的滞燃期，从而降低燃烧噪声。

六、冷起动特性

如前所述，压燃式发动机的燃烧过程取决于混合气形成和自行着火的条件。当冷起动时，发动机的环境温度最低，甚至达到零下几到几十摄氏度，这种环境温度会给柴油机冷起动带来困难。一方面，环境温度低，则气缸内压缩始点温度低，传热损失大，而且起动时发动机转速低，漏气量增加，从而造成压缩终点的温度和压力降低，不利于自燃。另一方面，对一定的喷雾特性，当环境温度低时，燃料的黏度增加，使燃料的蒸发和雾化特性变差，直接影响混合气的形成。对车用柴油机而言，不管环境温度如何，均要求顺利起动。因此，冷起动性是压燃式发动机的一项重要的性能指标。

在低温冷起动（或怠速）时，由于燃料未完全蒸发，所以排气中 HC 和 CO 排放增多，而且未完全蒸发的燃料以油滴颗粒状态排出，形成微粒，这种微粒称为可溶性微粒（SOF），由于排出的油滴直径不同，在阳光的照射下会产生不同的颜色，从而形成白烟和蓝烟。

改善冷起动性的主要措施有三个方面：其一就是提高压缩温度使其足够高，为此应尽可能提高压缩比，或采用电热塞加热进入气缸的空气；其二就是改善喷雾的雾化条件，在低温下也能易于形成可燃混合气，为此采用高压喷射，以强制雾化；其三就是优化喷射方式，由于起动或怠速时喷射量较小，对电磁阀式喷油器，喷射压力过高，喷油器的喷射脉宽变小，会造成喷射不稳定，所以根据起动喷射量控制最佳喷射压力，同时优化喷射方式，一般两次喷射（一次预喷，一次主喷）或三次喷射（两次预喷，一次主喷）都能改善起动首循环的燃烧过程，有利于提高冷起动性，但需要优化匹配喷射定时。

由于冷起动或怠速时，气缸内压缩压力和温度较低，滞燃期延长，而且此时燃料的轻馏分首先着火，所以压力升高率大，会造成柴油机惰转噪声。随着发动机转速的增加，这种惰转噪声会自动消除，或采用多次喷射方式也能降低惰转噪声。

第三节　燃油喷射和雾化

燃料的喷射方式及其雾化特性是制约压燃式发动机混合气形成和燃烧过程的重要因素。因此，随着节能与排放法规的日趋严格，对柴油机燃料喷射系统提出了越来越高的要求。

一、对燃料喷射系统的要求

如前所述，柴油机的性能及其排放特性与其燃烧放热规律有关。对一定的燃烧系统，放热规律直接取决于喷射规律。传统的机械式泵-管-喷油器型喷射系统，以及在此基础上开发的电控位置式喷射系统，是通过油门拉杆（齿条）位置的控制方法来控制喷油泵的，将一定的燃料量按一定的供油压力和供油规律经高压油管输送到喷油器，由喷油器向燃烧室内喷射，完成可燃混合气的形成；而且喷油时刻也是通过喷油泵的供油时刻来间接控制的。这种泵-管-喷油器位置式喷射系统，是喷油器、高压油管、喷油泵及调速器（电控）连成一体的，使得各自的性能互相受到制约和影响，从而控制自由度受到限制，不能有效地控制放热规律（图 6-9a）。

而理想的喷射系统，是喷油器和喷油泵由控制单元可独立控制的合理的喷射系统，其特点是最大限度地提高控制自由度，达到喷射系统各参数的最佳配合，优化柴油机的整机性能和排放特性。这种理想的喷射系统，只有依靠时间-压力式电控喷射系统才有可能实现（图 6-9b）。

柴油机的电控技术，从 20 世纪 80 年代开始开发研究，经过几十年的发展，从位置式控制系统发展到时间式控制的电控泵喷嘴系统（Unit Injector System，UIS）和时间-压力式电控

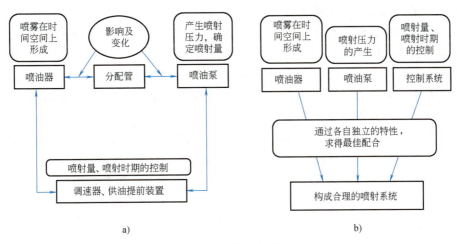

图 6-9　对喷射系统的要求

a）传统型　b）理想型

制的电控高压共轨（Common Rail，CR）系统，由此满足车用柴油机对喷射系统的要求，以实现柴油机燃烧放热规律的柔性化控制，达到节能及控制排放的目的。

为了实现对车用柴油机喷油规律的自由柔性化控制，对其燃油喷射系统提出以下基本要求：

1）能产生足够高的喷射压力，而且喷射压力可任意控制，由此保证燃料快速、良好的雾化。

2）喷油器的响应时间要足够快，由此在极短的混合气形成时间内，实现喷油规律的自由控制，以保证柴油机在整个运行工况范围内都能达到最佳喷油时刻和理想喷油规律。

3）喷雾特性与燃烧室内气流特性的最佳匹配。

二、燃油喷射雾化特性

由于柴油黏度大、不易挥发，所以燃油的雾化是其形成混合气的前提条件。为了使燃油快速雾化，柴油机采用以喷油器向气缸内高压喷射的方法强制使燃料雾化粉碎成微小的油滴，由此大大增加单位时间内所喷入的燃油量与周围空气接触的蒸发面积，加速燃料从空气中吸热而汽化形成混合气的过程。喷油器的喷雾质量常用其喷注（或油束）特性来评价。图 6-10 所示为在静止的高压空气中喷射燃料时某一时刻喷注的结构示意图。用喷油器高压喷射方式形成的喷注核心部分的油滴非常密集且直径较大，油滴运动速度高，空气极少；而喷注外侧油滴稀少，直径也较小，且油滴运动速度相对缓慢。这种喷注特性取决于喷油器的结构、喷射压力和背压，是影响混合气形成的主要因素。常用喷注

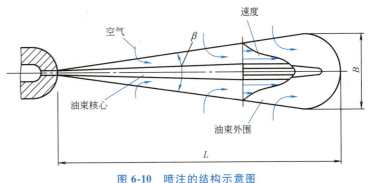

图 6-10　喷注的结构示意图

的几何形状和雾化质量来评价喷注特性。

喷注的几何形状指标，主要包括喷注的贯穿距离（或射程）L、贯穿率和喷雾锥角β或喷注的最大宽度B（图6-10）。喷注的贯穿率是指喷注的贯穿距离与从喷孔出口沿喷孔轴线到燃烧室壁面的距离之比，它表征燃油喷到燃烧室壁面的程度。当贯穿率大于1时，表示喷注已喷到燃烧室壁面。喷射压力越高、喷孔的长度和直径之比越大、喷射环境密度越小，喷注的贯穿率就越大，喷雾锥角就越小。

喷注的雾化质量主要由喷注中油滴的细度和均匀度来表示。细度常用喷注油滴的平均直径表示，其定义为全部油滴直径的总和与油滴总数之比，即$\sum d_i / n_T$，其中d_i为每个油滴的直径，n_T为油滴的总数。油滴平均直径越小，雾化质量越好。但是，用这种油滴平均直径来评价喷注的细度时，对含有许多细小油滴的喷雾，会造成过小的平均直径。例如，由直径为$10\mu m$的1000个油滴和直径为$100\mu m$的1个油滴组成的油滴群，其平均油滴直径为$[(10 \times 1000) + 100]\mu m / (1000 + 1) = 10.09\mu m$，显然这种评价方法不太合理。所以引入索特平均粒径的概念，即假设有一种假想的均质油滴群，其总质量和总表面积与实际油滴群（样品）相同，令这种均质油滴群的直径为该样品的索特平均粒径，用d_{m32}表示，即

$$d_{m32} = \sum (d_i^3 n_i) / \sum (d_i^2 n_i) \tag{6-17}$$

式中，n_i为直径为d_i的油滴个数。

上述例子的索特平均粒径为

$$d_{m32} = (10^3 \times 1000 + 100^3 \times 1) \div (10^2 \times 1000 + 100^2 \times 1)\mu m = 18.18\mu m \quad (>10.09\mu m)$$

这种索特平均粒径的处理方法，虽然油滴的总数发生了变化，但蒸发速度和所生成的蒸气量不变，所以更为合理。图6-11所示为喷射压力与烟度和喷雾细度的关系。当喷射压力超过100MPa时，油滴的索特平均粒径接近$10\mu m$，此时发动机的烟度几乎等于零。

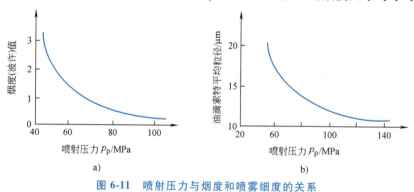

图6-11 喷射压力与烟度和喷雾细度的关系

a）对烟度的影响 b）对喷雾细度的影响

喷雾的均匀度是表示喷雾中油滴大小相同程度及直径分布的均匀程度。实际喷雾的油滴直径是非均匀的，所以常用粒度分布或油滴的质量分布来表示（图6-12）。将所采样油滴按粒径分为s个组，令d_i为第i组的中心粒径，其中所包含的油滴个数为n_i，质量为m_i，n_T为油滴的总数，m_T为油滴群的总质量，则

$$\frac{m_i}{m_T} \propto \frac{d_i^3 n_i}{n_T} \tag{6-18}$$

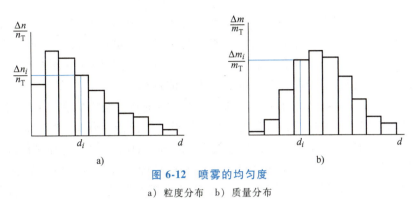

图 6-12　喷雾的均匀度

a）粒度分布　b）质量分布

三、喷射系统

柴油机的燃油喷射系统，根据喷射量的控制方式不同分为位置控制式喷射系统和时间控制式喷射系统两种。位置控制式喷射系统是通过齿条或拉杆位置来控制喷射量的，根据调节油门拉杆位置的方法不同，又分为传统的机械式喷射系统和电控位置式喷射系统。后者是在机械式喷射系统的基础上，增加电控系统，如电子调速器、自动控制供油时刻的定时器、控制单元及相应的传感器等。

时间控制式喷射系统，是通过电磁阀的接通和断开时刻来控制喷油（供油）时刻和喷射量的。可以说这是柴油机电控喷射技术逐步成熟的标志。时间控制式喷射系统根据供油系统结构特点又分为泵-管-喷油器型和泵喷嘴型两种。如时间控制式 VE 型分配泵电控系统、单体泵及高压共轨系统均属于泵-管-喷油器型时间控制式喷射系统，而电控泵喷嘴系统属于后者。前述的位置控制式喷射系统，包括机械式的和电控式的，都属于泵-管-喷油器型。

根据喷射压力的不同，喷射系统又分为低压（18～24MPa）、中压（60～80MPa）和高压（>100MPa）喷射系统。目前常用的高压共轨、单体泵和泵喷嘴这三种电控喷射系统的最高喷射压力均超过 200MPa，其中高压共轨喷射系统的喷射压力也可以实现柔性控制，因此这种控制方式又称为时间-压力式控制。

柴油机的燃油喷射系统从低压的机械式喷射系统逐步向电控位置控制式、电控时间控制式、电控高压时间-压力控制式喷射系统发展，并已开发研究出基于压电式喷油器的时间-压力式高压高响应电控喷射系统。这种喷射技术的发展，使高速车用柴油机向直喷化发展，同时满足日趋严格的节能和排放法规。

（一）位置控制式喷射系统

位置控制式喷射系统，不管是机械式还是电控式都是泵-管-喷油器型结构，其中喷油泵是核心部分，主要完成按一定的供油规律，定时、定压地向喷油器供给定量燃油的任务。而喷油器只是起简单的喷油作用，即当供油压力超过喷油器的启喷压力时，打开喷油器针阀进行喷油，否则针阀落座停止喷油。在这种泵-管-喷油器型位置控制式喷射系统中，喷油泵根据其结构不同可分为直列泵和分配泵。

1. 喷油泵的结构特点

图 6-13 所示为典型的机械式 VE 型分配泵的结构。这种分配泵只有一个柱塞，与固定在一起的平面凸轮 6 一同旋转。此时，由平面凸轮形线与滚轮之间的相互作用，完成柱塞的往

复与旋转运动，同时实现压油和向各缸分配燃油的任务。平面凸轮的凸起数与气缸数相等。机械式分配泵供油量的控制，是通过驾驶人或调速器调节油量调节滑套 7 的位置来完成的。当油量调节滑套的位置向柱塞压油方向（图中右向）移动时，柱塞的压油行程延长，供油量增多；反之，油量调节滑套向左移动时，柱塞压油行程缩短，供油量减少。如图 6-14 所示，电控位置式分配泵是在机械式分配泵的基础上，对油量控制机构和供油时刻的控制机构进行了稍微改动，即去掉了原机械式调速机构，增设了转速传感器 2、控制油量调节滑套位置的比例电磁阀 1、油量调节滑套位置传感器 5、控制供油时期的定时控制阀 4、供油定时器位置传感器 3 等。比例电磁阀 1 由线圈、铁心和回位弹簧等组成，ECU 通过占空比（在控制脉冲一周期内接通时间所占的比值）控制流经线圈电流的大小，由此控制电磁阀磁场的强弱。可动铁心在该磁场力和回位弹簧力的作用下，保持其轴向平衡点位置。当流经线圈的电流变化时，原磁场力和弹簧力的平衡状态被破坏，铁心沿轴向移动到达新的平衡点。当铁心轴向移动时，通过杠杆机构带动油量调节滑套移动，由此达到调整喷射量的目的。而油量调节滑套的位置是靠安装在可动铁心前端的油量调节滑套位置传感器来测量的。ECU 实时读取油量调节滑套位置传感器的信息，并与储存在 ROM 中的目标值相比较进行反馈控制，使实际油量调节滑套位置尽可能接近目标值。目标油量调节滑套位置或喷射量是事先通过台架试验根据不同转速、不同负荷标定而获取的。

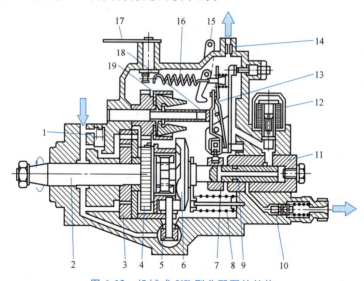

图 6-13　机械式 VE 型分配泵的结构

1—调压器　2—驱动轴　3—滑片式输油泵　4—驱动齿轮　5—喷油定时器　6—平面凸轮　7—油量调节滑套
8—柱塞弹簧　9—柱塞　10—出油阀　11—柱塞套　12—断油阀　13—张力杠杆
14—溢流节流孔　15—驻车手柄　16—调速弹簧　17—调速手柄　18—调速套筒　19—飞锤

　　直列泵（In-line Pump）实际上就是把多缸柴油机各缸的供油单元安装在同一个喷油泵壳体上而构成的合成式喷油泵。根据喷油泵壳体的结构特点，直列泵也分为 A 型泵、P 型泵等几种。电控直列泵 TICS（Timer Injection Control System）是在 P 型泵的基础上进行改进的。图 6-15 所示为 P 型直列泵的结构。P 型泵的供油量是驾驶人通过加速踏板位置，改变 P 型泵油量控制齿杆位置来控制的（图 6-16）。TICS 泵保留了 P 型泵的油量控制齿杆机构，但在柱塞偶件上增加了一个控制滑套，取代了 P 型泵中的固定柱塞套。通过控制滑套相对柱塞的上下位移，改变柱塞的供油始点，即供油预行程，由此在一定范围内可实现供油时刻的任意控制（图6-17）。

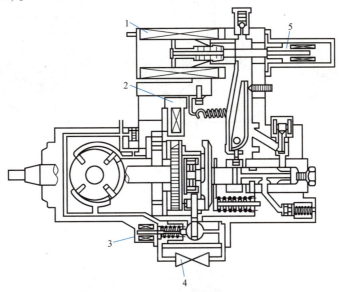

图 6-14　电控位置式分配泵的结构

1—比例电磁阀　2—转速传感器　3—供油定时器位置传感器　4—定时控制阀　5—油量调节滑套位置传感器

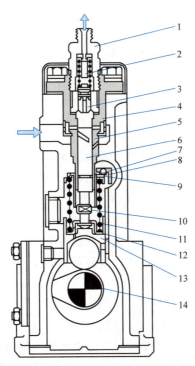

图 6-15　P 型直列泵的结构

1—出油阀座　2—滤清元件　3—出油阀　4—吊装法兰　5—柱塞套　6—喷油泵柱塞　7—控制滑套

8—球头杠杆臂　9—油量控制齿杆　10—柱塞控制臂　11—柱塞回位弹簧

12—弹簧座　13—滚轮挺柱　14—凸轮轴

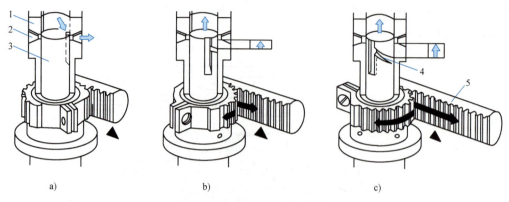

图 6-16 喷油泵的工作原理

a）停油位置 b）部分负荷供油位置 c）全负荷供油位置

1—柱塞套 2—进、回油孔 3—柱塞 4—螺旋槽 5—油量控制齿杆

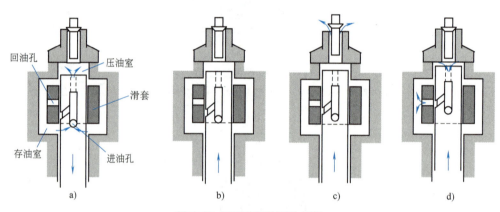

图 6-17 TICS 泵的泵油原理

a）进油过程 b）压油开始 c）压送过程 d）回油过程

对机械式喷油泵，喷射量是通过驾驶人控制加速踏板控制喷油泵的齿杆位置，由此改变喷油泵柱塞的周向位置，以改变其有效压油行程来调节的。TICS 泵与之不同点就是油量控制齿杆的位置是通过电子调速器（线性步进电动机或磁电动机）来控制的。驾驶人操作的加速踏板位置信息，通过传感器传送到控制单元 ECU。ECU 结合当时运行的发动机转速等信息，判定工况后，根据事先标定的电子调速器的控制 MAP 图，并结合齿杆位置传感器的信息，反馈控制油量控制齿杆位置，由此提高喷射量的控制精度。

2. 喷射过程

上述泵-管-喷油器型位置式喷射系统，喷油器和喷油泵之间有一定长度的高压油管，所以喷油泵的供油特性和喷油器的实际喷油特性不一致。电控化以后虽然在喷射系统参数的控制上，相对机械式改善了许多，使得柴油机的性能得到大幅度的改善，但仍未能彻底解决以喷油泵控制为核心的泵-管-喷油器型燃油喷射系统结构的固有问题。为了便于分析，根据图 6-18 所示的泵-管-喷油器型燃油喷射系统在喷射过程中喷油泵端燃油压力 p_H、喷油器端燃油压力 p_n 及针阀升程 h 的变化规律，将其喷射过程划分为喷射延迟、主喷射和喷油结束三个阶段。

第一阶段为喷射延迟阶段，是指从喷油泵出油阀升起而开始供油时刻起到喷油器的针阀开始升起而开始喷油的时刻为止（图 6-18a 中 I 段）。由于一定长度的高压油管的存在，从喷油泵供油开始，被压送的燃油在喷油泵端建立油压的同时，沿高压油管以约 1400m/s 的速度（压力波）向喷油器端传播，建立喷油器端的油压。当喷油器端的油压升高到其启喷压力时，喷油器的针阀才开启，喷油开始。因此，这种泵-管-喷油器型位置式喷射系统的第一个缺点就是供油时刻与喷油时刻不一致，喷油时刻相对供油时刻存在延迟角，即供油提前角与喷油提前角的差值。高压油管越长或转速越高，这种喷油延迟角越大。

第二阶段为主喷射阶段，是指从喷油器针阀开启喷油开始时刻起到因喷油泵回油造成喷油器端的燃油压力开始急剧下降的时刻为止（图 6-18a 中 II 段）。在这一阶段，喷油规律主要取决于喷油器喷孔的总开启面积和喷射压力。而喷油器端的喷射压力与喷油泵的供油速率和高压油管中的压力波动等有关。所以，虽然供油规律影响喷油规律，但两者不相同。这里，喷

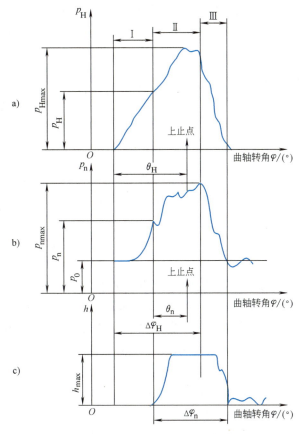

图 6-18　泵-管-喷油器型燃油喷射系统的喷射过程
a）喷油泵端燃油压力　b）喷油器端燃油压力　c）针阀升程

油规律是指单位时间（或每 1° 喷油泵凸轮转角）内喷油器喷入燃烧室内的喷射量（即喷油速率）随时间（或喷油泵凸轮转角）的变化关系；而供油规律是指单位时间（或每 1° 喷油泵凸轮转角）内喷油泵的供油量（即供油速率）随时间（或喷油泵凸轮转角）的变化关系，供油规律主要取决于喷油泵的柱塞几何尺寸和喷油泵的凸轮形线（确定柱塞的运动规律）。所以，这种喷射系统的第二个致命弱点就是喷油规律不可能直接控制，即供油规律与喷油规律不一致。

第三阶段为喷油结束阶段，是指从喷油器端的燃油压力开始急剧降低的时刻起到喷油器针阀完全落座停止喷油为止（图 6-18a 中 III 段）。由于这种喷射系统是通过喷油泵的回油来降低喷油器端油压的，并以此控制针阀落座，所以针阀的落座速度取决于喷油器端压力的降低速率。而且在此阶段因喷射压力降低，所以燃油雾化特性变差。

3. 存在的问题

由于这种泵-管-喷油器型燃油喷射系统是通过喷油泵控制喷油器端的油压来控制喷油器的喷射过程的，因此存在以下几个问题：

1）喷油泵的供油规律和喷油规律不同，如图 6-19 所示。首先，供油时刻和喷油时刻不同，喷射时刻相对供油时刻延迟；其次，喷油器端的油压是通过喷油泵的供油规律间接控制

的，所以喷油持续时间比供油持续时间长，最大喷油速率比最大供油速率低，喷油规律曲线和供油规律曲线也不一致，也就是说通过供油规律不能精确控制喷油规律。

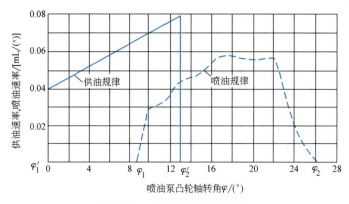

图 6-19 供油规律和喷油规律

2）在高速大负荷等供油量多的工况下，喷射终了喷油器针阀落座后，受高压油管中压力波动的影响，喷油器端的油压有可能超过其启喷压力，此时将造成针阀再次升起而喷油的不正常喷射现象，称这种现象为二次喷射（图6-20b）。此时，由于喷射压力低，燃油雾化不良，所以燃烧不完全，碳烟增多，且整个喷射持续时间拉长，热效率降低，经济性下降。

3）如果喷油终了喷油泵不能迅速回油，则高压油管中的残压过高，喷油器端的油压下降缓慢而造成喷油器针阀不能迅速落座，使针阀关闭不严，燃油仍以未完全雾化的油滴状态流出喷孔，称这种现象为滴油现象。滴油难以雾化，易生成积炭并堵塞喷孔。

4）当发动机小负荷状态运行时，供油速率低，使得某一瞬间喷油泵的供油量小于从喷油器喷射的量和填充针阀室空间的油量之和，造成针阀在喷射过程中周期性跳动的现象，称之为断续喷射（如图6-20c）。这种喷射现象容易导致针阀副的过度磨损。当供油量过小时，会出现循环喷射量不断变动的现象，称这种现象为不规则喷射。再减小喷射量时有可能出现有的循环不喷油，或两个循环喷一次的隔次喷射现象（如图6-20d）。这种不正常的喷射现象限制了柴油机的最低稳定转速。

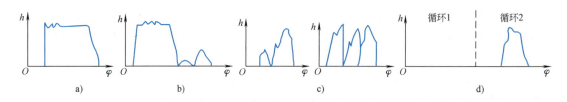

图 6-20 正常喷射和不正常喷射现象

a）正常喷射 b）二次喷射 c）断续喷射 d）隔次喷射

电控位置式喷射系统在一定程度上改善了机械式喷射系统存在的上述问题，但不可能从根本上彻底解决，而上述存在的问题又直接制约喷油规律和放热规律的精确控制。因此，这种喷射系统满足不了日趋严格的节能与排放法规的要求而被淘汰。

（二）时间控制式高压电控喷射系统

柴油机电控喷射技术，经历了位置控制式、时间控制式和时间-压力控制式等发展过程。

对 VE 型分配泵改进的时间控制式电控系统，虽然提高了喷油泵的控制精度和灵活性，但这种以喷油泵控制为核心的、通过供油规律间接控制喷油规律的方式，已不再适合越来越严格的排放法规要求。为了更有效地控制放热规律，在控制策略上，从原来以喷油泵控制为核心的供油规律的控制模式，发展到以喷油器控制为核心的直接控制喷油规律的控制模式。20世纪 80 年代成功开发的高压共轨喷射系统，可以说是柴油机喷射技术发展史上一个新的里程碑，它实现了在传统的发动机上不可能实现的喷油规律的直接控制，成为现代车用柴油机燃料喷射技术的主流。高压共轨喷射系统的最大特征是，不仅喷射压力高压化，而且可实现喷射压力的柔性控制。其他时间控制式高压电控系统还有泵喷嘴和单体泵两种，虽然这两种喷射系统也能实现高压喷射，但对喷射压力的柔性控制受到结构限制。

1. 高压共轨喷射系统

高压共轨喷射系统，是针对车用发动机理想燃油喷射系统的要求而开发的新型时间-压力式电控燃油喷射系统。其特点是，在结构上把传统的泵-管-喷油器三个单元，按各自功能相互独立起来，极大地提高了燃油喷射系统的控制自由度；在功能上实现了高压喷射，并且对喷射压力、喷射时刻、喷油规律都能实现直接调控，为直接控制放热规律提供了必要的技术条件。典型的高压共轨喷射系统有德国博世公司的 CR 型高压共轨喷射系统和日本电装的 ECD-U2 型高压共轨喷射系统。

（1）CR 型高压共轨喷射系统 图 6-21 所示为博世公司的 CR 型高压共轨喷射系统，主要由三缸 "Y" 字形径向布置的高压泵、共轨、共轨压力传感器、二位二通电磁阀式电控喷油器及 ECU 等组成。ECU 通过各传感器的信息，分别控制高压泵和喷油器，因此喷射压力（共轨压力）的控制和喷射过程的控制完全独立。共轨压力（轨压）可根据发动机工况任意

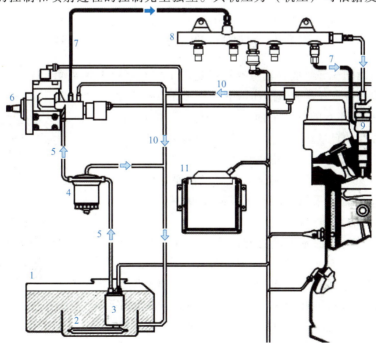

图 6-21 博世公司的 CR 型高压共轨喷射系统

1—油箱 2—吸油盘 3—燃油泵 4—滤清器 5—低压油管 6—高压泵
7—高压油管 8—共轨 9—喷油器 10—回油管 11—ECU

设定，而喷油器的喷射量取决于共轨压力和喷油器电磁阀的开启持续时间。因此，通过共轨压力和喷射过程的独立控制可提高喷射系统的控制自由度和控制精度。

1）高压泵。高压泵的作用是按一定的供油速率向共轨（蓄压室）供油，保证在任意工况下共轨中的油压恒定。由于车用发动机负荷（喷射量）变化范围很宽，所以为了保证一定的喷射压力（共轨压力），要求喷油泵具有足够的供油速率。为此，CR 型高压共轨喷射系统的高压泵采用图 6-22 所示的结构，主要由泵体 1、泵盖 10、进油阀 11、柱塞泵组件 8、

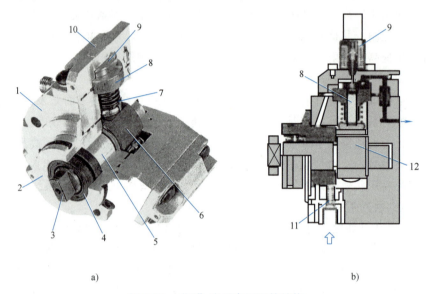

a)　　　　　　　　　　　　　　　b)

图 6-22　"Y"字形高压泵的结构

1—泵体　2—外壳　3—驱动轴　4—油封　5—滑动轴承　6—三角平面环　7—柱塞弹簧
8—柱塞泵组件　9—电磁阀　10—泵盖　11—进油阀　12—偏心轮

柱塞弹簧 7、驱动轴 3 等组成。其主要特点是三个柱塞泵以 120°夹角"Y"字形径向均匀布置，每个柱塞泵的柱塞在其弹簧的作用下分别压在由偏心轮 12 驱动的三角平面环 6 的三个平面上，并且为了减少零件数，有利于高压泵的轻量化，将柱塞和挺柱一体化。当偏心轮随驱动轴旋转一转时，三个柱塞泵各供油一次，由此保证供油频率。此外，驱动轴前端驱动低压供油泵，向高压油泵供油。驱动轴轴承采用滑动轴承以减小摩擦损失，驱动轴前后端采用油封以防漏油。

当发动机工作时，曲轴前端定时齿轮驱动高压泵的驱动轴，高压泵的偏心轮随驱动轴旋转。对某一个柱塞泵，当偏心轮偏过时柱塞在其弹簧作用下下移，柱塞顶上设置的单向阀打开，柱塞压油腔内进油；当偏心轮顶起三角平面环时，柱塞上移，此时通过弹簧作用使单向阀关闭（预行程），随着柱塞的进一步上移，柱塞腔的油压升高，推开出油阀，向共轨供油（图 6-23）。高压泵驱动轴旋转一转时，三个柱塞泵各泵油一次。为了调节泵油量以实现对

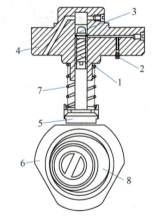

图 6-23　"Y"字形高压泵
的工作原理示意图

1—进油阀弹簧　2—出油阀　3—进油阀
4—泵体　5—柱塞挺柱　6—三角平面环
7—柱塞弹簧　8—偏心轮

轨压的控制，博世公司的第二代高压共轨喷射系统，在高压泵进油口处设置节流阀，由ECU控制。ECU根据不同工况对轨压的要求，调节节流阀的开度，由此控制高压泵的供油量，实现对轨压的控制。

由于高压共轨喷射系统的喷油压力的产生与燃油喷射过程无关，且喷油时刻也与高压油泵的供油时刻无关，因此高压油泵的压油凸轮可以按照接触应力最小和耐磨性原则来设计，即采用偏心轮驱动三角形驱动环来驱动柱塞的方式。

2）共轨及高压油管。共轨的作用是将高压泵提供的高压燃油进行蓄压后，按一定的设定压力均匀分配到各缸的喷油器中。共轨的容积应削减高压油泵的供油压力波动和每个喷油器由喷油过程引起的压力振荡，使高压油轨中的压力波动控制在±5MPa之内。但其容积又不能太大，以保证共轨有足够的压力响应速度以快速跟踪柴油机工况的变化。图6-24所示为CR型高压共轨管的结构。

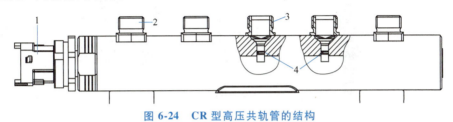

图6-24　CR型高压共轨管的结构
1—压力传感器　2—出油口　3—进油口　4—液流缓冲器

在共轨中安装压力传感器1，由ECU随时检测轨压，以此反馈控制高压泵的泵油量，达到精确控制喷射压力的目的。为了在喷射（或供油）过程中减小轨压的波动，在进油口和出油口处设置了液流缓冲器4。

高压油管是连接共轨管和喷油器（或高压泵）的管道，它应有足够的燃油流量，减小燃油流动时的压力降，并且要求高压管路系统中的压力波动小，能承受高压燃油的冲击作用，同时在起动时共轨中能迅速建立轨压。为了保证各缸均匀性，要求各缸高压油管的长度应尽量相等，使柴油机每一个喷油器有相同的喷油压力，从而减少发动机各缸之间喷射量的偏差；并要求高压油管应尽可能短，使从共轨到喷油嘴的压力损失最小。

3）二位二通电磁阀式喷油器。喷油器的主要作用是根据ECU的控制指令按一定的喷雾质量完成喷射量的定量、定时及喷油规律的控制过程。喷射量是通过喷油器的开启持续时间（通电脉宽）来控制的，并通过喷油器的开启时刻控制喷油时刻（定时）。喷雾质量主要取决于喷射压力（取决于轨压）和喷孔总截面积以及燃烧室内的气流状态。而喷油规律的控制可通过多次喷射等方式来实现。高压共轨系统的特点就是高压泵的供油过程（即轨压）控制和喷油器的喷射过程控制分别进行，由于喷射压力主要取决于共轨压力，所以可实现喷射压力和喷射过程的柔性控制，有利于放热规律的控制，而不受二次喷射等不正常喷射现象的限制。但其控制精度主要取决于喷油器的响应特性，而影响喷油器响应特性的主要因素取决于喷油器的结构特点。

CR型高压共轨喷射系统采用二位二通电磁阀式喷油器，其结构如图6-25所示，主要由电磁阀系统、液压控制系统和针阀偶件等组成。电磁阀系统包括电磁阀、电磁阀弹簧及球阀等，球阀的作用是打开或关闭液压控制室的出油孔，根据ECU的指令通过电磁阀直接控制；液压控制系统包括柱塞、柱塞套（球阀体一体）、进出油孔及其弹簧，主要控制针阀的升起或落座；针阀偶件主要包括针阀及针阀体，两者配合间隙为 $2\mu m$ 左右。

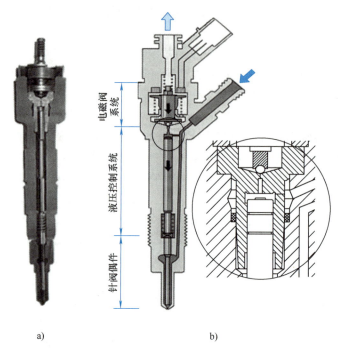

图 6-25　二位二通电磁阀式喷油器

a）外形图　b）结构示意图

当发动机运行时，高压共轨中的高压燃油在进入喷油器针阀的承压锥面的同时，通过液压控制系统的进油孔进入液压控制室，此时如果 ECU 接通电磁阀，则球阀升起，液压控制室的出油孔被打开，作用在柱塞顶上的油压迅速降低，使得作用于针阀顶部的柱塞弹簧压力和柱塞顶部油压之和，小于作用在针阀承压锥面上使针阀升起的油压，针阀升起，开始喷油；当 ECU 关闭电磁阀时，球阀在其弹簧的作用下落座，关闭液压控制室的出油孔，来自共轨中的高压燃油由进油孔进入液压控制室，并立即建立油压，加上柱塞弹簧压力，使得作用在针阀顶部的压力大于针阀承压锥面上使针阀升起的油压，针阀迅速落座，喷射过程结束。

喷油器是高压共轨喷射系统中最关键和最复杂的部件，其作用是通过 ECU 的控制指令控制电磁阀的接通和关闭，将共轨中的燃油以最佳喷油定时和喷油速率，按确定的喷射量喷入燃烧室。

喷油定时是通过电磁阀的通电时刻来精确控制的，喷射过程中的喷油速率取决于轨压、喷油器喷孔的总喷射面积和针阀的升程规律，而喷射量是通过电磁阀的通电持续时间（控制脉宽，即关闭时刻）来控制的。

如前所示，轨压是根据各工况确定的目标值，由 ECU 通过轨压传感器的信息反馈控制高压泵来实现的，所以工况一定，一般喷射压力（轨压）就可以确定。因此，喷射过程中的喷射速率，就取决于喷孔直径、喷孔数和针阀的升程规律。在选择喷孔数时，主要考虑喷雾和燃烧室空间的匹配情况，如果喷孔数过少，喷雾与燃烧室空间匹配不好，燃烧室内空气利用率低；反之，喷孔数过多，有可能造成相邻喷孔的喷注在燃烧室内涡流的作用下相互干涉，直接影响混合气的形成质量。在喷孔数一定的条件下，喷孔直径直接影响喷油器的总喷射面积，从而影响喷射速率和喷雾质量。对于一定的喷射压力和喷射量，随着喷射总面积的增加，喷射时间缩短，但雾化质量有所下降。初期喷油速率过快，是造成柴油机燃烧噪声和NO_x排放增加的主要原因之一。为此降低喷射速率，则喷射持续期间延长，后燃增加，不仅不利于经济性，而且会造成碳烟排放增加，所以针对一定的燃烧系统需要合理设计喷油器。博世公司的第二代高压共轨喷射系统的喷孔数一般取 5~7，喷孔直径为 0.125~0.169mm，针阀升程为 0.20~0.25mm。

　　喷油器针阀的升程规律取决于液压控制室内的油压变化速率。为了提高喷油器的响应特性，液压控制室的容积不宜过大，否则针阀升起和落座速度减慢（图 6-26a），不仅影响喷油器的响应特性，而且喷油结束时不能实现快速断油，使后期的燃油雾化不良；但是如果液压控制室容积过小，则不能给针阀提供足够的有效行程，影响喷油器的喷油能力，因此对液压控制室容积应根据实际发动机的最大喷射量合理选择。根据图 6-25 所示的二位二通电磁

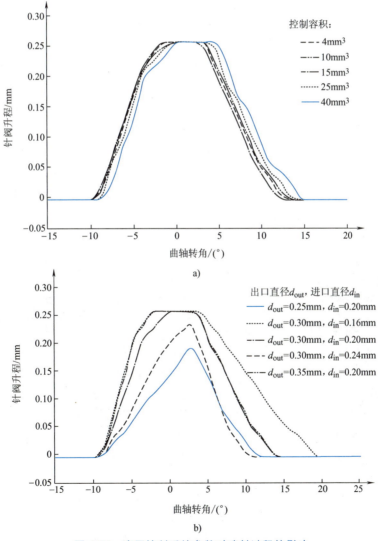

图 6-26　液压控制系统参数对喷射过程的影响

a）控制容积对针阀升程规律的影响　b）进、出油孔直径对针阀升程规律的影响

阀式喷油器的结构特点，对一定的液压控制室容积，其内部油压的变化规律取决于出油孔的出油速率和进油孔的进油速率之差。因此，如果出油孔和进油孔的流通面积之比过小，则液压控制室内油压的降低速度缓慢，因而不能使针阀达到最大升程；否则，如果出油孔和进油孔面积之比过大（进油孔直径过小），相对出油速率，进油速率过小，当出油阀打开后控制室油压迅速衰减，而当出油孔关闭时液压控制室内油压建立速度缓慢，造成针阀关闭不严、关闭时间延长，从而使针阀的响应特性下降，喷射过程延迟，后续喷射雾化不良（图6-26b）。因此，对一定的液压控制室容积需要优化匹配其进、出油孔直径的大小。

（2）ECD-U2型高压共轨喷射系统 ECD-U2型高压共轨喷射系统的总体布置形式与上述CR型高压共轨喷射系统相似，主要区别在高压泵和喷油器的结构上。

1）高压泵。为了保证喷油泵具有足够的供油速率，以满足车用发动机工况变化范围内一定喷射压力（共轨压力）的要求，在ECD-U2型高压共轨喷射系统中采用图6-27a所示的柱塞直列型三山凸轮高压泵。其主要特点是凸轮的一个工作断面上设有三个凸起，所以凸轮轴每转一圈泵油三次，由此提高每缸高压泵的供油频率，对应每缸喷油，共轨油压可得到及时的补充。为了获得平缓而稳定的共轨压力，要求高压泵的供油频率与发动机喷射频率相一致。同时，对高压泵每一缸都设置一个PCV电磁阀。当喷油泵柱塞下行时，PCV电磁阀打开，燃油经PCV电磁阀进入泵室，完成进油过程。当柱塞上行时，如果此时PCV电磁阀尚未通电，则PCV电磁阀始终处在开启状态，已进入的燃油在柱塞的压缩作用下，经PCV电磁阀回流，共轨油压不变化。如果共轨压力下降到小于设定值时，在需要供油时刻，通过ECU接通PCV电磁阀使之关闭，由此关闭回油通路，则泵室内的燃油受压而压力升高，推开出油阀迅速将燃油送往共轨中及时补充轨压（图6-27b）。高压泵的供油量主要取决于PCV电磁阀关闭之后的柱塞升程，此行程称为供油有效行程。可通过改变PCV电磁阀的关闭时刻，即通过改变高压泵凸轮的有效行程来改变高压泵的供油量，由此控制共轨压力。

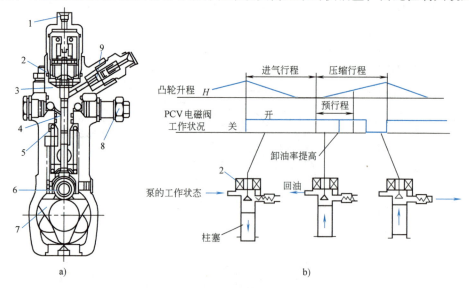

图6-27 直列型高压泵

a）直列型高压泵结构 b）高压泵的控制原理

1—接头 2—PCV电磁阀 3—柱塞套 4—柱塞 5—柱塞弹簧 6—挺柱 7—三山凸轮 8—溢出阀 9—出油阀

这种高压泵的特点是，可以减小其功率消耗。但需要确定控制脉宽及其与高压泵凸轮轴的相位关系，所以控制系统比较复杂。

　　2）共轨。图 6-28 所示为 ECD-U2 型高压共轨喷射系统的共轨结构，其结构特点基本上与上述 CR 高压共轨喷射系统的共轨类似，都安装有压力传感器、液流缓冲器（限流器）和压力限制器。压力传感器向 ECU 提供高压共轨中的油压信号；液流缓冲器（限流器）用来保证在喷油器出现燃油泄漏故障时，切断向喷油器供油，同时减小共轨和高压油管中的压力波动；当高压共轨出现压力异常时，压力限制器能迅速地将高压共轨中的压力泄掉。对一台柴油机，精确设计合适的高压共轨容积和形状并非是一件容易的事。

　　在 ECD-U2 型高压共轨喷射系统中，当高压输油泵的最大循环供油量为 $600mm^3$ 时，其共轨容积约为 $94000mm^3$。

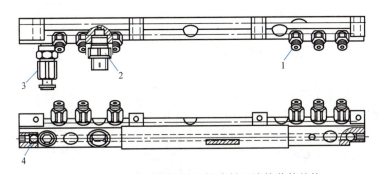

图 6-28　ECD-U2 型高压共轨喷射系统的共轨结构
1—液流缓冲器　2—压力传感器　3—压力限制器　4—衬套

　　3）喷油器。在 ECD-U2 型高压共轨喷射系统中采用的喷油器结构与 CR 型高压共轨喷射系统不同，是一种三通电磁阀式喷油器（图 6-29），主要由针阀偶件、液压柱塞、节流阀及三通电磁阀（TWV）等组成。三通电磁阀的通电时刻决定喷油定时，而其通电持续时间（控制脉宽）决定喷射量的大小。

　　三通电磁阀主要由内阀、外阀和阀体组成。内阀是一个被固定的柱塞，外阀与电磁阀的衔铁做成一体，由线圈通电方式控制其上下运动，而阀体是用来支承外阀的。这三个部件的配合精度很高，分别形成 5、6 两个密封面。在结构设计上使 5、6 两个密封面不能同时接通。5 密封面控制液压柱塞顶部的控制室与高压共轨的连通，而 6 密封面则控制液压柱塞顶部的控制室与泄油孔连通。在 ECU 的控制下，接通三通电磁阀时，在电磁阀线圈中产生的磁场力的作用下，外阀上移，关闭密封面 5，使共轨中的高压燃油无法进入液压柱塞顶部的控制室。此时密封面 6 打开，液压柱塞顶部控制室内的高压油经密封面 6（泄油孔）向燃油箱泄油，造成液压柱塞顶部的油压迅速降低，喷油器针阀在其承压锥面上的高压燃油的推力下，克服液压柱塞及其弹簧的合力而升起，开始喷油。当三通电磁阀断电时，磁场消失，外阀在其弹簧力的作用下下移，关闭密封面 6，此时密封面 5 被打开。这样，来自共轨中的高压燃油进入喷油器针阀的承压锥面室的同时，也进入液压柱塞顶部的控制室。液压柱塞在高压燃油和弹簧力的作用下，使针阀落座，停止喷油，完成高压喷射过程。

　　三通电磁阀的接通和断开时刻，是根据事先通过发动机台架试验标定的不同工况下的目标控制 MAP 图，由 ECU 进行工况判断、运算之后确定控制量来进行控制的。

这里，液压柱塞顶部控制室容积的大小决定了喷油器针阀开启的灵敏度。如果该容积过大，针阀在喷油结束时不能实现快速断油，造成后期的燃油雾化不良；否则，控制容积过小，就不能给针阀提供足够的有效行程，使喷射过程的流动阻力加大。因此，对控制室容积也应根据不同发动机的最大喷射量合理选择。

为了控制初期喷油速率，以控制放热规律，适应降低柴油机排放的要求，这种喷油器在液压柱塞上方专门设置了一个单向阀和一个小孔节流阀。单向阀的作用是阻止液压柱塞上方的燃油回流，只允许高压共轨中的燃油流入控制室。控制室内的燃油只通过小孔节流阀逐渐泄油，以控制液压柱塞上方控制室内压力的降低速率，由此控制喷油器针阀的升起速度，实现对初期喷射规律的控制。单向阀的孔径（进油量孔）和节流阀的最小直径（泄油量孔）以及液压柱塞上部的控制室容积对喷油器的喷油规律影响很大。泄油量孔和控制室容积决定喷油器针阀的开启速度，而喷油器针阀的关闭速度取决于单向阀的（进油量孔）流量特性和控制室的容积。所以，在设计单向阀时，应保证喷油器针阀有足够快的关闭速度，以避免喷油器喷射后期雾化不良的现象。若适当减小控制室容积可以使针阀的响应速度加快，使燃油温度对喷油器喷射量的影响减小。但控制室容积过小，直接影响喷油器针阀的最大升程。而且单向阀和节流阀的流量特性

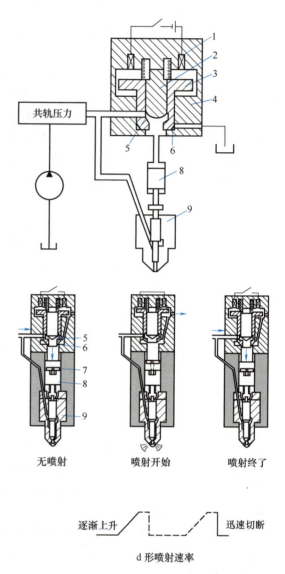

图 6-29　三通电磁阀式喷油器结构示意图

1—电磁阀　2—内阀　3—外阀　4—阀体　5、6—密封面
7—节流孔　8—液压柱塞　9—喷油器

直接影响控制室内油压的动态特性，从而影响针阀的运动规律。

一般三通电磁阀的开启响应时间为 0.35ms，关闭响应时间为 0.40ms，全负荷状态下能量消耗为 50W 左右。

由于高压共轨喷射系统的喷射压力非常高，其喷油器的喷孔截面积很小，因此在高压喷射时燃油流动处于极端不稳定状态，喷雾锥角变大，燃油雾化更好，但贯穿距离变小，因此可适当改善燃烧室内的气流强度以及燃烧室的结构形状，以确保最佳的燃烧过程。

（3）多阶段喷射及压电式喷油器　高压共轨喷射系统对喷油规律的精确柔性控制，可实现对燃烧速率的精确控制。现阶段，高压共轨喷射系统正向着多阶段（多脉冲）喷射方

式"Multijet"发展。这种喷射方式，将每个循环燃油喷射量分成多阶段进行喷射，由此精确控制燃烧室内的温度和压力，达到既提高循环热效率又有效降低排放的目的。图6-30所示为将一个循环喷射量分成六次喷射的六阶段喷射模式。其中，主喷射过程也分为两次进行，由此有效地降低了气缸内的最高燃烧温度，以抑制 NO_x 的生成，但这要求喷油器具备很高的响应特性。

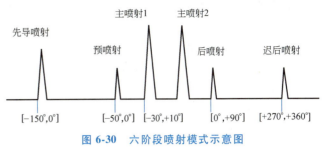

图 6-30　六阶段喷射模式示意图

先导喷射是指进气终了或压缩初期的某一时刻进行的少量喷射过程，其目的是快速提高压缩行程中燃烧室内的温度和压力，由此缩短发动机起动、暖车时间，降低怠速惰转噪声，减小暖机运行时的碳烟排放，改善发动机的低速转矩特性。这种先导喷射方式只在发动机冷态下使用。

预喷射是指在主喷射之前某一时刻进行的少量的事先喷射过程，其主要作用是提高燃烧室内的温度，为主喷射做准备，即由此缩短主喷射的着火延迟期，降低燃烧温度，抑制 NO_x 的生成，降低燃烧噪声。

后喷射是指主喷射之后在膨胀过程中的某一设定时刻进行的少量的喷射过程，其目的是保证膨胀过程中气缸内温度的降低速率不至于过快或保持足够高的温度，以改善废气在膨胀过程中的氧化环境，由此减少燃烧过程中的碳烟排放，同时提高排气温度，有利于后处理装置的催化反应。

最后一个阶段的喷射称为迟后喷射，是在发动机排气过程中进行的少量喷射过程，其目的是由此增加废气排气中的 HC 含量，以提高 NO_x 催化还原装置的转化效率。

对多阶段喷射方式，根据发动机实际情况需要确定或控制的因素有：确定分几个阶段进行喷射、每个阶段喷射的起始点、喷射持续期，以及各喷射阶段之间的时间间隔等。特别是预喷射和主喷射之间的时间间隔，以及两次主喷射之间的时间间隔对发动机的燃烧过程及性能比较敏感。

上述高压共轨喷射系统的电磁阀式喷油器，由于其响应特性受电磁阀结构特性的影响，所以要实现多阶段喷射过程时会受到限制。如博世公司的第二代高压共轨喷射系统的喷油器，其预喷射和主喷射之间的最短时间间隔不能小于 $900\mu s$，因此要实现将主喷射过程分两个阶段喷射或主喷射和预喷射之间最小时间间隔的控制均会受到限制。为此，又开发研究出压电式高压共轨喷射系统。它与原高压共轨喷射系统的区别仅在于将电磁阀式喷油器改为压电式喷油器，其他部分相同。即将原用高频电磁阀来驱动针阀的喷油器，改为用压电晶体来驱动针阀的喷油器。由于压电石英晶体的变形速度很快，所以压电式喷油器的开关响应速度比电磁阀更快，对于同样的燃油喷射量，只需要更短的喷油持续时间。同时采用压电晶体片取代了电磁线圈，因此可进一步减小喷油器内整个喷射控制链上的累积误差，从而提高了喷射精度，可更精确地控制燃油喷射量。这种压电式喷油器，是在多层压电薄片叠加而形成的压电堆的基础上，利用液压放大机构来放大压电堆驱动的位移，以满足高速开关阀的流量要求的。这种在厚度方向上伸缩变形的积层型压电晶体，在力学上串联、电学上并联，其输出的位移为各压电片输出位移的之和。但是，压电晶体片在电学上是纯电容负载，级联后电容将成倍增加，故级联过多，势必使充放电时间增加而产生较大迟滞现象。因此，在实际应用时压电晶体片的积层量要适当。

图 6-31 所示为压电式喷油器的结构，主要由压电执行器 4、液压放大器 3 及针阀 1 等组成。压电执行器由压电晶体单元构成，每个压电晶体单元产生的晶体变形量非常小，所以常通过压电晶体的薄层技术，将多层压电石英晶体烧结成一定长度的立方体，并通过液压放大器将其变形量进行放大后再传递给针阀，以保证针阀的最大升程。在压电模块和液压放大器里充满压力（系统压力）约为 1MPa 的柴油，以保证不同环境下压电执行器和液压放大器的稳定工作环境。图 6-32 所示为压电式喷油器和电磁阀式喷油器的性能对比。在相同的轨压下对一定的喷射脉宽，压电式喷油器的喷射能力明显高于电磁阀式喷油器，而且其喷射速率快，峰值高，持续时间也短，因此压电式喷油器的响应特性更快。

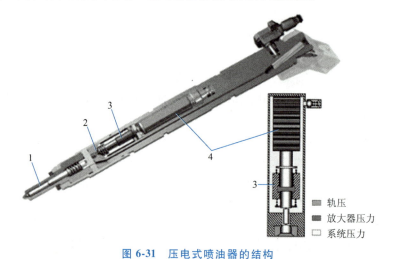

图 6-31　压电式喷油器的结构

1—针阀　2—控制阀　3—液压放大器　4—压电执行器

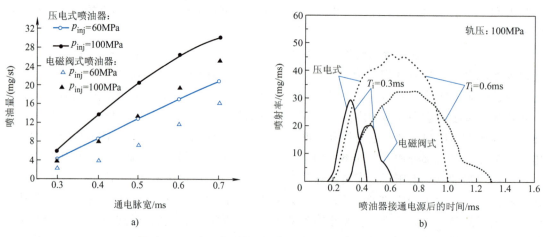

a)

b)

图 6-32　压电式喷油器和电磁阀式喷油器的性能对比

a）喷射能力对比　b）响应特性对比

注：st 表示冲程

压电式喷油器的运动部件数和自重比电磁阀式喷油器少，而且因压电式喷油器是通过对压电晶体的变形速度来控制的，所以喷油器每次开启和关闭时的噪声水平也比较低。

到目前为止，只有压电式喷油器能够实现多阶段喷射过程的精确控制，而这一功能是通过燃油喷油规律的有效控制，实现放热规律控制所必不可少的。所以，不管是电控汽油喷射还是柴油机的电控技术，压电式电控喷油器是发展趋势，具有更大的潜力。

（4）高压共轨喷射系统的特点　时间-压力控制式高压共轨电控喷射系统，其共轨压力波动很小，没有常规电控喷射系统中存在的因压力波而产生的难控区、失控区及调速能力不足等问题。喷射压力的控制完全独立于转速和负荷。

高压共轨喷射系统，如 ECD-U2 型高压共轨喷射系统，是通过三通电磁阀、单向阀和节流阀等来控制液压柱塞顶部的油压的，而 CR 型高压共轨喷射系统则是通过出油孔和进油孔直径大小来控制液压柱塞顶部的油压的，所以两者都易实现初期喷射速率低、快速停止喷射的"d"形（三角形）喷射速率控制，也很容易实现多阶段喷射过程，只要在主喷射之前给三通电磁阀一个不同的小宽度脉冲信号，即可实现。因此，高压共轨喷射系统可实现柴油机所需要的理想喷油规律的控制特性。

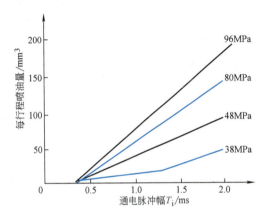

图 6-33　喷油器的流量特性
（喷射量-轨压-脉宽）

由于高压共轨喷射系统是一种时间-压力式控制系统，所以喷射量仅取决于共轨压力和喷油器电磁阀的控制脉宽。图 6-33 所示为不同共轨压力条件下，喷射量随控制脉宽的变化特性。对一定的喷射量，共轨压力越高，喷射脉宽越小，即整个喷射过程缩短，而且在整个喷射过程中始终保持一定的喷射压力。

高压共轨喷射系统在喷射时期、喷射量、喷射压力及喷射速率等方面都能实现柔性控制，而且喷射时期的控制范围宽，所以整个系统的响应特性和适应性好。

但是，高压共轨喷射系统由于长时间维持系统内的高压，所以高压泵的驱动损失增加，而且存在需要耐高压和高压密封等问题。

2. 泵喷嘴型喷射系统（UIS）

电控泵喷嘴型喷射系统是直接将柱塞偶件（高压泵）和喷油器偶件集成在一个壳体内的一种新型的柴油机燃料喷射系统。相当于在泵-管（共轨）-喷油器系统中取消了高压油管，避免了高压共轨喷射系统耐高压及高压密封等问题。因泵喷嘴型喷射系统无高压油管，所以高压泵泵油时所产生的高压燃油经很短的路径直接进入喷油器的承压环槽内，实现喷油过程。图 6-34 所示为 DDEC 型电控泵喷嘴的结构，主要由泵喷嘴体、驱动机构、控制阀及电磁阀等组成。泵喷嘴体将喷油泵和喷油器做成一体，并在喷油泵柱塞上取消了机械式喷油泵柱塞上用于控制供油量的螺旋槽。喷油定时和喷射量是通过高频电磁阀控制泵喷嘴进油阀的开启时刻和开启持续时间来控制的。由于这种电控泵喷嘴喷射系统将喷油泵柱塞、喷油器及电磁控制阀（由柱塞阀 1、挡板 2 等构成）都安装在一个壳体里，又没有高压油管，所以高压系统体积很小，因此允许产生更高的喷射压力（目前已达到 200MPa 以上），同时减小了密封表面和密封接头，所以可靠性好。但是需要专用驱动机构来驱动，驱动机构由凸轮轴、摇臂及挺柱等组成，所以结构复杂。而驱动凸轮轴由曲轴的正时齿轮驱动，安装时要保证供油定时。

图 6-35 所示为电控泵喷嘴的工作原理示意图。当发动机工作时，泵喷嘴柱塞在驱动凸轮和柱塞弹簧力的作用下完成泵油过程。当凸轮偏过后，柱塞在其弹簧的作用下上移，此时柱塞腔体积增加，柱塞腔进油（图 6-35a）；当凸轮推动柱塞下移时，如果此时电磁阀断电，电磁阀阀芯在其弹簧力的作用下处于开启状态，所以当柱塞泵油时高压油经与电磁阀阀芯一体的控制阀回油（图 6-35b），喷油器油腔内不能建立高压，针阀不动，喷油器仍不喷油；当柱塞运动到某一时刻，在 ECU 的控制脉宽下接通电磁阀电源时，在磁场的作用下控制阀落座，关闭回油孔。此时柱塞泵油的高压油迅速进入到喷油器针阀的承压锥面建立油压，使针阀开启，喷油开始，喷油持续期间取决于 ECU 控制电磁阀的通电脉宽（图 6-35c）；经电磁阀控制脉宽之后电磁阀断电，此时在弹簧力的作用下电磁阀恢复到开启状态，控制阀被打开，喷油器到喷油泵之间的高压油迅速降压，针阀迅速落座而停止喷射（图 6-35d）。

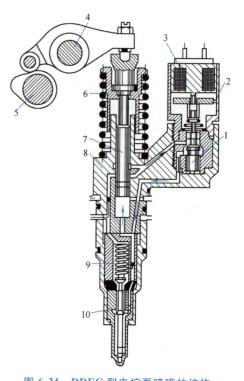

图 6-34　DDEC 型电控泵喷嘴的结构

1—柱塞阀　2—挡板　3—电磁阀　4—摇臂（轴）
5—凸轮轴　6—柱塞弹簧　7—柱塞
8—泵喷嘴体　9—喷油器弹簧　10—针阀

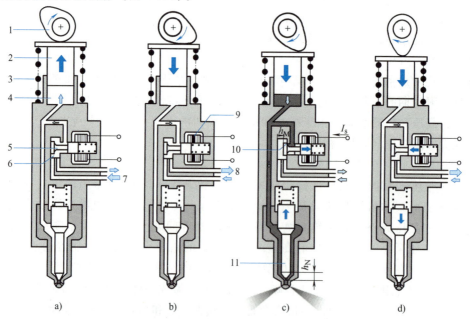

图 6-35　电控泵喷嘴工作原理示意图

a）进油过程　b）回油过程　c）喷射过程　d）停止喷油
1—凸轮　2—柱塞　3—柱塞弹簧　4—柱塞腔　5—控制阀　6—进油腔
7—进油孔　8—回油孔　9—电磁阀线圈　10—阀座　11—针阀

在泵喷嘴系统中，将检测电磁阀的关闭时刻作为反馈信号实现对喷射过程的反馈控制。电磁阀的关闭时刻可通过检测电磁阀线圈的电压或电流波形来确定，不需要另设传感器。当采用电压波形作为检测信号时，对流通电磁阀线圈的电流需要用调节器调节，使得当电磁阀线圈中的电流达到某一设定值后维持不变。这样，当接通电磁阀电源时阀芯开始移动，电磁阀线圈的两端电压随之升高；当阀芯移动到极限位置而停止运动时，线圈电压突然降低到仅能维持电流不变的水平。这种电压降可以很方便地测量。为了提高电磁阀的响应速度，除了采用短行程、小质量、压力平衡式阀及平面盘形阀芯结构以外，还需要降低线圈的电感，以保证在很低的电源电压下电流能以足够快的速度达到饱和状态。用这种方法能使检测电磁阀关闭时刻的精度达到±0.25°（CA）。同时这种方法可以排除当电源电压变化时所造成的供油量和喷油定时的波动。

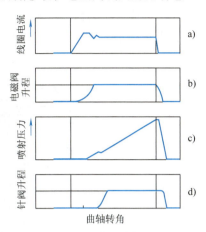

泵喷嘴的特点是，相对高压共轨喷射系统取消了高压油管，而将柱塞泵和喷油器合为一体，使系统简化，避免了高压密封问题。但是由于设置专用驱动机构，所以结构复杂，同时如图6-36所示，在喷射过程中喷射压力是变化的，喷油规律是通过泵油规律来控制的，而这种泵油规律取决于凸轮形线及其工作段。

图 6-36　泵喷嘴的喷射过程

a）电磁阀线圈电流　b）电磁阀升程
c）喷射压力　d）喷油器针阀升程

3. 单体泵（UP）

电控单体泵是一种模块式结构的高压喷射系统，各缸柱塞泵泵体相互独立。其工作方式与泵喷嘴类似，但在结构上有很大区别。单体泵的喷油器和喷油泵之间用一根很短的高压油管相连接（图6-37）。其中单体泵结构如图6-38a所示，主要由电磁阀1、滚轮式挺柱3、柱塞4、柱塞弹簧5及泵体6等组成。

当发动机工作时直接通过凸轮轴驱动单体泵的柱塞完成泵油过程，此时由ECU控制设在单体泵出口端的电磁阀来精确控制泵油时刻和泵油持续时间。由于高压油管比较短，所以通过供油时刻间接控制喷油定时，通过供油持续时间控制喷油器的喷射过程。当ECU控制电磁阀使之为OFF状态时，如图6-38b所示，阀芯在弹簧力的作用下回位，回油孔开启，柱塞腔内的燃油随柱塞的上移经回油孔回流，单体泵不供油，喷油器不喷油。当ECU接通电磁阀时阀芯关闭回油孔，如图6-38c所示，随柱塞上移，高压腔内迅速建立起油压，当泵油压力大于出油阀弹簧力和高压油管内的残压之和

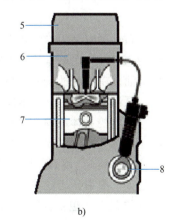

a）　　　　　　　　　　　b）

图 6-37　单体泵喷射系统及其布置

a）单体泵喷射系统　b）单体泵喷射系统的布置
1—单体泵　2—电磁阀　3—高压管　4—喷油器
5—气缸罩　6—气缸盖　7—活塞　8—凸轮轴

时，出油阀打开，泵油开始，并向高压管泵油，高压燃油经过很短的高压油管直接传送到喷油器，在喷油器端立即建立高压，使喷油器针阀开启而进行喷射。喷射持续时间取决于由ECU控制的单体泵电磁阀的接通持续时间（控制脉宽），经过控制脉宽之后单体泵电磁阀断电，此时如图6-38b所示回油孔打开，柱塞腔内的燃油经回油孔回油，当柱塞腔内的油压低于出油阀弹簧压力和高压短管内的残压之和时，出油阀落座，停止泵油，同时高压油管内的燃油迅速膨胀，使喷油器端的油压迅速降低，针阀落座而停止喷射。

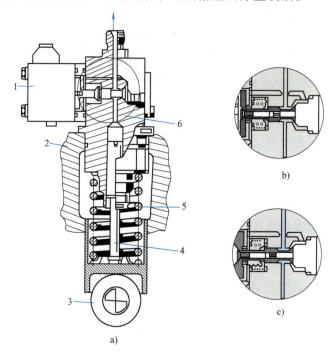

图6-38 单体泵结构原理示意图

a）结构 b）不供油状态 c）供油状态

1—电磁阀 2—发动机机体 3—滚轮式挺柱 4—柱塞 5—柱塞弹簧 6—泵体

目前国内车用单体泵的泵端压力为160~180MPa，而喷油器为传统的机械式，其开启压力约为22MPa。在单体泵供油过程中，当喷油器端的压力大于喷油器的开启压力时，喷油器就开始喷油，在喷射过程中最高喷射压力可达160~180MPa。喷射压力取决于喷油器的总喷射面积、泵油速率、高压系统容积、启喷压力，以及针阀偶件、柱塞偶件的配合间隙等。

对电控单体泵喷射系统，在喷油器结构一定的条件下，影响喷油规律的主要结构参数有高压油管的直径、长度，以及单体泵柱塞的横截面积和喷油器喷孔的总喷射面积之比（称之为面积比）。该面积比直接影响喷射压力，即面积比越大，意味着供油速率与喷油速率之比越大，喷射压力越高；而且对一定的喷射面积，喷射压力越高，喷射速率也越高。而高压系统的容积（包括柱塞的压油容积、高压油管容积和喷油器内部容积之和）直接影响喷射系统的响应特性。该容积越大，单体泵到喷油器之间的响应特性越差。在单体泵和喷油器结构一定的条件下，高压系统容积主要取决于高压油管的直径和长度。但高压油管直径过小，直接影响单位时间的供油能力，过大则影响响应特性。所以根据不同排量发动机应优化选择，而高压油管长度在系统布置允许的前提下应越短越好。

为了适应不断强化的排放法规要求，单体泵也不断向高压化发展。德尔福（Delphi）公司 2001 年推出的 EUP200 型单体泵的最高喷射压力已达到 200MPa。

电控单体泵的特点是各缸单体泵之间相互独立，所以控制比较灵活。但是单体泵并非直接控制喷油器，而是通过电磁阀控制喷油泵的供油过程和供油规律来间接地控制喷油规律，因此喷射过程的控制精度相对较差。

4. 三种高压喷射系统（CR、UIS 及 UP）的比较

如前所述，高压共轨喷射系统（CR）在结构上仍然采用了泵-管-喷油器型。但是从控制角度，高压泵和喷油器互相独立。在喷射方式上采用直接控制喷油器的方法，由此实现对喷油规律的直接控制。而高压泵的控制是通过 ECU 根据轨压传感器反馈控制其节流阀或 PCV 电磁阀来调节泵油量的，使共轨的轨压达到设定值，只为喷油器的喷射过程创造条件。所以，喷射压力不受发动机转速、负荷的影响，可任意控制。因此，这种方式在放热规律控制精度和响应特性方面更具有优越性，但需要在高压系统的高压密封及可靠性方面采取相应的措施。

泵喷嘴型喷射系统（UIS）在结构上取消了喷油泵与喷油器之间的高压油管，把喷油泵与喷油器集成为一体，弥补了高压共轨系统的不足，便于高压化。但是由于每个缸泵喷嘴相互独立，因此需要专门的驱动机构，所以驱动机构复杂。而且在控制方法上，虽然通过高频电磁阀控制喷油时刻和喷射量，但是喷油规律直接取决于柱塞泵的供油规律。也就是说，泵喷嘴型喷射系统实际上就是从结构上解决了传统的泵-管-喷油器系统的供油规律和喷油规律不一致的问题。从喷油器的控制角度而言，其喷射压力受供油速率的影响，而供油速率取决于其驱动凸轮形线和发动机转速，所以喷射压力的控制自由度受到限制。

单体泵（UP）在结构上改善了高压共轨喷射系统中高压油管长而带来的高压密封及可靠性等问题，避免了安装在气缸盖上的泵喷嘴型喷射系统体积大、结构复杂的缺点。但是在控制方法上采用控制单体泵的供油特性来间接地控制喷油规律的方式。由于高压化且高压油管短，所以供油规律和喷油规律不一致的问题得到很大的改善，但是在喷油规律的控制精度及高速响应特性等方面，单体泵不及高压共轨喷射系统和泵喷嘴型喷射系统。单体泵的喷油规律控制精度及其响应特性主要取决于高压系统的容积大小和其内部的压力波动状态。所以，在安装条件允许的情况下应尽可能缩短高压油管长度，而且必须保证具有一定的承压能力和承受高频压力波动的能力。

从使用角度而言，随着发动机强化程度的不断提高，发动机转速高速化发展，对高速轻型车用柴油机，多采用响应特性优越的高压共轨喷射系统或泵喷嘴型喷射系统，而对使用转速范围较低的中型和重型车用柴油机采用单体泵的较多，而且单体泵对燃料的适应性比较好。

从放热规律控制精度上考虑，直接控制喷油器的高压共轨喷射系统，特别是压电式高压共轨喷射系统，其发展潜力更大。

第四节　柴油机混合气的形成与燃烧室

影响柴油机混合气形成的因素主要有两个方面，一方面是如前所述的取决于燃料喷射系统的燃料喷射雾化特性，另一方面是燃烧室内的气流特性。不同的混合气形成方式，对喷雾特性和燃烧室内气流特性的要求不同。对确定的混合气形成方式，喷雾特性和燃烧室内气流特性的优化匹配成为至关重要的问题，也是控制燃烧过程、改善放热规律的重要环节。

一、柴油机混合气的形成方式

柴油机混合气的形成方式，大体上分为空间雾化混合方式和油膜蒸发混合方式两种。而实际车用发动机上混合气形成的特点是这两种基本方式的不同组合。由于柴油黏性比较大，不易挥发，而且柴油机的混合气形成时间相对汽油机非常短。因此，混合气形成的条件和方式对柴油机的燃烧过程至关重要。

1. 空间雾化混合

空间雾化混合方式，是通过多孔式喷油器将燃料向燃烧室空间喷射强制雾化，并利用燃油相对空气的运动方式形成混合气。所以，燃油与空气之间的相对运动速度是影响混合气形成的主要因素。相对运动速度越高，油滴与空气之间的摩擦和碰撞越激烈，分散后的油粒也越细小，混合气越均匀。影响燃油与空气的相对运动速度的主要因素有喷雾特性和燃烧室内的空气密度（压力）、温度及气流特性。提高喷射压力以及组织适当的燃烧室内的气流运动，是提高燃油与空气之间相对运动速度的有效途径；同时，提高空气密度和温度，不仅可改善燃油和空气的相对运动速度，而且使喷注贯穿距离缩短，喷雾锥角增大，使油束更稀疏，加之温度的提高，更有利于燃油的蒸发，促进混合气的形成。

为了更有效地利用燃烧室内的空气，空间雾化混合方式需要喷注与燃烧室空间进行优化匹配。

值得提出的是，这种混合气形成方式的混合气形成时间，取决于雾化速率和燃油与空气之间的相对运动速度。当喷雾条件和燃烧室内气流状态一定时，这种方式的混合气形成条件就确定了。

传统直喷式燃烧室如图 6-39 所示，有开式和半开式两种，主要靠空间雾化混合的方式

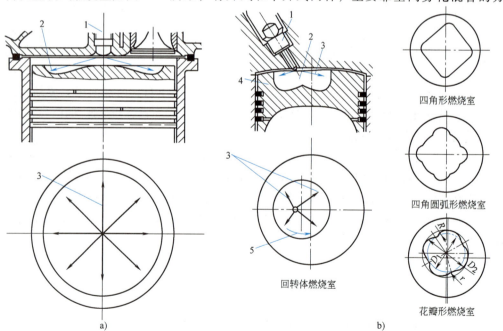

四角形燃烧室

四角圆弧形燃烧室

花瓣形燃烧室

回转体燃烧室

a)   b)

图 6-39　传统直喷式燃烧室

a）开式　b）半开式

1—喷油器　2—燃烧室　3—喷注　4—活塞　5—空气涡流方向

形成混合气，因此采用多孔式喷油器高压喷射的方式。虽然这种燃烧室的散热面积小，热效率高，经济性好，易起动，但是由于燃烧室内气流的组织方式不得当，对转速的适应性差，而且喷射压力有限（18～24MPa），因此混合气形成速度相对缓慢，不能适应发动机的高转速。同时，这种空间雾化混合方式，在着火延迟期内形成的可燃混合气量较多，且不可控制，因此在燃烧过程中压力升高率高，发动机工作粗暴，NO_x 排放高，因而已被淘汰。

但是，上述高压共轨等时间控制式喷射系统，由于喷射压力很高，所以燃油雾化迅速，结合燃烧室内空气运动的组织可以控制喷油规律，而且有效地缩短了混合气的形成时间，提高了现代直喷式燃烧室对高转速的适应性。高压共轨等电控高压喷射方式，使得空间雾化混合方式在高速车用柴油机上得以继续发展，能充分发挥直喷柴油机经济性好的优点。

2. 油膜蒸发混合

油膜蒸发混合方式，是燃烧室内喷射的燃油首先在燃烧室壁面形成油膜后，再通过燃烧室壁面的加热蒸发，配合燃烧室内定向流动的气流（涡流）形成混合气。因此，在这种方式中，影响混合气形成的主要因素是油膜的蒸发速度、燃烧室内空气相对油膜的运动速度和油膜的厚度。油膜的蒸发速度取决于燃烧室壁面的温度，油膜的厚度取决于喷雾特性及油束在燃烧室壁面的着壁程度。一般喷注的贯穿距离越大，着壁现象越严重。而相对油膜的空气运动一般都是专门组织的涡流，这种涡流强度随发动机转速的提高而增强。因此，这种混合气的形成方式对发动机转速的适应性好。

传统分隔式燃烧室如图 6-40 所示，有涡流室式和预燃室式两种。这种分隔式燃烧室的混合气形成方式的主要特点是，一部分燃料空间雾化直接形成可燃混合气，而大部分燃料则

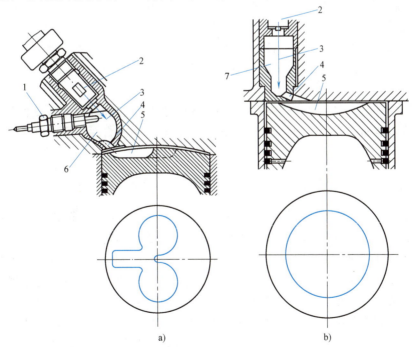

图 6-40　传统分隔式燃烧室

a）涡流室式　b）预燃室式

1—电热塞　2—喷油器　3—喷注　4—通道　5—主燃室　6—涡流室　7—预燃室

以油膜蒸发的形式配合空气流动而形成混合气。分隔式燃烧室将燃烧室分为设在活塞顶上的主燃烧室和设在气缸盖上的副燃烧室。对涡流室式，将副燃烧室设计成近似球形或半球形状，并用基本与涡流室相切形状的连接通道与主燃烧室连通。喷油器采用轴针式，布置在涡流室上，并向涡流室壁面顺着气流方向喷射形成油膜。

对涡流室，在压缩过程中，缸内的空气经通道进入涡流室，在通道的导向作用下，随压缩行程在涡流室内形成强烈的压缩涡流，不断将空气送往油膜处，与油膜表面蒸发的燃料形成混合气。为了可靠着火，喷油器喷射时使小部分燃料空间雾化，使得涡流室内的局部地方首先着火。着火后涡流室内的压力和温度迅速升高，使得已燃气体、未燃的燃料和空气一起经通道高速喷入主燃烧室内，形成强烈的二次涡流，促进主燃烧室内混合气的形成和燃烧。这种涡流室式燃烧室，在涡流室内混合气的形成方式是以油膜蒸发为主，加上部分空间雾化，而在主燃烧室内是通过二次涡流以扩散方式进行混合燃烧的。当发动机转速增加时，涡流室内的压缩涡流随之加强，改善了混合条件，所以这种混合气形成方式的特点就是对转速的适应性好。

对预燃室，通过单孔或多孔通道与主燃烧室连接，在压缩过程中缸内的气流经通孔进入到预燃室内形成强烈的湍流。喷油器采用轴针式沿预燃室中心向底部喷射，此时部分燃油在空间雾化混合，而喷注的大部分喷向预燃室底部形成油膜。在预燃室空间形成的可燃混合气首先着火燃烧后，将预燃室内的燃气和未燃气体一起喷入主燃烧室，在主燃烧室内形成强烈的燃烧涡流，促进主燃烧室内未燃燃油迅速混合燃烧。当发动机转速增加时，预燃室内的湍流强度随之加强，更容易形成混合气，所以其混合气形成对转速的适应性也较好。

与传统的直喷式燃烧室相比，这种分隔式燃烧室具有空气利用率好，高速性能得到保证，同时对喷雾的要求低，工作粗暴程度和 NO_x 排放低，而且成本低等优点。但是，由于燃烧室结构复杂，散热面积大，而且主、副燃烧室之间的通道节流损失大，所以热效率低，冷起动性差。为了保证冷起动性，这种分隔式燃烧室的压缩比 $\varepsilon = 20 \sim 24$，普遍比直喷式的压缩比（$\varepsilon = 14 \sim 18$）大。

尽管传统的直喷式和分隔式燃烧室曾分别在中重型柴油机和轻型高速柴油机上广泛得到应用，但随着节能和排放法规的日趋严格，由于这种燃烧室各自存在的致命缺陷，不得不逐渐被淘汰。

二、高速直喷燃烧室结构及其混合气的形成特点

如前所述，柴油机的燃烧放热规律以及 NO_x 和碳烟的生成，主要取决于预混合燃烧过程和扩散燃烧过程。其中，预混合燃烧过程直接与燃烧室内的混合气形成条件和喷雾质量有关，而扩散燃烧过程取决于后续喷射的喷雾质量和燃烧室内的气流运动状态。即对一定的喷射条件，燃烧室内的气流运动状态及其变化特性，对混合气的形成及其燃烧过程起决定性的作用。在其他条件（如喷雾）一定的情况下，组织较强的空气流动，由此向喷注提供更多的氧气，虽能降低碳烟排放，但同时使 NO_x 排放量增多；反之，为了抑制 NO_x 的生成量，适当减弱预混合期内的气流强度，则易形成局部高温缺氧条件，同时不利于扩散燃烧，使碳烟生成量增加，经济性恶化。所以，为了有效抑制 NO_x 及碳烟的生成量，如何控制和组织燃烧室内的气流运动及其分布规律和强度是很重要的。燃烧室内的气流运动状态及其变化规律主要取决于进气系统和燃烧室的结构形状。

传统的直喷式和分隔式燃烧系统均不能满足现在的车用柴油机节能与排放法规的要求。直喷式的主要问题是其混合气形成过程对发动机转速的适应性差，而且无法控制喷油规律，使发动机工作粗暴，NO_x排放量大；而分隔式燃烧系统的主要问题是，虽然具有混合气形成过程对转速适应性好的优点，但燃烧室的散热面积大（面容比大），热损失多，经济性差，同时为了保证冷起动性而提高了压缩比，使得缸内压力和温度升高，不易进一步降低NO_x的排放量。

柴油机电控技术及高压喷射技术的发展，为实现喷油规律的控制提供了技术基础。高压喷射虽然提高了喷雾质量，加快了雾化速度，有利于降低碳烟排放，但是NO_x排放量增加。所以，为了同时降低NO_x和碳烟排放，又不恶化燃油经济性，如本章第二节的柴油机排放控制策略中所介绍，通过有效推迟喷油时刻，或在主喷射之前采用适量预喷射等手段，控制预混合燃烧过程，抑制最高燃烧温度，由此有效降低NO_x排放。但是这样一来，更多的燃料在着火燃烧过程中喷射，即参与扩散燃烧的燃料量增多。所以，如何提高扩散燃烧速率，成为柴油机控制排放和经济性的关键问题。

为此，应通过高压喷射手段加强扩散燃烧阶段燃料的雾化，同时提高喷射速率，缩短整个喷射期间，促进扩散燃烧。由此，在提高燃料经济性的同时，促进预混合燃烧阶段所生成的碳烟的氧化过程，避免扩散燃烧阶段造成局部高温缺氧条件而生成碳烟。同时，配合高压喷射系统，有效组织适应发动机转速的燃烧室内气流特性，也是控制扩散燃烧过程的重要手段。柴油机高压电控喷射技术的发展，可有效地控制喷油规律，因此从经济性角度而言，车用柴油机燃烧室直喷化已成为发展趋势。但是其直喷化的关键就是如何解决直喷式燃烧室混合气形成速率与发动机转速相适应的问题。

20世纪后期开发出来的低排放缩口型直喷式燃烧室，是将传统的直喷式燃烧室的优点和涡流室式燃烧室的优点集于一体的一种新型直喷式燃烧室。将直喷式燃烧室改进设计成如图6-41所示的燃烧室底部中间凸起形成环状压缩挤流空间的结构形式。通过这种方式，原涡流室式燃烧室内随转速同步变化的压缩涡流，改为这种直喷式燃烧室内随转速同步变化的压缩挤流。通过这种燃烧室，在推行欧Ⅰ、欧Ⅱ排放法规时，采用传统的机械式喷射系统，通过大幅度推迟喷射时期，就可实现有效降低柴油机的排放水平，为车用柴油机排放水平达标做出重要贡献。

为适应日趋严格的节能与低排放要求，直喷式柴油机的燃烧室结构大体上分为如图6-41所示的两大类型，即气缸直径小于120mm的中小型柴油机，由于其使用转速较高，所以采

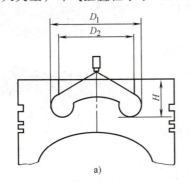
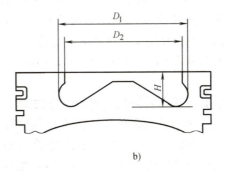

图 6-41　缩口型直喷式燃烧室

a）深坑形　b）浅形

用深坑形燃烧室（燃烧室深度 H 值较大），以便随转速的提高，加强燃烧室内的压缩滚流，加快混合气的形成和扩散燃烧速度；而气缸直径大于 120mm 的大型柴油机，由于其使用转速较低，所以采用浅形燃烧室。

三、燃烧室内气流特性及其评价方法

实际车用发动机，由于其使用条件及要求不同，燃烧室结构参数及形状也有所不同。这种不同燃烧室的结构形状和参数，决定了燃烧室内特有的气流特性及其规律，也就决定了其所对应的最佳喷雾条件和燃烧过程。因此，如何精确测量、分析和评价燃烧室内的气流特性，对正确把握燃烧室内微观的流场特性及其对混合气形成和燃烧过程的影响，具有重要意义。

缸内流场特性的分析方法有试验法和模拟计算分析法。前者为了测量实际流场特性，采用光学发动机利用示踪粒子的激光高速摄影法。其特点是可直观地展示气缸内流场的瞬态分布特性和流动特性。但是设备昂贵，且光学发动机与实际发动机在结构上很难实现完全一致。缸内流场的模拟计算分析法是采用计算流体力学（CFD）专用软件，基于一定的数学模型，对燃烧室空间的三维流场进行模拟计算，由此计算气缸内流场的三维空间瞬态分布特性，并以此为基础计算出表示流场特性的各种物理量。典型的 CFD 软件有 KIVA-Ⅲ、FIRE 和 STAR-CD 等。需要指出的是，这些软件虽然功能强大，但不是万能的，只不过是功能强大、计算信息量多和能控制一定计算精度的计算工具而已。因此，根据所研究的内容不同，计算模型不同，计算侧重点也不同，而且计算精度取决于模型和边界条件的正确选择和调试。

为了便于评价燃烧室内的气流特性，在如图 6-42a 所示的燃烧室纵断面上以气缸中心线为分截面取其 1/2 断面，并以绕其 1/2 断面形心旋转的纵向气流的平均值作为滚流；而将燃烧室某一横截面（如图 6-42a 中Ⅰ-Ⅰ截面）上绕燃烧室中心（轴线）旋转的气流作为涡流进行模拟计算分析。

在实际压缩和膨胀过程中，燃烧室内的纵断面和横截面上的气流特性并非为规整的压缩滚流和涡流，是一种有宏观趋势的湍流状态。CFD 软件根据有限网格，可计算出任一瞬间燃烧室空间任一点上的速度矢量和质量。所以，根据任一瞬间（曲轴转角位置）燃烧室计算断面上的速度分布和质量分布特性（即各网格点上的瞬态物理参数），由动量矩守恒原理可计算出该瞬间围绕该计算断面形心的当量角速度，由此求得当量压缩滚流强度，即单位时间内绕燃烧室 1/2 纵断面形心的气流旋转次数。这些气流特性参数均由 CFD 软件（如 FIRE）直接计算求得。

为了定量地评价膨胀过程中燃烧室内瞬态气流运动强度的变化特性，引入滚流（或挤流）强度保持性的概念。即如式（6-19）所示，从上止点附近压缩滚流强度出现峰值点的曲轴转角位置 φ_1 开始，到扩散燃烧基本结束的曲轴转角位置 φ_2 的区间内，压缩滚流强度对曲轴转角的积分值与 φ_1 处的压缩滚流强度峰值和该区间的乘积

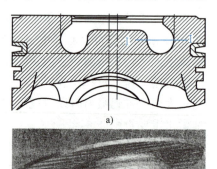

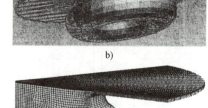

图 6-42 燃烧室计算断面及模型

a）燃烧室纵断面 b）三维空间计算模型
c）1/5 控件的三维计算模型

之比。

$$S_w = \frac{\int_{\varphi_1}^{\varphi_2} s_{cg}(\varphi)\,\mathrm{d}\varphi}{(\varphi_2 - \varphi_1)s_{cg\varphi_1}} \tag{6-19}$$

式中，φ_1 为出现压缩滚流强度峰值所对应的曲轴转角；φ_2 为上止点后扩散燃烧基本结束点所对应的曲轴转角，一般 $\varphi_2 = 45°$（CA）；$s_{cg\varphi_1}$ 为 φ_1 点上的压缩滚流强度峰值；$s_{cg}(\varphi)$ 为任意曲轴转角 φ 时的压缩滚流强度。

需要指出的是，CFD 软件（如 FIRE）只提供各曲轴转角位置上所计算的离散的滚流值。所以通过这些对应于各曲轴转角位置的离散的计算结果，可用曲线拟合等手段求出滚流强度随曲轴转角变化的函数 $s_{cg}(\varphi)$。之后再根据式（6-19），求出滚流强度保持性 S_w。而当量滚流强度，是根据该计算断面上各网格点相对形心的动量矩之和来计算求得的。所以，可以认为滚流强度保持性，实际上就是在各瞬间计算断面上微观湍流动能分布结果的宏观当量化评价。

为了求得扩散燃烧过程中静态滚流强度的衰减程度，将式（6-19）中的积分上限 φ_2 取区间 $[\varphi_1, \varphi_2]$ 中的任一值 φ（$\varphi_1 < \varphi < \varphi_2$），则可得任意曲轴转角位置上的滚流强度保持性，即

$$S_w(\varphi) = \frac{\int_{\varphi_1}^{\varphi} s_{cg}(\varphi)\,\mathrm{d}\varphi}{(\varphi - \varphi_1)s_{cg\varphi_1}} \tag{6-20}$$

图 6-43 所示为用这种评价方法，对不同燃烧室结构的滚流强度保持性进行比较的结果。其中，Ⅰ型燃烧室代表传统的"ω"形直喷式燃烧室。可见传统的直喷式燃烧室其混合气形

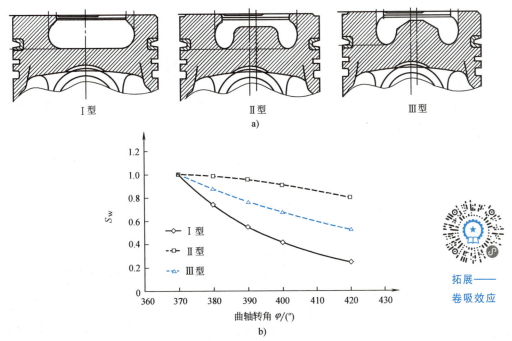

图 6-43　不同燃烧室结构及其滚流强度保持性

a）不同燃烧室结构　b）滚流强度保持性对比

拓展——
卷吸效应

成和燃烧过程对发动机转速的适应性差的主要原因，是在扩散燃烧阶段燃烧室内的气流强度衰减很快，从而造成在扩散燃烧过程中混合气的形成和燃烧速度缓慢。而Ⅱ、Ⅲ型燃烧室表示不同缩口型燃烧室结构形状对气流特性的影响，当缩口比 D_2/D_1（图6-41）一定时，燃烧室底部不同的凸起形状直接影响燃烧室内的滚流强度保持性。所以，如图6-44所示，Ⅱ型燃烧室通过燃烧室底部凸起形状对燃烧室内气流的节流作用，提高其压缩滚流强度保持性，从而在2200r/min时改善膨胀过程中的扩散燃烧过程，使得HC和烟度排放得到改善，而 NO_x 排放基本保持不变。

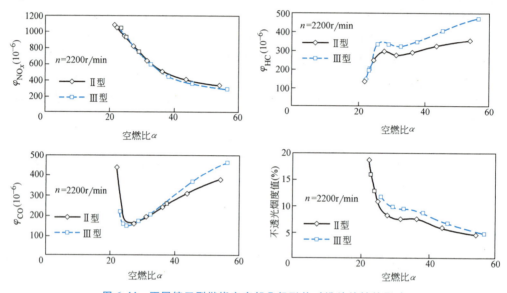

图6-44　不同缩口型燃烧室底部凸起形状对排放特性的影响

第五节　燃烧过程的影响因素

影响柴油机燃烧过程的因素主要有两个方面，即喷雾特性与燃烧室内气流特性的匹配情况和发动机工作时的运转因素。

一、喷雾特性与燃烧室内气流特性的匹配

1. 喷注在燃烧室空间的喷射位置的影响

对低排放缩口型直喷式燃烧室来说，喷注与燃烧室形状的匹配对柴油机的性能影响很大。因为为了保证燃烧室内有一定强度的压缩滚流，在活塞顶部必须留有一定的挤气面积。在压缩过程中压缩滚流主要集中在燃烧室凹坑内产生，而在活塞顶部的挤气面上空气却不足，气流较弱。因此，喷油器在不同工况下只有将燃料喷入燃烧室凹坑内的恰当位置，才能有效地利用燃烧室内的气流特性。图6-45所示为喷注与燃烧室空间位置的匹配示意图。如果喷射位置在相对燃烧室缩口偏高的位置（图6-45中的实线），则更多的燃料直接喷入到活塞顶

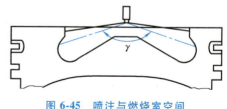

图6-45　喷注与燃烧室空间
位置的匹配示意图

部的挤气面上，造成经济性恶化，碳烟增加；反之，如果喷注中心靠近燃烧室中心位置，则
在燃烧室内高速气流的作用下，更多的燃料直接空间雾化并混合燃烧，促进预混合燃烧过程，使得压力升高率增加，NO_x 排放量增多。所以，相对燃烧室空间存在最佳的喷射位置。

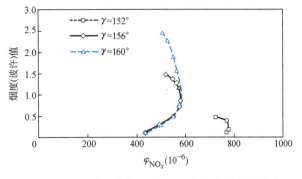

图 6-46 所示为在一台缸径为 133mm、排量为 12L 的大型车用柴油机的最大转矩转速（1200r/min）的负荷特性（最大喷射量相同）上，不同喷射夹角 γ 对 NO_x 和烟度（波许）排放的影响。当喷射夹

图 6-46　不同喷射夹角 γ 对 NO_x 和烟度排放的影响

角 $\gamma = 152°$ 时，喷注更接近燃烧室气流中心，所以 NO_x 明显增加，碳烟排放却很小，而且中小负荷区烟度基本上为零。当喷射夹角增加到 $\gamma = 160°$ 时，虽然 NO_x 排放明显降低，但由于部分燃料喷入到活塞顶部的挤气面上，所以碳烟排放增加。随着负荷的增加，喷射量增多，更多燃料被喷入到活塞顶，从而使大负荷时排烟严重。

2. 喷孔直径和喷孔数的影响

对一定的喷射压力和喷孔数，喷孔直径的变化直接影响喷油器的总喷射面积。当喷孔直径减小时，油束的射程（或称为贯穿距离）变长，喷雾锥角变小，雾化不良，油束着壁倾向增多，因此如图 6-47 所示，对一定的 NO_x 排放（相同燃烧条件下），碳烟排放明显增加，经济性也会恶化。若喷孔直径过大（如 $\phi = 0.30mm$），则在喷射量较少的小负荷区，喷雾质量差，所以烟度排放和经济性恶化，随着喷射量的增加，烟度排放有所改善，但大负荷时，单位时间喷射量增多，雾化不良，所以 NO_x 和烟度排放都增加。当喷孔直径为 $\phi = 0.28mm$

时，喷雾与燃烧室空间匹配最佳，所以烟度排放最低，油耗也降低，但 NO_x 排放量有所增加。说明喷雾特性与燃烧室内气流状态存在最佳的匹配。

喷孔数主要影响喷注与燃烧室空间的匹配问题，而燃烧室内的涡流强度直接影响多孔喷注之间的相互干涉现象。如果喷孔数过少，则燃烧室内空气的利用效率低；反之，如果喷孔数过多，或燃烧室内的涡流强度过强，则有可能造成喷注之间相互干涉，反而影响混合气的形成。所以，不同发动机对应一定的总喷射面积都存在着最佳的喷孔数及其燃烧室空间的布置形式，而且对应喷孔数的布置，都存在着最佳的进气涡流强度（用进气涡流比 S_R 表示），如图 6-48 所示。随着电控高压喷射技术的发展，在混合气形成过程中对进气涡流的

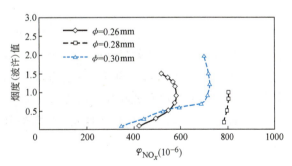

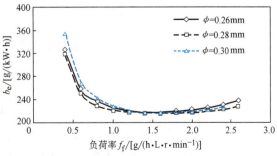

图 6-47　喷孔直径的影响

要求逐渐降低。所以，在进气道设计时可以适当减小进气涡流比或不采用螺旋进气道，由此减小进气阻力，提高充气效率。

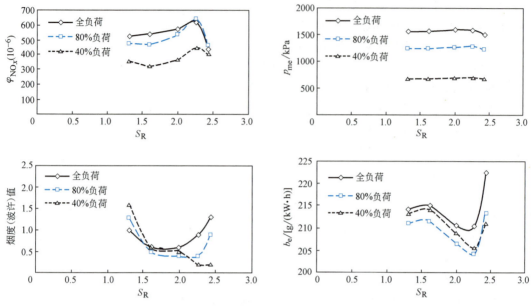

图 6-48　进气涡流比 S_R 对发动机性能的影响

在确定喷孔直径时，一般考虑其最大喷射面积，而喷孔数是根据燃烧室空间的大小来确定的。当一台发动机最大循环喷射量为 V_b（mm^3/循环）时，可按式（6-21）初步确定喷油器的最大喷射面积 A_n（mm^2），即

$$A_n = \frac{6nV_b \times 10^{-3}}{\mu\omega_j\Delta\phi_j}　\text{（6-21）}$$

式中，V_b 为最大循环喷射量（mm^3/循环）；n 为发动机转速（r/min）；μ 为喷油器的流量系数，一般喷油器为 $\mu = 0.6 \sim 0.7$，对液力研磨的喷油器为 $\mu = 0.7 \sim 0.85$；$\Delta\phi_j$ 为喷油持续曲轴转角（°）；ω_j 为喷孔处喷油平均流速（m/s）。

A_n 确定后，设喷油器的孔数为 i，则喷孔直径 d_n（mm）可以由式（6-22）计算确定，即

$$d_n = \sqrt{\frac{4A_n}{\pi i}}　\text{（6-22）}$$

另外，为了表示在一定的喷射压力下，喷注与燃烧室空间的匹配情况，定义喷油器的面容比 δ（mm^2/L）为

$$\delta = \frac{A_n}{V_c}　\text{（6-23）}$$

式中，A_n 为喷油器喷孔总面积（mm^2）；V_c 为燃烧室容积（L）。

当 δ 值过小时，表明喷注没有有效地利用燃烧室空间；反之，δ 值过大，说明相对喷注燃烧室空间过小。面容比 δ 小，表示对一定的喷雾特性，燃烧室空间的空气利用率高，所以

NO_x 排放量高，燃油消耗率降低；随着面容比 δ 的增加，相对一定的燃烧室容积，喷射的燃料量增多，热效率降低，CO 和 HC 排放随之增加。所以，对一定的燃烧室都存在着最佳的喷油器的面容比。

3. 喷油器结构的影响

一般孔式喷油器针阀落座后，针阀尖端与针阀体之间有一个容积，称此容积为喷油器的压力室容积。当喷油结束后，在压力室中蓄有少量的燃油仍会进入燃烧室。因这部分燃油是在压力较低的情况下进入气缸的，所以雾化条件差，造成热效率降低，而且烟度和 HC 排放增加。为了改善排放特性，一般采用小压力室（压力室容积小于 $1mm^3$）或无压力室（VCO）喷油器（图6-49）。

无压力室喷油器在 HC 排放方面优于有压力室的喷油器，但是由于其喷孔直接开在密封锥面上，所以当针阀升程很小时，因液流剧烈的转向及节流效应，反而会出现各喷孔的贯穿距离不均的现象，从而影响发动机的性能，而且对加工精度要求很高。因此，在车用柴油机上多采用小压力室喷油器结构。

另外，对一定的喷孔面积，当喷孔长度（喷油器壁面厚度）不同时，

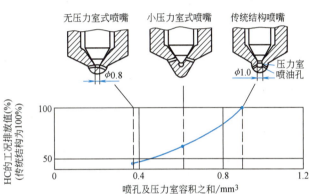

图 6-49　喷油器的压力室容积对 HC 排放的影响

贯穿距离就不一样，雾化效果也不同。喷孔越长，贯穿距离越长，雾化质量越差。所以，为了控制贯穿距离，改善雾化质量，也有一些喷油器将喷孔外侧加工成圆柱形或锥形，使喷孔直径阶梯变化（图6-50），由此调整喷雾特性使之与燃烧室更好地匹配，达到既节能又降低排放的目的。

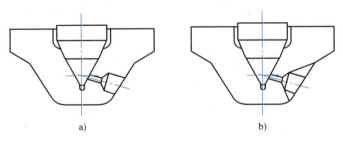

图 6-50　阶梯形喷孔形状
a) 圆柱形　b) 锥形

4. 喷射压力（轨压）的影响

对高压共轨喷射系统，喷油器的喷射压力取决于共轨的油压。对一定的喷射量，轨压越大，喷射速率越高，喷射持续时间越短，而且喷雾质量也可以得到改善，所以燃烧初期放热速率高，放热率峰值明显增加，使缸内最高爆发压力增大。从发动机经济性角度分析，对一定工况，并非轨压越高经济性就越好。如某轻型车用柴油机在 3000r/min、80% 负荷的工况下，轨压低于 100MPa 的区域，随着轨压的增加，燃油消耗率和烟度明显下降。当轨压达到

100MPa 以后烟度基本等于零，但燃油消耗率基本保持不变（图 6-51）。从排放性能角度分析，随着轨压的增加，燃烧放热速率加快，最高燃烧温度升高，而且促进扩散燃烧过程，所以 NO_x 排放量随轨压呈线性增加，而 CO 和 HC 排放量减小。

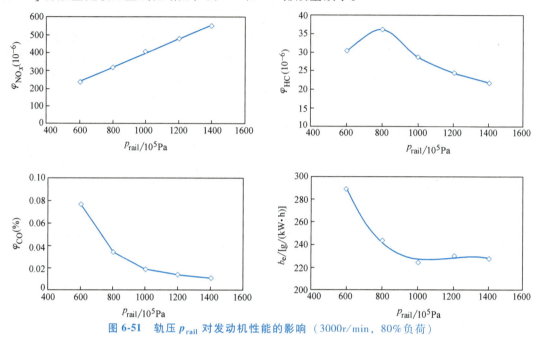

图 6-51　轨压 p_{rail} 对发动机性能的影响（3000r/min，80%负荷）

图 6-52 所示为不同转速下轨压对发动机性能的影响，由此可以看出，在高速下提高轨压对降低发动机燃料消耗率和 CO 排放效果更明显，相应地 NO_x 排放量的增加速度也快。但高速时，由于燃气在高温下滞留的时间较短，所以 NO_x 排放量水平普遍较低。因此，提高轨压是改善高速经济性和排放特性的重要措施。

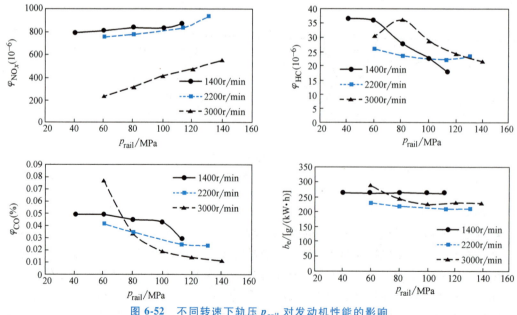

图 6-52　不同转速下轨压 p_{rail} 对发动机性能的影响

对泵喷嘴或单体泵等喷射系统，喷油器的喷射压力取决于喷油泵的供油速率，随着发动机转速的增加，喷射压力提高。

5. 喷射时刻的影响

对缩口型直喷式燃烧室存在喷雾相对燃烧室空间的最佳喷射位置，该位置直接影响气缸内混合气的形成和燃烧过程。不同工况下的最佳喷射位置由喷油时刻来控制。图 6-53 所示

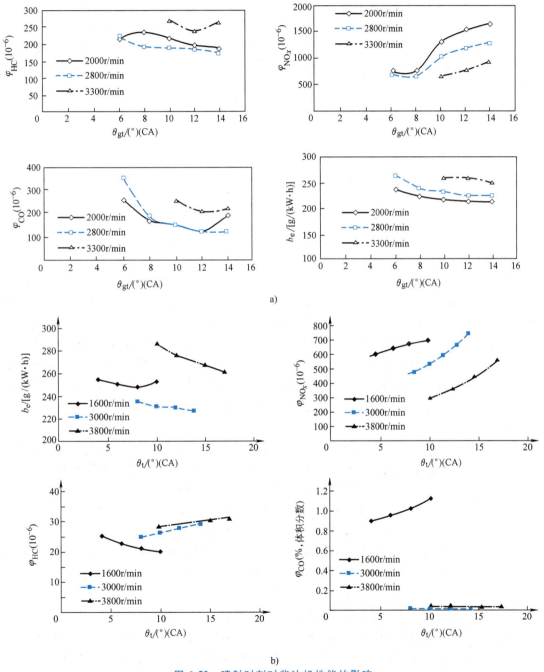

a)

b)

图 6-53　喷射时刻对柴油机性能的影响

a）机械式喷射系统　b）高压共轨喷射系统

为某一排量为 2.0L 的缩口型直喷式车用柴油机，分别采用喷射压力为 24MPa 的机械式喷射系统和最高喷射压力为 145MPa 的电控高压共轨喷射系统时，喷射时刻（或供油时刻）对柴油机性能的影响。传统的直喷式柴油机的静态供油提前角 θ_{gt} 一般设定为 11°～35°（CA），与此相比较，采用如前所述的缩口型直喷式燃烧室以后，可明显地推迟喷射时期，由此在经济性保持基本不变的前提下，有效地抑制柴油机预混合燃烧期内混合气的形成量，从而有效抑制 NO_x 的生成。而且通过燃烧室内一定的气流强度保持性，促进扩散燃烧，因此也可有效地控制 CO 和 HC 排放量。对这种燃烧室，不管发动机转速如何变化，相对燃烧室所要求的最佳喷射位置是一定的。因此，从低速到高速整个使用转速变化范围（800～3800r/min）内，喷油提前角的变化范围较小，只有 6°～14°（CA）（图 6-53a）。因此，相对传统的直喷式燃烧室，这种燃烧室在整个转速范围内可有效地降低排放。所以，称这种燃烧室为低排放缩口型直喷式燃烧室。当采用高压共轨喷射系统后，通过喷射压力和喷射时刻的优化匹配，在经济性基本保持不变或变化不大的前提下，可大幅度地降低 NO_x、HC 和 CO 排放量（图 6-53b），以适应越来越严格的排放法规。

二、影响燃烧过程的运转因素

1. 负荷

柴油机负荷的大小是通过喷射量来调节的，所以称之为"质调节"。其特点是在转速一定时，随负荷的变化进入气缸的空气量基本保持不变。当负荷增加时，循环喷射量增加，混合气变浓，单位气缸工作容积内混合气燃烧放热量增加，缸内温度升高，着火延迟期缩短，有利于降低柴油机的工作粗暴。一般在中小负荷时，燃烧效率变化不大，但是在大负荷时随着喷射量的加大，喷射持续期延长，空燃比减小，同时燃烧过程相对迟后，不利于提高热效率。采用电控高压喷射技术以后，通过轨压的控制，有效地改善了燃烧热效率和有害排放物的问题。但是，为进一步完善柴油机的工作循环，以适应更严格的排放法规，达到既提高循环热效率又降低排放的目的，需要在压缩膨胀过程中合理地控制放热规律。前述的多阶段高压喷射技术，为合理控制放热规律提供了必要的技术条件。

2. 转速

随着车用发动机升功率的提高，发动机转速不断提高。当发动机转速提高时，工作循环所占时间缩短，使得散热损失和漏气损失减小，缸内压缩终了的温度和压力都得到提高，同时摩擦损失也会增大。对非恒压控制的喷射系统，如泵喷油器、单体泵等，随着转速的升高，喷油压力也会提高，使得喷雾质量得到改善。但是，以曲轴转角为单位的着火延迟期却有可能随转速的升高而增加，造成燃烧过程迟后，燃烧热效率降低。

柴油机高压喷射化，在改善燃料的雾化混合条件的同时，有效地缩短了喷射时期，这是直喷式柴油机高速化的前提。喷油器的高速响应特性是改善柴油机高速性能的重要因素。

3. 燃油特性

影响柴油机燃烧过程的燃料的性能指标是十六烷值。十六烷值高的燃料，自燃性好，所以着火延迟期短，压力升高率低，发动机工作温柔，NO_x 排放量少。但是，如果燃料的十六烷值过高，则在喷射过程初期喷射的燃料在喷油器喷孔附近首先着火，而后续喷射的燃料喷在已燃烧的火焰面上，所以很容易造成高温缺氧的条件而冒黑烟。反之，如果十六烷值过低，则燃料的自燃性差，不易着火，因此着火延迟期延长，使得预混合燃烧的可燃混合气量增多，工作粗暴，NO_x排放量增加。所以，根据发动机的压缩比等，需要合理选择燃料的十六烷值。

发动机冷起动或低温运行时，燃料的十六烷值对着火延迟期和HC排放影响很大。在发动机冷态下能正常燃烧的条件，可用燃料喷射持续时间和着火延迟期的差值Δt_{p-z}来表示。如图6-54a所示，在其他条件相同的情况下，将压缩比ε从16降低到14时，由于着火延迟期延长，所以Δt_{p-z}绝对值增加，燃烧速率减慢，燃烧温度降低，可有效减少NO_x排放量；同时，在压缩比ε为14的条件下，将燃料的十六烷值从55提高到85左右时，其着火特性与压缩比ε为16时的相当（图6-54a），但如图6-54b中所示，在保证NO_x排放量变化不大的条件下，可有效地降低HC排放量。

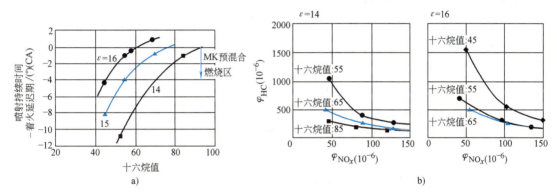

图6-54　压缩比和十六烷值对着火及排放特性的影响

a）着火特性　b）排放特性

4. EGR

排气再循环（EGR）是控制NO_x排放的有效措施。但是采用EGR后，发动机的耐久性和可靠性有所恶化，而且实施过量的EGR后可能带来燃油消耗率增加和排烟恶化等问题。因此，根据不同工况精确控制再循环废气量，是在保证发动机动力性和经济性的前提下，有效降低NO_x排放量的重要措施。

柴油机通过EGR降低NO_x排放量的机理与汽油机有所不同。汽油机是直接通过节气门开度控制负荷，故部分负荷时对进气进行节流。所以，如果在部分负荷下进行排气再循环，进入气缸的总进气量中相当于EGR量的空气流量减小，而燃料的喷射量是根据进入气缸的空气流量来确定的，因此空燃比基本保持不变。但是，柴油机没有进气节流现象，而且负荷的大小用喷射量来调节（质调节），所以实施EGR以后，相对EGR量部分减少了进入气缸的空气量，而喷射量不变，故空燃比减小，混合气变浓。

汽油机在高负荷时，气缸内的EGR量会使燃气的热容增加，相应地平均燃气温度降低；而柴油机在高负荷时，由于EGR量所引起的热容变化小，而空燃比的减小使氧的浓度降低。

因此，在柴油机上EGR降低NO_x排放量的主要原因是：一方面，具有较高比热容的再循环废气的惰性作用，使混合气的热容增大，可以抑制混合气的燃烧，降低最高燃烧温度，有关试验结果表明，随着EGR率的增加，火焰温度降低，使燃烧气体温度降低；另一方面，通过EGR，减小了进入气缸的空气量，使气缸内的氧和氮的浓度降低。图6-55所示为EGR

对车用柴油机降低 NO_x 排放的影响。由此表明，柴油机实施 EGR 以后，上述两方面的作用，对降低 NO_x 排放量的效果基本上各占 50%。

当所实施的 EGR 率不超过 20% 时，不仅能有效地降低 NO_x 的排放量，而且燃油消耗率也会有所改善。但当 EGR 率过大时，燃油消耗率和烟度均恶化，微粒排放量也会增加。所以，根据发动机工况的要求，需要精确控制 EGR 量。

在设计柴油机的 EGR 系统时，与汽油机相比，由于柴油机的进气压力和排气压力之差比较小，所以为了保证所需的 EGR 量，EGR 回流管要设计得粗

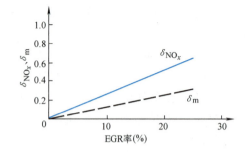

图 6-55　EGR 对车用柴油机降低 NO_x 排放的影响

注：$\delta_{NO_x} = \dfrac{\varphi_{NO_{x0}} - \varphi_{NO_x}}{\varphi_{NO_{x0}}}$，$\varphi_{NO_{x0}}$ 为无 EGR 时 NO_x 的排放量（体积分数）；

　　φ_{NO_x} 为有 EGR 时 NO_x 排放量（体积分数）；

　　$\delta_m = \dfrac{m_0 - m}{m_0}$，$m_0$ 为无 EGR 时的进气量，m 为有 EGR 时的进气量。

一些。因此，相应地 EGR 阀也要大。柴油机的 EGR 阀一般用真空度来控制，而控制真空度用的电磁阀是通过 ECU 根据事先确定的控制策略来控制的。

第六节　柴油机的排放控制技术

柴油机的排放控制技术大体上分为机内措施和机外措施两种。机内措施主要以燃烧过程控制为目的，但是对内燃机等通过在空气中燃烧进行能量转换的动力装置而言，通过机内措施实现燃烧排放物中有害排放物的零排放几乎是不可能的。为了进一步降低内燃机的排放，使之尽可能接近零排放，以达到清洁环境的目的，结合机内措施常采用机外的后处理技术。所以，目前针对不断严格的排放法规，在车用柴油机上所采取的主要排放控制措施（图 6-56）有：①可变增压、中冷技术；②燃烧室结构及喷注优化匹配技术；③电控多阶段高压喷射技术；④EGR 及其中冷技术；⑤后处理技术。

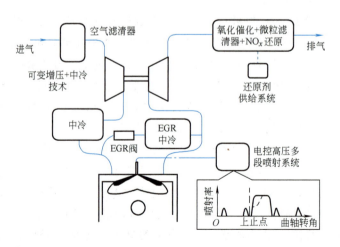

图 6-56　柴油机排放控制措施

不同技术措施对排放及性能的影响效果见表6-1。

表 6-1　不同技术措施对排放及性能的影响效果

性能	喷射系统措施				EGR	后处理		
	喷射压力高压化	喷射压力控制	预喷射	喷射时期迟后控制		还原型催化剂	氧化型催化剂	静电/滤清器
微粒（碳烟）及 HC	好	好	—	差	差	—	好	好
NO_x	差	一般	好	好	好	好	—	—
经济性	一般	一般	一般	差	一般	—	—	—
噪声	差	一般	好	一般	—	—	—	—
起动性	—	一般	一般	差	—	—	—	—
行驶性	一般	好	—	差	—	—	—	—

一、机内措施

1. 喷射系统的控制

喷射系统的控制目的，除了良好的雾化特性和喷注与燃烧室良好匹配的基本要求以外，就是控制喷油规律，由此有效地控制燃烧放热规律，达到既节能又降低排放的目的。为此，对车用柴油机的喷射系统提出高压喷射化，而且喷射压力、喷射时期、喷射量及喷油规律可控制，同时高精度、高响应特性等要求。现阶段满足这些要求的有高压共轨系统、泵喷嘴系统等。

以高压共轨系统为例，如前所述，它通过柱塞式高压泵的泵油速率保证喷射压力的高压化，同时在共轨中设置压力传感器，通过 ECU 反馈控制高压泵的电磁阀来实现喷射压力的任意控制。喷射时期是直接通过喷油器的电磁阀任意控制针阀的开启时刻来实现自由控制的，并通过电磁阀的通电时间（脉宽）任意控制喷射量。喷油规律是将每个循环燃烧所必需的喷射量分多次喷射的方式进行控制，这就要求喷油器有足够高的响应特性和控制精度，喷油器的响应特性和控制精度取决于电磁阀的高频响应特性和针阀系统的惯性质量。

相对单体泵和泵喷嘴系统，由于高压共轨系统直接控制喷油器，所以在控制响应特性上占优势，因此轻型高速柴油机上普遍采用高压共轨系统。

为了实现喷油规律的精确控制，对喷油器的设计提出了以下两点要求：

1）喷射压力的进一步高压化。现阶段国外高压共轨喷射压力已达 180~300MPa，泵喷嘴系统的最高喷射压力也超过 200MPa。高压化后需要解决的就是高压密封性、耐压强度的提高以及相对运动副耐磨性的提高问题。

2）实现多阶段喷射方式。目前高压共轨系统可实现每个循环六阶段喷射方式，由此在整个循环内合理分配燃料喷射量，有效控制放热规律，以完善循环热效率，提高发动机的整机性能。实现多阶段喷射方式需要精确控制各阶段之间的喷射间隔时间，所以要求提高喷油器的响应特性。为了进一步提高喷油器的响应特性，已研究开发压电式喷油器。

2. 新的燃烧方式

柴油机燃烧过程中主要问题就是微粒（碳烟）和 NO_x 排放。这两种排放物的生成均与空燃比和燃烧温度有关。一般控制排放的机内措施对这两种排放物的控制相互矛盾，即降低 NO_x 排放的措施一般都使微粒排放量增加。所以，作为同时降低微粒和 NO_x 排放量的技术，必须同时控制混合气的形成过程（或空燃比）和燃烧温度。为此开发研究有关低温燃烧技术和均质压燃（HCCI）技术。

（1）低温燃烧技术 典型的低温燃烧技术有 MK（Modulated Kinetics）燃烧方式。这种燃烧方式的特点是低温燃烧和预混合燃烧方式的组合，由此达到同时降低 NO_x 和微粒（PM）排放量的目的。实现 MK 燃烧方式的基本原理是，通过 EGR 降低氧含量的同时降低燃烧温度，由此降低 NO_x 排放量。为了同时降低微粒（PM）排放量，采用高压喷射，以缩短喷射期间，同时结合实施冷 EGR 及提前喷射，延长着火延迟期，实现预混合燃烧，达到同时降低微粒排放量的目的。为了控制预混合燃烧，以燃料喷射持续时间和着火延迟期之差作为预混合化的控制指标。当喷射持续时间小于着火延迟期时，就可以认为是预混合燃烧。因此，通过燃料的十六烷值和压缩比的调节来满足预混合燃烧的条件（图 6-54），实现 MK 燃烧方式。图 6-57 所示为 MK 燃烧方式对排放的影响。当无 EGR 时 NO_x 排放量比较高，为了降低 NO_x 排放量，实施 EGR 率为 30% 的排气再循环时，虽然 NO_x 排放量是降低了，但是微粒排放量明显增加，而且喷射持续时间与着火延迟期的差值较大（大于 0），表明扩散燃烧阶段较长。通过提高喷射压力，降低微粒排放量，同时

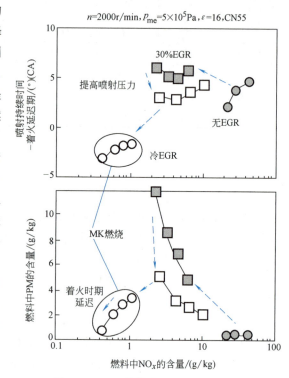

图 6-57 MK 燃烧方式对排放的影响

实施冷 EGR，实现预混合燃烧，可进一步降低 NO_x 和微粒的排放量。

（2）HCCI 技术 HCCI 方式是为了同时解决节能（提高热效率）和降低 NO_x、碳烟等排放问题而提出的新的燃烧模式，其实质是开发可避免 NO_x 和微粒生成的温度区和空燃比领域的高热效率的稀薄低温燃烧技术。实现 HCCI 方式所必要的技术措施有配气定时可变控制技术、EGR 控制技术及喷射定时控制技术等。其中具有代表性的配气定时可变控制技术是全程可变配气定时（Full Variable Valve Timing，FVVT）技术，其特点是气门升程和配气定时均可连续可变控制，由此实现负气门重叠角控制，为实现 HCCI 方式创造条件。结合配气机构的控制，在压缩过程早期的恰当时刻喷油，使着火延迟期足够长，由此在气缸内形成稀薄的预混合气，并通过压缩过程和 EGR 率的控制实现 HCCI 方式。实现 HCCI 方式的关键技术在于缸内空燃比的分布特性和混合气温度的精确控制。空燃比及其均匀化，一般可通过高压喷射及喷射时期来控制，而着火时刻及最高燃烧温度是通过进气温度、EGR 以及喷射方式和喷油规律来控制的。HCCI 方式在小负荷范围内比较容易实现，但负荷过小时易出现失火现象，反而使 HC 排放量增加；而在较大负荷时实现 HCCI 方式，容易造成发动机工作

粗暴。这就是说，车用发动机可实现 HCCI 方式的工况是很有限的。

（3）PCCI 技术　为了扩大 HCCI 方式的负荷领域而研究的具有一定成效的技术措施之一就是预混合压燃（PCCI）方式。这种方式与 HCCI 方式相比较，存在缸内混合气形成及温度分布不均匀的问题。PCCI 一般通过两阶段或多阶段喷射方式，在气缸内先形成稀的预混合气后，使主喷射压燃，燃烧稀混合气，由此在较大负荷工况下实现 PCCI 方式。图 6-58 所示为采用两阶段喷射方式，结合降低压缩比和实施 EGR 来实现 PCCI 方式，由此预混合燃烧阶段的放热率峰值得到很好的控制。一般在压缩比较高（如 $\varepsilon=17$）的状态下，进行两阶段高压喷射时，早期喷射的燃料在压缩过程中燃烧，虽然这对主喷射燃烧时的压力升高率和最高燃烧温度的控制有利，但会造成压缩负功增加，所以预喷射量不宜过多。实施 EGR 率为 30% 左右的 EGR 后，虽然降低了初期喷射燃烧的放热率峰值，但变化不明显。当把压缩比降低到 14 而不实施 EGR 时，由于缸内温度降低，有效地抑制了初期燃烧的放热率，但整个燃烧阶段燃烧速率降低，燃烧放热过程有所延长。在降低压缩比的同时实施 EGR 率为 30% 左右的 EGR 时，由于着火延迟期延长，预喷射燃料中的大部分形成稀薄的均匀混合气，使初期燃烧放热速度明显减小，而在主喷射阶段，促进了预混合燃烧过程，使得主喷射燃烧过程中的初期放热速度明显得到提高。

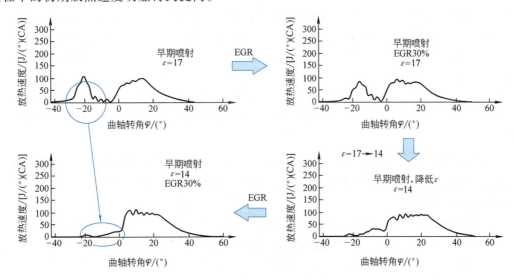

图 6-58　PCCI 方式对放热规律的控制效果

（4）反应性控制压燃（RCCI）技术　HCCI 或 PCCI 方式虽能实现低温预混合燃烧方式，由此实现同时降低 NO_x 和碳烟排放的问题，但是其缺点是这种燃烧方式的负荷适用范围很窄，而且还要精确控制燃烧相位，如果控制不当会引起工作粗暴或燃烧效率下降等问题。反应性控制压燃（Reactivity Controlled Compression Ignition，RCCI）是为了解决这种低温预混合燃烧模式不可控问题而提出的一种新的低温预混合燃烧模式，其实质就是控制混合气燃烧过程中的活性分子。

实现 RCCI 方式的途径主要有燃料重整技术和双燃料控制技术。燃料重整技术是通过前处理或催化剂，将进入气缸前的燃料改制成轻质燃料的技术，由此通过增加混合气中的活性分子，控制燃烧相位。而通过双燃料控制技术来实现 RCCI 方式，实际上就是通过进气道喷射（PFI）的燃油系统和缸内直喷（GDI）燃油系统的两套燃油系统来控制燃烧过程的技术。即将易挥发的低反应性燃油（如汽油等）在进气道喷射，使其在着火前在缸内充分形成均匀混合气；而缸内直喷（GDI）燃油系统，将高反应性燃料（如柴油等）在压缩终了附近直接喷入气缸实现压燃，以此点燃缸内已形成的均匀混合气。RCCI方式在不同负荷下，可通过调整PFI和GDI的燃料比例，实现对活性分子（反应性）的控制，从而实现控制燃烧相位的目的。

RCCI虽采用两套燃油系统，但PFI燃油系统要求的喷射压力很低，只需要0.4MPa左右，因此结构简单、价格低；而GDI燃油系统可采用现有的高压共轨喷射系统，其喷射压力不需要很高，一般在100MPa以下就可满足要求，可最大限度地降低成本。

3. 不同阶段柴油机的控制技术

随着车用发动机排放法规的不断强化，所对应的技术措施也有所不同。自2000年开始实施的欧洲Ⅲ排放法规开始，对测试方法提出了新的要求，去掉了原发动机起动后允许的40s暖机时间，新增了HC和CO等排放量低温检测和车载诊断系统的检测等项目，同时对HC和NO_x排放物分别单独测量，这对冷起动排放控制提出了更严格的要求。对应这种排放法规，国外已开发出喷射压力为160MPa以上的高压喷射技术（包括单体泵、泵喷嘴、高压共轨）、冷EGR技术、可变增压（VGS/VNT）技术、预喷射燃烧技术、进气涡流可变系统等，并限制燃料含硫量为$50×10^{-6}$（体积分数）以下；采用柴油机氧化催化转化器（Diesel Oxidation Catalyst，DOC）、柴油机微粒滤清器（Diesel Particulate Filter，DPF）等后处理技术。

针对2005年实施的欧洲Ⅳ排放法规的技术措施，主要包括高压多阶段喷射技术、闭环电控、高增压和可变增压（VNT）技术、高冷EGR技术和PCCI方式，并将燃料含硫量限制在$10×10^{-6}$以下。

针对2009年实施的欧洲Ⅴ排放法规的技术措施，主要是200MPa的高压多阶段喷射、部分实现HCCI、采用内部EGR控制技术、限制燃料含硫量和机油含硫量为0，并采用NH_3-SCR等后处理技术。

为了进一步控制CO_2和微粒排放，结合内部EGR，进一步扩大HCCI范围，并采用可变喷孔喷油器和新型DPF、可变配气相位技术、二级增压技术以及GTL、BTL等合成燃料。

二、后处理技术

柴油机一般在平均过量空气系数大于1.2的较稀的混合气下燃烧。所以，虽然柴油机的压缩比比汽油机高，但其燃烧最高温度及排气温度都比汽油机低，而且排气中CO、HC排放量也明显少于汽油机。柴油机的主要有害尾气排放物是NO_x和微粒，以及CO和HC。汽油机在理论空燃比下燃烧时可通过三效催化转化器同时净化NO_x、CO和HC排放量，使之控制在很低的水平。但是柴油机由于平均空燃比比较大，不能用三效催化转化器。所以，根据其有害尾气排放物，在柴油机上所采用的主要后处理技术有氧化催化转化器、NO_x的催化还原装置、微粒滤清器以及DPNR装置等。

（一）氧化催化转化器

氧化催化转化器（DOC）只是将排气中的CO和HC以及PM中的SOF氧化为CO_2和H_2O。氧化催化剂主要采用Pt（铂）和Pd（钯）等贵金属。为了氧化HC和CO，将Pt、Pd

独立或两者组合作为催化剂。实际使用的 Pt 和 Pd 的质量之比在 2.3：1 附近，一般多采用质量比为 2：1 或 2.5：1 的催化剂。Pd 易受 Pb 的侵蚀，而 Pt 则容易受热劣化。

影响催化反应的基本因素是反应物的含量、温度及体积流量（又称空间速度）。所以，为了提高反应效率，需要适当控制这些因素。一般催化剂的工作温度为 300℃ 以上，空间速度（气体的体积流量）为每小时数万升以下。在反应物的含量中很重要的影响因素是氧气的含量和被氧化物质（CO、HC、H_2）的含量之间的平衡关系。因此，为了在排气过程中氧化 HC 和 CO 排放物，或者作为排气净化装置，在采用催化装置时，需要向排气系统供给新鲜的空气，称此空气为二次空气。

但是如果柴油中含硫量较多时，氧化催化反应将会生成较多的硫酸盐，反而使微粒排放增加。所以采用 DOC 的柴油机应选用含硫量低的柴油。

（二）NO_x 的催化还原装置

柴油机为了降低排气中的 NO_x 排放量，采用以氨为还原剂的选择型催化还原装置（Selective Catalytic Reduction，SCR）。催化剂一般采用 $V_2O_5\text{-}TiO_2$、$Ag\text{-}Al_2O_3$ 以及含 Cu、Pt、Co 或 Fe 的人造沸石等。在催化还原装置前供给相对燃料 3%～5% 的 32.5% 含量的尿素（图6-59），用排气热进行加水分解反应所产生的 NH_3（氨）对 NO 进行选择型还原，其还原反应式为

$$\begin{cases}4NO+4NH_3+O_2\rightarrow4N_2+6H_2O\\6NO+4NH_3\rightarrow5N_2+6H_2O\\2NO_2+4NH_3+O_2\rightarrow3N_2+6H_2O\\6NO_2+8NH_3\rightarrow7N_2+12H_2O\end{cases} \tag{6-24}$$

上述反应所需要的工作温度范围是 250～500℃。当工作温度过低时，上述 NO 的还原反应不能有效进行；如果温度过高，会造成催化剂过热而损伤，而且还会使还原剂 NH_3 直接氧化而损耗并产生新的 NO_x。特别是可能生成强温室气体 N_2O，即

$$2NH_3+2O_2\rightarrow N_2O+3H_2O \tag{6-25}$$

因此，开发 SCR 催化还原装置时必须注意避免 N_2O 的生成。

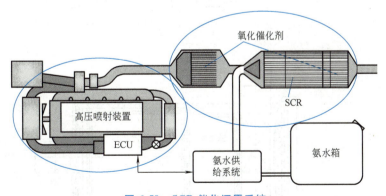

图 6-59　SCR 催化还原系统

通过机内措施和 SCR 型催化还原装置的配合使用，在不用 DPF（或 DPT）下可满足2005 年度实施的欧洲排放法规。在发动机稳定工况下，通过各参数的优化控制，不仅对发动机尾气排放物的净化效率可达到 90% 以上，也可以改善 200℃ 以下的低温过渡工况下的净

化效率。

（三）微粒滤清器

作为专门控制柴油机微粒排放量的控制装置，有以壁流式蜂窝状陶瓷为滤芯的微粒滤清器（DPF）。这种滤芯的结构特点是，每两个相邻的孔道，一个在进口处被堵住，另一个在出口处被堵住。这样排气从孔道流入后，必须穿过多孔性陶瓷壁面才能通过相邻孔道流出，此时将排气中的PM过滤在各流入孔道的壁面上。一般，孔道截面尺寸为2mm×2mm，壁厚为0.4mm左右。蜂窝状陶瓷滤芯体积一般是柴油机排量的1~2倍，其最大直径在150~200mm范围内，长度不超过150mm。大排量柴油机可采用数个滤芯并联工作。在发动机运行过程中，DPF滤芯上沉积的PM逐渐增多，使得排气流动阻力增加，直接影响发动机的性能。因此，必须及时清除堆积在滤芯上的PM，以恢复到原来的低阻力状态，这已成为DPF非常重要的问题。而这一清除滤芯上的PM的过程称为DPF的再生。由于PM中绝大部分为可燃物，所以DPF再生的最简便的方法就是定期地烧掉PM。DPF的再生方法有以下几种。

1. 电加热再生系统

这种方法是用电加热器加热DPF，并供给一定量的空气来烧掉PM，使DPF再生（图6-60a）。这种再生法采用关闭DPF流动的方法来再生，所以需要多个DPF。这样每个DPF再生所需要的能量少，但结构复杂。

2. 连续再生系统

图6-60b所示为连续再生系统，其结构特点是将DOC和DPF前后安装在同一壳体内。

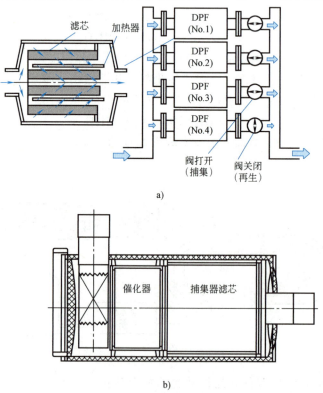

图 6-60　DPF 再生系统

a）电加热再生系统　b）连续再生系统

安装在前段的 DOC 生成氧化活性很强的 NO_2，由此再生安装在其后段的 DPF。为了提高 DPF 的再生效果，将特殊的 DOC 安装在 DPF 的前段，这样在排气过程中前置 DOC 中所产生的含有 NO_2 气体的废气直接进入 DPF，在排气流动过程中直接进行再生。或者，在 DPF 中也可以固化氧化剂以提高低温活性。

3. 强制氧化催化再生系统

这是一种通过发动机的控制和 DOC 的结合，使 DPF 强制升温的 DPF 再生系统。发动机的控制主要包括喷射时期、EGR、VGS/VNT、排气制动等的控制，由此提高排气温度，使之达到前段 DOC 中催化剂的活性温度。也可以结合发动机控制，实施燃料后喷射（如下止点附近喷射），以排出未燃 HC，使之在前段 DOC 中燃烧，由此加热 DPF 使其达到再生的目的（图 6-61）。

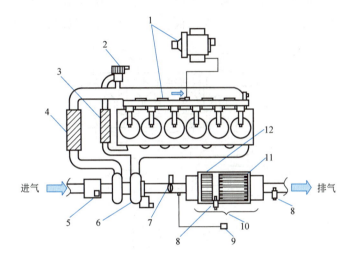

图 6-61　强制氧化催化再生系统

1—高压共轨喷射系统　2—EGR 阀　3—EGR 中冷器　4—中冷器
5—进气流量计　6—VGS/VNT　7—排气制动阀　8—温度传感器
9—压力传感器　10—DPF 清洗器　11—滤清器　12—DOC

DPF 的主要再生方法见表 6-2。

表 6-2　DPF 的主要再生方法

再生方法		备注
强制再生	电加热	
	微浓加热	
	轻柴油燃烧加热	
	低温等离子氧化	
	逆流空气喷射清洗	逆洗后，用电加热器烧掉 PM
	发动机控制+氧化催化	进排气节流，燃料后喷，排气系喷油
连续再生	催化剂载体 DPF	
	前段氧化催化	生成 NO_2
	催化剂载体+前段氧化	
	燃料添加型催化器	燃料添加剂

（四）DPNR 装置

目前，在柴油机上比较成功的同时降低 NO_x 和微粒排放量的控制技术，主要由高压共轨电控喷射系统、低温燃烧控制技术、排气燃料添加系统及后处理系统（DPNR 装置+氧化催化器）组成。

这项技术通过喷油器启喷压力为 180MPa 的高压共轨喷射系统，进行多阶段喷射控制，同时以 1MPa 的压力向排气喷燃料，以便使 DPNR 内的 NO_x 还原、微粒氧化。这样也可以防止后处理系统受燃料中硫的侵蚀。

DPNR（Diesel Particulate and NO_x Reduction）装置的结构如图 6-62 所示。其特点是，采用蜂窝状陶瓷结构，入口和出口交叉堵塞。在载体内壁设有细孔，保证微粒顺利流动。而在载体壁面和细孔内部固化 NO_x 吸附还原型催化剂，以便将排气中的 NO_x 吸附还原。即当稀混合气燃烧时将排气中的 NO_x 吸附，而在浓混合气燃烧时，释放被吸附的 NO_x，并在排气

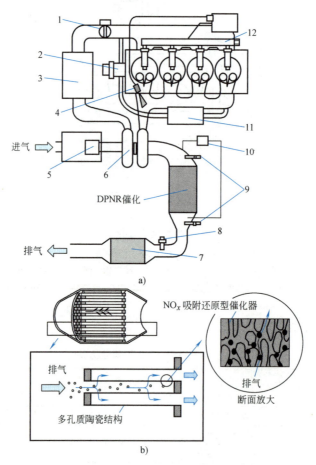

图 6-62　DPNR 装置的结构

a）DPNR 系统组成　b）DPNR 催化器截面

1—节气门　2—EGR 阀　3—中冷器　4—排气燃料添加器

5—进气流量计　6—增压器　7—氧化催化器

8—空燃比传感器　9—排气温度传感器　10—压差传感器

11—EGR 中冷器　12—高压共轨喷射系统

中的 HC、CO 及还原剂（Pt）的作用下使之还原为 N_2。对微粒的氧化机理是，在空燃比（混合气浓稀）交变的运转过程中，通过吸附和释放 NO_x 时的氧化还原反应，在催化剂表面上生成活性氧，由此促进微粒的氧化，实现低温领域对微粒的氧化（图 6-63）。

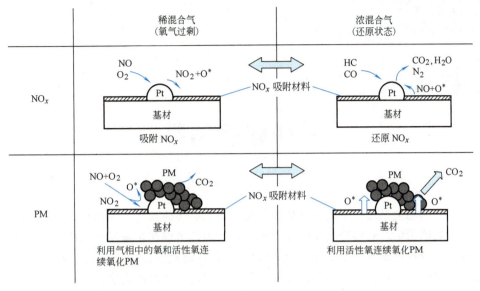

图 6-63　DPNR 的净化原理

第七章

发动机的特性

发动机作为动力机械，主要为其他工作机械提供必要的动力。对汽车而言，发动机作为汽车心脏，其输出特性直接影响车辆的行驶特性。因此了解和掌握发动机的性能，对有效利用动力源，以及提高整车性能具有重要的意义。而发动机的输出特性主要通过其动力性指标、经济性指标及排放性能指标等随发动机使用工况的变化特性来描述。

所以，研究发动机特性的主要目的在于正确评价发动机的特性，为汽车或其他工作机械正确选用动力源提供依据。同时，通过对发动机特性的评价与分析，为进一步改进发动机的性能使之与整车（或工作机械）性能良好匹配提供有效途径。

第一节　概　　述

对于发动机特性，主要通过发动机各项性能指标随工况的变化特性来研究，包括发动机的负荷特性、速度特性及万有特性等。所以，要研究发动机特性，首先需要了解或具备以下几个概念，即发动机的工况、发动机的试验台架、发动机的试验方法及发动机特性的分析方法等。

一、发动机的工况

发动机的工况，是指发动机运行的状态，常用发动机转速 n 和负荷表示。其中转速表示发动机的工作频率，而负荷则表示发动机对外做功的能力，主要用输出转矩 T_{tq} 或平均有效压力 p_{me} 表示，其中 $T_{tq} \propto p_{me}$。由第二章的式（2-19）和式（2-21），发动机输出的有效功率为

$$P_e \propto T_{tq}n \propto p_{me}n \tag{7-1}$$

发动机的输出功率，是表征发动机工况特征的重要综合指标。但是由式（7-1）可知，输出功率相同，不等于工况相同。由于工况不同，发动机工作状态，即燃烧放热过程不同。因此，在相同功率下，发动机的经济性和排放特性不一样。所以，正确认识发动机的工况，或在汽车行驶过程中发动机输出功率相同的条件下，如何正确选择其工况，对改善整车性能具有重要意义。

根据发动机的工作原理和结构特点，其工况是限定在最低稳定转速 n_{min}、最高转速 n_{max} 及在各工作转速下所能输出的最大功率（外特性功率曲线）所包围的范围内。最低稳定转速又称为怠速转速，此时向气缸供给的混合气量最少，只供克服发动机内部摩擦损失和驱动

附件等用所必要的燃料，而对外输出功等于零。所以，若发动机转速低于此转速时，由于飞轮等运动件的储存能量小，导致发动机转速波动过大，不能正常稳定运行。而发动机的最高转速主要受到来自充气效率、机械损失和曲柄连杆机构惯性力的影响。高转速时由于流动损失增加，充气效率迅速下降，同时活塞组的往复惯性力和曲轴的旋转惯性力增加，摩擦损失增加，直接危及发动机的工作可靠性。因此，每一台发动机都限定其允许的最高使用转速，即额定转速 n_n。所以，发动机的实际工作范围就限定在最低转速和额定转速范围内的小于或等于外特性功率曲线的区域内。

根据不同工作机械上发动机的使用条件不同，将发动机的工况分为三大类。

1. 恒速工况

恒速工况是指发动机的转速保持不变，而功率随负载而变化的工况（图 7-1 中曲线 1）。例如发电用发动机的工况，为了保证发电机工作频率稳定，要求发动机转速稳定不变，而功率随发电机负荷（用电量）的大小而变化。恒速工况的特例是发动机运转过程中转速和负荷均保持不变，这种工况称为点工况（图 7-1 中的 A 点）。如发动机带动排灌用水泵工作时，除起动和过渡工况以外，一般都按点工况运行。

2. 线工况

线工况主要指发动机输出功率与转速成一定函数关系的工况（图 7-1 中曲线 2）。比较典型的就是船用发动机的螺旋桨工况。此时发动机的输出功率主要克服来自流体的阻力，即船舶稳定行驶时，发动机输出的功率必须与螺旋桨消耗的功率相等。在螺旋桨节距一定的条件下，发动机功率与转速的三次方成正比，即 $P_e = Kn^3$。

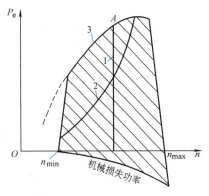

图 7-1　发动机的工况分类

3. 面工况

前两种工况的共同特点是，发动机输出功率和转速有一定的约束关系。而面工况（图 7-1 中阴影区域）的特点是发动机输出功率和转速之间没有特定的约束关系。在发动机整个工作区域内，功率 P_e 和转速 n 都相对独立变化，因此发动机可能运行的范围就是其实际工况变化的范围，称之为面工况。如车用发动机的工况，或其他陆地运输和作业的工作机械用发动机的工况，就属于这种工况。在陆地行驶时，发动机的转速取决于车辆等陆地作业的工作机械的行驶速度，而发动机的输出功率则取决于车辆的行驶阻力。车辆行驶阻力不仅与其行驶速度有关，而且还取决于道路情况，或拖拉机耕地时的土壤条件、推土时的推土载荷量等。

本章节主要讨论车用发动机的特性。由于汽车使用条件比较复杂，发动机运行工况不断发生变化。所以对车用发动机的性能评价，只考虑额定工况点的性能指标是不够的，还需要研究不同工况下发动机性能指标的变化特性。发动机的性能指标如第二章所述，有动力性指标（P_e、T_{tq}、p_{me}）、经济性指标（燃油消耗率 b_e 等）及排放性指标（如 NO_x、CO、HC、PM 等排放量），这些指标随发动机工况的变化规律称为发动机的使用特性，而这些性能指标随工况的变化曲线称为特性曲线。绘制发动机的特性曲线，可以直观地评价与分析发动机的性能及其影响因素，是发动机性能分析的重要手段。

二、发动机的试验台架

为了绘制发动机的特性曲线，需要专门的试验测试条件。由于发动机是动力机械，在热功转换的工作过程中对外输出功的同时，会引起强烈的振动。所以，为了准确测量各必要的性能参数，需要将发动机和必要的测量设备及装置固定在坚实而又防振的专用基础上（图 7-2），基础的最大振幅一般要求在 $0.05\sim0.1$mm。为了测量发动机的输出功率或转矩，将发动机和测功器在台架上通过联轴器对中连接，并用转速传感器测量曲轴或与曲轴同轴连接的测功器轴的转速。由于试验研究的内容不同，所需要的测试设备有所区别，但是最基本的测试设备有测功器、油耗仪、转速表及排放测试设备等。除此之外，试验台还需要专门的冷却水系统以保证试验时发动机的工作温度保持在设定的恒温状态，以及向发动机供给所需燃料的燃料供给系统，试验室专用通风装置、消声装置等辅助系统。

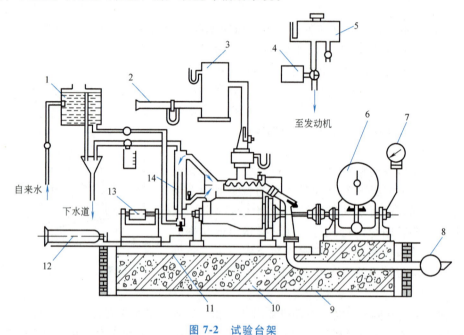

图 7-2　试验台架

1—水箱　2—空气流量计　3—稳压箱　4—油耗仪　5—燃油箱　6—测功器　7—转速表　8—消声器
9—垫层　10—基础　11—底板　12—高压气瓶　13—示功器　14—发动机散热器

（一）测功器

测功器是专门用来测量发动机动力性指标的设备，主要测量输出转矩 T_{tq}，同时测量发动机的转速 n，然后用公式 $P_e = T_{tq}n/9550$，求得发动机的输出功率，并根据功率和平均有效压力的关系式，计算平均有效压力 p_{me}。测功器能吸收发动机输出的功，利用这一特点可任意改变发动机的负荷和转速，由此模拟发动机的使用工况。根据测功器吸收功的原理不同，将常用测功器分为水力测功器、电力测功器和电涡流测功器三种。

1. 水力测功器

水力测功器是通过在发动机带动测功器转子同步旋转时由转子和外壳构成的涡流室内水的旋转运动，将测功器外壳在水的摩擦力作用下摆动一个与输出转矩成正比的角度，由此测量发动机的输出转矩。涡流室内旋转运动的水量越多，水层越厚，摩擦力就越大，外壳摆动角度增加，则外壳上固定的测力机构的读数随之增加，表明水吸收的机械功越多。当发动机稳定运行时，外壳的摆动角度不变，测功器读数稳定（图 7-3a）。

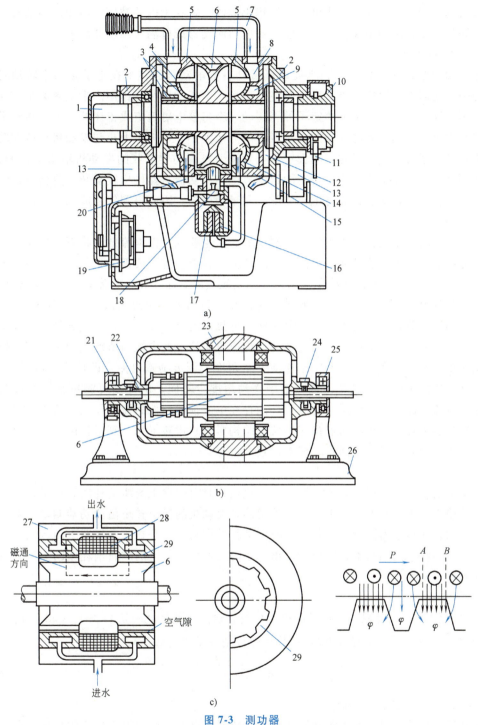

图 7-3 测功器

a）水力测功器 b）电力测功器 c）电涡流测功器

1—转子轴 2—外壳 3—无接触密封 4—进水孔 5—定子 6—转子 7—进水管 8—进水环室 9—分隔室
10—联轴器 11—转速传感器 12—排水室 13—支承 14—回水孔 15—隔板 16—浮动活塞阀
17—活塞座 18—控制阀 19—伺服电动机 20—排水孔 21、25—滚动轴承 22、24—滑动轴承
23—定子外壳 26—基座 27—铁壳 28—励磁线圈 29—涡流环

水力测功器由于价廉、工作可靠、体积小等优点曾在国内外被广泛应用。但随着自动化程度及测量精度要求的不断提高，它逐渐被电力测功器或电涡流测功器所取代。

2. 电力测功器

电力测功器如图7-3b所示，当发动机带动直流电动机的转子在定子磁场中转动时，转子切割磁力线而产生感应电流，感应电流的磁场与定子磁场相互作用产生电磁力矩。受该力矩的作用，浮动支承在轴承上的定子外壳摆动一个与该电磁力矩成正比的角度。在定子外壳上固定测力机构，测量此时外壳摆动角度时的力矩大小，该力矩大小与发动机加载在转子上的转矩相等。通过改变定子磁场的大小可任意调节该测功器吸收的发动机输出转矩的大小，从而达到既调节负荷又测量输出转矩的目的。电力测功器虽然机构较复杂，价格高，但由于能回收电能，反拖发动机，而且工作灵敏，测量精度高，因而得到广泛应用。

3. 电涡流测功器

电涡流测功器也是目前常用的一种测功器。它主要利用涡电流效应将发动机输出的机械能转变为电能，再将电能转换为热能。该测功器吸收能量的主要部分是制动器，由转子和定子组成（图7-3c）。定子包括铁壳、涡流环和励磁线圈。而铁壳、涡流环、空气隙和转子构成磁路，当外界直流电源向励磁线圈供电时，在该磁路上产生磁力线（图7-3c中的虚线）。发动机驱动转子旋转，此时由于在磁路中转子外缘涡流槽的存在，在空气隙处磁力线密度发生变化，因而在涡流环内产生感应电动势而形成电涡流。此电流与所产生的磁场相互作用形成电磁转矩，使浮动在支承上的定子摆动一个角度。调节励磁电流，即可改变电涡流强度，从而测功器所能吸收的机械功不同，定子摆动角度也不同，由此既可测量转矩又可调节负荷。由于涡流电路有一定电阻，在涡流环内存在电能损耗，使涡流环发热，所以需要冷却水来强制冷却涡流环。这种测功器操作简便、结构紧凑、运转平稳、测量精度较高，但是不能反拖发动机，而且能量不能回收，成本也较高。

（二）油耗仪

发动机的经济性指标，是通过测量发动机运行时对应该工况所消耗的燃料量，同时测量发动机的输出转矩和转速后，进行换算求得的。发动机的输出转矩由测功器测量，发动机转速则用专用转速传感器测量。而每一工况所消耗的燃料量，是在稳定工况下通过测量一定时间间隔内所消耗量的燃料量，由此计算出每小时耗油量。传统的燃料消耗量的测量方法有容积法和质量法两种。

1. 容积法

如图7-4a所示，容积法是在发动机工作时，通过测量消耗一定容积 V_f（mL）的燃油所需要的时间 t（s）后，按式（7-2）计算出燃油消耗量 B（kg/h），即

$$B = 3.6 \frac{V_f \rho_f}{t} \tag{7-2}$$

式中，ρ_f 为燃油的密度（g/mL）。

在测量油耗的同时，通过测功器和转速传感器测量发动机的输出转矩和转速，求得输出功率 P_e 以后，根据燃油消耗率的定义，可求得燃油消耗率 b_e [g/(kW·h)]，即

$$b_e = \frac{B}{P_e} \times 1000 \tag{7-3}$$

式中，P_e 为发动机的输出功率（kW），$P_e = T_{tq} n / 9550$。

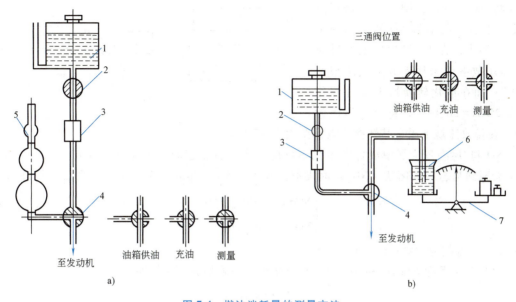

图 7-4　燃油消耗量的测量方法

a）容积法　b）质量法

1—油箱　2—开关　3—滤清器　4—三通阀　5—量瓶　6—油杯　7—天平

2. 质量法

如图 7-4b 所示，质量法是指通过测量消耗一定质量 m 的燃油所需要的时间 t 后，按式（7-4）计算出燃油消耗量 B，然后按上述同样的方法求出燃油消耗率 b_e。所消耗的燃油质量是用天平或电子秤来计量的。

$$B = 3.6 \frac{m}{t} \tag{7-4}$$

$$b_e = \frac{B}{P_e} \times 1000$$

式中，m 为所消耗的燃料质量（g）；t 为消耗质量为 m 的燃料所需要的时间（s）。

现阶段燃油消耗量的测量基本上都采用自动油耗仪。

（三）排放物的测量

待测排放物主要有 CO、HC、NO_x、烟度和微粒等，根据需要也可以测量 CO_2 和 O_2。为了统一评价，有关排放测试规范中，对试验方法及测量设备进行了相关的规定。目前常用的排放分析仪有日本 HORIBA 的多组分排放气体分析仪和 AVL 的多功能排放分析仪，由此测量 CO、HC、NO_x、CO_2 和 O_2 等排放气体。烟度一般用波许烟度计或不透光烟度计来测量。微粒则通过用全稀释风洞进行精确测量，但其设备昂贵。所以，试验研究阶段通常采用分流稀释风道，并通过过滤称重法，测量过滤纸上的颗粒质量进行分析。

1. NO 的测量

如前所述，车用发动机尾气排放中的 NO_x 主要包括 NO 和 NO_2，在排放法规中规定测量 NO_x 采用化学发光法（CLD）。这种测试方法基于 NO 和 O_3 在反应过程中产生化学发光的原理，通过测量与 NO 含量成正比的发光强度来测量 NO 的含量，而 NO_2 是通过催化转

换器将 NO_2 转换为 NO 以后再进行测量的。图 7-5 所示为 NO 测量原理示意图。其中，在 O_3 发生器上通过对 O_2 高压放电或采用光分解氧法来产生 O_3；而在催化转换器上通过催化反应 $2NO_2 = 2NO + O_2$，将 NO_2 转换为 NO，在排放法规上限定其转换器效率要大于 95%。

图 7-5　NO 测量原理示意图

NO 和 O_3 在反应器中混合发生化学反应，产生激发态的二氧化氮（NO_2^*）。这些 NO_2^* 分子衰减到基态二氧化氮（NO_2）时发射波长为 $0.6 \sim 2.5 \mu m$ 的光子 $h\nu$。这种反应机理为

$$\begin{cases} NO + O_3 \rightarrow NO_2^* + O_2 \\ NO_2^* \rightarrow NO_2 + h\nu \end{cases} \tag{7-5}$$

式中，h 为普朗克常数；ν 为光子的频率。

化学发光强度 I 与 O_3 和 NO 两个反应物浓度的乘积成正比，即

$$I = K c_{NO} c_{O_3} \tag{7-6}$$

由于反应器中 O_3 浓度高，反应过程中基本无变化，所以 $I = K_1 c_{NO}$，其中 K_1 为常数。化学反应发出的光，由光电倍增管接收并放大后送往记录仪进行检测。

2. CO 和 CO_2 的测量

在排放法规中，汽车尾气排放中的 CO 和 CO_2 排放量的测量推荐采用不分光红外线分析仪（NDIR）。不分光红外线分析仪是利用 CO 和 CO_2 等气体具有吸收某些特定波长的电磁辐射能力来进行测量的。所以，要求被测气体分子具有电或磁的偶极矩。

被测的 CO 和 CO_2 等气体分子通过电磁辐射作用，从基本能级被激发到较高能级，这时分子中的电子将占据其他轨道，或分子之间的振动或转动将发生变化。这里，分子激发的重要条件是射入电磁波的能量正好等于能级的能量差。这种共振条件只有电磁谱线上的个别频率才能满足，而这个频率就对应着一定的气体分子。这种激励可以是单色光，也可以通过一定波段的混合光来实现。

在气体样品中被测成分的含量，通过测量射入光线在经过一定长度的被测气体后的透射量来测定。其中透射光的辐射强度 I 和光所通过的被测气体之间的关系用比尔-郎伯定律（Beer-Lambert）表示，即

$$I = I_0 e^{-\varepsilon c s} \tag{7-7}$$

式中，I 为透射光的辐射强度；I_0 为入射光的辐射强度；ε 为吸附系数；c 为被测气体含量；s 为透过气体的长度。

不分光红外线分析仪由光源、挡光片、试样管、参比管、过滤室、检测室及放大器等组成（图 7-6），其中光源由 S_1 和 S_2 构成，并在 800℃ 温度下发出同样的红外线；挡光片同时断续地遮挡两个光源发射的光，其中光源 S_1 发射的光经挡光片和试样管 C_1 内的气体后发射到过滤室 F_1，而光源 S_2 发射的光经挡光片和参比管 C_2 之后发射到过滤室 F_2。试样管和参比管内

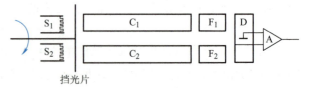

图 7-6　不分光红外线分析仪的测量原理示意图

部需高度抛光且镀金。在试样管内被测气体要连续通过，而在参比管内封有不吸收红外线能量的氮气。在过滤室内封有过滤气体，以避免产生干涉现象。检测室 D 分为上、下两个室，用膜片分开，而膜片和固定极构成电容的两级。

当光源 S_1 发出的红外线通过试样管时，管内的被测气体吸收部分能量，因此当红外线到达检测室时，其能量已衰减。而参比管内的氮气不吸收红外线能量，因此光源 S_2 发射的红外线到达检测室时，其能量没有变化。在检测室内封有同种被测气体，可完全吸收红外线能量。但因上、下两个室所接受的红外线能量不同，而造成其内部温度和压力不同。在内部压差的作用下膜片移动，从而改变电容两级之间的距离，造成电容量变化，对外输出的信号发生变化。这种输出信号的变化与被测气体的含量成正比，因此通过放大器放大处理输出信号后送到记录仪完成检测。

3. HC 的测量

汽车尾气排放物中的 HC 排放量，在有关排放法规中规定采用氢火焰离子化法（FID）来测量。图 7-7 所示为氢火焰离子化法的测量原理示意图。其中，当点火器点火以后，在检测室内产生 2000℃ 的高温。在该温度下 HC 被电离，其正离子向收集极（负极）运动，形成离子电流。该电流强度与被测气体中 HC 的个数成正比。因此通过检测此电流强度可检测被测气体中的 HC 含量。而 H_2 燃料燃烧时只产生高温而不产生离子，所以不影响 HC 的测量。这种方法测得的 HC 含量是以甲烷为当量的。

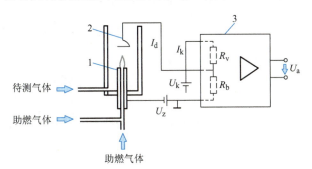

图 7-7　氢火焰离子化法的测量原理示意图
1—喷嘴　2—收集极　3—放大器

三、发动机的试验方法

为了保证试验结果的可信度并使之具有可比性，要求试验方法严格按照国家规定的有关发动机台架试验标准进行。根据试验目的和内容，制订详细的试验大纲，明确试验条件，确定试验工况、测量参数及试验步骤等。

由于同样的发动机在相同的工况下，测量环境条件不同，所测得的结果有所差异。所以，为了具有统一的比较基准，规定标准大气状态，并对试验所测得的数据根据当时试验环境状态，按国家有关标准规定的要求进行大气校正。

国家有关标准规定发动机台架试验的标准大气状态是：大气压力 $p_0 = 99\mathrm{kPa}$，环境温度 $t_0 = 25℃$（$T_0 = 298\mathrm{K}$），相对湿度 $\phi_0 = 30\%$。

当实际试验条件与标准状态不同时，需要按以下的要求进行校正。

1. 有效功率的校正

在实际试验条件（p，T）下，当实测的发动机输出功率为 P_e 时，校正到标准环境条件下的有效功率 P_{e0} 为

对点燃式发动机　　　　　　　　　$P_{e0} = \alpha_a P_e$　　　　　　　　　　（7-8a）

对压燃式发动机　　　　　　　　　$P_{e0} = \alpha_d P_e$　　　　　　　　　　（7-8b）

其中，点燃式发动机的大气校正系数 α_a 可按式（7-9）计算，即

$$\alpha_a = \left(\frac{99}{p_s}\right)^{1.2} \left(\frac{T}{298}\right)^{0.6} \tag{7-9}$$

其中

$$p_s = p - \phi p_{sw} \tag{7-10a}$$

$$p_{sw} = 0.613 + 4.31 \times 10^{-2} t + 1.63 \times 10^{-3} t^2 + 1.49 \times 10^{-5} t^3 + 5.77 \times 10^{-7} t^4 \tag{7-10b}$$

式中，T 为试验现场的进气温度（K）；p_s 为试验现场的干空气压（kPa）；p 为试验现场的总气压（kPa）；ϕ 为试验现场大气的相对湿度；p_{sw} 为大气条件下的水蒸气饱和分压（kPa）；t 为大气温度（℃）。

压燃式发动机的大气校正系数 α_d 可按式（7-11）计算，即

$$\alpha_d = f_a^{f_m} \tag{7-11}$$

式中，f_a 为大气因子；f_m 为发动机因子。

对自然吸气或机械增压压燃式发动机

$$f_a = \left(\frac{99}{p_s}\right) \left(\frac{T}{298}\right)^{0.7} \tag{7-12a}$$

对涡轮增压压燃式发动机

$$f_a = \left(\frac{99}{p_s}\right)^{0.7} \left(\frac{T}{298}\right)^{1.5} \tag{7-12b}$$

当 $q_c/\pi_b = 40 \sim 65 \mathrm{mg}/$（L·循环）范围时，发动机因子 f_m 可按式（7-13）计算，即

$$f_m = 0.036 \frac{q_c}{\pi_b} - 1.14 \tag{7-13}$$

$$q_c = \frac{B}{30 n V_s} \times 10^6 \tag{7-14}$$

式中，π_b 为增压比；q_c 为单位排量的循环喷射量［mg/（L·循环）］；n 为发动机转速；V_s 为发动机排量（L）。

当 $q_c/\pi_b < 40 \mathrm{mg}/$（L·循环）时，取 $f_m = 0.3$；如果 $q_c/\pi_b > 65 \mathrm{mg}/$（L·循环），则取 $f_m = 1.2$。

2. 燃油消耗率的校正

一般，对汽油机的燃油消耗率不进行大气校正。而对压燃式发动机，按式（7-15）只对全负荷速度特性的燃油消耗率进行校正，即

$$b_{e0} = \frac{b_e}{\alpha_d} \tag{7-15}$$

式中，b_e 为实际试验条件（p, T）下测得的发动机燃油消耗率；b_{e0} 为标准大气状态下的校正燃油消耗率。

随着试验条件的不断改善，试验状态可控的全封闭式空调试验室得到广泛应用，由此可省去上述烦琐的大气校正问题。

四、发动机特性的分析方法

发动机的性能指标主要取决于调整参数、使用因素和使用环境条件三个方面的因素。其中，调整参数包括点火（或喷油）时刻及混合气的空燃比等。发动机性能随调整参数的变

化规律称为发动机的调整特性（如前所述）。使用因素主要指代表发动机实际运行工况的负荷和转速。性能指标随运行工况的变化特性，称为发动机的使用特性，是评价发动机性能的一种必不可少的方式。下面主要讨论使用特性，而环境条件的影响主要通过上述的校正系数进行修正。

对于发动机的使用特性，根据车用发动机使用工况的特点，发动机特性曲线的分析方法分为线工况分析和面工况分析两种。线工况分析法根据发动机可调参数和固定参数的不同又分为两种：在整个使用工况区域，固定负荷（如节气门开度或循环喷射量）一定，研究发动机性能指标随转速变化规律的速度特性；固定转速不变，研究发动机的性能指标随负荷变化规律的负荷特性。而面工况分析法，又称为万有特性，是在整个使用工况范围内分析发动机性能随工况分布的情况，由此分析发动机常用工况下的经济性及排放特性等。

为了分析发动机特性曲线的变化规律和主要影响因素，根据前述章节所介绍的理论，可推导出发动机性能指标与工作过程参数之间的关系。根据平均有效压力的定义和有效热效率的定义，有

$$p_{me} = \frac{W_e}{V_s} = \frac{\eta_e Q}{V_s} \tag{7-16}$$

式中，Q 为每个循环的加热量（kJ），可表示为

$$Q = \frac{\phi_c V_s \rho_0 H_u}{\phi_a L_0} \tag{7-17}$$

式中，ϕ_c 为充气效率；ρ_0 为大气状态下的空气密度（kg/m^3）；V_s 为气缸工作容积（m^3）；ϕ_a 为过量空气系数；H_u 为燃料的低热值（kJ/kg）；L_0 为理论空气量（kg/kg）。

将式（7-17）代入式（7-16）得

$$p_{me} = \frac{\phi_c \eta_e \rho_0 H_u}{\phi_a L_0} = \frac{\rho_0 H_u}{L_0} \frac{\phi_c}{\phi_a} \eta_i \eta_m = K \frac{\phi_c}{\phi_a} \eta_i \eta_m \tag{7-18}$$

式中，η_i 为指示热效率；η_m 为机械效率；η_e 为有效热效率，$\eta_e = \eta_i \eta_m$。

式（7-18）表明，单位气缸工作容积对外输出的有效功，主要与表征换气效果的充气效率 ϕ_c、表征气缸内燃烧过程的指示热效率 η_i、表征动力传递过程中内部摩擦损失大小的机械效率 η_m 和表征混合气性质的过量空气系数 ϕ_a 等有关。这些参数随工况的变化特性决定了 p_{me} 的变化特性，是分析其他动力性的基础。由式（2-20）、式（2-21）和式（2-27），将四冲程发动机各项性能指标表示成

$$\begin{cases} P_e = \dfrac{p_{me} V_s n i}{120} = K_1 \dfrac{\phi_c}{\phi_a} \eta_i \eta_m n \\[3mm] T_{tq} = \dfrac{318.3 p_{me} V_s i}{\tau} = K_2 \dfrac{\phi_c}{\phi_a} \eta_i \eta_m \\[3mm] b_e = \dfrac{3.6}{\eta_e H_u} \times 10^6 = K_3 \dfrac{1}{\eta_i \eta_m} \\[3mm] B = b_e P_e = K_4 \dfrac{\phi_c}{\phi_a} n \end{cases} \tag{7-19}$$

式中，K_1、K_2、K_3、K_4 为不同的常数。

由此可知，在发动机各特性曲线的分析中，动力性是从换气过程（ϕ_c）、燃烧过程（η_i）、代表内部动力传递损失的机械效率（η_m）和过量空气系数（ϕ_a）随工况变化的特性角度进行分析的；而经济性只是从燃烧过程（η_i）和机械效率（η_m）两方面进行分析的。

第二节 发动机的负荷特性

车用发动机的负荷特性是指当发动机转速不变时，发动机的性能指标随负荷的变化关系。此时，因转速不变，所以有效功率 P_e、转矩 T_{tq} 和平均有效压力 p_{me} 之间互成比例关系，均可表示为发动机负荷的大小。

由于汽油机和柴油机对负荷的调节方式不同，在负荷特性中对负荷的表示方法有所不同。汽油机的负荷调节方式为"量调节"，即通过节气门开度的大小调节进入气缸的混合气量，由此控制负荷的大小。因此，当发动机转速一定时发动机的 p_{me}、T_{tq} 及 P_e 均与节气门开度成正比。所以，汽油机负荷的大小也可以用节气门开度来表示。

柴油机的负荷调节方式为"质调节"，即在一定转速下，通过调节向气缸内喷射的燃油量来控制负荷的大小。转速一定时进入气缸的空气量基本保持不变，所以随负荷的增加，喷射量加大，混合气变浓。所以，柴油机负荷的大小也可以用空燃比表示。

负荷特性主要研究发动机的经济性，即输出一定量的功率时所消耗的燃料量。同时分析排放特性，以评价为获得这些动力所造成的对环境的污染程度。

一、汽油机的负荷特性

在试验台架上制取汽油机的负荷特性时，事先将发动机预热使发动机的冷却液温度和机油温度达到正常温度（如80℃），并在保持不变的条件下，通过调节节气门开度的大小和测功器的负载，使发动机转速稳定在设定的试验转速下。同时，在整个负荷范围内按设定步长改变发动机转矩的大小，在每个试验工况点发动机工作稳定后测量测功器的读数和燃料消耗量以及其他必要的排放指标。将试验测量结果，以负荷（节气门开度、P_e、T_{tq} 及 p_{me} 均可）为变量（横坐标），绘出燃料消耗率 b_e 或其他排放指标随负荷变化的曲线，即完成负荷特性的制取工作（图7-8）。对汽油机，当负荷增加时，节气门开度增加，进气压力 p_{in} 随进气流量的增多而增加。进气管多点喷射的汽油机，为了利用三效催化转化器同时净化 CO、HC 和 NO_x 排放，利用氧传感器对空燃比进行反馈控制，所以随负荷的变化空燃比保持理论空燃比（$\alpha = 14.7$）不变。而残余废气系数随进气量的增加而减小，残余废气（惰性气体）对燃烧过程的阻碍作用减弱，燃烧条件得到改善。所以，指示热效率 η_i 随负荷的增加而增加。同时，机械效率由 $\eta_m = 1 - p_{mm}/p_{mi}$ 得出，当转速一定时，摩擦损失基本保持不变，p_{mm} 为常数，而随负荷的增加，进入气缸的可燃混合气量增多，燃烧放热量增加，所以单位气缸工作容积所做的指示功 p_{mi} 增大，从而机械效率增加。因此，由式（7-19）知，燃料消耗率随负荷的增加迅速降低。当负荷增加到大负荷时（如超过80%负荷），由于要求发动机输出最大转矩，因此需要供给功率混合气。故电控汽油喷射系统的控制单元此时停止氧传感器的反馈控制，将空燃比控制在 $\alpha = 12.5$ 的功率混合气上。因此，混合气变浓，所提供的空气量小于理论上完全燃烧所需要的空气量，造成混合气燃烧不完全，使得指示热效率 η_i 降低。所以，燃油消耗率随负荷的增加降低到最低值以后在大负荷区随负荷的增加而增加。

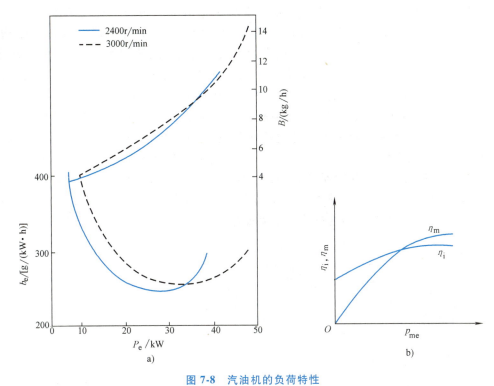

图 7-8　汽油机的负荷特性

a）燃油消耗率随负荷的变化特性　　b）η_i、η_m随负荷的变化特性

二、柴油机的负荷特性

　　柴油机负荷特性的制取条件与汽油机相同，只是负荷的调节过程有所不同。对传统的机械式喷射系统的柴油机，在试验台架上通过操纵加速踏板的开度，可直接控制机械式喷油泵的拉杆（或齿杆）位置，由此控制循环供油量 Δb，达到控制喷射量的目的。而现在车用柴油机上得到普及的电控高压喷射系统，其加速踏板位置并不直接控制喷射量，而只是作为对负荷大小需求的信息传送给 ECU。ECU 根据来自发动机转速传感器的信息和加速踏板位置的信息，通过存储在 ROM 中的事先通过转速和负荷的标定试验确定的喷射量的控制 MAP 图，读取该试验转速下对应于当前加速踏板位置的喷射量控制信息，由此控制喷油器的喷射持续时间（喷射脉宽），来控制喷射量。对 ROM 中无控制 MAP 图数据或需要重新标定的柴油机，首先根据如前章节所述，需要确定不同转速下对应于最大加速踏板操作位置的最大喷射量，然后根据该转速下经济性和排放性能等要求具体标定出其他加速踏板位置所对应的喷射量。一旦喷射量控制 MAP 图确定，不同转速下随加速踏板位置喷射量的变化特性就确定了。图 7-9 所示为柴油机的负荷特性。当柴油机转速一定时，随负荷的增加，喷射量增加，但进入气缸的空气量基本保持不变，所以空燃比逐渐减小。因此，这种负荷的调节方法称为"质调节"。此时，η_m 随负荷变化的规律与汽油机相同，随负荷的增加而增加。但 η_i 随负荷的变化规律却与汽油机不同。对柴油机，随负荷的增加，空燃比减小，混合气不均匀现象更为严重，混合气中空气的含量减小，不完全燃烧的倾向增加，所以 η_i 随负荷的增加而减小。但是，在中小负荷范围内，随负

荷的增加，空燃比减小时，由于车用柴油机在整个负荷范围内的平均空燃比都大于理论空燃比，所以对 η_i 的影响不明显。因此，由式（7-19）可知，随负荷的增加，η_m 增加，而 η_i 降低，所以 b_e 降低，但其降低速度受到限制。随负荷继续增加到使 η_i 和 η_m 的乘积达到最大值（$\eta_i\eta_m$）$_{max}$ 时，b_e 达到最低。之后，继续增加负荷，则由于混合气过浓，燃烧恶化，不完全燃烧及补燃增加，η_i 明显降低，而此时 η_m 增加不多，致使 b_e 升高，而且排气烟度也开始随负荷明显增加。一般排放法规中明确规定了烟度的排放限定值。若继续增加负荷，可能导致烟度排放超过法规规定的限值标准。所以，在喷射量的控制MAP图中，根据烟度随喷射量增加的关系，专门设定了各转速下限制烟度的最大喷射量控制 MAP 图，并在实际控制时通过 ECU，在相同转速下与加速踏板位置控制的最大喷射量进行比较，取其中较小的值来控制喷油器，以限制排烟。对生产企业，考虑到产品质量一致性的问题，通常会将烟度排放限定值规定得比现行的国家标准更严格一些。

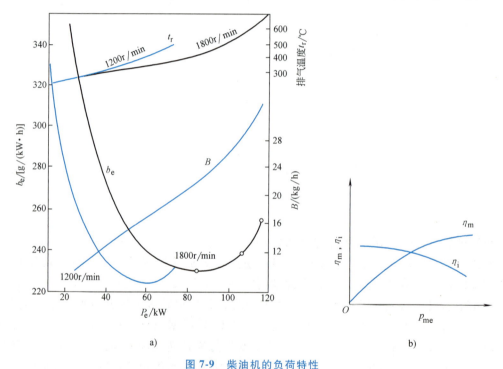

a)　　　　　　　　　　　　　　　　　　b)

图 7-9　柴油机的负荷特性

a）燃油消耗率随负荷的变化特性　b）η_i、η_m 随负荷的变化特性

三、汽油机和柴油机负荷特性的区别

由于汽油机和柴油机混合气形成方式、负荷调节方式及燃烧方式的不同，汽油机和柴油机的负荷特性有所区别。主要体现在，由于负荷调节方式不同，造成汽油机和柴油机的指示热效率 η_i 随负荷的变化规律相反。因此，汽油机的燃油消耗率 b_e 随负荷变化的曲线比柴油机的要陡，表明汽油机经济性指标对负荷的适应性差。而柴油机压缩比比汽油机高，所以热效率也高，使得其燃油消耗率随负荷的变化特性既缓慢又低，表明柴油机的经济性比汽油机好得多，且对负荷的适应性范围也宽。所以，从节能与 CO_2 排放角度，在现有车用发动机中，柴油机是很有前途的一种发动机。

第三节　发动机的速度特性

速度特性是指发动机在正常工作条件下，负荷一定时，发动机的性能指标随其转速的变化特性。这里，发动机的正常工作条件是指发动机的冷却液温度和机油温度正常（80℃），点火时期和空燃比调节到最佳状态；而负荷一定是指控制发动机负荷的条件一定，如汽车的加速踏板位置。此时，通过调节测功器的负载，改变发动机的转速，读取不同转速下发动机的性能指标，并根据性能指标随转速的变化规律，绘出发动机在该负荷条件下的一组速度特性曲线。而所要测量的发动机性能指标，有发动机的动力性指标（P_e、T_{tq}）、经济性指标（B、b_e）和排放特性指标（CO、HC、NO_x 及 PM 等的排放量）等。

由于负荷设定的条件不同，发动机的速度特性又分为全负荷速度特性（外特性）和部分负荷速度特性。全负荷速度特性是指控制负荷的加速踏板位置处在最大位置时的速度特性，由此评价发动机在各转速下的最大做功能力，所以只有一条曲线；而部分负荷速度特性是指加速踏板位置处在小于全负荷的任一位置时的速度特性，所以有许多条曲线。

一、汽油机的速度特性

汽油机的加速踏板直接控制节气门开度，所以汽油机的速度特性是指节气门位置一定时发动机的性能指标随转速的变化规律。

（一）外特性曲线

汽油机的外特性曲线是指节气门开度最大时，发动机的性能指标随转速的变化规律。这里发动机的性能指标主要指转矩 T_{tq}、输出功率 P_e 和燃油消耗率 b_e。

1. T_{tq} 历程分析

由式（7-19），汽油机在全负荷时，供给功率混合气，所以过量空气系数 $\phi_a = 0.8 \sim 0.9$ 为常数。因此，$T_{tq} \propto \phi_c \eta_i \eta_m$。分析 ϕ_c、η_i 和 η_m 随转速的变化趋势，就可确定 T_{tq} 随转速的变化特性了。图 7-10b 所示为 ϕ_c、η_i 和 η_m 随转速的变化特性。从汽油机进气系统和配气机构的设计角度分析，充气效率 ϕ_c 的最高峰值一般出现在低速区的某一转速 n_1。在该转速下通过进气迟闭角的合理设定，使得气流的惯性得到充分利用，同时通过进气管长度的合理选择，有效利用进气管内的压力波动效应，使该转速下 ϕ_c 达到最大。低于该转速时，由于进气惯性不够出现倒流现象，使得已进入气缸的混合气回流到进气管，造成 ϕ_c 降低；而高于该转速时，虽然气流的惯性得到提高，但进气门已关闭，被堵在气门之外，同时高速时进气管道内及气门处的流动损失增加，使得 ϕ_c 降低。特别是高速区转速的提高，对 ϕ_c 的影响更明显。现代电控发动机广泛利用可变配气相位和可变进气管长度技术，使得 ϕ_c 随转速的变化趋势比较缓慢，即有效地改善了高速区的 ϕ_c，因此发动机的高速性能得到明显改善。在低速区，随转速的升高，由于提高了火焰传播速率，加快了混合气的燃烧放热速率，同时散热损失和漏气损失减小，所以改善了燃气的做功能力，使 η_i 明显提高。直到中速的某一转速下 η_i 达到峰值。转速进一步升高，即在高速区，随转速的提高而加速的气流速度对火焰传播速度的影响不明显，相反，活塞的平均速度提高，燃烧所占的曲轴转角加大，更多的混合气在膨胀过程中燃烧，造成燃烧效率降低，使 η_i 降低。同时，当发动机转速增加时，运动副之间的摩擦损失增加，换气过程的泵气损失也增加，所以 η_m 随转速的升高而逐渐降低。

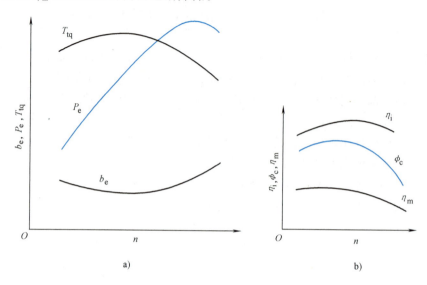

图 7-10 汽油机的外特性

图 7-10　汽油机的外特性

a）动力性及经济性随转速的变化特性　b）ϕ_c、η_i 和 η_m 随转速的变化特性

因此，当转速从低速逐渐升高时，一开始 ϕ_c 和 η_i 同时增加，而在低速区随 n 的升高，η_m 变化不大，所以，T_{tq} 在低速区随 n 升高而迅速增加，在 $(\phi_c\eta_i\eta_m)_{max}$ 所对应的转速下 T_{tq} 达到峰值。之后，随着转速的进一步升高，由于进气损失和摩擦损失增加，使得 ϕ_c 和 η_m 均下降，所以在中速区 T_{tq} 随转速增加而相对缓慢降低。但在高速区由于 ϕ_c、η_i 和 η_m 都下降，而且高速区转速对 ϕ_c 的影响更明显，所以在高速区随 n 的升高 T_{tq} 降低的速度比较快。

2. P_e 历程分析

由于发动机输出的功率与转矩和转速的乘积成正比，即 $P_e = T_{tq}n/9550$。所以，P_e 随 n 的变化曲线，实际上取决于 T_{tq} 特性曲线和转速的变化。在低速时，由于 n 升高的同时 T_{tq} 也增大，因此 P_e 开始迅速升高。当 n 超过对应于最大转矩 T_{tqmax} 的转速以后，随转速的升高，T_{tq} 开始降低，所以 P_e 上升速度逐渐缓慢，直到 T_{tq} 与 n 的乘积达到最大值时，P_e 达到最大值。之后，随着转速的进一步增加，由于 T_{tq} 迅速降低，所以 P_e 也降低。在外特性上出现最大功率点的工况称为额定（标定）工况，最大功率称为额定（标定）功率。

3. b_e 历程分析

由于 $b_e \propto 1/(\eta_i\eta_m)$，根据上述分析，在低速区随转速的增加，$\eta_i$ 增加比较明显，而 η_m 降低不多，所以 b_e 随 n 的增加开始降低。但在使 η_i 和 η_m 的乘积达到最大值 $(\eta_i\eta_m)_{max}$ 的转速上 b_e 达到最低值以后，随转速的增加，由于 η_m 明显降低，所以 b_e 逐渐增大。在高速区由于 η_i 和 η_m 同时下降，所以 b_e 随 n 的升高迅速增加。在低速区因 η_i 随转速的提高而明显增加，所以一般 b_{emin} 出现在偏向低速的某一转速。

汽油机的外特性根据试验条件不同有两种。一种是发动机仅带维持运转必要的附件做外特性试验。此时，可不安装冷却风扇、空气压缩机、空气滤清器及消声器等附件，此时的特性曲线又称为总功率曲线。另一种是试验时发动机带全套附件进行的外特性试验，此试验又称为净功率或使用外特性试验。

（二）部分负荷速度特性曲线

部分负荷速度特性的主要特点是节气门开度固定在某一部分开度。汽车大部分时间都是在部分负荷下工作的。随着节气门开度的减小，节气门处的节流作用增强，所以节流损失增加，进气终了压力减小，从而 ϕ_c 降低。节气门开度越小，随 n 的升高，节流损失越大，ϕ_c 降低速度越快。而且随节气门开度的减小，气缸内残余废气系数增加，所以 η_i 随 n 变化的特性曲线也变陡。但是不同负荷对 η_i 随 n 的变化规律的影响远小于对 ϕ_c 随 n 的变化规律的影响。所以，T_{tq} 随 n 的变化特性主要取决于 ϕ_c 的变化特性，因此随负荷的减小 T_{tq} 随 n 变化的曲线也越陡，而且 ϕ_c 的峰值和 T_{tq} 的峰值随负荷的减小向低速区移动。功率取决于 n 和 T_{tq} 的变化特性，所以随负荷的减小最大功率点也向低速区移动（图7-11）。

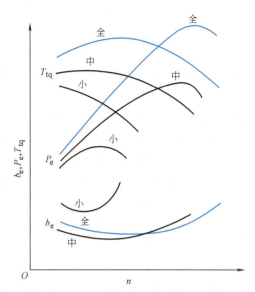

图7-11 汽油机的部分负荷速度特性
小—小负荷 中—中负荷 全—全负荷

在部分负荷速度特性曲线上，随节气门开度的减小，由于残余废气系数增加，燃烧效率降低，所以 η_i 明显降低，而且随 n 变化比较陡。另外，摩擦损失主要取决于发动机转速，负荷越小，η_m 就越低，而且泵气损失越大，所以 η_m 随 n 的升高而降低的速度也加快。因此，b_e 随 n 的变化曲线随负荷的减小更陡，且 b_e 普遍增加，同时最低燃油消耗率点也向低速区移动。

如上所述，由于汽油机节气门的存在，在中小负荷时节流损失是不可避免的。因此，造成中小负荷区经济性恶化，这是"量调节"式发动机存在的共同缺陷。为了改善小负荷时的经济性，在一些多缸汽油机上采用排量可变（或停缸）控制技术，即在小负荷区，对四缸机如果通过两缸工作也能满足其动力性要求的话，就熄灭其中2个缸，把原4个缸的进气量集中供给工作的2个缸，这样工作的2个缸的进气量相当于增加2倍。为此，相应地开大节气门开度，由此减小泵气损失，同时减小工作的2个缸的残余废气系数，减少了被停缸的散热损失和漏气损失，所以 η_i 和 η_m 都得到明显改善，机械损失减小44%左右，热效率提高17%。

二、柴油机的速度特性

由于柴油机中进入气缸的是纯空气，因此 ϕ_c 的大小只提供产生多大转矩的可能性，而实际输出的转矩的大小主要取决于每个循环的实际喷射量 Δg。根据充气效率的定义 $\phi_c = m_1/m_s$ 和过量空气系数的定义 $\phi_a = m_1/(\Delta g L_0)$，将式（7-19）的转矩式改写为

$$T_{tq} = K_2 \frac{\phi_c}{\phi_a} \eta_i \eta_m = K_2 \frac{m_1}{m_s} \frac{\Delta g L_0}{m_1} \eta_i \eta_m = K_5 \eta_i \eta_m \Delta g \qquad (7\text{-}20)$$

式中，Δg 为循环喷射量（g/循环）；K_5 为常数，即 $K_5 = K_2 L_0/m_s$；m_s 为进气状态下充满气缸工作容积的空气量（kg）；m_1 为实际进入气缸的空气量（kg）；L_0 为 1kg 燃料完全燃烧所

需的理论空气量（kg/kg）。

（一）全负荷速度特性（外特性）

在柴油机上普及电控技术以后，实现了数字化控制。传统的机械式柴油机外特性可定义为将油量调节机构（如加速踏板或油量调节拉杆位置）固定在额定功率循环供油量位置时，发动机性能随转速的变化特性。但是数字化控制以后，加速踏板位置仅仅是一种信号，不直接控制喷射量。所以，电控柴油机的全负荷速度特性可定义为，在已确定的各转速下最大喷射量条件下，发动机的性能指标随转速的变化特性。对车用柴油机，在确定各转速下的最大喷射量时，需要考虑根据各转速下所能输出的最大转矩所对应的最大喷射量，以及根据各转速下所允许的烟度排放限定值确定的最大喷射量。这里的烟度限定值为当前推行的排放法规中规定的限定值。由于这两种方式确定的最大喷射量有可能不相同，所以在实际控制过程中，通过 ECU 进行最小化处理，选择两者之间的较小值并设定为该转速下的最大喷射量。

1. T_{tq} 历程分析

由于柴油机无节气门的节流损失，进气流动阻力小，所以 ϕ_c 随转速的变化曲线比较缓慢。但是根据车用发动机性能要求所设计的进气管系统和配气相位，其 ϕ_c 也是在某一低转速下出现峰值，低于或高于该转速，ϕ_c 都有所下降。这种 ϕ_c 的变化特性，为燃油喷射量及气缸的做功能力提供了依据。对电控柴油机，由于喷射量的设定相对独立，而不受机械式喷油泵的供油速度特性的影响。因此，基于 ϕ_c 的特性，基本上根据目标转矩特性设定最大喷射量。

现代车用柴油机基本上都采用废气涡轮增压和电控高压喷射技术。对废气涡轮增压而言，一般在发动机的高速区比较容易实现增压，因此高速时气缸的做功能力得到提高。但是在低速时由于发动机的排气流量较小，涡轮增压器转速较低，增压程度不够，所以为了提高低速转矩需要加大喷射量。因此，在外特性上循环喷射量的变化特性如图 7-12b 中的 Δg_f 曲线所示，在低速区 Δg_f 随 n 的增加而增加；当 n 升高到增压器正常工作区以后，随 n 的增加 Δg_f 有减小的趋势。因此，在低速区 η_i 和 η_m 变化不大，但 Δg_f 增加，所以 T_{tq} 迅速增加到最大值。增压柴油机受缸内最高爆发压力的限制，使得最大 T_{tq} 所对应的转速范围较宽，即外特性转矩曲线存在平顶区，然后随 n 的进一步增加，Δg_f 基本保持不变或有所减小，而 η_i 和 η_m 降低明显，所以 T_{tq} 也随 n 升高而降低（图 7-12）。

2. P_e 历程分析

根据式（2-19）中 P_e 与 $T_{tq}n$ 的关系，在低速区随 n 的升高，T_{tq} 快速增加，故 P_e 快速增加，当 n 升高到接近最大 T_{tq} 对应的转速时，一定转速范围内 T_{tq} 变化平坦，所以在该转速范围内 P_e 几乎随 n 呈线性增加，之后随 n 的升高 T_{tq} 缓慢降低，所以很难确定像汽油机那样的峰值功率点。其结果使功率为零的最大转速 n_{max} 非常高，若不控制就会出现飞车的危险。因此，柴油机设定喷射量控制 MAP 图时，须专门设定限制极限转速的喷射量 MAP 图，以防超速飞车事故。

3. b_e 历程分析

在低速区随 n 的增加，气缸内气流强度增加，改善混合气的形成和燃烧条件，所以 η_i 有所增加，而 η_m 变化不大，故 b_e 减小。当 n 升高到使 η_i 和 η_m 的乘积达到最大值时，b_e 达到最小。然后，随 n 的进一步升高，因混合气形成和燃烧过程所占曲轴转角增大，燃烧损失增加，η_i 降低，同时 η_m 也降低，所以 b_e 逐渐增大。但在整个转速变化范围内 b_e 随 n 变化不大。这也是柴油机经济性好的原因之一。

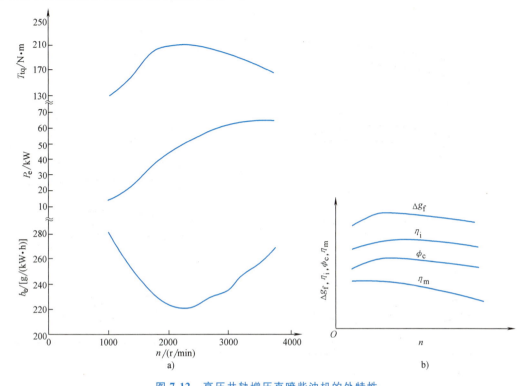

图 7-12　高压共轨增压直喷柴油机的外特性

a）动力性及经济性　　b）Δg_f、η_i、ϕ_c、η_m 随转速的变化特性

（二）部分负荷速度特性

传统的机械式柴油机的部分负荷速度特性定义为控制供油量的齿条（或拉杆）位置固定在小于最大供油量的某一位置时，发动机的性能指标随转速的变化规律。但是，对数字化控制的现代电控柴油机而言，加速踏板的开度实际上只是代表着不同转速下所需求的发动机输出转矩的大小。即使加速踏板开度一定，不同转速下的喷射量，由于性能要求不同，喷射量的标定结果也有很大的区别，因此，如何定义现代柴油机的部分负荷速度特性还没有明确规定。对"质调节"式柴油机而言，其输出的转矩直接与喷射量有关，所以为了分析相同负荷条件下转速对性能的影响，这里将柴油机的部分负荷速度特性定义为，将负荷率固定在小于 1 的某一值上时，性能指标随转速的变化规律。这里负荷率指实际喷射量与该转速下最大喷射量的比值。由于负荷率从 0 到 1 之间可以设为许多值，所以部分负荷负荷速度特性曲线也有许多条。而且柴油机不同负荷对 ϕ_c 基本没有影响，所以在部分负荷下 ϕ_c 随 n 的变化特性基本上与外特性相似，只是因 Δg_f 不同，所以部分负荷速度特性时的空燃比不同。因此，在高速时，负荷越大，Δg_f 越多，后燃部分增加，所以热效率下降更明显。因此，部分负荷速度特性上 T_{tq} 随 n 的变化特性为，在低速区负荷越小 T_{tq} 随 n 增加的速率越快，但在高速时却缓慢。因此，T_{tq} 和 b_e 在部分负荷速度特性上，随不同负荷形成在低速区随负荷的减小曲线间距宽、在高速区随负荷的增加曲线更密集的曲线组。对于柴油机，当 80% 负荷时 b_e 随转速的变化曲线最低，即经济性最佳，此时混合气燃烧充分。而输出功率曲线，由

式（7-19）可知，主要取决于 T_{tq} 和 n 的乘积。而 T_{tq} 随 n 变化平坦，且不同负荷下的曲线基本平行，所以功率曲线在低速区较密集，高速区较稀疏（图7-13）。

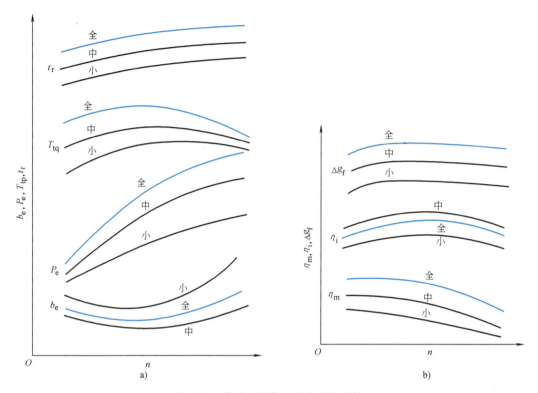

图 7-13　柴油机的部分负荷速度特性

a）动力性及经济性　b）Δg_f、η_i、η_m 随转速的变化特性

小—小负荷　中—中负荷　全—全负荷

三、汽油机和柴油机速度特性的比较

1. 适应系数

车用发动机的转矩储备系数，是用来评价汽车不换档条件下的爬坡能力或克服短期超载的能力，是表征汽车动力性的主要指标之一。汽车的这种性能主要取决于发动机转矩的外特性曲线形状。所以，转矩储备系数定义为

$$\phi_{tq} = \frac{T_{tqmax}}{T_{tqn}} \tag{7-21}$$

式中，T_{tqmax} 为外特性上最大转矩；T_{tqn} 为额定功率点的转矩。

转矩储备系数只表示发动机转矩的变化所能克服的外界阻力变化的大小，即 ϕ_{tq} 越大，爬坡能力或短期超载能力越强。但对一定的外界阻力曲线（图7-14），对不同的发动机外特性曲线，由于 T_{tq} 随 n 的变化特性不同，其克服外界阻力的能力就不一样。这就是说发动机对外界阻力的适应性，除 ϕ_{tq} 以外，还与转速变化特性有关。因此也定义转速储备系数，即

$$\phi_n = \frac{n_n}{n_{tq}} \tag{7-22}$$

式中，n_n 为额定功率点转速；n_{tq} 为最大转矩点转速。

图 7-14 所示为当 A、B 两台发动机的 ϕ_{tq} 和 n_n（图中 $n_1 = n_n$）分别相同而 n_{tq} 不同（分别为 n_{2A} 和 n_{2B}）时所能克服外界阻力矩的能力。其中，B 发动机由于最大转矩出现在较高转速区，即其使用转速范围窄，所以所能克服的最大外界阻力矩为 T_{R2}，若阻力矩进一步增加，则发动机输出的转矩 $T_{tq} < T_R$，克服不了外界阻力，所以转速不断降低直到熄火。而 A 发动机的最大转矩虽然与 B 发动机的相同（ϕ_{tq} 相同），但 T_{tqmaxA} 出现在更低的转速范围（$n_{2A} < n_{2B}$），拓宽了其使用转速范围，所能克服的最大阻力矩提高到 T_{R3}（$T_{R3} > T_{R2}$），表明 A 发动机克服外界阻力的潜力比 B 发动机大。这就是说，在相同的 ϕ_{tq} 下，n_{tq} 越低，ϕ_n 越大，在不换档的条件下，发动机克服阻力的能力越强，特别是有利于提升一档起步性能。因此，车用发动机要求低速转矩特性良好，且使用转速范围越宽越好。

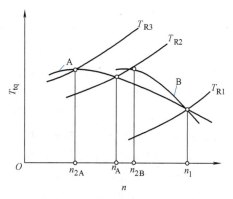

图 7-14　转速对储备系数的影响

兼顾 ϕ_{tq} 和 ϕ_n 对发动机克服外界阻力能力的影响，引入发动机适应系数 ϕ_{tqn} 的概念，由此衡量一台发动机的动力性对外界阻力变化的适应能力，即

$$\phi_{tqn} = \phi_{tq} \phi_n \qquad (7-23)$$

根据上述汽油机和柴油机速度特性的分析，由于柴油机转矩随转速变化的曲线比较平缓，所以其 ϕ_{tq} 和 ϕ_n 值较小，因此与汽油机相比，柴油机对外界阻力的适应能力较差。

一般，汽油机 $\quad \phi_{tq} = 1.25 \sim 1.35, \qquad \phi_n = 1.6 \sim 2.5, \qquad \phi_{tqn} = 2.0 \sim 3.4$

柴油机 $\quad \phi_{tq} = 1.05 \sim 1.25, \qquad \phi_n = 1.4 \sim 2.0, \qquad \phi_{tqn} = 1.5 \sim 2.5$

2. 最高转速

由于汽油机使用转速高，且其 ϕ_c 随 n 变化比较陡，造成高速区 T_{tq} 迅速降低，因此功率曲线也比较陡。当转速超过额定转速时，功率迅速降低，因此限制了汽油机输出功率为零的最高转速。但是柴油机，由于使用转速范围较低，且 ϕ_c 随 n 变化较小，所以 T_{tq} 随 n 变化平缓。因此功率随转速的增加而增加，曲线变化缓慢，所以对应输出功率为零的最高转速很高。这就是说柴油机限速是一个很重要且不可粗心大意的问题。特别是柴油机电控化以后，取消了机械式调速器，直接用数据 MAP 图来控制。因此，从柴油机运行可靠性和安全角度而言，最高转速的限速 MAP 图具有重要的意义，不可忽略。否则，可能发生飞车事故。

3. 经济性

对于柴油机由于是"质调节"，在不同负荷下无进气节流损失，所以 ϕ_c 和 η_i 随 n 变化平坦，同时柴油机使用转速范围比汽油机低。而汽油机是"量调节"，随负荷的减小，节流损失增加，不仅 ϕ_c 降低，而且由于残余废气系数的增加，η_i 也降低。因此，柴油机的 b_e 随 n 变化缓慢，而且比汽油机的还要低。

第四节　发动机的万有特性

通过发动机的速度特性和负荷特性，虽然能详细地分析给定条件下的经济性和动力性等，但是由于车用发动机工况变化范围广，这种性能分析具有一定的局限性，即不能在使用工况领域进行全面的分析。所以，为了正确分析与评价发动机的性能，以便针对不同的车型选用更好的发动机，需要弄清楚在整个使用工况范围内其性能的变化或分布情况。为了全面地表示发动机在各种工况下各种性能参数的变化特性，常应用多参数性能指标特性曲线。将这种在一张图上表示多参数性能指标的特性曲线，称为万有特性。

在车用发动机上，常用的万有特性是在以平均有效压力 p_{me} 为纵坐标、转速 n 为横坐标的 p_{me}-n 平面上，同时表示等油耗曲线和等功率曲线，也可以表示 CO、HC、NO_x 及烟度的等排放曲线。由此可正确地判断常用工况下的经济性和排放特性等。因此，万有特性对正确选用发动机，以及对汽车整车匹配研究具有重要的作用。

过去经典的万有特性的制取方法，有负荷特性法或速度特性法。用这种方法制取万有特性时，首先制取不同转速下的负荷特性曲线组（或不同负荷下的速度特性曲线组），然后以人工处理的方法，通过坐标转换，将负荷特性组（或速度特性组）转换成等油耗线的万有特性（图 7-15）。

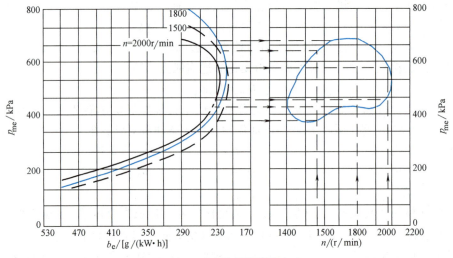

图 7-15　万有特性的制取方法

计算机技术的发展与普及，为试验数据处理带来了极大的方便。如 MATLAB 软件或 ORING 软件等，将已获取的负荷特性数据按软件规定的数据格式输入，即可自动处理成万有特性。

图 7-16 所示为车用发动机的等油耗万有特性。其中最内层的封闭曲线对应着发动机的最经济运行工况区。等油耗线越向外，燃油消耗率越高，经济性越差。在水平（转速）方向，曲线疏密程度表示发动机的经济性对转速的适应性。如果水平方向等间隔的等油耗线比较稀疏，表明转速的变化对经济性的影响较弱。否则，若水平方向等油耗线比较密集，表明在该转速领域，转速的微小变化都会使得经济性恶化。同理，在垂直方向（负荷）上等油耗曲线的疏密程度，表示发动机的经济性对负荷变化的适应性。如果垂直方向上曲线分布密集，表明经济性对负荷变化比较敏感。由此，可以确定如何运行发动机或发动机的控制策略问题。

一般对车用发动机要求最内层的封闭曲线水平方向越宽越好，以便在较宽的使用转速范围内，保证发动机的经济性。对工程机械用发动机而言，经常使用于负荷变化较宽的工况，

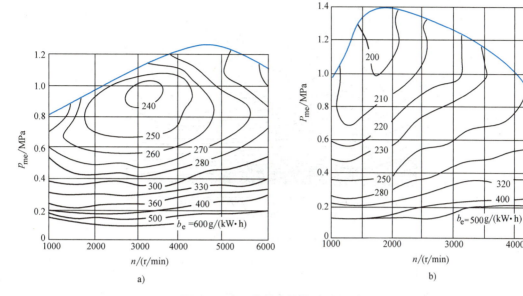

a)

b)

图 7-16 车用发动机的等油耗万有特性

a）汽油机 b）柴油机

因此要求最内层最经济的封闭曲线向纵向方向扩展，以保证常用工况区的经济性。

由于 $P_e = T_{tq} n / 9550 \propto p_{me} n$，所以在万有特性上等功率曲线是一组双曲线，由此可得到不同工况点输出的功率大小。将外特性上对应的平均有效压力 p_{me} 也画在万有特性上，就构成了万有特性的上边界，结合最低转速和额定转速可确定发动机实际能运行的工况范围。

通过万有特性的分析，可以确定该发动机经济运行区及低排放运行区。但是，一般经济运行区和低排放运行区不一致，而且 NO_x、HC 和 CO 排放的最低运行工况范围也相互不一致（图 7-17）。对动力传动系统已确定的汽车来说，发动机常用的工况主要取决于汽车的行驶条件，即汽车的行驶速度和档位，有级变速器的汽车常用行驶工况一般都不会落在发动机的最经济区。

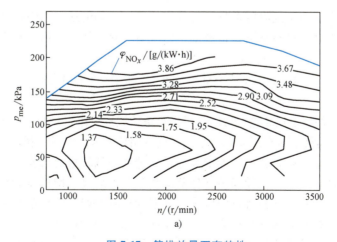

a)

图 7-17 等排放量万有特性

a）NO_x

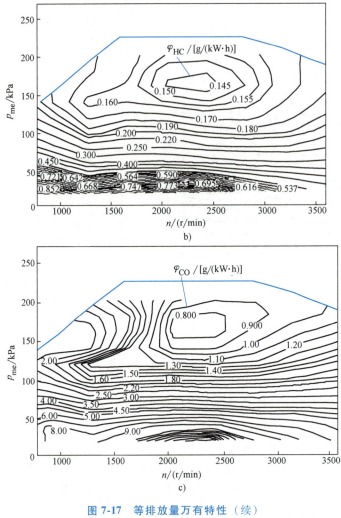

图 7-17 等排放量万有特性 (续)

b) HC c) CO

因此，研究开发节能又同时降低排放的技术措施，或如何通过动力传动系统参数的优化匹配，尽可能选择发动机既经济又低排放的工作区域，对车用发动机具有重大的现实意义。

第五节 增压器与发动机的性能匹配

发动机增压的目的就是提高进气密度，以提高单位气缸工作容积的工作能力，由此改善发动机的外特性和万有特性。对车用发动机常采用废气涡轮增压，以回收利用部分排气能量。

车用发动机要求低速转矩特性，即随发动机转速的降低转矩要增大，在低速区出现最大转矩，而高速区需要最大功率。而涡轮增压器的增压能力取决于增压器的转速和压气机的结构。增压器的转速是通过发动机排出的废气流入涡轮机时所产生的动量矩来推动叶轮旋转而产生的。发动机的工况用转速和负荷表示，在不同工况下发动机排出的废气能量不同。低速时排气流量低，所以涡轮转速低，从而压气机的增压效果降低。这与动力机械所要求的发动机转矩特性互相矛盾。而且发动机与增压器之间没有机械联系，只有气动联系。因此，作为动力机械的发动机和作为流体机械的增压器如何匹配，或对一台发动机如何选配增压器，一直是增压发动机的重要问题。

一、增压比的选择

为了说明发动机采用增压后输出功率的提高程度，引用增压度 φ 的概念，即发动机增压后功率的增量与增压前的功率之比，即

$$\varphi = \frac{P_{ez} - P_{e0}}{P_{e0}} = \frac{P_{ez}}{P_{e0}} - 1 \tag{7-24}$$

式中，P_{e0}、P_{ez} 分别为增压前、后发动机的额定功率。

对自然吸气式发动机可根据提高功率的不同要求，选择不同增压度或设计不同增压比的增压器。但近年来随着节能与排放法规的要求日趋严格，以及用户对舒适性等的要求不断提高，车用发动机的增压问题已不再是单纯地追求高功率，而是在宽广的转速和负荷范围内满足汽车的动力性、经济性、排放以及成本等多方面的要求。因此，应根据具体要求选择不同的增压方式。

图 7-18 所示为一台缸径为 110mm 的六缸车用柴油机上增压比 π_b 对发动机性能的影响。图中用 ϕ_i 表示增压前、后各项性能指标的影响因子，其定义式为

$$\phi_i = \frac{X_{iB} - X_{iA}}{X_{iA}} \times 100\% \tag{7-25}$$

式中，X_{iA}、X_{iB} 分别表示增压前、后的 i 项性能指标，i 项性能指标包括输出功率 P_e 以及 NO_x、CO、HC、烟度（BSU）等排放指标。

当某项性能指标随 π_b 的提高而增加时，ϕ_i 为正，反之随 π_b 的提高而减小时为负。由图 7-18 可见，在 $\pi_b <$ 1.6 的低增压区域，随 π_b 的增加发动机的动力性和 CO、HC 及烟度的排放特性都有明显的改善，而且相对功率的提高，NO_x 排放量增加不多。当 π_b 为 1.5 左右时，在 NO_x 排放量增加不多的前提下，CO、HC 及烟度排放分别降

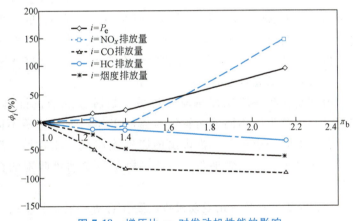

图 7-18　增压比 π_b 对发动机性能的影响

低83%、20%和50%，而且输出功率提高25%以上。但是，当 $1.6 < \pi_b < 2.5$ 时，随 π_b 的增加 CO、HC 及烟度排放基本保持不变，但输出功率和 NO_x 排放量明显增加，而且在此 π_b 范围内，随 π_b 的增加，因缸内空气密度和温度都增加，所以 NO_x 排放量随 π_b 的变化斜率大于功率随 π_b 的变化斜率。因此，从降低排放角度考虑时，可以选择低 π_b，但为了同时提高发动机的升功率并改善经济性时，就要采取增压中冷等相应的技术措施。

二、增压中冷

对增压发动机，当最高 π_b 为 2.5 左右时，在外特性上压气机出口的最高温度（发动机

进气温度）可达到 $100\sim120℃$，这不利于降低 NO_x 排放。为此，一般采用增压中冷技术，由此在进一步强化发动机性能的同时降低 NO_x 排放。增压中冷器常采用空对空式，设置在压气机出口到发动机进气总管之间，由此降低增压后的进气温度。中冷器对进气温度的降温效果，用式（7-26）所示的中冷器的换热效率来表示，即

$$\eta_z = \frac{c_2(t_2''-t_2')}{c_1(t_1''-t_1')} = \frac{t_2''-t_2'}{t_1''-t_1'} \tag{7-26}$$

式中，η_z 为中冷器的换热效率；c_1、c_2 分别表示冷热物体的比热容，对增压中冷器而言，冷热物体均为空气，所以 $c_1=c_2$；t_2'、t_2'' 分别为冷却空气流经中冷器时中冷器前后的空气温度；t_1''、t_1' 分别表示增压气体流经中冷器时的进、出口温度。

图 7-19～图 7-22 所示为在某一台轻型增压柴油机上，采用中冷器前后，在万有特性曲线上对经济性和 NO_x、HC 及 CO 排放特性对比的结果。由于采用中冷器以后发动机的进气温度明显降低，有效地提高了进气密度，同时有效地控制了燃烧温度，所以，在相同转速范围内在 NO_x 排放水平基本保持不变的前提下，不仅扩大了燃油经济区，而且大幅度地提高了转矩，从而有效地提高了升功率（图 7-19、图 7-20）；同时，在整个万有特性区域明显降低了 HC 和 CO 排放（图 7-21、图 7-22）。因此，增压中冷技术是同时改善发动机动力性、经济性和排放特性的重要手段。

三、涡轮增压器与发动机的匹配原理

发动机的增压技术，实际上就是根据发动机性能的要求选择合适的增压器。每个型号的涡轮增压器都有其特定的使用流量范围，由压气机的喘振线、某一等效率线或堵塞线和增压器最高转速线围成。涡轮增压器与车用发动机匹配的目的，就是在保证发动机性能达到预期目标值的前提下，使发动机整个运行区域与增压器良好匹配，即发动机的工作区尽可能落在压气机高效率运行区。为此，根据发动机性能要求选择好增压器。

1. 增压器流量特性的选择

由于废气涡轮增压器是流体机械，是通过发动机排出的废气能量来驱动的。因此，根据发动机的工况不同，涡轮增压器的工作状况也有所不同，增压效果也不一样。当发动机转速低时，由于发动机排出的废气流速低，流入涡轮后产生的动量矩小，增压器转速低，压气机的增压效果弱。因此，根据与发动机匹配的目的不同选择不同流量特性的增压器。

根据涡轮增压器是由发动机排出废气的动量矩来驱动的特点，当发动机高转速运行时，因排气流速高，驱动涡轮机旋转的排气动量矩足够大，因此在高速时为了减小涡轮机内部高速流动损失和发动机的排气损失，以提高发动机的最大功率，采用如图 7-23 所示的 Ⅱ 型压气机，并将涡轮入口（喷口）截面积设计得较大。但是，当涡轮入口截面积较大时，由于发动机低速时排气流量小，驱动涡轮机的排气动量矩减小，增压器转速降低，所以压气机的增压效果减弱，直接影响发动机的低速特性。反之，为了改善低速特性，缩小涡轮入口截面积，采用图 7-23 中的 Ⅰ 型压气机时，可保证在低速工况下喷入涡轮机的废气有足够的动量矩（流速），以提高增压器低速区的增压效果。但由于排气流动截面积小，在高速时流动损失增加，造成发动机排气阻力增大，使发动机的高速性能恶化。当折中考虑发动机的高低速性能时，增压器就按常用的中速范围匹配。

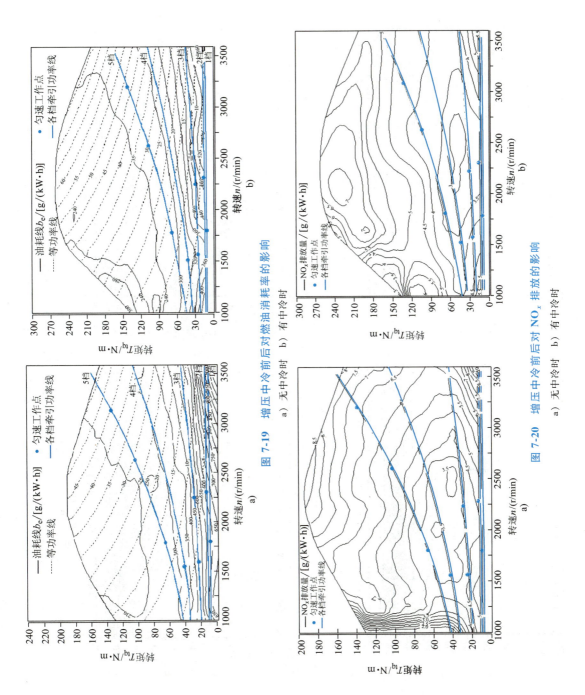

图 7-19　增压中冷前后对燃油消耗率的影响

a）无中冷时　b）有中冷时

图 7-20　增压中冷前后对 NO_x 排放的影响

a）无中冷时　b）有中冷时

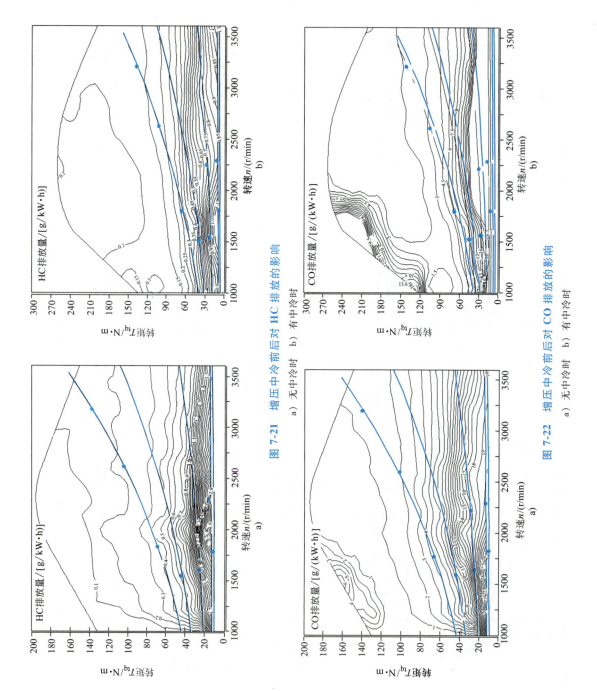

图 7-21 增压中冷前后对 HC 排放的影响
a) 无中冷时 b) 有中冷时

图 7-22 增压中冷前后对 CO 排放的影响
a) 无中冷时 b) 有中冷时

2. 涡轮增压器与发动机的联合运行特性

为了使涡轮增压器和发动机良好匹配，对根据发动机设计要求初选的增压器和发动机联合运行的特性需要进行分析，为此制取如图 7-24 所示的发动机和增压器的联合运行特性曲线。首先，通过台架试验结果分析最高输出功率和最大输出转矩是否达到设计要求。其次，通过测量压气机前后压力和进气流量，计算各工况下的增压比和进气流量，并在压气机特性曲线上绘制发动机的运行曲线，主要包括发动机最低使用转速下的负荷特性、全负荷速度特性和额定转速下的负荷特性，由此分析全负荷速度特性上的增压比是否符合设计要求。同时，分析最低使用转速负荷特性是否接近喘振线，额定转速负荷特性是否接近堵塞线，以及发动机常用运行工况是否在压气机特性曲线上的高效率区。如果匹配计算结果，发动机低速区的全负荷特性线靠近压气机的喘振线，说明增压器相对该发动机而言使用流量范围偏大（图 7-23 中采用Ⅱ型压气机时），需要重新选择增压器或对增压器进行改进；反之，如果额定工况负荷特性落在压气机堵塞线，或常用工况落在压气机低效率（$\eta_b < 55\%$）区域时，说明所选择的增压器的使用流量范围偏小。

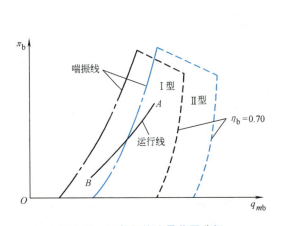

图 7-23　压气机的流量范围选择

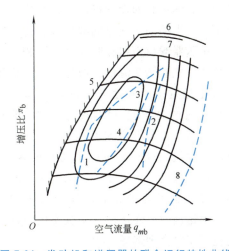

图 7-24　发动机和增压器的联合运行特性曲线

1—最低使用转速下的负荷特性　2—额定转速下的负荷特性

3—螺旋桨特性　4—全负荷速度特性　5—喘振线

6—增压器极限转速　7—增压器最高使用转速　8—堵塞线

3. 涡轮增压器与发动机的匹配原理

为了说明增压器与发动机的匹配原理，这里引入增压器面径比的概念，即如图 7-25 所示，涡轮喷口（入口）处最小截面面积 A 和该截面的形心到增压器转轴的最短距离（半径）R 之比，称为增压器的面径比 A/R。

根据涡轮机内发动机排除废气的动能转换为叶轮机械能的能量转换原理，当排气按一定的流速喷入涡轮机内叶轮时，在气流的冲击作用和在弯曲的叶片之间的流道上高速流动的气流所产生的离心力的作用下，叶轮高速旋转。所以增压器（涡轮机）的转速实际上与喷入涡轮的排气的动量矩有关，而喷入涡

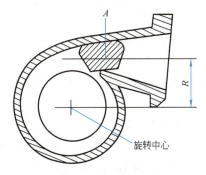

图 7-25　增压器的面径比

轮的排气速度取决于发动机转速和涡轮喷口（入口）截面面积，故在发动机转速一定的条件下这种排气的动量矩与涡轮的 A/R 成正比。所以，当 A/R 小时，即对一定的涡轮半径缩小涡轮最小入口截面面积时，由于低速时也有足够的喷入速度，保证一定的动量矩，从而提高低速增压效果，改善发动机的低速性能。随转速的提高，排气流量增加，涡轮入口处的气流速度逐渐达到临界值（当地声速）后，随转速的进一步提高，排气流入涡轮的速度不变，而排气流动阻力迅速增加，造成涡轮堵塞现象，使发动机排气阻力增加，高速性能恶化。当增压器的 A/R 增大时，相当于一定的涡轮半径涡轮最小入口截面面积增加，则可在改善高速区的增压效果的同时，减小高速流动阻力，所以有利于提高发动机的高速性能，但低速时排气流速降低，动量矩减小，增压器的做功能力减弱，低速增压比低，造成发动机低速转矩特性差。如果 A 不变，而增大 R 时，也同样能达到减小 A/R 的效果。但是 R 的增加实际上就是叶轮直径增加，将导致叶轮转动惯量增大，从而直接影响涡轮增压器的响应特性。因此，每一台增压器匹配时均需要优化 A/R。

　　这里需要指出的是，压气机的叶轮和涡轮壳的设计决定了压气机的特性曲线，通过叶片的形状和壳体形状的设计可以改善其特性曲线的形状。如改变叶片扩压器的进口角和喉口面积等可以适当移动压气机的喘振线，适当增加叶片扩压器喉口面积和叶轮喉口面积，可以提高压气机的堵塞流量。但是在压气机特性曲线上的发动机和增压器的联合运行区域，则是通过涡轮的 A/R 来调节的。即对增压器而言，涡轮是驱动压气机的动力源，而驱动涡轮机的能源是发动机排气的能量。因此，压气机设计得再好，如果没有匹配良好的涡轮，也不能很好地发挥压气机的性能，而涡轮机则需要根据发动机使用转速的变化范围需要合理选择 A/R。

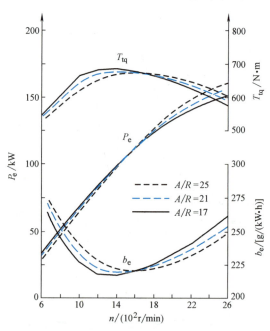

图 7-26　A/R 对增压发动机性能的影响

　　图 7-26 所示为对同一压气机配备不同 A/R 的涡轮机时对发动机性能的影响。由此可见，适当减小 A/R 时，可有效地利用发动机低速时的排气能量，有利于改善发动机的低速性能，但是高速时由于排气阻力增加，高速性能降低。相反，若适当加大 A/R 时，高速性能明显得到改善，提高了最大功率，但是低速时增压器转速低，增压效果降低，使得发动机低速特性恶化。这就是说，普通的涡轮增压器不能同时兼顾发动机的高速性和低速性。

4. VGS 或 VNT

　　车用增压发动机如何兼顾高低速性能，是增压器与发动机匹配的重要问题。为了使涡轮增压器同时兼顾发动机的低速性和高速性，以满足车用发动机使用转速范围宽的特殊要求，可变涡轮面径比的技术已开发研究并投入应用。其典型的技术就是如图 7-27 所示的可变涡轮几何截面面积的涡轮增压器 VGS（Variable Geometry System）或 VNT（Variable Nozzle Turbocharger）。这种可变面径比的技术是在涡轮半径一定的条件下，根据发动机不同转速通过设在叶轮入口处的可动翼片来改变涡轮喷嘴截面面积，实现面径比的可变。低速时减小面径比以提高低速增压比，改善低速转矩特性；而高速时扩大喷嘴截面面积，增加面径比，由此降低排气阻力，保证发动机的高速性能。

这里，可动翼片通过连接环和销与驱动柄相连接，并由驱动柄的不同位移来控

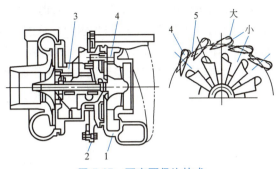

图 7-27 可变面径比技术

1—涡轮壳 2—驱动柄 3—轴承 4—可动翼片 5—连接环

制其不同开度，即涡轮喷嘴截面面积。对在某一台重型柴油机上采用的可变增压控制系统，其驱动柄的位移是通过三个柱塞式控制阀（VGS A、VGS B、VGS C）来控制的。根据三个控制阀的不同组合（表7-1），将可动翼片的开度范围从最小开度到最大开度划分成8个段数（不同开度），这相当于8个不同面径比的增压器。

因此，对应发动机的不同工况要求，通过改变可动翼片的不同开度调节涡轮喷嘴截面面积，由此兼顾发动机高低速性能，使得在整个使用转速范围内，充分发挥增压器的性能，达到增压器与发动机优化匹配的目的。

表 7-1 VGS 段数和三个 VGS 阀 ON/OFF 状态的对应关系

VGS 段数	1	2	3	4	5	6	7	8
VGS C	ON	ON	ON	ON	OFF	OFF	OFF	OFF
VGS B	ON	ON	OFF	OFF	ON	ON	OFF	OFF
VGS A	ON	OFF	ON	OFF	ON	OFF	ON	OFF

图 7-28 所示为 VGS 的控制逻辑框图。发动机在不同工况下运行时，都存在着其最佳 VGS 段数，此最佳段数可事先通过台架标定试验以三维 MAP 图的形式确定，如图 7-29 所

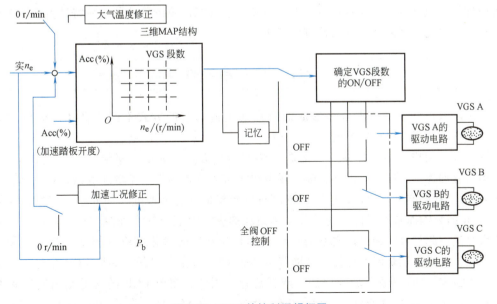

图 7-28 VGS 的控制逻辑框图

示，并存于 ROM 中。当发动机实际运行时，ECU 通过转速传感器和加速踏板开度传感器判定实际工况后，直接在 VGS MAP 图中读取对应该工况的最佳 VGS 段数，由此确定三个 VGS 阀的 ON/OFF 状态，并驱动三个 VGS 阀的驱动电路，控制 VGS A、VGS B、VGS C 三个阀的开或关，达到随发动机工况控制涡轮喷嘴截面面积可变的目的。图 7-30 所示为 VGS 的控制效果，由此可兼顾增压发动机的高低速性能。

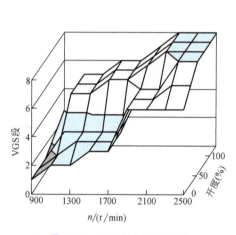

图 7-29 VGS 控制 MAP 图

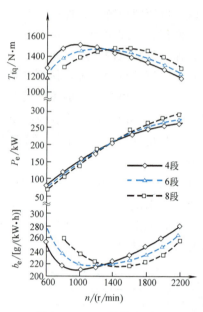

图 7-30 VGS 的控制效果

可变增压器虽然能很好地兼顾车用发动机的高低速性能，但是由于可动喷嘴环长期工作在高温环境下，所以可动喷嘴环的工作可靠性和耐久性是其存在的主要问题，这一问题有时直接影响整车产品质量。所以，有些车用发动机采用双增压技术（第三章第四节）来兼顾高低速性能。虽然双增压技术在兼顾发动机高低速性能以及改善部分负荷特性方面不及可变增压技术，但是在可靠性和耐久性方面却更胜一筹。

第六节 EGR 对发动机性能的影响

由于汽油机和柴油机混合气形成的特点及负荷调节的方式不同，EGR 对燃烧过程及 NO_x 排放特性的影响也有所不同。

汽油机采用均匀混合气靠外部能源点燃的燃烧方式，采用"量调节"负荷调节方法。除起动、急加速等特殊工况以外，喷射量取决于进入气缸的空气流量。所以，在汽油机上实施 EGR 时虽然影响进气流量，但喷射量随进气流量的变化而改变，因此进入气缸的空燃比不受 EGR 的影响而基本保持不变。所以再循环的废气对混合气有加热作用，同时和气缸内的残余废气一起加大混合气的总热容，影响燃料与空气的氧化反应（燃烧）速度，使着火延迟期延长，最高燃烧温度降低，从而降低 NO_x 的排放量。但是，如果 EGR 率过大，会造成燃烧不稳定，HC 排放及烟度增加，油耗恶化。因此，实施 EGR 的关键是精确控制 EGR 率。汽油机实施 EGR 率的范围一般在 0%～25%，可使 NO_x 排放降低 50%～70%。在发动机怠速暖机过程及小负荷运转时，由于进气温度较低，NO_x 排放不高，所以一般不实施 EGR。而接近全负荷时需要发动机保持足够的动力性，所以即使 NO_x 排放高也停止实施 EGR。

而对柴油机这种"质调节"压燃式发动机，采用将燃料直接喷入气缸内高温、高压的空气中强制雾化的混合气形成方式，燃料的喷射量不受进入气缸的空气量的限制，只取决于负荷的大小，而且工作时混合气的平均过量空气系数均大于 1.2，氧气充足，所以燃烧热效率高，同时 NO_x 排放也高。当实施 EGR 以后，相应地减小进入气缸的空气流量，但喷射量不变，因此混合气变浓，不仅降低了气缸内工质的氧和氮的浓度，而且高比热容的再循环废气的惰性作用使混合气的热容增大，抑制混合气的燃烧，从而降低最高燃烧温度。所以，在柴油机上实施 EGR 时，其降低 NO_x 排放的效果更明显，而且由于柴油机的废气中氧含量远高于汽油机，而 CO_2 含量较低，所以可实施较大的 EGR 率，EGR 率可达到 40% ~ 50%。有关研究结果表明，柴油机上实施一定的 EGR 以后，在燃油消耗率基本保持不变的前提下，可有效地降低 NO_x 的排放量（图 7-31）。

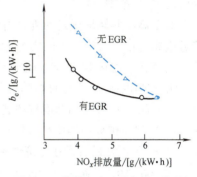

图 7-31　柴油机上实施 EGR 的效果

在压燃式发动机上也同样，当 EGR 率过大时，燃油消耗率和烟度均恶化，而且微粒排放量增加。所以，根据发动机不同工况，需要精确控制再循环废气量。

另外，利用 EGR 的上述特点，通过适当的 EGR 率控制气缸内的燃烧温度，由此组织开发均质压燃（HCCI）或预混合压燃（PCCI）等清洁燃烧过程。

图 7-32 所示为某一台轻型车用增压柴油机，在 2300r/min 的不同负荷下，EGR 对发动

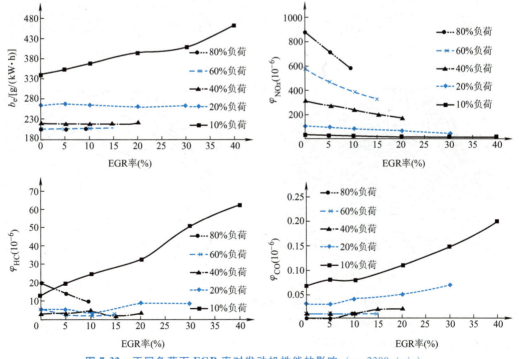

图 7-32　不同负荷下 EGR 率对发动机性能的影响（$n = 2300 r/min$）

机性能的影响。由此可知，因负荷不同 EGR 对发动机性能影响的效果也不同。在负荷率为10%的小负荷时，由于空燃比大，混合气稀薄，燃烧条件较差，热效率较低，所以此时随EGR 率的增加燃油消耗率以及 HC 和 CO 排放呈线性增加，但 NO_x 排放基本没有变化；在负荷率为 20%以上的中小负荷区，随 EGR 的增加，在燃油消耗率基本保持不变的前提下，出现不同程度的 NO_x 排放降低，特别是负荷越大，EGR 抑制 NO_x 的效果越明显，而且 HC 和 CO 排放也基本保持不变。但是，由于增压器的作用，负荷增加则进气压力增加，所以所能实施的 EGR 范围有限。

对于高压共轨增压发动机，当转速超过一定转速（$n > 3000 \text{r/min}$）以后，由于进气压力接近或超过排气背压，不能实施 EGR。所以，在可实现 EGR 的工况范围内，通过不同转速下的负荷特性优化 EGR 率、确定 EGR 率控制 MAP 图以后（图7-33a），EGR 率对经济性以及 NO_x 和烟度排放特性的影响分别如图 7-33b、c、d 所示。在大负荷区，由于不能实施EGR，因此 NO_x 排放和烟度排放普遍偏高；在高转速中小负荷区，由于增压并采用高压喷射，所以 NO_x 排放和烟度排放较低；在车用发动机常用的中低转速中小负荷工况范围内实施合理的 EGR 率以后，在经济性基本保持不变的条件下 NO_x 排放明显降低，使 NO_x 排放水平低于 300×10^{-6}，而波许烟度值也只有 $0 \sim 0.8$ 的水平。

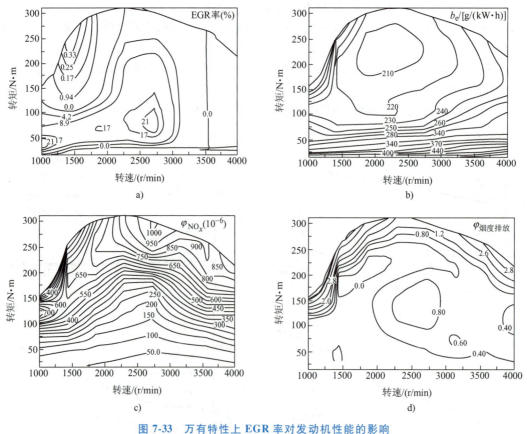

图 7-33 万有特性上 EGR 率对发动机性能的影响

a）等 EGR 率线　b）等油耗线　c）等 NO_x 排放线　d）等烟度排放线

第八章

发动机与汽车动力传动系统的匹配

发动机作为汽车的动力源，其性能的好坏直接影响整车性能。但是发动机性能好，不等于汽车性能一定就好。一辆性能好的汽车必须具备良好的动力传动系统，同时必须与发动机性能良好匹配，以此在保证汽车动力性的前提下，使汽车常用的运行区选择在发动机经济性最好，同时 CO、HC、NO$_x$ 及烟度排放最低的工况区。汽车动力传动系统和发动机性能的匹配，主要通过以下两种途径来实现：一种是对动力传动系统已确定的车辆，选用万有特性适应该汽车行驶要求的发动机；另一种是通过正确选用底盘参数，将汽车常用运行工况选择在该发动机万有特性上的经济区和低排放区的最佳工况区。通过汽车动力传动系统的优化匹配，充分发挥发动机的性能，以保证整车性能达到最佳状态。

为此，本章主要介绍现代汽车动力传动系统及其匹配方法、与整车匹配直接相关的汽车动力传动装置、汽车行驶原理等。

第一节　现代汽车动力传动系统

随着低碳化要求的不断提高，电动汽车因其运行过程中可实现零排放而重获新生，故作为现代汽车动力源的发动机主要有内燃机和电机两种类型。从实用角度，两种动力源独立使用时前者为燃油（内燃机）汽车，后者为纯电动汽车，若两种动力源混合使用，则称之为混合动力汽车。而汽车的动力传动系统因动力源类型的不同差别很大，且匹配的具体内容和评价方法也不同。所以了解不同动力源车型的动力传动系统，对整车匹配乃至提高整车性能至关重要。图 8-1 所示为传统燃油汽车的动力传动系统，由此表示内燃机输出的动力向车轮的传递途径。

虽然燃油汽车的节能减排技术已很成熟，但由于其能量转换固有的燃烧模式，实现零排放是不可能的，而电动汽车在行驶过程中可实现零排放，故备受重视。图 8-2 所示为纯电动汽车动力传动系统的类型，主要分为由电机前置前轮驱动的单机驱动模式和多机驱动模式。单机驱动系统的电机布置形式有纵向布置形式和横向布置形式，其中横向布置形式可将电机、减速器和差速器集成为一体，由此简化动力传动系统。多机驱动模式包括两轮驱动方式和四轮驱动方式，即各驱动轮分别用独立的电机来驱动，其中将各驱动轮电机和固定速比减

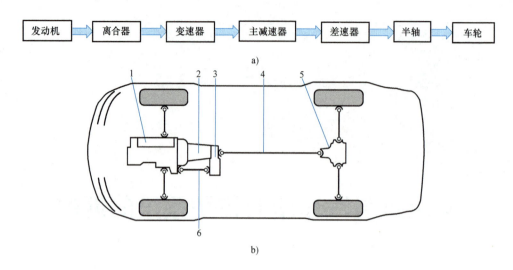

图 8-1 传统燃油汽车的动力传递途径及传动系统

a）动力传递途径 b）动力传动系统

1—发动机 2—变速器 3—分动器 4—传动轴 5—差速器 6—前轮差动装置的驱动轴

速器布置在车轮半轴位置时，称之为轮边电机，各驱动轮可独立控制，实现电子差速，无需机械差速器；当把电机的外转子直接安装在车轮的轮缘上时，称之为轮毂电机，这种结构彻底去掉了机械齿轮减速器，驱动系统进一步简化，通过电机的转速直接控制车速。所以，纯电动汽车动力传动系统的结构取决于驱动电机的布置方式，一旦确定了电机布置方式，动力传动系统的匹配问题就变成根据电动汽车行驶要求选择动力源（电机、动力电池）的问题了。

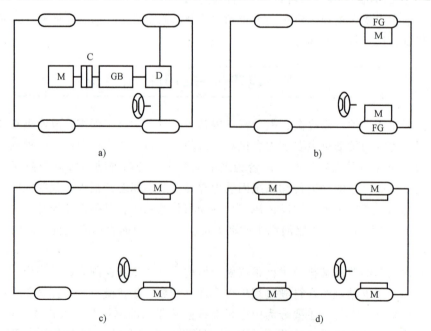

图 8-2 纯电动汽车动力传动系统的类型

a）单机前置前轮驱动 b）双机轮边电机驱动 c）轮毂电机两驱 d）轮毂电机四驱

M—电机 C—离合器 GB—变速器 D—差速器 FG—前轮

虽然电动汽车在行驶过程中可实现零排放，但纯电动汽车所需的动力来源于动力电池供给的电能，而动力电池一次充电的放电能力有限，所以纯电动汽车续驶里程受动力电池容量的限制。至今尚未发现一种能同时为纯电动汽车提供足够的比能量和比功率的能源，只有当电动汽车的能源技术有突破时电动汽车才会普及，在此之前采用混合动力是解决汽车节能减排及续驶里程问题的有效途径。所谓混合动力汽车（Hybrid Electric Vehicle，HEV）是指由两种或两种以上的储能器、能源或转换器作为驱动能源，其中至少有一种能提供电能的汽车。所以，车用混合动力系统组合内燃机和电机两种动力源，并发挥各自优点，互补各自缺点，由此提高整车效率。

目前常用的混合动力汽车的共同特点是都采用内燃机和电机两种动力源，但由于动力源使用状态不同，混合动力系统又可分为串联式（增程式）、并联式和混联式三种类型，如图 8-3 所示。串联式混合动力系统，由内燃机、发电机、电动机以及动力电池等组成，内燃机驱动发电机发电，并将一部分电能用来给蓄电池充电，另一部分电能用来驱动电动机，由此驱动车轮。增程式混合动力汽车（Range Extended Electric Vehicle，REEV）是一种典型的串联式混合动力汽车，是一种向纯电动汽车的过渡产品。当电池的电量充足时，动力电池向驱动电动机供电，由电动机驱动车轮，内燃机不参与工作；当车载电池无法满足续驶里程要求时，起动内燃机驱动发电机为电池充电，以延长续驶里程，故尽可能采用小型内燃机作为辅助供电装置。串联式混合动力系统中内燃机到车轮之间无动力传动机构，故其动力传动系统与纯电动汽车类似。并联式混合动力系统由内燃机、电动机/发电机和电池等组成，通过设置动力分配装置，实现内燃机和电动机独立驱动车轮的，可采用内燃机单独驱动、电动机单独驱动以及内燃机和电动机混合驱动三种工作模式，由此适应不同行驶条件，改善燃油经济性和排放特性。混联式混合动力系统由内燃机、电动机、电动机/发电机以及电池等组成，在结构上相对串联式增加了机械传动系统，相对并联式增加了电能传输路线，由此综合了串联式混合动力系统和并联式混合动力系统的优点，可实现内燃机独立驱动、电动机独立驱动、内燃机和电动机联合驱动，以及电动机和电动机/发电机联合驱动模式，但结构复杂，成本高。

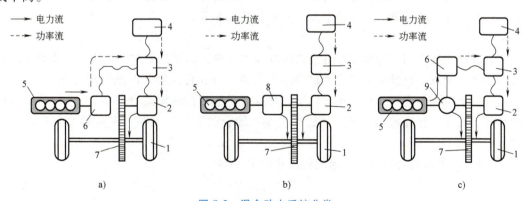

图 8-3　混合动力系统分类

a）串联式　b）并联式　c）混联式

1—驱动轮　2—电动机　3—功率转换器　4—蓄电池　5—内燃机　6—发电机　7—减速器　8—变速器　9—动力分配器

这就是说，汽车动力传动系统的匹配，首选要确定采用何种动力源，然后根据不同动力源的车型进行匹配。对传统燃油汽车动力传动系统的匹配主要通过以下两种途径来实现：一种是对动力传动系统已确定的车辆，选用适合于该汽车行驶要求的内燃机；另一种是根据车型内燃机已确定的条件下，通过正确选用动力传动系统的布置形式和主要性能（底盘）参数，使汽车常用运行工况选择在该内燃机整机性能最佳的工况，即通过汽车动力传动系统的优化匹配，充分发挥内燃机的性能，以保证整车性能达到最佳状态。对纯电动汽车根据汽车动力性和成本要求确定动力源布置（驱动）方式，然后根据续驶里程等要求确定电池类型及其能量管理系统。对混合动力汽车则根据混合程度，即电动机输出功率相对内燃机输出功率的比值，以及整车动力性、经济性和排放特性，确定混合动力驱动方式后，根据不同混合动力的驱动方式进行匹配设计。

但是，无论汽车采用何种动力源，汽车行驶条件对驱动力的要求基本上是一致的，即爬坡时要求低速高转矩，巡航时要求高速低转矩，超车时要求具有瞬时超载能力。而汽车动力传动系统的作用就是适应汽车行驶条件控制对车轮的驱动力，即根据汽车行驶要求控制动力源将适当的动力传递到车轮，只是不同动力源对环境的影响不同而已。

第二节　汽车动力传动装置及主要参数的确定

汽车是通过轮胎与路面之间的作用力和反作用力，将发动机输出的动力转化为对车体的牵引力而行驶的。为了更有效地利用发动机所输出的有限动力，发动机和轮胎之间需要连接界面，即动力传动装置。和发动机一样，动力传动装置也是构成一台完整汽车所必须的装置。因此，汽车的性能取决于发动机性能和动力传动系统参数的良好匹配。

不同的车型其动力传动装置有所不同，但汽车上动力传递的途径基本相同。本节以燃油汽车为例，介绍其动力传递系统的基本结构特点（图8-1）。

一、动力传动装置及其作用

动力传动装置的主要作用是连接或断开动力传动，并根据汽车实际行驶过程中对不同转矩的需求，对发动机输出的转矩进行放大调节。根据动力传动装置各部分的作用，将其分为离合器、变速器、传动轴、主减速器及差速器等几大部分。

1. 离合器

离合器的主要作用是连接或断开发动机的动力传递，即当汽车在停止状态时遮断发动机的动力传递，当汽车行驶时连接发动机的动力传递，并在传递转矩时减轻扭转振动。所以，要求离合器能可靠传递发动机的最大转矩，并具有足够的传递储备（转矩容量）；而且分离时要彻底、迅速；保证摘档轻便，换档冲击小；接合时平顺、柔和；起步时没有抖动和冲击性。

式（8-1）表示离合器所要传递的转矩容量 T_c，即

$$T_c = T_{tqmax}\beta \tag{8-1}$$

式中，T_{tqmax} 为发动机的最大转矩；β 为储备系数，$\beta > 1$。

燃油汽车上常用的离合器有干摩擦片式离合器、液力式离合器及电磁式离合器等（图8-4），并已向自动化控制方向发展，即通过离合器的自动控制顺滑地完成起步及变速过程。

一般手动变速器常采用干摩擦片式离合器，而自动变速器一般多采用变矩器来替代离合器。变矩器的特点是用流体进行动力传递，所以即使不切断动力也可以停止汽车运行。

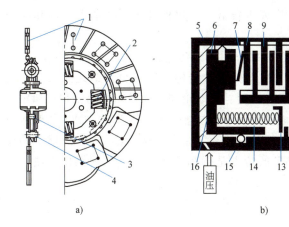

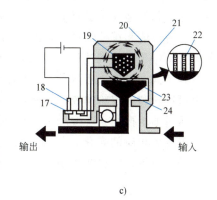

a)　　　　　　　　　　　b)　　　　　　　　　　　c)

图 8-4　离合器的类型

a）干摩擦片式　b）液力式　c）电磁式

1—摩擦片　2—径向弹簧　3—阻尼弹簧铆钉　4—从动盘铆钉　5—离合器转子　6—活塞　7—压板　8—驱动板
9—传动板　10—限位板　11、12—卡环　13—弹簧座　14—回位弹簧　15—D 形环　16—油环
17—环形电极　18—电刷　19—线圈　20—驱动盘　21—磁路　22—铁粉　23—工作面　24—从动盘

2. 变速器

在动力传动系统中，变速器的作用是将发动机输出的动力通过不同的传动比（变速比）进行放大，以适应不同的汽车行驶条件对转矩（变速比）的不同需求。如汽车从低速到高速行驶时，有各种不同的行驶条件，从而需要用多个变速比调节发动机输出的转矩，使之适应不同行驶条件下对牵引力的要求。所以，要求变速器具有足够的变速范围，即档位数及各档变速比，使得在发动机万有特性上有选择的余地。但实际上变速比及档位数受变速器结构的限制。根据变速器的结构特点，将变速器分为有级变速器和无级变速器（CVT）。有级变速器又分为手动变速器（MT）和液力自动变速器（AT）。

最常见的变速器是齿轮式手动变速器（图 8-5a）。轿车用手动变速器以前进 5 档型占主流。自动变速器是可以自动改变变速比的，主要是以改善驾驶性为目的而发展起来的。

液力自动变速器（AT）是一种能够根据内燃机转速来自动换档的装置，即通过液力传动装置与行星齿轮组合的方式实现自动变速。它由液力变矩器、行星齿轮机构、换档执行机构、换档控制系统以及换档操纵机构等组成。在车辆行驶过程中，AT 不用离合器换档，且档位少、变化大、动力连接平稳、操作容易，有利于改善乘车舒适性。但存在的问题是对速度变化反应较慢，没有手动变速器灵敏，而且燃油经济性差、传动效率低、转矩调节范围有限，同时机构复杂、修理困难。针对 AT 存在的问题，对轿车用变速器开发应用手自一体的自动变速器（AMT），它结合了 AT（自动）和 MT（手动）变速器的优点，是机电一体化的一种自动变速器，其工作原理与手动变速器一样，只是 AMT 的汽车换档时不用踩离合器踏板，如同 AT 只通过加速踏板就可以进行换档操作，但 AMT 仍存在换档过程中动力中断问题。

从根本上解决有级变速器换档过程（摘档→空档→挂档）中动力中断问题的技术措施就是双离合器变速器（Dual Clutch Transmission，DCT）。它采用两套离合器，其中之一只负责奇数档变速，另一个只负责偶数档变速，通过这种奇、偶两套离合器相互交替工作，即某一变速器摘档时另一变速器直接挂档，实现无间隙的换挡过程。DCT 的特点是综合了 AT 和

AMT 的优点，且传动效率高、结构简单、生产成本较低，不仅保证了汽车的动力性和经济性，而且很好地改善了舒适性。

随着节能和排放法规要求的不断严格，已开始应用无级变速器（CVT）（图 8-5b），顾名思义，CVT 的换档过程是连续可变的。CVT 根据传动带结构不同可分为链式无极变速器和金属带式无极变速器两种，其核心部件就是主动轮、从动轮和传动带。主动轮和从动轮分别由可动轮和固定轮构成，且圆周外缘设计成"V"形槽，槽内安装传动带。CVT 的变速原理是通过油压控制系统推动主、从动轮的可动轮时，传动带在主、从动轮"V"形槽上的径向位置发生相应的变化，从而实现变速。CVT 的特点是行车经济性好，驾驶操作方便，但缺点是响应慢，输出转矩小。

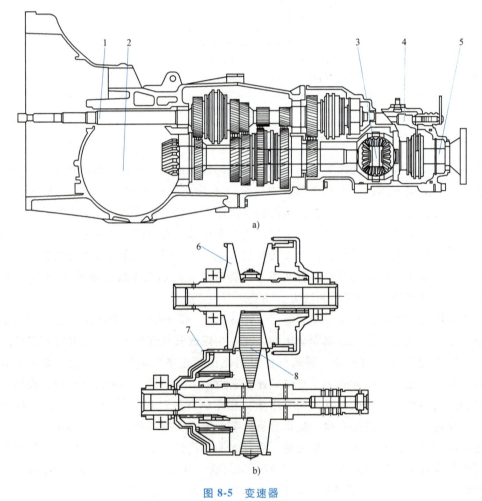

图 8-5　变速器

a）手动变速器　b）无级变速器（CVT）

1—输入轴　2—前轮驱动输出口　3—中心差动齿轮　4—差动齿轮操纵拨叉
5—后轮驱动输出口　6—驱动轮　7—从动轮　8—传动带

3. 传动轴

内燃机前置后轮驱动（FR）的动力传动系统，由于内燃机和变速器固定在车体上，而车体是由车轮通过悬架支承的，因此在汽车行驶过程中变速器相对车轮驱动轴有相对位置

（距离）和角度的变化，而且经变速器输出的内燃机转矩通过传动轴向车轮传递的同时，吸收这种位置和角度的变化量。为此，一般采用万向节传动方式。如图 8-6 所示，万向节主要由主动轴和从动轴构成，而主、从动轴通过"十"字形轴相连接。通过这种结构在相对位置不断变化的两根轴之间传递动力。

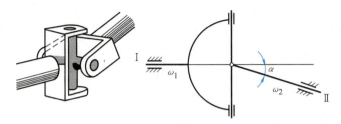

图 8-6　万向节

万向节的主、从动轴之间的转角传动关系为

$$\tan\varphi_1 = \tan\varphi_2 \cos\alpha \tag{8-2}$$

式中，φ_1 为主动叉所在平面与万向节主、从动轴所在平面的夹角；φ_2 为从动叉所在平面与万向节主、从动轴所在平面的夹角。

瞬时角速度的传递关系为

$$\frac{\omega_2}{\omega_1} = \frac{\cos\alpha}{1-\sin^2\alpha\cos^2\varphi_1} \tag{8-3}$$

当 ω_1、α 一定时，ω_2 随 φ_1 而变化。即当 $\varphi_1 = 0$，π，2π 时，$\omega_2 \approx \omega_{2\max}$；当 $\varphi_1 = \dfrac{\pi}{2}$，$\dfrac{3\pi}{2}$ 时，$\omega_2 \approx \omega_{2\min}$。但万向节的主、从动轴的平均角速度相等，所以，万向节的转矩传递关系为

$$T_2 = T_1 \frac{1-\sin^2\alpha\cos^2\varphi_1}{\cos\alpha} \tag{8-4}$$

即当 T_1、α 一定时，输出转矩随 φ_1（轴旋转）而周期性变化。

4. 主减速器

主减速器是设置在车轮驱动轴一侧的，用于进一步增大减速比，以放大对车轮的驱动转矩并调节车速的装置，同时主减速器将发动机曲轴的旋转方向改变成车轮的旋转方向，保证汽车正常行驶。有了主减速器以后可使变速器的结构小型紧凑化；否则，为了达到汽车行驶所要求的传动比（驱动转矩），变速器的结构要变得很大。

对发动机前置后轮驱动的 FR 型汽车，发动机曲轴旋转方向与车轮旋转方向不同，互相垂直，所以主减速器用一对锥齿轮（空间）构成（图 8-7）。而

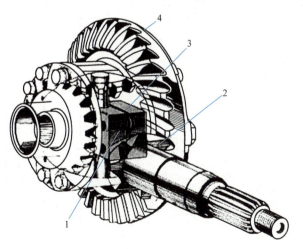

图 8-7　主减速器

1—从动离合板　2—驱动小齿轮

3—主动离合板　4—大（减速）齿轮

对发动机前置（横置）前轮驱动（FF）的汽车，由于发动机曲轴旋转方向和车轮旋转方向一致，所以采用一对弧齿锥齿轮。

单级主减速器虽然结构简单，但当所要求的传动比过大时，其外壳尺寸增加，使得汽车离地间隙过小，降低了汽车的通过性。所以，单级主减速器的主减速比一般取 $i_0 = 3.5 \sim 6.7$。为了获得较大的传动比，采用双级主减速器，主要由第一级锥齿轮副和第二级斜齿圆柱齿轮副组成。其特点是可获得 $i_0 = 6 \sim 10$ 的主减速比，而且可以减小二级从动轮的外径，从而减小主减速器的外形尺寸，提高汽车的通过性。

在确定主减速比时，主要考虑以下三个方面的因素。

1）满足汽车动力性和经济性的要求。

2）使相啮合齿轮的齿数间没有公约数，以保证主、从动齿轮的各齿之间都能正常啮合，起到自动磨合的作用。

3）大、小齿轮的齿数之和要大于40，以保证重合度和轮齿的抗弯强度。

对轿车，一般小齿轮齿数 z_1 不小于9；对于货车，z_1 不小于6。

5. 差速器

当汽车转弯时，其左右车轮的转弯半径不同，所以其旋转速度也不一样。差速器就是适应这种左右车轮的转速差，并同时向车轮传递动力的装置。

如图8-8所示，汽车上常采用对称锥齿轮式差速器。设由主减速器驱动的差速器外壳的角速度为 ω_0，而两个半轴的角速度分别为 ω_1、ω_2，则三者角速度的关系为

$$\omega_1 + \omega_2 = 2\omega_0 \tag{8-5}$$

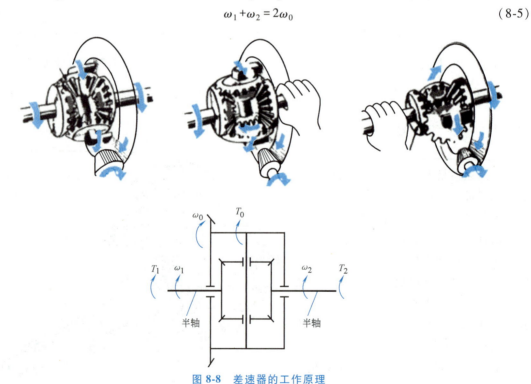

图8-8　差速器的工作原理

当某一半轴不转时，如 $\omega_2 = 0$ 时，则另一侧半轴的角速度为 $\omega_1 = 2\omega_0$；当差速器外壳的角速度 $\omega_0 = 0$ 时，$\omega_1 = -\omega_2$，即左右轮反向等速转动。

如果差速器外壳所受到的转矩为 T_0，而转速快的和转速慢的两个半轴对差速器的反转矩分别为 T_1 和 T_2，T_r 为差速器内部的摩擦力矩，则由力矩平衡关系式，有

$$T_2 - T_1 = T_r \tag{8-6}$$

$$T_2 + T_1 = T_0 \tag{8-7}$$

这里，定义差速器的锁紧系数为 K，$K = T_r / T_0$，则由式（8-6）和式（8-7）得

$$T_1 = 0.5 T_0 (1-K) \tag{8-8}$$

$$T_2 = 0.5 T_0 (1+K) \tag{8-9}$$

如果不计差速器内部摩擦力矩，使 $K = 0$ 时，$T_1 = T_2 = 0.5 T_0$，即左右半轴转矩平均分配。如果考虑内部摩擦力矩并且 $K > 0$ 时，$T_1 < T_2$。增大 K 可以较好地利用左右轮上的附着力，提高汽车的通过性。所以，现代汽车一般取 $K = 0.33 \sim 0.67$。

对全轮驱动的汽车（如 4WD），需要向前轮和后轮分配牵引力。此时，就专门设置动力分配装置来完成前、后轮动力分配的任务。

而双电机驱动或四轮驱动的多动力源纯电动汽车，可通过各驱动电机的独立控制来实现差速控制，所以可省略差速器。

二、动力传动系统主要性能参数的选择

1. 发动机最大功率的选择

针对汽车的使用条件，结合当时推行的排放法规、市场需求以及对整车动力性、经济性等要求，选择发动机的类型，如汽油机、柴油机、CNG/LPG 等燃料发动机、电动力、混合动力等。确定发动机类型之后，需要确定所需发动机的最大功率。此时，根据汽车最高车速要求，按式（8-10）确定发动机的最大功率，即

$$P_e = \frac{1}{\eta_T} \left(\frac{Wf}{3600} v_{amax} + \frac{C_D A}{21.15} v_{amax}^3 \right) \tag{8-10}$$

式中，η_T 为动力传动效率；W 为作用于车轮上的法向载荷（或总自重）（N）；f 为轮胎的滚动阻力系数；v_{amax} 为设定的最高车速（km/h）；C_D 为空气阻力系数；A 为汽车正投影面积（m^2）。

对货车，由于其最高车速及加速性要求相对较低，所以估算发动机功率时，可忽略空气阻力，所以式（8-10）可简化为

$$P_e = \frac{1}{\eta_T} \frac{Wf}{3600} v_{amax} \tag{8-11}$$

对同类车因最高车速相差不多，所以一般取 P_e / W 之比为常数。

2. 最小传动比的选择

最小传动比是指汽车行驶过程中处于最高档位时的传动比，是汽车经常行驶的状态参数之一。当不带动力分配装置时，汽车的总传动比为

$$i_t = i_0 i_K \tag{8-12}$$

式中，i_0 为主减速比；i_K 为变速器某档位的变速比（速比）。

一般变速器最高档位（直接档）的最小速比为 $i_{Kmin} \approx 1$。此时，汽车的最小传动比等于主减速比 i_0，即

$$i_{tmin} = i_0 \tag{8-13}$$

若变速器的最高档不是直接档而是超速档，并且其速比 $i_{K\min} < 1$（一般取 0.8）时，汽车的最小传动比为

$$i_{t\min} = i_0 i_{K\min} \tag{8-14}$$

所以，主减速比一定时，汽车最小传动比就取决于变速器的最高档速比 $i_{K\min}$。在选择 $i_{K\min}$ 时，主要考虑以下两个方面的因素。

1）应考虑汽车最高档的爬坡能力和加速能力，即具有足够的最高档最大动力因数 $D_{0\max}$，即

$$D_{0\max} = \left(\frac{T_{tq\max} i_{t\min} \eta_T}{r} - \frac{C_D A}{21.15} v_{aM}^2 \right) / W \tag{8-15}$$

式中，v_{aM} 为最高档时发动机最大输出转矩点的转速 n_M 所对应的车速；r 为轮胎半径。

在确定 $i_{K\min}$ 时，最终还要考虑汽车的动力性和经济性。一般，货车 $D_{0\max} = 0.04 \sim 0.1$，客车 $D_{0\max} = 0.03 \sim 0.08$，微型、轻型、中型轿车 $D_{0\max} = 0.07 \sim 0.15$，高级轿车 $D_{0\max} = 0.14 \sim 0.20$。

2）从动力传动装置和发动机性能合理匹配的角度确定最高传动比，并根据道路情况选定 i_0 和轮胎半径 r 后，使最高档行驶于平路时的牵引功率曲线与发动机外特性曲线相交于最大功率点，此时满足关系式（8-10），用牵引力表示为

$$F_{t\max} = \frac{T_{tqP} i_{t\min} \eta_T}{r} = Wf + \frac{C_D A}{21.15} v_{a\max}^2 \tag{8-16}$$

式中，T_{tqP} 为内燃机外特性上对应最大功率 $P_{e\max}$ 点的转矩。

最终确定 $i_{t\min}$ 时在这两种方式中取其中较大者为最小传动比。

3. 最大传动比的选择

汽车的最大传动比，即最低档 i_I 是根据汽车最大爬坡度来确定的。在确定最大传动比时，除了考虑最大爬坡能力以外，还要考虑附着力和汽车最低稳定车速。一般最大传动比 $i_{t\max}$ 等于变速器第 1 档速比 i_I 与主减速比 i_0 之积，即

$$i_{t\max} = i_I i_0 \tag{8-17}$$

确定最大传动比的方法有以下三种：

1）根据最大爬坡度确定变速器第 1 档速比 i_I。汽车在爬坡行驶时，车速不高，故忽略空气阻力，则最大牵引力为

$$F_{K\max} \geqslant F_f + F_{i\max} \tag{8-18}$$

式中，$F_{K\max}$ 为驱动车轮的最大牵引力；F_f 为滚动阻力；$F_{i\max}$ 为最大坡道阻力。

又因为

$$F_{K\max} = \frac{T_{tq\max} i_I i_0 \eta_T}{r}$$

$$F_f = fW\cos\theta_{\max}, \qquad F_{i\max} = W\sin\theta_{\max}$$

所以

$$\frac{T_{tq\max} i_I i_0 \eta_T}{r} \geqslant W(f\cos\theta_{\max} + \sin\theta_{\max}) = W\varphi_{\max}$$

即

$$i_I \geqslant \frac{W\varphi_{\max} r}{T_{tq\max} i_0 \eta_T}$$

其中
$$\varphi_{max} = f\cos\theta_{max} + \sin\theta_{max}$$

式中，φ_{max} 为最大道路阻力系数；f 为滚动阻力系数；r 为驱动轮滚动半径；θ_{max} 为道路最大坡度角。

2）根据驱动轮与路面的附着力确定第 1 档速比 i_I。汽车行驶时为了使驱动轮不打滑，必须使驱动力小于或等于驱动轮与路面之间的附着力，即

$$\frac{T_{tqmax} i_I i_0 \eta_T}{r} \leqslant N\zeta \tag{8-19}$$

式中，ζ 为道路附着系数，一般 $\zeta = 0.5 \sim 0.6$；N 为驱动轮垂直（法向）反力，有

$$N = (x\cos\theta + sh\sin\theta)\frac{W}{L}$$

其中，当后轮驱动时，取 $x = a$，$s = +1$；当前轮驱动时，取 $x = b$，$s = -1$；当全轮驱动时，取 $x = L$，$s = 0$。这里，a、b 分别为汽车质心距前后轮轴的距离；L 为汽车前后轮轴距；h 为汽车满载时质心的高度。

由此确定的第 1 档速比 i_I 为

$$i_I = \frac{N\zeta r}{T_{tqmax} i_0 \eta_T} \tag{8-20}$$

3）根据最低稳定车速确定第 1 档速比 i_I。对于越野车，为了保证在松软的路面上轮胎对地面的附着力，i_I 应保证汽车能在极低车速下稳定行驶。设最低车速为 v_{amin}（km/h），则第 1 档速比为

$$i_I = \frac{0.377 n_{min} r}{v_{amin} i_0 i'} \tag{8-21}$$

式中，n_{min} 为发动机最低转速（r/min）；i' 为动力分配装置的低档传动比；r 为轮胎半径（m）。

由上述三个条件所确定的第 1 档速比不相等时，取其中最小值作为汽车的最大传动比。

4. 变速器各档传动比的确定

变速器的最高档和最低档确定之后，再确定中间的各档速比，这样可以使发动机的功率得到全面的利用，同时发挥各档的最大效用。但是，如果相邻两档之间传动比过大时，会造成换档过程中转速变化范围过大而导致换档困难。所以，一般要求相邻两档之间传动比的最大比值在 1.7~1.8。在初步确定各档速比时，相邻两档之间的速比一般可按几何级数公比法确定，即

$$i_n = i_{n+1} q \tag{8-22}$$

其中
$$q = \sqrt[(k-1)]{i_{max}/i_{min}}$$

式中，q 为几何公比；k 为变速器的档位数。

这种几何级数公比法并不代表最佳档位的分配。实际匹配时，最终根据优化标定的结果来确定。

5. 轮胎的选择

轮胎对汽车行驶特性有直接的影响，在选择轮胎时主要考虑轮胎所能承受的负荷能力和速度等级等。而轮胎的结构类型及规格已标准化，其国际标准代号由轮胎宽度、轮胎断面扁

平比、轮辋直径、负荷指数、车速代号等构成。例如代号为 175/70R 14 77H 的轮胎，其中 175 表示轮胎的宽度（mm）；70 表示轮胎断面扁平比（断面高度与宽度之比）为 70%；R 表示子午线轮胎；14 表示轮辋直径为 14in（355.6mm）；77 表示负荷指数，代表 1 条轮胎在指定条件下的最大载重能力（常用代号形式表示，可查表），如负荷指数 77 表示单条轮胎可承受的最大负荷为 412kg；H 为许用的车速等级，表示可用最高车速为 210km/h（可查表）。所以，轮胎的选择就成为轮胎规格和轮胎花纹的选择问题。

选择轮胎规格时，在满足轮胎承载能力、许用车速等级要求的前提下，适当增加轮胎半径，可改善整车燃油经济性。也有考虑轮胎的负荷系数来选择的，其定义是：在标准规定的使用条件下按速度等级标明的速度行驶时，轮胎承受的最大静负荷与额定负荷之比。一般轮胎负荷系数的取值范围为 0.9~1.0，常高速行驶的车辆取下限，而常用车速低时取偏大一些，但不能大于 1.2。

轮胎的花纹直接影响轮胎与路面之间的摩擦系数，是提高汽车性能、确保汽车行驶安全、改善操纵稳定性和行驶平顺性的重要环节，所以轮胎花纹的选择显得尤为重要。轮胎花纹选择的主要依据是车辆经常使用的路况和车速。对经常在硬路面上中速行驶的车辆，如货车和客车，选用横向花纹或纵横兼有的轮胎花纹；而常在高速公路或良好路面上行驶的车辆，选用散热性好、横向稳定强的纵向花纹或纵横兼有的轮胎花纹。

第三节　汽车行驶基本原理及特性

汽车行驶的基本特性取决于牵引力与各种行驶阻力的平衡关系，也就是说汽车的不同行驶条件决定了其行驶阻力，而牵引力是使汽车行驶的驱动力。因此掌握牵引力及汽车行驶阻力的概念，对领会汽车行驶原理乃至对各种类型汽车动力传动系统的匹配设计，具有重要的意义。

一、牵引力

为了正确理解汽车行驶过程中如何运用发动机的性能，了解汽车的行驶原理是很重要的。在平坦的路面上汽车加速行驶时，其运动规律符合牛顿第二定律，即

$$F_K = ma \tag{8-23}$$

式中，F_K 为牵引力（N）；m 为整车质量（kg）；a 为汽车的加速度（m/s²）。

在汽车行驶过程中，将发动机输出的转矩经传动系统传递到半轴用来驱动轮胎的转矩称为驱动转矩，对应的力称为驱动力。当驱动轮不打滑时驱动力等于牵引力；当驱动力大于牵引力时驱动轮打滑，汽车不能正常行驶。因此，牵引力实际上就是在汽车行驶过程中路面对驱动轮的反作用力，该作用力通过车轴向车体传递，从而形成保证汽车正常行驶的推动力。如图 8-9 所示，设轮胎半径为 r，则汽车正常行驶时牵引力和作用于车

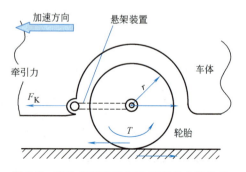

图 8-9　轮胎的驱动转矩和牵引力之间关系

轴上的驱动转矩之间的关系为

$$T = F_K r \tag{8-24}$$

由发动机原理可知，当气缸数为 i，气缸工作容积为 V_s（L），平均有效压力为 p_{me}（MPa）时，发动机的输出转矩 T_{tq}（N·m）由式（2-20）有

$$T_{tq} = \frac{318.3 p_{me} i V_s}{\tau}$$

式中，τ 为冲程数。这就是说发动机的输出转矩 T_{tq} 取决于平均有效压力 p_{me} 和排量 iV_s。当发动机结构一定时，T_{tq} 只取决于平均有效压力 p_{me}。根据发动机的速度特性，输出转矩随发动机转速变化，但其变化范围与汽车实际行驶时的路面阻力矩变化量相比较显得很小。因此，在汽车行驶过程中，为了适应复杂变化的道路阻力，保证汽车稳定运行，将发动机有限的转矩范围通过变速机构进行放大，以适应各种不同的汽车运行状况。因此，每一台汽车都需要变速器，以满足汽车行驶的基本要求。图8-10 所示为通过变速器进行变速时的驱动转矩特性。在一定道路阻力下，汽车行驶速度提高到一定车速时，牵引力逐渐降低，为此对变速器进行换档，顺次减小变速比。所以，在动力传动装置中，变速器起着很重要的作用，即将发动机输出的转矩特性，如图 8-10 所示按阶段性地进行增减，以变换成驱动汽车所必要的牵引力。此时牵引力和发动机转矩之间的关系为

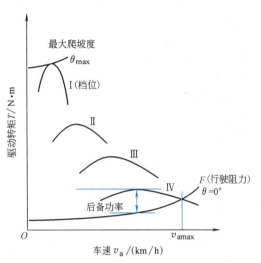

图 8-10　变速时的驱动转矩特性

$$F_K = \frac{T_{tq} i_K i_0 \eta_T}{r} \tag{8-25}$$

式中，T_{tq} 为发动机转矩；i_K 为变速器各档位的速比；i_0 为主减速比；η_T 为传动系统的机械效率。

一般，汽车行驶时牵引力的变化特性是，当车速增加时牵引力减小；反之，车速降低时牵引力增加。

二、汽车的行驶特性

汽车的行驶特性主要取决于由发动机输出的牵引力和各种汽车的行驶阻力。行驶阻力包括轮胎的滚动阻力、汽车行驶中的空气阻力、坡道阻力和加速阻力。汽车在行驶过程中，牵引力 F_K 和行驶阻力相平衡，即

$$F_K = F_f + F_i + F_W + F_j = \frac{T_{tq} i_K i_0 \eta_T}{r} \tag{8-26}$$

式中，F_f 为轮胎的滚动阻力；F_W 为空气阻力；F_i 为坡道阻力；F_j 为加速阻力。

1. 轮胎的滚动阻力

在平坦的路面上，轮胎的滚动阻力为

$$F_f = fW \tag{8-27}$$

式中，W 为作用于汽车上的重力（N）；f 为轮胎的滚动阻力系数，主要与路面状态、轮胎转速、轮胎结构及材料、轮胎气压及接地负荷等因素有关。

对良好的沥青或混凝土路面，一般 $f = 0.01 \sim 0.018$，对货车常取 $f = 0.02$；轿车取 $f = 0.0165 + 0.01\ (v_a - 50)$，其中 v_a 是汽车行驶速度（车速），因轿车平均车速高，所以要考虑车速对阻力系数的影响。

2. 空气阻力

当车速为 v_a 时，空气相对汽车的行驶阻力为

$$F_W = \frac{C_D A v_a^2}{21.15} \tag{8-28}$$

式中，v_a 为车速（km/h）；A 为汽车正投影面积（m^2），一般轿车取 $A = 1.4 \sim 2.6 m^2$，货车取 $A = 3 \sim 7 m^2$，客车取 $A = 4 \sim 7 m^2$；C_D 为空气阻力系数，一般轿车取 $C_D = 0.4 \sim 0.6$，货车取 $C_D = 0.8 \sim 0.9$，大客车取 $C_D = 0.6 \sim 0.7$。

汽车一般在水平路面上匀速运行，所以准确地测量滚动阻力系数 f 和空气阻力系数 C_D 是确定稳定行驶所需牵引力 F_K 的基础。

3. 坡道阻力

汽车在路面坡度倾斜角为 θ 的坡道上行驶时，需要克服自重引起的爬坡阻力，即

$$F_i = W\sin\theta \tag{8-29}$$

式中，θ 为路面坡度的倾斜角；W 为作用于汽车上的重力（N）。

汽车的爬坡能力是指在良好的路面上克服 F_f、F_W 后的余力，在等速下全部用来克服坡道阻力而能爬上的最大坡度。爬坡行驶时汽车不加速，所以加速度取为零。故由式（8-26），有

$$F_i = W\sin\theta = F_K - (F_f + F_W) \tag{8-30a}$$

$$\theta = \arcsin\frac{F_K - (F_f + F_W)}{W} \tag{8-30b}$$

最大爬坡能力，是指变速器最低档（第 1 档）低速上坡行驶时的爬坡能力。此时，车速比较低，所以在式（8-30a）和式（8-30b）中，可忽略空气阻力项 F_W。

对于汽车，要求直接档时的爬坡能力有足够大，否则汽车常以直接档运行时，遇到较小的坡度也要经常换档，影响行驶的平均速度。爬坡时的牵引力为

$$F_K = W\sin\theta + Wf\cos\theta + \frac{C_D A}{21.15}v_a^2 \tag{8-31}$$

4. 加速阻力

一般，汽车在水平路面上加速运行，所以此时不考虑坡道阻力。设汽车的加速度为 a，则加速阻力为

$$F_j = (m + \Delta m)a \tag{8-32}$$

式中，a 为行驶加速度；m 为汽车的质量（kg）；Δm 为汽车旋转部分的等效质量（kg）。

当计入发动机旋转部分时，等效质量为

$$\Delta m = \frac{I_W + [I_F + (I_T + I_E)i_K^2]i_0^2}{r^2} \tag{8-33}$$

式中，I_W 为车轮以及随其旋转部分的转动惯量（前后轮合计）（$kg \cdot m^2$）；I_F 为主减速器输入轴旋转部分的转动惯量（$kg \cdot m^2$）；I_T 为变速器输入轴旋转部分的转动惯量（$kg \cdot m^2$）；I_E 为发动机输出轴旋转部分的转动惯量（$kg \cdot m^2$）；i_K 为变速器各档位的速比；i_0 为主减速比；r 为车轮半径（m）。

由式（8-33），在第 1 档行驶时，由于传动比最大，所以以驱动轴为基准的各旋转部分（乘 i^2）的等效质量就变得相当大。

当汽车加速时，道路的坡度角 $\theta = 0$，由式（8-26）有

$$F_j = (m + \Delta m) a = F_K - (F_W + F_f) \tag{8-34}$$

汽车加速度 a 可表示为

$$a = \frac{F_K - (F_W + F_f)}{m + \Delta m} \tag{8-35}$$

汽车的最高车速是在良好的水平路面上汽车所能达到的最高速度。此时，加速度和坡度均为零。所以，由

$$F_K = Wf + \frac{C_D A}{21.15} v_a^2$$

得

$$v_{amax} = \sqrt{\frac{21.15 (F_K - Wf)}{C_D A}} = \frac{2\pi r n \times 60}{i \times 1000} \tag{8-36}$$

式中，F_K 为牵引力（N）；W 为作用于汽车上的重力（N）；f 为轮胎的滚动阻力系数；n 为发动机额定转速（r/min）；r 为车轮半径（m）；i 为变速器最高档位时的总传动比。

由此可见，牵引力和车速是沟通汽车运行参数与发动机工况的"桥梁"。由式（8-26），当 $F_j = F_K - (F_f + F_i + F_W) > 0$ 时，汽车做加速运动；当 $F_j = F_K - (F_f + F_i + F_W) < 0$ 时，汽车做减速运动；而当 $F_j = F_K - (F_f + F_i + F_W) = 0$ 时，汽车做匀速运动。

也就是说，不管电动汽车还是燃油汽车，汽车实际运行过程中发动机所输出的功率与行驶阻力造成的能量损失功率相平衡，即

$$P_e = \frac{F_K v_a}{3600} = \frac{v_a}{3600 \eta_T} \left[Wf\cos\theta + W\sin\theta + \frac{C_D A}{21.15} v_a^2 + (m + \Delta m) a \right] = \frac{1}{\eta_T} (P_f + P_i + P_W + P_j) \tag{8-37}$$

式中，P_f、P_i、P_W 和 P_j 分别为滚动阻力、坡道阻力、空气阻力和加速阻力所消耗的功率。

第四节　发动机与动力传动装置的匹配

汽车在复杂的行驶条件下行驶时所对应的牵引力变化范围很宽，所以要求驱动力变化范围也很宽。这种汽车行驶所需要的足够宽的驱动力变化范围，只靠发动机输出的转矩特性是满足不了的。因此，必须与动力传动装置进行合理匹配。

变速器的应用就很好地解决了这个问题，变速器可以增大驱动转矩，加宽驱动转矩的变化范围。但若选择过大的变速比，会导致油耗及噪声等增加。往复式发动机低速转矩偏小，需要通过变速多段化提高转矩，以满足理想驱动力曲线的要求；而纯电动汽车因电机的调速

特性良好，故常用单档或两档变速器。一般，汽车加速性好，燃油经济性就变差；反之，采用使燃油经济性好的变速比，汽车加速性能变差。所以，缓解这一矛盾的主要措施，就是变速比的多段化，由此实现发动机性能和变速比的优化匹配。

一、发动机性能与汽车性能之间的关系

汽车的性能取决于发动机的性能及其与动力传动系统的良好匹配。一旦动力传动系统确定，发动机性能与汽车性能之间的关系就确定了，所以了解发动机性能与汽车性能之间的关系，对汽车动力传动系统的匹配设计至关重要。

1. 发动机转速与车速、传动比之间的关系

设车轮半径为 r（m），角速度为 ω（rad/s），则汽车水平移动的车速 v_a（km/h）为

$$v_a = 3.6r\omega \tag{8-38}$$

当发动机转速为 n 时，其输出轴的角速度 ω_e（rad/s）为

$$\omega_e = \frac{2\pi n}{60}$$

令变速器各档位的速比为 i_K，主减速比为 i_0，则根据传动比（$i_t = i_K i_0$）的定义，有

$$\omega = \frac{\omega_e}{i_K i_0} = \frac{2\pi n}{60 i_K i_0} \tag{8-39}$$

将式（8-39）代入式（8-38）得

$$v_a = \frac{3.6\pi rn}{30 i_K i_0} = 0.377 \frac{rn}{i_K i_0} \tag{8-40a}$$

或 n（r/min）为

$$n = 2.654 \frac{i_0}{r} i_K v_a \tag{8-40b}$$

式（8-40）表示车速与发动机转速的关系。当传动比确定后，车速与发动机转速成正比。

2. 车速 v_a、牵引力 F_K 与所需发动机功率 P_e 之间的关系

根据发动机转矩与牵引力之间的关系式（8-25）和发动机输出功率与转矩之间的关系式 $P_e = T_{tq} n / 9550$，整理得

$$P_e = \frac{F_K nr}{9550 i_K i_0 \eta_T} \tag{8-41}$$

将式（8-40）代入式（8-41）得

$$P_e = 2.779 \frac{F_K v_a}{\eta_T} \times 10^{-4} \text{ 或 } P_e = 2.779 \frac{T_{tq} i_K i_0 v_a}{r} \tag{8-42}$$

对燃油汽车而言，当汽车在一定路面上按一定车速行驶时，通过变速比和加速踏板直接控制内燃机的输出转矩 T_{tq}，即可满足汽车行驶的动力需求。

但对纯电动汽车来说，是通过电机负载电流来控制电机的输出功率 P_M 使其等于汽车行驶过程中所需功率 P_e。所以，在电动汽车复杂的行驶过程中电能源控制系统（主电路）的电流变化较大，不仅影响系统的散热和安全性，而且直接影响蓄电池的放电性能、使用寿命以及一次充电后的续驶里程。

当蓄电池端电压和逆变器（功率转换器）端电压一定时，针对汽车行驶所需求的功率 P_M（驱动电机输出端功率），要求动力电池必须提供相应的电功率 P_B（W），即

$$P_B = U_B I_B \tag{8-43}$$

式中，U_B 为蓄电池的端电压（V）；I_B 为串联蓄电池输出电路的电流（A）。

当逆变器的效率为 η_{IV}、电动机的效率为 η_M（$\eta_M = P_M/P_{MI}$，P_{MI} 为电机输入端功率）时，根据电动力传递系统的特点，电机的输出功率 P_M（W）为

$$P_M = \eta_M P_{MI} = \eta_M \eta_{IV} P_B \tag{8-44}$$

对于三相交流感应电机，P_{MI}（W）为

$$P_{MI} = \sqrt{3}\, U_{MI} I_{MI} \cos\phi \tag{8-45}$$

式中，U_{MI} 和 I_{MI} 分别为逆变器输出（电机输入）端的线电压（V）和线电流（A）；$\cos\phi$ 为交流感应电机的功率因数。

由于纯电动汽车行驶过程中所需功率可换算至电机输出端功率，即

$$P_M = 1000 P_e \tag{8-46}$$

所以，对纯电动汽车直流电路的主电路负载电流 I_{DC}（A）为

$$I_{DC} = \frac{P_B}{U_B} = \frac{1000 P_e}{\eta_M \eta_{IV} U_B} \tag{8-47}$$

对纯电动汽车交流电路的主电路负载电流 I_{AC}（A）为

$$I_{AC} = \frac{P_{MI}}{\sqrt{3}\, U_{MI} \cos\phi} = \frac{1000 P_e}{\sqrt{3}\, U_{MI} \eta_M \cos\phi} \tag{8-48}$$

由此，根据纯电动汽车不同行驶条件对输出功率的需求调节控制电流，实现汽车稳定行驶。

3. 汽车的经济性

燃油汽车的经济性常用百公里油耗，即每 100km 所消耗的燃料量 g_{100}（L/km）表示。根据此定义，有

$$g_{100} = \frac{100B}{\rho_f v_a} \tag{8-49}$$

式中，B 为发动机燃油消耗量（kg/h）；ρ_f 为燃油密度（kg/L）；v_a 为车速（km/h）。

因 $B = P_e b_e / 1000$，$P_e = p_{me} i V_s n/(30\tau)$，并由式（8-41），代入式（8-49）得

$$g_{100} = \frac{P_e b_e}{10 \rho_f v_a} = 0.00884\, \frac{iV_s}{\rho_f \tau}\, \frac{i_K i_0 p_{me} b_e}{r} \tag{8-50}$$

式（8-50）表明，汽车的百公里油耗与发动机排量（iV_s）、平均有效压力 p_{me} 及燃油消耗率 b_e 有关，而且与传动比和轮胎半径也有关。所以有效地匹配发动机性能与动力传动系统的参数，是改善整车经济性的主要途径。

整车轻量化是改善汽车经济性的重要途径，而发动机小型轻量化是整车轻量化的重要组成部分。但是单纯减小发动机排量，会直接影响发动机输出转矩和燃油经济性，因而并不能改善整车经济性。所以，发动机小型轻量化的前提是提高发动机的升功率。

对纯电动汽车而言，其经济性可用动力电池单次充满电后的百公里能耗或续驶里程等表示，也可以定义为电动汽车以预定行驶规范达到的续驶里程与蓄电池再充电恢复到原有充电

状态所需要的总能量（电能 E）之比。设单位里程能耗为 e（$e = 0.11 \sim 1.07 \mathrm{kW \cdot h/km}$）、电动汽车总质量为 M（t），则电动汽车行驶的比能耗 e_0 定义为

$$e_0 = \frac{e}{M} = 0.035 \sim 0.11 \mathrm{kW \cdot h/(km \cdot t)} \tag{8-51}$$

当蓄电池组充满电后的总能量为 E（kW·h）时，电动汽车的理论续驶里程 S（km）的计算公式为

$$S = \frac{E}{e} = \frac{E}{e_0 M} \tag{8-52}$$

电动汽车在实际行驶过程中，续驶里程还与蓄电池的放电效率、放电深度、放电电流以及自放电现象等有关。

4. 传动效率及传动损失

汽车动力传动系统的传动效率，由式（8-53）定义，即

$$\eta_\mathrm{T} = \frac{P_\mathrm{e} - P_\mathrm{T}}{P_\mathrm{e}} \times 100\% \tag{8-53}$$

式中，P_e 为发动机的输出功率；P_T 为传动系统内部功率损失。

式（8-53）表示在动力传递过程中，从动力源输出端到驱动轮输入端之间因机械传动而造成的动力损失。一般齿轮传动比越大，转速越高，传动效率就越低。

二、汽车万有特性及评价

汽车动力传动系统匹配的好坏，常用汽车的万有特性来评价。而汽车的万有特性是在发动机万有特性的基础上，由绘制出的各档位下的驱动功率平衡曲线、等百公里油耗线（使用油耗）以及车速与发动机转速的对应关系曲线等构成的。由此把发动机的万有特性和汽车的行驶特性相结合，比较全面地反映汽车的各项性能指标。

对燃油汽车，为了评价动力传动系统匹配的情况，在汽车万有特性曲线上绘出由 $100\% b_\mathrm{emin}$ 和 $110\% b_\mathrm{emin}$ 曲线表示的发动机工作经济区。即在万有特性上，各等功率 P_e 下的最低油耗点的连线（即 $\partial P_\mathrm{e}/\partial n - \partial b_\mathrm{e}/\partial n \rightarrow 0$）作为 $100\% b_\mathrm{emin}$ 曲线，而在各等功率线上，相对最低油耗多 10% 的油耗点的连线作为 $110\% b_\mathrm{emin}$ 曲线，由此构成发动机万有特性上的经济运行区（图 8-11）。

牵引功率曲线，即汽车实际运行曲线，是不同档位下根据汽车道路阻力曲线转化而求得的。如前所述，当汽车运行状态确定（如轮胎半径为 r、变速器速比 i_K、主减速比 i_0 一定）时，车速 v_a 与发动机转速 n 呈线性关系。从整车经济性角度考虑，一般要求超速档或直接档等常用档位下运行时的道路阻力曲线尽可能接近 $100\% b_\mathrm{emin}$ 曲线。

从汽车发动机万有特性曲线上，根据汽车的行驶条件，可以很方便地确定发动机的工作状态。如当车速为 80km/h，以第 4 档行驶时，从车速和发动机转速的对应关系曲线上，确定发动机的转速（B 点），然后从该点引垂直线向上，在发动机万有特性曲线中与该档位对应的牵引功率曲线相交于 B' 点，此交点 B' 为此时发动机的工况点。这样，可求得发动机此时的性能参数。当减小某档位的速比（如 4 档速比）时，在相同车速下对应的发动机转速不同（A 点），如图 8-11 所示，发动机的工况点由原来的 B' 点转移到 A' 点，更接近经济区，所以可以改善整车经济性。适当减小主减速比 i_0，或略加大轮胎半径 r 也可以改善发动机工作

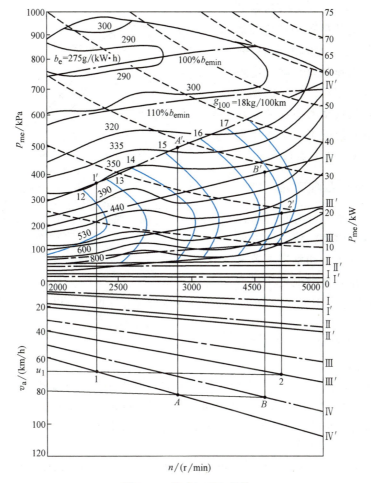

图 8-11　发动机万有特性

经济区。

在汽车发动机万有特性曲线上，一般在高速区 b_e 曲线比较稀疏，这表明随转速的变化燃油消耗率变化小，因此车用发动机转速的提高还有一定潜力。燃油消耗率曲线密集的地区，表示随工况变化燃油消耗率变化大，表明燃料系统的调节对这些地区比较敏感，单纯地增加喷射量，虽能使平均有效压力 p_{me} 有所增加，但会造成燃油消耗率、排气温度及排烟增加。

汽车与发动机的匹配情况，可通过将常用车速范围 $v_{a1} \sim v_{a2}$ 和常用档位下求得的发动机所对应的转速范围 $n_1 \sim n_2$（功率 $P_{e1} \sim P_{e2}$）标注在万有特性上来判断，从而确定改进节能的途径。降低汽车百公里油耗措施的关键是使汽车常用工况区尽可能接近发动机的经济运行区，如改善发动机经济油耗区或改变传动比等。所以，节能措施与发动机和传动系统的匹配、道路情况及使用条件有着密切的关系。

当发动机转速一定时，高档位的百公里油耗低于低档位的，而百公里油耗随车速而增加。所以，汽车行驶时，一般使用高档位，在高档位不能满足行驶条件时，才换入低档位。中间各档位的速比的选择应考虑与发动机性能的匹配，若只按等比级数原则选择各档速比，则匹配不佳。

对纯电动汽车，其动力传动系统匹配的好坏可用续驶里程来评价，而影响电动汽车续驶里程的因素较多，包括驱动电机的工作效率、动力电池的容量及其放电效率等。良好的动力传动系统是在满足汽车动力性的要求下，使汽车常用的行驶工况落在驱动电机高效率工作区，如图8-12所示。

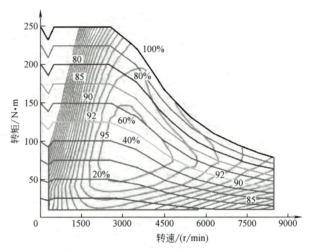

图 8-12　电动汽车驱动电机的等效率曲线

三、整车性能匹配方法

每一种车型基本上都有自己常用的使用工况范围。因此，技术成熟的车辆应该是针对其车型和常用工况具有最佳的底盘。在此基础上选用适合于该车型的发动机，并对底盘参数和发动机性能进行优化匹配。所以，整车性能匹配主要有以下几个步骤。

（一）燃油汽车动力传动系统匹配

1. 常用工况的确定

每一种车型都是根据市场的需求而开发制造的，因此一旦车型确定，其常用条件就基本确定。所以，可根据具体车型的实际用途和常用工况，确定其常用档位，并用常用车速由上述内燃机性能与汽车性能之间的关系式确定对应的内燃机常用工况。

2. 制取汽车的万有特性

在已有发动机万有特性的基础上，根据汽车的行驶原理，对已给定的底盘参数和车型参数，计算各档位下的行驶阻力随发动机转速的变化规律。一般，在平坦路面上汽车稳定行驶的条件下，进行整车性能匹配计算。因此，在计算阻力或牵引力曲线时，只考虑轮胎的滚动阻力和空气阻力。这两种阻力的计算，目前常用的方法有两种：一种方法是根据给定的不同车型的滚动阻力系数和空气阻力系数的经验值进行计算；另一种方法是通过整车滑行试验来同时测量滚动阻力和空气阻力，但这种方法需要专门的试验场地。

计算各档位下的牵引或阻力曲线以后，根据式（8-26）计算该牵引力所对应的发动机转矩 T_{tq}，然后根据转矩与平均有效压力 p_{me} 之间的关系式（2-20），求出与该行驶阻力（牵引力）对应的平均有效压力，由此将各档位下的行驶阻力转化为与万有特性纵坐标同量纲的物理量，并绘制在发动机万有特性上，构成汽车发动机的万有特性（图8-11）。图8-13所示为某车用柴油机与该车底盘参数匹配时，在不同档位下行驶时的经济性和排放特性情况。由此可以判断汽车在常用工况下的经济性和排放水平，并提供改进的途径。

3. 匹配结果评价与改进措施

发动机万有特性与汽车动力传动系统参数匹配结果按以下几个方面进行评价。

（1）经济性　由汽车万有特性，当车速一定时，尽可能用高档位，有利于改善经济性，当高档位不能满足行驶条件时，才换入低档位。因此，当汽车动力传动系统按经济性原则匹配时，要求常用档位，即用超速档位或直接档位行驶时的道路阻力曲线尽可接近100%b_{emin}

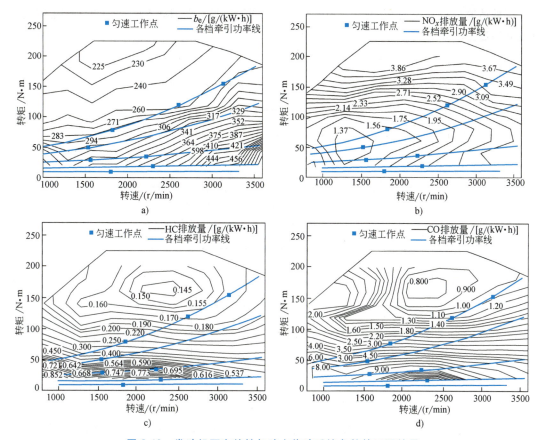

图 8-13　发动机万有特性与动力传动系统参数的匹配结果

a) b_e　b) NO_x　c) HC　d) CO

曲线，或落在（100% ~ 110%）b_{emin} 曲线范围之内。同时在常用档位下以常用车速（如 v_a = 100km/h）行驶时的百公里油耗要尽量小。此百公里油耗是根据汽车万有特性，由车速、档位及发动机转速之间的关系式（8-40），和该档位下的行驶阻力曲线，确定此时的发动机工况点（p_{me}，n），并读取该工况下的发动机燃油消耗率 b_e 以后，按式（8-50）进行计算的。

通过适当减小主减速比 i_0 或略加大轮胎半径 r 可以改善百公里油耗，但相对一定的发动机输出转矩，牵引力减小，车轮惯性增加，不利于汽车的动力性。

（2）动力性　整车动力性是各类车辆行驶性能中最基本、最重要的性能。这种动力性的评价可按以下四个方面进行。

1）汽车的最高车速。汽车的最高车速是在水平良好的路面上以最高档位行驶时，汽车所能达到的最高行驶速度。如图 8-10 所示，在最高档位下的驱动转矩（功率）曲线与汽车行驶阻力曲线相交的点所对应的车速，就是该汽车所能行驶的最高车速。

2）汽车的加速时间。汽车的加速时间用原地起步加速时间和超车加速时间表示。原地起步加速时间可用车速从 0 加速到 100km/h 时的原地起步连续换档加速时间表示（图 8-14）。根据实际情况也可以分析分别加速到 40km/h、60km/h、80km/h 所需要的时间，而超车加速时间可用以直接档行驶时从 50km/h 加速到 100km/h 所需要的时间来表示（图 8-15），也可以根据情况分析加速到 60km/h、80km/h 等不同速度段的加速时间。汽车的加速能力与各档位下的后备功率有关。

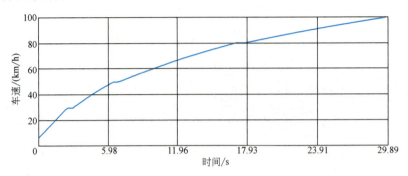

图 8-14 0~100km/h 的原地起步连续换档加速时间

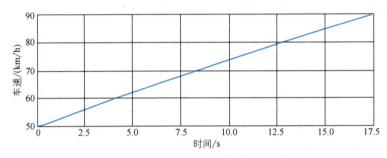

图 8-15 50~100km/h 直接档加速时间

3）最大爬坡能力。最大爬坡能力用汽车满载时在良好的路面上所能爬坡的最大坡度来表示。用直接档最大爬坡度表示汽车的超载能力。

4）动力因素。为了比较不同种类、不同排量汽车的动力性，用单位汽车自重所能克服的道路阻力的能力作为汽车动力性的评价指标，即所谓动力因数 D，定义为

$$D = \frac{F_K - F_W}{mg} \qquad (8-54)$$

式中，F_K 为牵引力；F_W 为汽车行驶时的空气阻力。

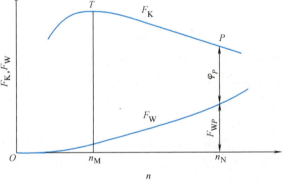

图 8-16 动力因数

n_M—最大转矩 T_{tqmax} 点对应的转速

n_N—额定功率 P_N 点对应的转速

动力因数 D 可改写成式（8-55），表示汽车克服道路阻力的能力和加速性能（图 8-16）。

$$D = \frac{1}{mg}(F_{KT} - F_W) = \frac{F_{KP}}{mg}\left(\frac{F_{KT}}{F_{KP}} - \frac{F_W}{F_{KP}}\right) \qquad (8-55)$$

式中，F_{KT}、F_{KP} 分别表示对应发动机最大转矩点和最大功率点的牵引力。

一般，汽油轿车直接档的动力因数 $D_0 = 0.10 \sim 0.18$，柴油轿车 $D_0 = 0.07 \sim 0.12$；轻型汽

油车 $D_0 = 0.07 \sim 0.10$，轻型柴油车 $D_0 = 0.05 \sim 0.08$；中重型柴油车 $D_0 = 0.04 \sim 0.06$；轻型汽油客车 $D_0 = 0.07 \sim 0.10$，轻型柴油客车 $D_0 = 0.05 \sim 0.08$；大中型柴油客车 $D_0 = 0.04 \sim 0.06$。

（3）排放特性　如图 8-13 所示，通过 CO、HC 及 NO_x 等排放特性表示的万有特性，可以判断常用档位和常用工况下的各种排放物的排放水平。同时，根据排放法规规定的试验工况，如 NEDC 循环工况法，可以判断该循环工况法所对应的工况点上各项排放物的排放水平，由此可预测循环工况法的排放水平。

通过以上分析，可以判断汽车动力传动系统匹配的结果及存在的问题，并针对实际问题提出改进措施。如进一步改进整车经济性的途径是，合理调整各档位的速比或主减速比，在确定传动比的前提下改进发动机的性能等。

（二）纯电动汽车动力传动系统匹配

纯电动汽车动力传动系统匹配的基本原理和传统燃油汽车类似，首先根据汽车的用途、性能要求以及成本等综合考虑确定其动力传动系统的布置方式（如本章第一节所述）和动力源，然后根据汽车行驶特性确定动力系统的基本参数。由于电动汽车行驶过程中所需求的动力是通过驱动电机将动力电池供给的电能源转换为机械能来提供的，且电机的调速性能好，故常用单档或两档变速器，大大简化了动力传动系统。所以电动汽车动力传动系统匹配的主要内容包括电机和动力电池类型的选择和技术参数以及变速器速比的确定。

1. 电机类型的选择

根据市场需求对电动汽车的类型及其动力传动系统布置方式确定后，在选择动力源——电机类型时，主要考虑是否满足汽车行驶时必要的动力性和经济性要求，此外还要考虑成本。从汽车动力性角度考虑时，电机需要具备足够的功率或功率密度，保证具有一定的过载能力；从经济性角度考虑时，要求电机有较高的运行效率；从成本角度考虑时，在满足汽车正常行驶所必要的动力性的前提下，只要满足续驶里程就可以，由此尽可能节省成本。到目前，电动汽车上应用的电机的类型主要有直流电机、交流感应电机、永磁同步电机及开关磁阻电机等。它们的性能评价对比结果见表 8-1。综合对比评价结果，交流感应电机相对而言比较容易接受，但如果永磁同步电机成本可以进一步降低且其技术更加成熟时，这种电机可最受欢迎。而传统的直流电机似乎在失去竞争力，但开关磁阻电机展示了它在电动汽车领域的更大发展潜力。

表 8-1　四种类型电机性能评价对比结果

电机类型	直流电机	交流感应电机	永磁同步电机	开关磁阻电机
功率密度	中	良	优	良
效率（%）	78～89,中	78～88,良	89～94,优	76～87,良
最高转速/(r/min)	4500～6500	8000～16000	5000～12000	>15000
可控性	优	良	良	中
可靠性	中	优	良	优
重量	重	中	轻	轻
成本	良	优	中	良
综合对比评价	差	优	良	中

2. 电机参数的确定

驱动电机是电动汽车的动力源，其主要作用就是根据汽车行驶条件提供所必要的驱动力。所以驱动电机动力性参数的匹配原理与传统内燃机汽车类似，都是根据汽车行驶过程中对动力性的要求来确定驱动电机的技术参数。

（1）峰值功率　在确定驱动电机的峰值功率时，需要考虑汽车在水平路面上行驶时是否满足最高车速的要求，并具有一定的加速能力。最高行驶车速所需求的最大功率根据式（8-10）确定，这里车速 v_{amax} 为该车型所设计的最高车速；当考虑加速能力时，一般忽略坡道阻力，将汽车行驶过程所需求的功率由式（8-37）改写为

$$P_e = \frac{1}{\eta_T}\left(\frac{Wf}{3600}v_a + \frac{C_D A}{76140}v_a^3 + \frac{\delta m v_a}{3600}\frac{dv}{dt}\right) \tag{8-56}$$

式中，v_a 为加速过程终了时的车速；δ 为质量换算系数，与汽车行驶过程中旋转惯性质量和传动比有关，乘用车 $\delta = 1.05 \sim 1.5$，货车 $\delta = 1.0 \sim 1.5$；m 为整车质量。

由此可见，在确定满足加速能力所需求的功率时，需要确定达到加速终了的速度 v_a 所必要的加速度 $a = dv/dt$，而精确确定加速度比较困难。故常用原地起步加速能力或直接档超速能力来近似确定。

当按原地起步加速能力来考虑时，根据汽车运动学方程，起步加速时间 t 可表示为

$$t = \int_{t_0}^{t} dt = \sum_{i=1}^{N} \Delta t_i = \sum_{i=1}^{N} \frac{1}{a_i}\Delta v_i \tag{8-57}$$

式中，v_0 为初始速度（$t_0 = 0$），原地起步时（$i = 1$）$v_0 = 0km/h$；v_i 为 i 档下加速终了的车速；N 为档位数；a_i 为 i 档下的平均加速度，等于 $(v_i - v_{i-1})/\Delta t_i$，也可以表示为

$$a_i = \frac{F_{ti} - (F_{fi} + F_{Wi})}{\delta m} \tag{8-58}$$

当档位及换档规律确定后，原地起步加速时间 t 实际上就等于连续换档时各档位下行驶时间的累加，根据式（8-57）可分段确定在规定的加速时间段内从起始速度加速到各档位下所达到的车速 v_i，当 $i = N$ 时，$v_i = v_a$。由此可确定在该档位下的平均加速度，代入式（8-56）求得各档位下对应的功率，取其中最大值为驱动电机的峰值功率。也可以根据各档位下的平均加速度按式（8-58）确定对应的牵引力，然后根据牵引力、驱动电机输出转矩以及转速和车速的关系确定对应的功率。

当最高车速或加速能力等不同方式确定的峰值功率不同时，取其中最大值。

（2）最高转速和基速　一旦电动汽车的类型及其动力传动系统确定，则驱动电机的最高转速就根据电动汽车最高设计车速，按式（8-40）来确定，同时要求是基速的 $4 \sim 5$ 倍。而驱动电机的基速 n_b，是指当在电机励磁绕组中施加额定励磁电压和额定励磁电流，且在电机电枢绕组两端施加额定电枢电压、电机带额定负载时的电机转速，也称为电机的额定转速。当电机的转速 $n \le n_b$ 时，电机输出恒转矩；当 $n > n_b$ 时，电机输出恒功率。在确定驱动电机的基速时，主要考虑电机的最高转速与基速的比值，即基速比 β，其定义式为

$$\beta = \frac{n_{max}}{n_b} \tag{8-59}$$

β 值越大，驱动电机在低速工作时的恒转矩就越大，汽车的爬坡性能和加速性能更好，且恒功率区扩大，所以又称之为恒功率扩大系数。但 β 值过大又会使电机运行时的功率损耗

增加，故一般取 $\beta = 4 \sim 5$。

（3）峰值转矩　驱动电机的峰值转矩一般是根据汽车最大爬坡能力来确定的。汽车在第 1 档下满载以最低车速 v_{min} 在最大坡度角为 θ_{max} 的路面上爬坡行驶时，一般加速度为零（即 $a = 0$），所需求的功率 $P_{e\theta}$（kW）为

$$P_{e\theta} = \frac{v_0}{3600\eta_T}\left(Wf\cos\theta_{max} + W\sin\theta_{max} + \frac{C_D A}{21.15}v_{min}^2 \right) \tag{8-60}$$

则驱动电机的峰值转矩 T_{Mmax}（N·m）为

$$T_{Mmax} = \frac{9550 P_{e\theta}}{n_M} \tag{8-61}$$

这里，当电动汽车传动系统最低档的传动比为 i_t 时，由式（8-40b）得 n_M（r/min）为

$$n_M = 2.654\frac{i_t v_{min}}{r}$$

3. 动力电池参数的确定

当前电动汽车面临的主要问题依然是一次充电的续驶里程、成本和安全性，而电动汽车的能源系统是解决此问题的关键。电动汽车对能源系统的要求是：①能量密度（比能量）高；②功率密度（比功率）高；③充电时间短，具有深度放电能力；④寿命长；⑤自放电率小，充电效率高；⑥安全可靠且成本低；⑦可回收性好等。

现阶段还没有一种能源完全满足上述要求或表 1-2 中提出的蓄电池发展长期目标性能指标，故当选择动力电池时首先要考虑其比能量和比功率是否满足电动汽车动力性的要求。这里，比能量影响汽车的续驶里程，而比功率影响汽车的加速能力和爬坡能力。当综合考虑电动汽车的动力性、经济性（续驶里程）、成本及安全性等问题确定动力电池类型后，其主要性能参数也就基本确定了（参见表 1-1）。所以，动力电池的匹配问题就变成了电池类型的选择和其总容量或电池节数的确定问题。电池节数的确定主要考虑以下三个方面。

（1）根据动力电池组总电压确定电池节数　动力电池组输出端的额定电压应超过所设计的驱动电机额定工作电压 U_e。电池类型确定以后，单体电池的额定电压为 U_{cell}（如磷酸铁锂电池为 3.2V），则电池节数 n_1 为

$$n_1 \geqslant \frac{U_e}{U_{cell}} \tag{8-62}$$

（2）根据电池总容量或续驶里程确定电池节数　电动汽车行驶设计续驶里程 S 所消耗的总能量，一般通过设定的等速法和工况法计算。当设定的行驶车速 u_a 下实现目标续驶里程 S_t 时，动力电池所消耗的总能量 W_z（kW·h）为

$$W_z = \frac{P_e S_t}{\eta_{bm} u_a} = \frac{1}{\eta_{bm}\eta_T}\left(\frac{mgf}{3600} + \frac{AC_D}{76140}u_a^2 \right)S_t \tag{8-63}$$

式中，P_e 为电动汽车在水平路面上以车速 u_a 行驶时的功率；η_{bm} 为动力电池组的平均放电效率；η_T 为机械传动系统的传动效率。

单体电池的总能量 W_{cell}（kW·h）为

$$W_{cell} = \frac{U_{cell}C_{cell}}{1000} \tag{8-64}$$

则所需电池节数 n_2 为

$$n_2 \geqslant \frac{W_z}{W_{cell} \eta_e \eta_{DOD}} = \frac{1000 W_z}{U_{cell} C_{cell} \eta_e \eta_{DOD}} \tag{8-65}$$

式中，C_{cell} 为单体电池的容量（A·h）；η_e 为电机控制系统的总效率；η_{DOD} 为电池组的放电深度。

（3）根据最大需求功率确定电池节数　单体电池所能提供的最大功率由式（8-43）确定。考虑到电机的效率和电机控制器（逆变器）的工作效率，并设电池节数为 n_3，则转换到电机输出端的最大功率由式（8-44）得 $P_M = \eta_M \eta_{IV} P_B n_3$。而电动汽车行驶过程中所需求的最大功率 P_{emax} 可通过式（8-10）确定，根据动力匹配原理 $P_M = P_{emax}$，则

$$n_3 = \frac{P_{emax}}{\eta_M \eta_{IV} P_B} \tag{8-66}$$

当以上三种方案确定的电池节数不同时，取其中最大值为最终电池节数 n，即 $n = \max\{n_1, n_2, n_3\}$。

（三）混合动力汽车动力传动系统的匹配

纯电动汽车虽然清洁，但其致命的缺点依然是一次充电续驶里程有限的问题。这也是过去电动汽车一度从盛行到衰退的主要原因。至今还没有发现一种能同时提供足够的比能量和比功率的能源。只有当电动汽车在能源技术方面有新的突破时，电动汽车才会普及，在此之前，采用混合动力是解决汽车节能和排放污染问题的一种比较好的替代方法。广义的混合动力汽车是指由两种或两种以上的储能器、能源或转换器作为驱动能源，其中至少有一种能源是提供电能的车辆。但现代混合动力汽车一般认为是既有内燃机又有电机驱动的车辆，由此结合了内燃机动力性好、反应快、续驶里程长的优点和电机无污染、低噪声的优点，达到内燃机和电机的最佳匹配，以提高整车效率。

所以，混合动力汽车的主要特点是：

1）有效降低能源消耗。在怠速或低速、低负荷等内燃机效率低的运行条件下，停止内燃机工作，只用电机驱动；而内燃机总是在高效率工况下工作，此时带动发电机发电，由此使车辆运行时综合效率达到最佳，因此在相同续驶里程的条件下，相对燃油汽车燃油消耗量和有害尾气排放量要小得多。

2）能量再生。在减速或制动时作为热能而散发的能量转换为电能形式而回收，并将该电能作为起动电机及驱动电机的电源来利用。

3）电机辅助。加速时通过电机辅助内燃机驱动，由此改善车辆的加速性能。

4）不需要外部充电系统，一次充电续驶里程、基础设施等问题得到解决。

5）电池组小型化，使成本和重量低于电动汽车。

但是，混合动力汽车的缺点是结构复杂且不能实现零排放。

在混合动力汽车动力传递系统匹配时须同时考虑两种动力传动系统的协调问题。也就是说根据汽车行驶过程中动力性的要求，确定两种动力传动系统的控制策略，以满足混合动力汽车的设计要求。为此，需要确定混合动力汽车的布置方式和混合度，这是混合动力系统技术参数选配的基础。

到目前为止，汽车上所采用的混合动力系统主要分为串联式混合动力、并联式混合动力和混联式混合动力三种类型。

1. 串联式混合动力系统

串联式混合动力系统（图 8-3a）的基本特点是，内燃机输出的机械能首先通过发电机转化为电能，其一部分用于给蓄电池充电，另一部分经功率转换器传输到电动机驱动车轮。所以，可以说是一种内燃机为辅助的电动汽车，通过内燃机驱动发电机发电，以增加电驱动车辆的续驶里程，解决纯电动汽车一次充电续驶里程短的根本问题。由于内燃机能以恒定的转速驱动发电机，所以其运行工况可以设定在高效率区，以改善燃油经济性。但是其缺点是由于能量转换反复，能源利用效率较低。

由于混合动力汽车是通过两种以上的动力源来驱动汽车的，所以其控制的主要内容就是根据汽车不同行驶工况要求，确定内燃机、发电机、电动机及蓄电池等各能源动力系统元件的工作状态，即进行功率流的控制。作为混合动力汽车的控制策略，其目的就是以合适的控制方式使车辆以最佳的驱动性能和最低的成本达到最佳燃油经济性和最低排放要求。为此，根据汽车使用条件，需要确定串联式混合动力驱动系统的控制模式，而电动机驱动系统的匹配方法可直接参考纯电动汽车的匹配方法，只是在选配内燃机时，要求其常用工况下的输出功率通过发电机和逆变器所转换的电能满足汽车最大行驶功率需求的电能的前提下，尽可能小型轻量化且高效率、低排放即可。

串联式混合动力汽车功率流的控制模式，根据汽车的使用条件可分为车辆起动、正常行驶或加速时的控制，车辆轻负荷时的控制，车辆制动或减速时的控制，以及车辆停车时的控制等四种工作模式。在起动、正常行驶或加速时的控制模式下，车辆需要足够大的驱动力，内燃机通过发电机和蓄电池一起输出电能并经功率转换器传递给电动机，由电动机再通过传动装置驱动车轮，此时的功率流如图 8-17a 所示。当车辆处于轻负荷模式时，内燃机输出的功率大于车辆行驶阻力，所以如图 8-17b 所示通过功率流的控制，将多余的能量通过发电机转换为电能向蓄电池充电，直到 SOC 达到预定的限值。当车辆处于制动或减速模式时，如

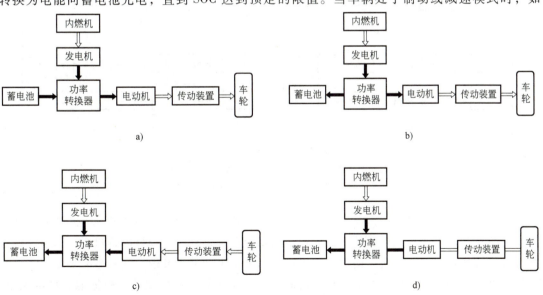

图 8-17　串联式混合动力系统的功率流控制模式

a）起动、正常行驶或加速　b）轻负荷　c）制动或减速　d）短期停车（蓄电池充电）

➡电力连接　⇨机械连接

图 8-17c 所示，通过电动机（此时工作在发电机模式）将驱动轮的动能转化为电能，并通过功率转换器给蓄电池充电。当车辆处于短期停车状态时，通过图 8-17d 所示的控制模式，内燃机也可以通过发电机和功率转换器给蓄电池充电。

串联式混合动力汽车适用于城市内频繁起步和低速运行的车辆。

2. 并联式混合动力系统

并联式混合动力系统（图 8-3b）的主要特点是，相对驱动轮输入端而言，来自内燃机和电动机的动力传递（功率流）是并联的，所以根据汽车实际行驶条件可分别选择不同动力源。但现阶段并联式混合动力汽车仍以内燃机为主动力源，而电动机只作为辅助动力源，所以电动机的使用效率低。

并联式混合动力汽车的工作模式可分为车辆起动或节气门全开加速模式、车辆正常行驶模式、车辆制动或减速模式和车辆轻负荷运行模式四种。

在起动或加速模式中，汽车需要较大的驱动力，此时内燃机和电动机同时工作，即在内燃机输出功率的基础上，由电动机输出功率进行补充，由此满足该行驶条件所需求的驱动力要求，如图 8-18a 所示；当车辆处于正常行驶模式时，车辆行驶所需驱动力只靠内燃机来提供，此时关闭电动机，如图 8-18b 所示；当车辆处于制动或减速模式时，电动机被车轮驱动以发电机模式工作，由此将驱动轮的动能转化为电能，并经过功率转换器向蓄电池充电，如图 8-18c 所示；当车辆处于轻负荷运行模式时，由于内燃机和电动机驱动同一传动轴，如图 8-18d 所示，内燃机输出的多余功率可通过发电机（此时电动机按发电机状态工作）转化为电能向蓄电池充电。

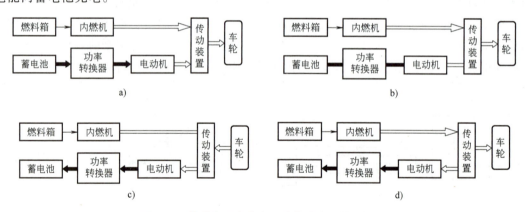

图 8-18 并联式混合动力系统的功率流控制模式

a）起动或加速 b）正常行驶 c）制动或减速 d）轻负荷

➡️ 电力连接 ⇨ 机械连接 → 液力连接

可见，并联式混合动力汽车是一种电力辅助型燃油车，通过电力辅助的方式达到降低燃油车的排放和燃油消耗量的目的。因此在动力系统匹配过程中，选择内燃机时可侧重考虑经济性和排放特性好的内燃机，而动力性不足的部分由电动机来补偿。这就需要确定混合动力的混合度，所谓混合度就是指电动机驱动的功率占整车总功率的比值。根据混合度的大小，混合动力又可分为轻度混合动力、中度混合动力和重度混合动力三种。

其中，轻度混合动力系统常用于串联式，其混合度在 20% 左右。这种混合动力的作用是除了能够实现用发电机控制内燃机起动和停止以外，还能够实现在减速和制动工况下，对部分能量进行吸收，并且在行驶过程中内燃机在高效率转速区等速运转，使内燃机产生的能量可以在车轮的驱动需求和通过发电机向蓄电池充电需求之间进行调节。

中度混合动力系统采用高压电动机，混合度可达 30%～40%。中度混合动力系统相对轻度混合动力系统增加了一个在汽车处于加速或者大负荷工况时电动机能够辅助驱动车轮的功能，由此补充内燃机动力输出不足的问题，从而更好地提高整车性能。目前该技术已经成熟，应用广泛。

重度混合动力系统采用 272～650V 的高压起动电动机，与中度混合动力系统相比，其混合度可达到或超过 50%。现代技术的发展使得重度混合动力系统逐渐成为混合动力技术的主要发展方向。

开发混合动力汽车的目的，就是通过电力辅助驱动方式改善燃油汽车的燃油经济性和排放特性。所以当匹配设计混合动力系统参数时，首先根据所设计的汽车类型的使用条件综合考虑动力性、经济性、排放特性以及成本等问题来确定混合动力系统的混合度；然后根据内燃机和电动机所承担的动力性要求选配各自的动力源。特别是在选择内燃机时，可在满足其所承担动力性份额的前提下，尽可能选择小型轻量化且高效率、低排放的内燃机。

并联式混合动力系统的另一个特点是，其电动机既可以作为电动机又可以作为发电机使用，故常将其电动机及其控制系统称为电动机-发电机组。由于这种系统没有单独设置发电机，内燃机可以直接通过传动机构驱动车轮，动力传动模式较多，动力性较好，结构简单，所以得到广泛应用，是目前混合动力汽车技术路线的主流。

3. 混联式混合动力系统

混联式混合动力系统在结构上综合了串联式和并联式的特点，动力系统包括内燃机、发电机和电动机，如图 8-3c 所示，与串联式相比，它增加了机械动力传递路线，与并联式相比，它增加了电能的传输路线。这种混联式混合动力系统，内燃机功率分配可自由控制，而且也可用电动机来驱动车轮，提高电动机的使用效率，由此最大限度地发挥串联混合动力和并联混合动力各自的优点，但缺点是结构复杂，成本高。

为了实现串并联混合驾驶模式，内燃机与发电机/电动机之间以及电动机与变速器之间必须进行机械连接。目前常用的机械连接方式有图 8-19 所示的行星齿轮机构。其中太阳轮与发电机相连，内齿圈与传动装置相连，行星架与内燃机输出端相连。内燃机输出动力的一部分通过行星轮传递给内齿圈，并通过传动轴直接驱动车轮，而另一部分动力传递给太阳轮

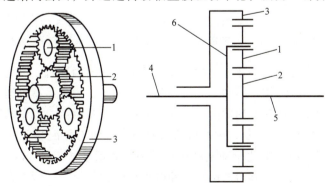

图 8-19　行星齿轮机构

1—行星轮　2—太阳轮　3—内齿圈　4—行星轮轴　5—太阳轮轴　6—行星架

以驱动发电机发电，可作为蓄电池充电或电动机的电源。由此，即可实现以内燃机为主动力源、电动机为辅助动力源的混合度控制模式，也可以实现以电动机为主动力源、内燃机为辅助动力源的电动车的控制模式。

图 8-20 所示为日本丰田汽车公司推出的 Prius 乘用车上应用的 THS Ⅱ 型混联式混合动力系统的基本组成，该系统采用了低速、大转矩且高功率的电动机。

该系统采用车辆运行时以内燃机输出动力为主的控制方式，控制模式有车辆起步或中低速运行、正常运行、急加速、减速或制动以及蓄电池充电等五种工作模式，如图 8-21 所示。

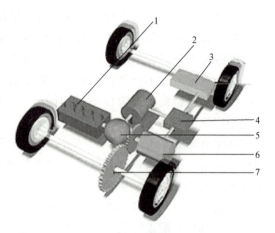

图 8-20　丰田 THS Ⅱ 型混联式混合动力系统组成
1—内燃机　2—发电机　3—蓄电池　4—功率控制单元（转换器）　5—动力分配装置　6—电动机　7—减速器

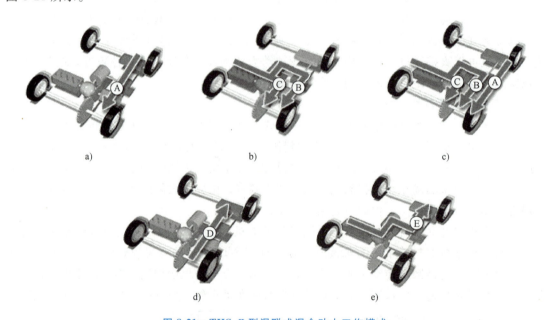

图 8-21　THS Ⅱ 型混联式混合动力工作模式
a）起步或中低速运行　b）正常运行　c）急加速　d）减速或制动　e）蓄电池充电

在汽车起步及起步运行到中速为止的行驶条件下，关闭内燃机。因为这种汽车运行工况下内燃机一般在低效率区工作，不利于经济性和排放特性，因此靠蓄电池供电，由高效率电动机驱动车辆行驶，此时功率流的方向如图 8-21a 中箭头 A 所示。当车辆进入正常运行模式时，如图 8-21b 中箭头 B、C 所示，内燃机输出的动力经动力分配装置分为两路，一路沿箭头 B 方向驱动发电机发电，由此驱动电动机，而另一路沿箭头 C 方向直接驱动车轮。这种动力分配控制的目的，就是通过内燃机动力和电动机动力的组合达到综合效率最大。当汽车进入急加速运行模式时，如图 8-21c 所示，在正常运行模式功率流控制的基础上，通过蓄电池也供电，进一步提高电动机的输出功率，配合内燃机的输出功率，实现快速过渡响应，改善汽车加速性能。当汽车进入制动或减速运行模式时，如图 8-21d 中箭头 D 所示，利用车轮驱动电动机，使得电动机按发电机模式工作，由此尽可能回收制动能量，使之转化为电能，用以向蓄电池充电。在汽车行驶过程中，如果蓄电池的充电量降低到设定值以下时，系统进入行驶过程中蓄电池充电模式，此时如图 8-21e 中箭头 E 所示方向，内燃机输出的一部分动力驱动汽车，另一部分动力用于驱动发电机给蓄电池充电，使蓄电池一直维持一定的充电状态。当汽车运行后需要停车时，系统可自动停止内燃机工作，且根据需要也可以通过内燃机驱动发电机向蓄电池充电。

混联式混合动力系统的另一个特点是，其变速机构没有采用专门的变速器，而是由动力分配装置、发电机、电动机以及减速器等来构成变速机构。可通过控制单元使内燃机转速、发电机和电动机转速（与车速成正比）各自连续变化，由此实现汽车无级变速。

第五节　燃油车整车性能的改进途径

由式（8-50）可知，改善燃油车整车百公里油耗的措施有以下几方面：

1）在满足汽车动力性的前提下，尽可能选用小排量、高升功率的紧凑型发动机。当只靠发动机满足不了日趋严格的节能减排要求时，采用并联式混合动力系统是行之有效的方案。

2）在汽车适用范围内满足牵引力及动力性要求的前提下，尽可能减小传动比 $i_K i_0$。当车轮半径 r 和主减速比 i_0 一定时，$g_{100min} \propto (i_K p_{me} b_e)_{min}$，这就是说在发动机燃油消耗率最低（$b_{emin}$）工况下行驶时，汽车百公里油耗并非最低。为了使百公里油耗最低，必须通过变速器速比的控制，在保持汽车行驶所必要的牵引力（$F_K = T_{tq} i_K i_0 \eta_T / r$）不变的条件下，选择发动机油耗最低的工况。

3）改进发动机的性能。当发动机和汽车底盘已经确定时，$g_{100} \propto p_{me} b_e$，其中 p_{me} 与转矩成正比，决定牵引力的大小。所以，在一定行驶条件下降低 g_{100}，就要降低发动机常用工况下的燃油消耗率 b_e。这与追求发动机外特性上最低燃油消耗率相比，对改善燃油车整车经济性具有更重要的意义。

所以，要改善整车经济性以适应节能低碳化的要求，必须从整车设计和使用两个方面考虑。整车设计包括轻量化、合理的传动系统和动力源的选择确定，而使用条件是在驾驶汽车时通过变速器速比和发动机的合理匹配，选择最佳经济性的工况。

一、发动机性能的改进

发动机性能的改进途径，包括发动机全负荷速度特性的改善和万有特性的改善两个方面。发动机全负荷速度特性直接影响最高车速、最大爬坡能力和汽车的加速能力。所以，改善全负荷速度特性的目的就是尽可能提高后备功率，以提高发动机对汽车的驱动能力和整车动力性。发动机万有特性的改善，就是改善汽车常用行驶条件对应的发动机部分负荷特性，使燃油经济性和排放特性最佳。

（一）改善发动机全负荷速度特性的技术措施

发动机全负荷速度特性实质上代表发动机不同转速下的最大做功能力，主要取决于各转速下气缸的充气能力。因此，改善发动机全负荷速度特性的技术措施，实际上就是改善各转

速下的充气效率的技术措施和增压中冷技术。改善
各转速下充气效率的技术措施包括进气管长度可变
控制技术、配气相位可变控制技术，而增压中冷技
术主要是提高进气密度，由此提高气缸的进气能力。

1. 进气管长度可变控制技术

如第三章第三节中所述，随进气管长度的不
同，充气效率随转速的变化规律不同，故为了保证
各转速下具有最大的充气效率，要求随转速的变化
控制进气管长度。图 8-22 表示一种连续可变进气
管长度和容积的系统。根据发动机的不同转速，改
变旋转鼓的转角位置，即可达到控制进气管长度的
目的，由此改善高低速时的充气效率。但是这种系
统因转子（旋转鼓）频繁转动，直接影响其工作可靠性和寿命。

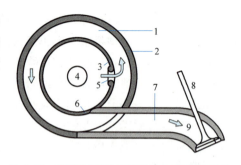

图 8-22　连续可变进气管长度和容积的系统

1—进气侧管　2—固定外壳　3—旋转鼓
（空气分配阀）　4—旋转鼓入口
5—进气管气流入口　6—密封部　7—进气管
8—进气门　9—进气流

图 8-23 所示为典型的利用当发动机工作时在进气管内形成的气流压力脉动效果来改善
高低速充气效率的可变进气管系统（Acoustic Control Induction System，ACIS）。进气管长度
的可变控制方式有多种，图 8-23a 所示是一种在 6 缸进气歧管稳压箱内设置控制阀，由此将
稳压箱分成两部分来控制进气脉动效果的可变进气系统。当低速时控制阀关闭，此时各缸通
过长管进气，由此有效利用进气压力脉动效果，提高低速充气效率；当高速时控制阀打开，

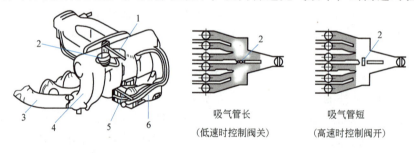

吸气管长　　　　　　　　吸气管短

（低速时控制阀关）　　　（高速时控制阀开）

a)

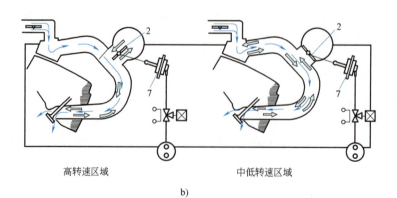

高转速区域　　　　　　　　中低转速区域

b)

图 8-23　脉动增压式进气管

a）ACIS 系统　b）ACIS-Ⅲ系统

1—进气控制杆　2—进气控制阀　3—进气歧管　4—谐振管　5—负压切换阀　6—真空室　7—控制机构

各缸进气压力脉动传播距离变短，而且在稳压箱的作用下高速进气阻力减小，从而提高高速充气效率。图 8-23b 所示为双谐振箱式进气压力脉动增压系统。在第二谐振箱入口处设置控制阀，当高速时打开控制阀，此时由于第二谐振箱的作用，实际进气压力脉动起作用的管段为第二谐振箱以后较短的部分。当发动机转速降低到中低速时关闭控制阀，则第二谐振箱不起作用，所以实际进气压力脉动起作用的管段为从第一谐振箱以后的较长部分，由此改善中低速充气效率。

图 8-24 所示为另一种利用进气过程中各歧管之间进气压力波反射波原理进行充气的可变惯性充气系统（Variable Inertia Charging System，VICS），其主要特点是在进气歧管之间设置连接通道并设置控制阀来控制。当发动机高速运转时，打开进气歧管连接通道，这样从其他进气歧管反射过来的压力波不经谐振管，直接通过连接通道传递压力波，从而起到了增压的作用。图 8-25

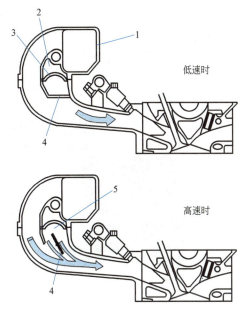

图 8-24　可变惯性充气系统（VICS）

1—谐振管　2—真空室　3—密封板
4—控制阀　5—连接通道

所示为其工作原理，当发火顺序为 1-3-4-2，且第 1 缸在压缩上止点时，从第 1 缸进气门处反射的进气压力波按箭头所示方向传播到第 3 缸，当第 3 缸进气门关闭之前传播一个正压波时，第 3 缸就起到增压充气的效果，其他缸以此类推。采用这种控制方式的效果如图 8-26 所示，可有效地改善发动机高低速性能。

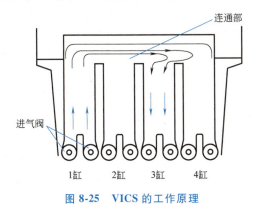

图 8-25　VICS 的工作原理

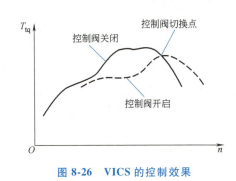

图 8-26　VICS 的控制效果

2. 配气相位可变控制技术

典型的配气相位可变控制技术如第三章第三节所述，有高低速凸轮两极式的 MIVEC 系统和只改变进气相位角的 VVT-i 系统。但是 MIVEC 系统，虽然能同时改变气门升程和配气相位，但只能控制高速和低速 2 段，不能随转速的变化连续可变控制配气相位和气门升程，故中速某转速区发动机输出转矩出现低谷现象。VVT-i 系统虽然在一定范围内可连续可变地控制配气相位，但气门升程不可变，而且当高速增大进气迟后角时提前角却变小，反之，低速减小进气迟后角时提前角却增加，因此这种结构在整个转速范围内配气相位的控制受到控制机构的限制，不能充分发挥发动机各转速下的做功潜力。因此，可变配气机构技术也逐渐向气门升程和配气相位均连续可变的全程连续可变配气系统（FVVT）方向发展（图8-27），由此最大限度地提高发动机各转速下的最大做功能力（全负荷速度特性），提高升功率，改善整车动力性。

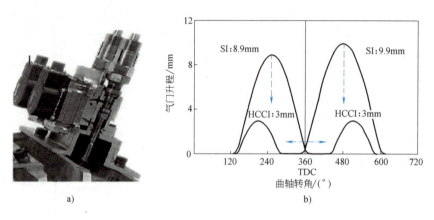

图 8-27　FVVT

a）FVVT机构　b）气门升程控制范围

3. 增压中冷技术

增压技术是通过提高进气密度来改善气缸工作容积利用效率的有效方法。但增压使进气压力提高的同时进气温度也会升高，不仅影响进气密度的提高，限制气缸工作容积的利用效率，而且气缸工作温度也升高，热负荷增加。为此，常采用增压中冷技术，由此降低进气温度，进一步改善增压效果。通过增压中冷改善发动机全负荷速度特性的技术主要体现在增压器和发动机的匹配技术。如第三章第四节所述，废气涡轮增压是车用发动机常用的一种增压方式。但是当增压器与发动机匹配运行时，这种增压器不能兼顾发动机的高低速性能。因此对废气涡轮增压技术，不仅压气机的结构形状和参数的选择很重要，而且涡轮的结构参数（如面径比 A/R）及其匹配转速的选择尤为重要。对增压器而言，是涡轮（主动）驱动压气机（被动）旋转的，而涡轮工作的能量来源是发动机排气的能量，所以涡轮的转速取决于发动机工况（排气能量）和涡轮的结构形状及参数。

发动机与增压器匹配的工况，主要取决于涡轮的选择。为了改善汽车低速起步特性并提高发动机低速转矩，增压器与发动机按低速匹配，此时选择涡轮面径比尽可能小的排气旁通阀式增压器，以充分利用发动机低速时的排气能量，高速时为了减小排气阻力开启排气旁通阀，以减小排气阻力，同时避免增压器超速；当以提高升功率，改善汽车高速性为目的时，增压器与发动机按高速匹配，此时涡轮面径比要偏大一些，以便充分利用发动机高速排气能量，且增压器的工作范围向高速区扩大。此时，为了防止过度增压，常采用进气旁通阀式增压器，当进气压力（增压后）超过设定值时通过进气旁通阀泄压，但这种高速匹配的增压发动机不能改善发动机的低速转矩特性。

针对废气涡轮增压技术不能兼顾发动机高、低速性能的问题，开发应用了双增压技术和可变增压技术。双增压技术同时采用涡轮面径比大小不同的两台增压器，在发动机低速时采用面径比小的增压器，以此提高发动机低速转矩，而高速时通过面径比大的增压器改善发动机高速性能，此时面径比小的增压器停止工作。目前在车用发动机上广泛采用的可变增压技术（VNT/VGS）很好地兼顾了发动机的高低速性能，是废气涡轮增压器与发动机匹配比较理想的增压器。但是由于可变涡轮入口面积的可动翼片在高温下频繁转动，直接影响其工作可靠性和耐久性。

增压技术在汽油机上应用的难点之一就是爆燃问题，所以增压汽油机的增压度一般都不高。另外一个问题是由于汽油机的使用转速高，所以废气涡轮增压的滞后现象造成汽油机的响应特性变差，同时兼顾高低速性能更困难。目前比较成功的汽油机增压技术，是在米勒循环的基础上，采用双蜗杆耦合的机械式增压器技术。这项技术不仅有效地克服了爆燃和响应特性变差的问题，同时可保证汽油机高低速增压比基本保持不变，有效地解决了汽油机增压困难且高低速不能兼顾的问题，提高了汽油机的热效率。

（二）改善发动机万有特性的技术措施

为了改善整车性能，汽车动力传动系统常选择汽车常用行驶条件或法规规定的试验条件进行匹配。汽车常用的行驶条件一般都在发动机的部分工况，且频繁地变化。为了使发动机性能更好地适应汽车的行驶条件，必须具备合理的万有特性。改善发动机万有特性形状的主要措施就是改善发动机不同转速下的部分负荷特性。传统的机械式发动机很难兼顾发动机不同转速下不同的负荷特性。随着车用发动机电子控制技术的发展，发动机任意工况都可以自由标定各控制参数，使得发动机的整机性能都能得到很大的改进。目前改善万有特性的具有代表性的技术措施主要有以下几个方面。

1. 发动机混合气及燃烧模式的控制技术

这项技术是为了改善点燃式发动机（汽油机）不同工况范围内的经济性、动力性和排放特性而采用的，是根据不同工况范围分别实施不同燃烧方式的控制技术。如图 8-28 所示，在低速中小负荷区采用混合气分层稀薄燃烧技术，即压缩行程后期喷油，缸内形成上浓下稀的分层混合气，点火后能高效稳定燃烧，由此改善经济性和排放特性；在常用的中高速区的中小负荷范围，则采用理论空燃比反馈控制的均质混合气燃烧方式，结合三效催化转化器有效地降低有害气体的排放量；而在大负荷区为了使发动机输出最大转矩，在进气行程中提前喷油，由此在点火时在气缸内形成均质的功率混合气。

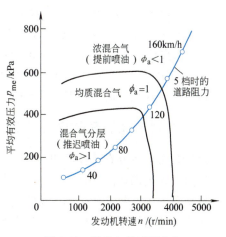

图 8-28　混合气的过量空气系数及燃烧模式控制

对压燃式发动机（如柴油机）通过 EGR 率控制技术、可变增压中冷技术等配合喷射方式的控制技术，实现 HCCI/PCCI 等低温、清洁的燃烧模式，由此有效改善中小负荷范围内的燃油经济性和排放特性。

2. 排量可变（停缸）控制技术

对"量调节"的点燃式发动机，通过排量可变控制（图 3-13）技术，可在小负荷区有效地减小节气门的节流作用，使泵气损失降低，同时避免了停止工作的气缸的燃烧损失和传热损失等，使得机械效率和热效率明显提高，从而使得万有特性上小负荷区的经济性得到明显改善，由此可有效地降低整车百公里油耗。

3. 气门重叠角控制技术

在部分负荷时，通过 VVT-i 技术适当扩大气门叠开角，实现内部 EGR，由此可降低燃烧温度，有效地抑制 NO_x 的生成量，同时，在排气行程后期气门叠开期间排出的部分未燃气体再次被吸入到燃烧室内重新燃烧，使 HC 排放量降低。

4. EGR 中冷技术

对汽油机实施 EGR 后空燃比保持不变（因喷油量取决于进入气缸的空气量），而进气量减小，所以为保持动力性不变，就得适当增加节气门开度，使泵气损失降低，因此适当的 EGR 可改善燃油经济性。而柴油机实施 EGR 后降低 NO_x 的机理与汽油机有所不同，柴油机实施 EGR 后不仅降低燃烧最高温度，同时降低氧浓度，因此抑制 NO_x 的效果比汽油机更明显，而且柴油机在中小负荷范围内工作时实际空燃比较大，此时实施的 EGR 率小于或等于 15% 时，由于当量比减小，燃烧速率增加，同时较小的 EGR 率对燃烧过程的抑制作用不明显，所以燃烧效率有所提高，从而改善了经济性。

5. 混合燃烧模式的控制技术

如前所述，为了适应越来越严格的节能和排放法规，已开发研究出 HCCI（CAI）、PCCI 及 LTC（低温燃烧）等控制技术。这些新型燃烧模式的特点是燃烧等容度高，燃烧热效率高，基本不产生碳烟，而且 CO 和 HC 排放很少，并结合低温燃烧控制，使 NO_x 排放量控制在很低水平，所以是很有效的节能减排技术，但这些新型燃烧模式的使用工况范围只限制在某一中小负荷区。超过该负荷区，就会导致内燃机工作粗暴，且燃烧温度升高，而低于该负荷区则不易实现稳定燃烧，所以在发动机全工况领域需要不同燃烧模式的转换控制。如汽油机从小负荷到大负荷范围内采用"SI-HCCI-SI"混合燃烧控制模式，而柴油机采用"CI-HCCI-CI"混合燃烧控制模式。当汽油机由 HCCI 模式转换到 SI 模式时，节气门开度突然变小，所以很容易造成失火现象，反而使 HC 排放增加，输出转矩波动。

二、合理选择底盘参数

由汽车发动机万有特性可知，汽车的性能不仅与发动机性能有关，还取决于汽车传动装置的参数。为了保证汽车行驶特性，根据所用汽车的实际条件选择好发动机的同时，要正确确定传动系统的参数，使之与发动机性能良好地匹配，这是保证汽车性能的重要环节。因此，动力传动系统选配的好坏，是充分发挥发动机性能、保证汽车良好性能的重要前提。

1. 传动系统的布置方式和驱动方式

不同车型的动力传动系统布置方式和驱动方式不同。乘用车常用 FF 型发动机前置前轮驱动方式。这种传动方式的布置和驱动方式，与 FR 型发动机前置后轮驱动方式相比较，取消了传动轴，使整车重量降低，且有利于驾驶室空间布置，所以便于实现汽车轻量化，由此改善整车经济性。但是，缺点是爬坡行驶时，汽车重心偏后，驱动轮的附着力降低，直接影响汽车的爬坡能力。

客车常采用 RR 型发动机后置后轮驱动方式，同样也取消了传动轴，使整车质量降低，而且有利于降低底盘高度，可有效利用车厢空间，有利于轻量化，提高整车经济性。但是，缺点是发动机离驾驶人距离远，换档操作系统复杂，不易监控发动机，同时发动机冷却通风不畅。

货车常采用 FR 型发动机前置后轮驱动方式，由此保证货箱空间面积，保证货车运输效率的同时，通过优化传动比，提高整车经济性。在道路条件和车速相同的条件下，档位越低，速比越大，后备功率增加，加速能力增强，但 g_{100} 增加；相反，档位越高，速比越小，整车经济性越好，但后备功率减小，加速能力变差。所以增加档位数，可增加速比可选范围，有利于提高整车燃油经济性。所以，相对轿车手动变速器基本采用 5 或 6 个档位而言，重型货车采用 10~18 个档位，甚至更多。

2. 变速比的最佳控制

当发动机和车型已确定时，影响整车性能的主要参数有：变速器速比 i_K、主减速比 i_0 及轮胎半径 r。对有级变速器，档位越低，后备功率越大，加速能力越强，但汽车行驶区域偏离了发动机最佳经济区，百公里油耗增加；当档位变高，汽车行驶时发动机工作区更接近最佳经济区，可提高整车经济性，但后备功率减小，加速能力变差。所以如前所述，增加档位数可使发动机工作区更接近最佳经济区。

根据汽车万有特性，如果变速器的速比能任意控制，就可以在发动机万有特性等功率曲线上任一点行驶，即可进行最佳传动比控制。但对于齿轮式有级变速器 MT（手动变速器）或 AT（自动变速器），由于各档位下的速比是固定不变的，所以不能达到最佳传动比的控制，只能做到在可行的范围内尽可能接近经济区。而无级变速器（CVT）可任意选择速比，所以可以实现变速比最佳控制，使得汽车行驶工况直接控制在发动机最佳经济区附近，可以提高整车经济性，但汽车动力性有所牺牲。

在确定 CVT 最佳速比时，首先由车速传感器求出车速及其运行工况。当车速从 v_A 变化到 v_B 时，其加速度为

$$a = \frac{v_B - v_A}{t} \tag{8-67}$$

式中，t 为车速由 v_A 变化到 v_B 时所需要的时间。

保证此加速度所必要的牵引力可表示为

$$F_K = \frac{aW(1+\phi)}{g} + fW + \frac{C_D A v_A^2}{21.5} \tag{8-68}$$

式中，ϕ 为惯性重量系数；C_D 为空气阻力系数；A 为汽车正投影面积；g 为重力加速度。

因此，在控制最佳速比时，根据发动机特性及底盘参数需求出实际牵引力，即当速比固定时，由现车速 v_A 求出发动机转速。此时节气门开度一定，由发动机的速度特性 $T_{tq} = f(n)$ 求出对应的输出转矩，并通过试验确定传动效率后，可求得牵引力为

$$F'_K = \frac{T_{tq} i_t \eta_T}{r}$$

这种计算在整个节气门开度范围和变速比范围内进行，使得 F'_K 和所要求的 F_K 相一致。由节气门开度、变速器的速比、发动机转速以及输出转矩的组合中，求出燃油消耗率最低点，则对应点上的速比为车速从 v_A 变化到 v_B 时最低油耗的速比。图 8-29 所示为汽车按 3 速自动档有级变速（3AT）和无级变速（CVT）运行时燃油经济性对比结果。由此可知，采用 CVT 后，汽车在与 3AT 相同的车速下运行时的发动机工况点更接近于发动机的最经济运行线。

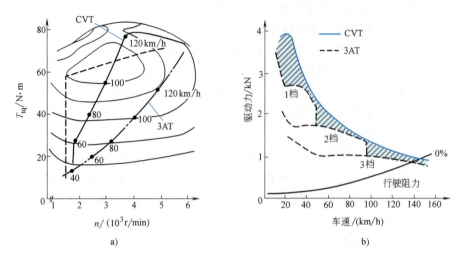

图 8-29 汽车按 3 速自动档有级变速（3AT）和无级变速（CVT）运行时的特性比较

a）经济性 b）最大驱动力

三、行车速度的控制

对发动机及底盘参数等已确定的汽车，驾驶条件不同也直接影响汽车的百公里油耗。一般汽车在中速行驶时，g_{100} 最低；高速行驶时随车速的增加，行驶阻力增加，使 g_{100} 迅速增加。如果车速过低，汽车的使用效率低。所以，比较理想的经济车速是使 g_{100}/v_a 比值最小，此车速称为实用车速。

参 考 文 献

[1] 周龙保. 内燃机学 [M]. 2版. 北京：机械工业出版社，2005.

[2] 董敬，庄志，常思勤. 汽车拖拉机发动机 [M]. 3版. 北京：机械工业出版社，2007.

[3] 陈家瑞. 汽车构造 [M]. 2版. 北京：机械工业出版社，2005.

[4] 林学东. 现代汽车动力传动装置的控制技术 [M]. 北京：北京理工大学出版社，2003.

[5] 藤泽英也，等. 最新电控汽油喷射 [M]. 林学东，译. 北京：北京理工大学出版社，1998.

[6] 冯先振. 电子节气门汽油机过渡工况控制的仿真研究 [D]. 长春：吉林大学，2006.

[7] 于善颖，史春涛，孙立星，等. 车用汽油机分层稀燃及其排放控制技术的分析 [J]. 车用发动机，2003 (2)：7-12.

[8] 蒋坚，高希彦. 汽油缸内直喷式技术的研究与应用 [J]. 内燃机工程，2003，24 (5)：39-44；58.

[9] 王尚勇，杨青. 柴油机电子控制技术 [M]. 北京：机械工业出版社，2005.

[10] HEINTZ N, MEWS M, STIER G, et al. An Approach to Torque-Based Engine Management Systems [J]. SAE Technical Paper, 2001 (1).

[11] 林学东，刘忠长，刘巽俊. 采用可变进气涡流机构改善柴油机的性能 [J]. 农业机械学报，1999，30 (5)：5-8.

[12] 林学东，刘巽俊，季雨. 采用排气循环技术改善车用柴油机 NO_x 的排放特性 [J]. 汽车工程，1998，20 (5)：308-311.

[13] 林学东，袁兆成. 电控可变增压技术改善柴油机性能的研究 [J]. 农业机械学报，2002，22 (1)：12-15.

[14] 宋涛. 车用柴油机高压共轨喷射系统参数优化试验研究 [D]. 长春：吉林大学，2006.

[15] 张多军. GW2.8TDI型轻型车用柴油机电控EGR系统开发 [D]. 长春：吉林大学，2005.

[16] PAFFRATH H, ALEX M, HUMMEL K E. Technology for Future Air Intake Systems [J]. SAE Transactions, 1999, 108：579-587.

[17] FLAIG U, POLACH W, ZIEGLER G. Common Rail System (CR-System) for Passenger Car DI Diesel Engines: Experiences with Applications for Series Production Projects [J]. SAE Technical Paper, 1999 (1).

[18] MIYAKI M, FUJISAWA H, MASUDA A, et al. Development of New Electronically Controlled Fuel Injection System ECD-U2 for Diesel Engine [J]. SAE Transactions, 1991, 100：312-328.

[19] GUERRASSI N, DUPRAZ P. A Common Rail Injection System for High Speed Direct Injection Diesel Engine [J]. SAE Technical Paper, 1998：980803.

[20] CARLUCCI P, et al. Effects of Pilot Injection Parameters on Combustion for Common Rail Diesel Engines [J]. SAE Transactions, 2003, 112：932-943.

[21] 伊藤悟，冈本研二，松井宏次，等. 柴油机燃油喷射系统的新动向 [J]. 国外内燃机，2001，33 (6)：19-24；57.

[22] GLASSEY S F, STOCKNER A R, FLINN M A. HEUI-A New Direction for Diesel Engine Fuel System [J]. SAE Transactions, 1993, 102：300-310.

[23] GANSER M A. Common Rail Injectors for 2000 Bar and Beyond [J]. SAE Transactions, 2000, 100：827-839.

[24] HUHTALA K, VILENIUS M. Study of a Common Rail Fuel Injection System [J]. SAE Technical Paper, 2001 (1).

[25] SCHOMMERS J, DUVINAGE F, STOTZ M, et al. Potential of Common Rail Injection System for Passenger Car DI Diesel Engines [J]. SAE Transactions, 2000, 109：1030-1038.

［26］ 钱大. 博世（BOSCH）公司的泵喷嘴（UIS）/泵管嘴（UPS）燃油喷射系统（一）［J］. 汽车与配件，2004（8）：22-23.

［27］ 袁兆成. 内燃机设计［M］. 2版. 北京：机械工业出版社，2012.

［28］ 竹原善一郎. 燃料電池技術とその応用［M］. 東京：株式会社テクノシステム，2000.

［29］ 陈清泉，孙逢春，祝嘉光. 现代电动汽车技术［M］. 北京：北京理工大学出版社，2002.

［30］ 牛秦玉，李珍惜，王智超，等. 电动汽车动力传动系统参数匹配与优化［J］. 机械传动，2019，43（2）：129-136.

［31］ 차일남, 박준철, 조은애, 등. 연료전지 자동차：이론과 실제[M]. 서울：도서출판 아 진，2005.